INTRODUCTION TO GIFTED EDUCATION

최신영재교육학개론 3판

| 이신동 · 이정규 · 박춘성 공저 |

학지사

3판 머리말

2009년에 1판, 2015년에 2판의 머리말을 썼던 것이 엊그제 같은데 벌써 여러 해가 지나 3판의 머리말을 쓰게 되니 기쁘기도 하지만, 작금의 한국 영재교육 상황이 다소 위축되어 있는 것 같아 마음이 무겁다.

최근 글로벌 영재교육의 패러다임이 상당히 바뀌었는데 우리나라의 영재교육은 아직도 과거의 패러다임에서 벗어나지 못하고 있는 것 같다. 영재교육의 첫 번째 패러다임은 '누가 영재인가?'에 관심이 높았다. 즉, 영재성이란 무엇이고, 영재성을 가진 아이가 누구인지를 찾아내는 데 연구방향이 집중되어 있었다. 그 후 두 번째 패러다임에서는 영재성과 재능을 구분하고, 재능을 개발하는 프로그램의 개발에 집중하였다. 이 시기의 연구자들은 영재교육 프로그램, 즉 재능개발 프로그램을 만들고 적용하는 데 관심이 높았다.

그러나 지금은 영재들의 잠재된 능력을 최대한 계발하여 한 인간으로서 행복한 삶을 영위하게 하는 데 관심이 높다. 즉, 이제는 영재들의 다양한 흥미나 능력 수준에 맞는 교육을 제공해 주는 것이 필요하다는 데 집중하는 것이다. 이런 입장에서 볼 때, 특히 다문화 가정의 영재나 소외계층의 영재, 여성영재와 여성 과학자, 장애를 가진 아동 등에게 그동안 일반영재들에게 제공해 주었던 것과 동일한 지원과 서비스를 제공하는 것이 필요하다는 데 공감을 하고 있다. 특히 미국의 영재학회인 NAGC(National Association of Gifted Child)에서 개최하는 학술대회의 주제들을 살펴보면 쉽게 알 수 있고, 이 학회에서 출간되는 학술지『Gifted Child Quarterly(GCQ)』의 논문들을 보면 이런 주제들이 부쩍 많아졌다는 것을 알 수 있다. 우리나라의 경우도 이와 유사하다.

이번에 출간되는 3판에서는 지난 4년 동안 국내·외적으로 변화된 내용들을 수정하여 보완하였고, 글로벌 영재교육의 변화에 맞게 차례와 내용들을 다듬어서 실었다. 그동안 부족한 이 책에 관심을 보여 주신 많은 분께 감사하다는 말씀을 꼭 전하고 싶다. 특히 3판의 출판을 맡아 주신 학지사 김진환 사장님과 꼼꼼하게 교정을 해 주신 황미나 선생님께 감사를 드린다.

2019년 9월

저자 이신동, 이정규, 박춘성

1판 머리말

교육을 '인간행동의 계획적인 변화'라고 정의한다면, 영재교육은 '특별한 교육적 요구를 가진 인간행동의 계획적인 변화'라고 할 수 있다. 이렇게 정의하는 이유는 영재학생들은 일반학생들과 달리 특별한 교육적 요구를 가지고 있기 때문이다. 그렇기에 특별한 교육적 요구를 가진 학생들을 가르치는 교사는 일반학생들을 가르치는 교사에 비해 더 높고 깊은 전문성을 가져야 한다. 비단 교사뿐만 아니라 영재학생의 부모 역시 일반학생의 부모에 비해 더 체계적이고 전문적인 가정교육 방법을 알아야 한다. 요약하면, 영재학생들을 가르치는 것은 일반학생들을 가르치는 것보다 훨씬 더 어렵다는 뜻이다.

2002년 「영재교육 진흥법」이 발표되고 이어서 제1, 2차 '영재교육종합계획'이 발효된 후 영재교육에 대한 관심이 빠르게 높아지고, 영재교육 대상자 수도 가파르게 확대되었다. 그동안 평준화 교육 때문에 눌려 있던 영재학생들에 대한 관심이 폭발이라도 하듯 터져 나오고 있다. 가끔 영재교육에 대한 이해가 부족한 사람들이 "영재학생들은 그냥 내버려 두어도 잘할 텐데 국가에서 왜 그리 신경 쓰는지 모르겠다."라고 불만 섞인 어조로 말한다. 그러나 그렇지 않다. 영재학생들은 그냥 내버려 두어도 잘하는 학생들이 아니다. 영재학생들은 일반학생들보다 더 세심한 관심과 배려를 필요로 한다. 영재학생들의 잠재력은 누군가 체계적으로 도와주어야 놀라운 영향력을 발휘할 수 있다. 이런 영향력은 우리나라를, 아니 세계를 놀라게 할지도 모른다. 우리는 이런 학생들의 숨겨진 잠재력을 발굴하고 계발해 미래에 개인적으로나 국가적으로 가치 있는 일에 집중하도록 도와주어야 한다.

2009년 〈조선일보〉 1월 6일자에 따르면, 서울시 교육청은 2012년까지 950여 개 전체 초·중학교에 1개 이상 영재학급 설치를 목표로 영재학급을 확대하겠다고 발표하였다. 영재교육 대상자도 확대하여 2010년까지 전체 학생 대비 1% 수준으로 늘려 2009년 현재 8,500명(0.61%)이었던 것을 2010년 1만 3,900명(1%)으로 늘릴 계획이다. 이런 영재교육의 확대는 서울시 교육청을 시발점으로 전국 15개 시 · 도 교육청으로 퍼져 나갈 것이어서 영재교육의 양적 확대가 불가피한 상황이다. 또한 이런 양적 확대는 영재교육의 질적 수준과 반드시 병행되어야만 한다. 만일 질적 담보 없이 양적 확대에만 집중한다면 영재교육에 대한 불신을 키울 수 있다. 따라서 영재교육에 대한 탄탄한 이론적 체제의 정립과 실력을 갖춘 영재 담당 교사의 확보가 시급하다.

영재학생들에 대한 관심은 국가적 차원에서나 단위학교 차원에서 이미 오래전부터 있어 왔다. 즉, 영재학생들을 진단하고 그들의 능력에 맞는 교육방법을 제공하려는 노력들은 오래된 것이다. 그러나 그런 노력들은 크게 빛을 보지 못하였고, 아주 미진한 상태로 유지되어 왔다. 지난 10여 년간 영재교육과 관련된 대학의 정규교과목은 주로 특수교육과나 유아교육과에서 개설하는 '영재교육개론' 혹은 '영재아의 진단 및 지도'라는 과목이 고작이었다. 그러나 최근 몇 년간 교사양성대학인 교육대학과 사범대학에서 영재교육과 관련된 과목들이 속속 개설되고 있고, 여러 교육대학원에 영재교육전공이 개설되기 시작하면서 영재교육에 대한 개론서나 영재교육전공 관련 교재에 대한 필요성이 높아지고 있다.

이런 맥락에서 이번에 출판되는 『최신영재교육학개론』은 영재교육에 대한 사전 지식이 많지 않아도 최신의 영재교육 관련 이론을 이해하고, 이런 이론이 적용되는 방법을 쉽게 파악할 수 있도록 집필되었다. 지금까지 영재교육과 관련된 개론서가 몇 권 출판되기는 하였으나, 그 내용이 상당히 오래된 것이거나 주로 외국서적을 번역한 것이어서 우리나라의 실정과 거리가 멀었다. 따라서 이번에 출판되는 『최신영재교육학개론』은 국내의 최신 영재교육 관련 내용으로 구성되었으며, 우리나라 영재교육의 현상들을 빠짐없이 담고 있다. 따라서 이 책은 영재교육을 처음 접하는 학부학생들과 교육대학원생들이 영재교육 입문을 위한 자료로 활용하면 좋을 것이다. 또한 장차 대학원에서 영재교육전공을 희망하는 사람들에게는 영재교육을 이해하기 위한 기본서로 손색이 없을 것이다.

『최신영재교육학개론』은 4부 13개의 장으로 편성되어 있다. 1부는 4개의 장으로, 1장은 영재교육의 역사와 최근 동향, 2장은 영재성의 개념과 정의, 3장은 영재의 심리적 특성, 4장은 영재판별과 선발로 구성되었다. 1부의 내용은 주로 영재교육의 기초적 내용으로 영재교육의 역사, 영재성의 개념과 정의, 판별방법을 다루고 있다. 2부는 영재교육과정 및 교수-학습에 관한 내용을 4개의 장에서 다루고 있는데, 5장은 영재교육과정의 이론과 개발, 6장은 영재 교수-학습 모형, 7장은 속진학습의 개념과 유형, 8장은 심화학습의 개념과 유형으로 구성되었다. 2부의 내용은 영재교육의 핵심이라고 할 수 있으며, 영재교육과정 개발을 위한 내용과 교수-학습 방법과 전략에 대한 내용을 담고 있다. 특히 영재학생들을 가르치는 과정에서 실제적으로 필요한 내용을 다루고 있기 때문에 영재 담당 교사들에게 꼭 필요한 내용이라고 생각된다. 3부는 3개의 장으로, 영재학생에 대한 상담과 교사 및 부모교육에 대한 내용이다. 9장은 영재의 잠재능력: 지능과 창의성, 10장은 영재의 사회·정서적 문제와 상담, 11장은 영재교육 담당 교사와 부모교육으로 구성되었다. 3부의 내용은 영재학생들의 사회·정서적 문제와 관련된 상담의 내용 및 방법에 대한 소개와 부모와 영재교육 담당 교사 교육에서 필요한 내용과 방법을 담고 있다. 4부는 2개의 장으로, 영재교육에서의 다양한 접근들에 대한 내용으로 구성되었다. 12장은 장애영재와 특수영재, 13장은 예술영재에 대한 내용을 담고 있다. 4부는 영재교육의 특수한 영역이라고 할 수 있는 장애영재, 예술영재 등 영재교육 분야에서 새롭게 부각되고 있지만 아직 연구가 활발하지 못한 분야다.

이 책이 나오기까지 자료수집과 교정을 맡아 도와준 순천향대학교 대학원(영재교육전공) 박사과정 김기명, 고운정, 김소연, 김경은 선생과 판매부수가 크게 기대되지 않음에도 기꺼이 출판을 맡아 주신 학지사 김진환 사장님, 3차 교정까지 전체의 내용을 꼼꼼하게 살피고 다듬어 주신 학지사 이지혜 선생님께 감사를 드린다.

2009년 2월

학성산이 바라보이는 순천향대학교 7206 연구실에서

저자 이신동, 이정규, 박춘성

차례

제3부 영재상담과 교사, 부모교육

제4부 영재교육의 다양한 접근

제1부
영재의 개념과 판별

제1장
영재교육의 역사와 최근 동향

학습목표

1. 개인적으로나 국가적으로 영재교육의 목적과 발전에 영향을 미치는 여러 변인의 중요성과 상호관계에 대해 설명할 수 있다.
2. 영재교육을 통해 잠재된 영재성이 발현되기도, 조기에 사장될 수도 있다. 영재교육의 역사에서 영재교육의 성공과 실패의 사례분석을 통해 영재교육의 중요성을 설명할 수 있다.
3. 세계 각국의 국가경쟁력 향상을 위한 치열한 영재교육 발전의 최근 동향을 설명할 수 있다.
4. 국내외 영재교육의 역사와 최근 동향을 통해 우리나라 영재교육의 발전 방향을 위한 교육적 시사점을 도출할 수 있다.

'누가 영재인가? 영재를 어떻게 판별하고 선발할 것인가? 영재에게 적합한 교육은 어떻게 해야 하는가?' 등에 대한 영재의 개념과 정의 그리고 영재를 위한 교육은 시대적 · 문화적 · 정치적 · 사회적 상황에 따라 변화되어 왔다. 이러한 다양한 상황 변화에 따라 영재교육의 목적과 필요성이 국민적으로 공감되어 영재와 영재교육이 선호되기도 하고 때로는 도태되기도 했던 애증과 흥망의 교육사가 있었다. 그러나 최근 세계 각국은 '영재 개인의 자아실현'과 '국가경쟁력 향상'이라는 목표하에 다양한 형태로 영재교육 관련 법을 제정하고, 영재를 정의하고 판별 및 선발하여 영재교육 프로그램에 배치시키는 등 영재교육을 발전시키고 있다.

일찍이 갤러거(Gallagher, 1979)는 이러한 애증과 흥망의 영재교육의 역사에 대해 "역사적으로 영재들을 위한 특별한 프로그램에 대한 지원과 냉담의 투쟁을 평등주의와 엘리트 귀족주의의 투쟁"으로 비교하였다. 그리고 콜란젤로와 데이비스(Colangelo & Davis, 2003)는 "우리는 일반적으로 가정환경이 어려운 가운데서도 교육수준이 높거나 직업세계에서 성공한 사람을 칭송하지만, 동시에 형평성을 추구하려고 한다."라고 하였다.

교육은 개개인의 잠재 역량을 최대로 발현시켜 주려는 '수월성(excellence)'의 원칙과 누구에게나 공평한 기회를 제공하려는 '형평성(equity)'의 원칙을 동시에 만족시킬 수 없기에 이 두 원칙의 사이에서 상황에 따라 방향을 잡는다. 1970년대부터 영재교육은 세계적인 추세가 되었지만, 여전히 교육의 무게중심은 '형평성'의 원리쪽에 놓여 있었다(이경화, 최병연, 박숙희 공역, 2005). 우리나라도 1970년대에 '교육평준화정책'에 의해 그동안 형평성의 원리를 강조해 오다가, 2000년에 들어와 「영재교육 진흥법」을 비롯하여 '창의적 인재 육성을 위한 수월성교육종합계획'(2004) 등의 수월성을 추구하는 교육정책을 통해 형평성의 교육원리인 평준화 교육에서 점차 수월성 교육으로 방향을 옮기고 있다.

'애증과 흥망의 영재교육'은 국가와 사회의 영재와 영재교육에 대한 동의와 관심, 예산 지원의 차이 때문에 발생한다. 왜냐하면 영재교육의 발전과 퇴보는 제한된 인적·물적 자원의 배분과도 관계가 있기 때문이다. 즉, 교육예산, 시설과 설비, 교사를 비롯한 인적·물적 자원이 제한되어 있기에 그것을 어느 집단(영재학생, 일반학생, 장애학생 등)의 학생에게 우선 투자해야 하는가와 투자한다면 어떤 비율로 투자해야 하는가가 문제가 된다. 여기서 영재의 잠재된 탁월한 영재성을 인정하여 그들에게 정규교육과정 외에 특별한 교육의 기회와 비용을 더 많이 제공해야 하느냐, 아니면 영재는 스스로 잘할 수 있기 때문에 그들보다는 일반학생 또는 부진학생, 장애학생에게 더 많이 제공해야 하느냐의 교육선택의 딜레마는 지금까지도 중요하게 다루어지고 있다.[1] 시대적으로 국가가 전쟁이나 경제공황 등 위기상황에 처해 있을 때, 국가 재건을 위해 영재교육에 더 많이 투자하는 국가가 있는 반면에, 오히

1) 우리나라의 경우 영재학생들에게 「영재교육 진흥법」에 의해 별도의 예산과 교육을 정부나 지방자치단체 차원에서 지원하고 있으며, 영재교육기관인 영재학교, 영재교육원, 영재학급에서 영재학생들에게 적합한 교육 프로그램을 제공하고 있다. 한편, 장애학생들에게는 「장애인 등에 대한 특수교육법」에 따라 특수교육기관 또는 일반 학교의 특수학급에서 특수교사 자격증을 갖춘 특수교사들이 적합한 교육 프로그램을 제공하고 있다.

려 영재교육에의 투자를 줄인 국가도 있었다.

그러나 이러한 영재교육에 대한 논쟁은 고도의 지식정보화 사회에 들어오면서 점차 영재교육에 대한 중요성이 증대되기 시작하면서부터 어느 정도 일단락되는 경향을 보이고 있다. 21세기에 들어와 국가와 국민은 지금까지 없었던 지식과 정보의 급격한 팽창과 새롭고 복잡 · 다양한 딜레마를 해결할 수 있는 창의적이고 생산적인 능력을 갖춘 인재를 더 많이 요구하게 되었으며, 영재교육은 국가 교육정책의 중요한 과제로 부각되었다. 영재교육은 영재 개인의 자아실현과 정신건강이라는 차원뿐만 아니라, 국가가 필요로 하는 인재 육성을 통하여 국가경쟁력을 향상시킨다는 측면에서도 매우 중요한 의미를 지니고 있기 때문이다(이정규, 김현철, 2005).

영재교육은 다른 일반학생들의 교육에 비하여 비교적 소수의 선발된 영재학생들을 대상으로 특별한 교육현장(영재학교, 영재교육원 등)에서, 영재학생을 지도할 수 있는 전문적 능력과 자질을 갖춘 교원에 의해 속진 및 심화 등의 특별한 영재교육 프로그램으로 이루어진다. 그리고 영재학생들의 심리적 특성에 부합하고 교육적 욕구를 충족시켜 줄 수 있는 특별한 행 · 재정적 지원과 질 높은 교육서비스가 제공된다. 이러한 특별한 교육적 서비스는 국가 차원의 법률적 및 행 · 재정적 지원이 함께 이루어져야 하며, 영재교육에 대한 국가 차원의 지원은 국민의 지지와 관심, 국회의 합의가 있어야만 가능하다.

세계 각국의 영재교육의 역사를 살펴보면, 과거에 비해 비교적 많은 학생이 영재교육 대상자가 되기까지는 영재교육에 대한 국가적 지원의 필요성을 인식하게 만들었던 중대한 사건이나 계기(예: 1957년 미국의 스푸트니크 충격)가 있었다. 또한 영재교육을 지원하는 중앙정부 및 지방자치단체의 정책 결정자, 영재와 영재교육을 위한 다양한 분야의 연구기관과 연구자 등의 노력이 있었기에 가능하였다.

이 장에서는 우리나라를 포함하여 미국, 싱가포르, 이스라엘 등의 영재교육사를 살펴보기로 한다. 그리고 영재교육을 통해 국가경쟁력을 향상시키려는 각국의 영재교육의 최근 정책 동향을 살펴보고, 우리나라 영재교육의 발전 방향을 위한 교육적 시사점을 살펴보는 것도 중요하다고 하겠다.

1. 우리나라 영재교육의 역사와 최근 동향

우리나라는 고도의 지식정보화 사회에 들어서면서 국가경쟁력을 강화시키기 위해 영재교육을 위한 법령을 제정·공포하였다. 2000년의 「영재교육 진흥법」에 이어서 2002년에는 「영재교육진흥법 시행령」이 공포되었다. 또한 2002년에는 국가 영재교육의 청사진으로서 2007년까지 5년간의 영재교육 발전계획인 '제1차 영재교육진흥종합계획'이 발표되었다. 이러한 법령과 계획의 토대 위에 2003년도부터 국가적 차원의 영재교육이 체계적으로 시작될 수 있었다.

그런데 이러한 튼튼한 법령(법률과 시행령)의 토대 위에서 영재교육을 시행하기 전에 우리나라 영재교육에 교훈이 되는 중요한 계기가 있었다. 그것은 1985년 제5공화국 시절에 전국에서 영재를 발굴하여 영재교육을 실시하고자 했던 최초의 시도였다. 그러나 영재[2)][당시에는 '신동(神童)'이라는 용어를 사용함]를 발굴만 하였을 뿐, 정권교체와 여러 가지 정치·사회적 이유로 인해 선발된 영재들에게 체계적이고 효율적인 영재교육의 기회를 제공하지 못했다. 결국 발굴된 영재들의 탁월한 영재성이 대부분의 경우 조기에 사장되고 말았던 아픈 시절이 있었다.

이에 대해 한국교육개발원의 조석희, 안도희, 한석실(2003)은 1985년부터 1989년 사이에 전국적으로 만 3~5세의 아동 중 국가 차원에서 신동으로 발굴되었던 학생 144명과 민간기관에서 영재로 판별되었던 학생 116명에 대해 18년이 지난 그들의 현주소와 성장과정에 대한 연구를 진행한 바 있다. 연구 결과, 전국에서 영재아를 발굴만 하였지, 적절한 영재교육은 제공되지 않았다. 성인이 된 이들은 오히려 일반 사람들과 비교해 더 불행한 인생을 살고 있음이 몇몇 신문기사를 통해 밝혀졌다. 이러한 불행한 사실은 타고난 잠재된 영재성은 저절로 계발되지 않으며, 가정과 학교 및 국가의 특별한 교육적 지원이 있어야만 발현될 가능성이 높아진다는 점을 우리

---

2) 과거에는 영재, 천재, 신동 등의 다양한 용어가 혼용되었으나, 2000년의 「영재교육 진흥법」을 통해 '영재(英材)'라는 용어로 대부분 통일되어 사용되고 있다. 그러나 학자에 따라서는 잠재되었거나 발현된 영재성의 정도와 수준에 따라 구분하여 사용하기도 한다.

에게 교훈적으로 시사하고 있다.

- 영재성은 조기 발굴, 조기교육이 되어야 하는데, 세계적인 신동으로 기네스북에 올랐던 ○○○은 잊히고 말았다(조선일보, 1998. 2. 20.).
- 1985년에 정부가 발굴했던 3~5세의 신동 중 초·중·고교에서 학업에 대한 뜻을 잃은 영재가 전체의 39%나 되었다. 영재들은 획일적인 교육에 매몰되면서 타고난 재능마저 무뎌졌다(중앙일보, 2001. 3. 28.).

1) 우리나라 영재교육의 필요성 및 목적

우리나라의 영재교육은 다른 나라와 마찬가지로 영재 개인의 자아실현과 국가 경쟁력 향상의 2가지 차원에서 이루어지고 있다. 먼저, 영재 개인적 차원이란 일반 학생과 달리 영재의 심리적 특성(영재성)과 교육적 욕구에 적합한 특별한 교육기회를 제공해 주어야 자아실현의 가능성, 영재성의 발현 가능성이 높아진다는 것이다. 그리고 이러한 국가적 차원의 영재교육의 기회 제공은 법률로 보장하고 있다. 우리나라에는 일반 정규교육과정이 아닌 특별 교육과정이 필요한 학생, 즉 전체 학생의 정상분포곡선상 양극단에 위치하고 있는 영재학생과 장애학생 모두 다음의 법률이 보장하는 교육을 받을 수 있는 권리가 있다.

「헌법」 제31조 제1항 모든 국민은 능력에 따라 균등하게 교육을 받을 권리를 가진다.

「교육기본법」 제3조(학습권) 모든 국민은 평생에 걸쳐 학습하고, 능력과 적성에 따라 교육받을 권리를 가진다.

「교육기본법」 제12조 제2항(학습자) 교육내용, 교육방법, 교재 및 교육시설은 학습자의 인격을 존중하고 개성을 중시하여 학습자의 능력이 최대한으로 발휘될 수 있도록 마련되어야 한다.

「교육기본법」 제19조(영재교육) 국가와 지방자치단체는 학문, 예술, 또는 체육 등의 분야에서 재능이 특히 뛰어난 자의 교육에 필요한 시책을 수립 · 실시하여야 한다.

「초 · 중등교육법 시행령」 제90조(특수목적고등학교) ① 교육감은 다음 각 호의 어느 하나에 해당하는 학교 중에서 특수분야의 전문적인 교육을 목적으로 하는 고등학교(이하 "특수목적고등학교"라 한다)를 지정 · 고시할 수 있다.

1~4(생략)

5. 과학 인재 양성을 위한 과학계열의 고등학교

다음으로 국가경쟁력 향상 차원의 경우, 세계 각국은 영재를 포함한 창의적인 우수 인재를 발굴하여 육성하는 데 국가적 사활을 걸고 있다. 과거에는 수많은 사람이 소수의 영주를 먹여 살렸지만, 지금은 소수의 영재가 수많은 사람을 먹여 살리는 시대라고 한다. 미래학자 앨빈 토플러(Alvin Toffler)는 과거는 군사력, 경제력의 시대라고 한다면 미래는 지식(K-factor)이 지배하는 시대라고 하였다.

우리나라는 원자재와 같은 물적 자원이 부족한 반면에, 인적 자원은 풍부하고 우수하다. 그리고 뜨거운 교육열이 있으며, 경제협력개발기구(Organization for Economic Cooperation and Development: OECD) 국제학업성취도평가(Programme for International Student Assessment: PISA)의 언어, 수학, 과학 영역에서의 세계 수준의 결과와 올림피아드에서의 탁월한 수상 결과가 증명하고 있듯이 영재교육을 통해 국가경쟁력을 향상시킬 수 있는 좋은 토양을 지니고 있다고 할 수 있다. 우리나라가 영재교육을 하고 있는 이유는 「영재교육 진흥법」 제1조에 잘 명시되어 있다.

「영재교육 진흥법」 제1조(목적) 이 법은 「교육기본법」 제12조 및 제19조의 규정에 따라 재능이 뛰어난 사람을 조기에 발굴하여 능력과 소질에 맞는 교육을 실시함으로써 개인의 타고난 잠재력을 계발하고 개인의 자아실현을 도모하며 국가와 사회의 발전에 이바지하게 함을 목적으로 한다.

2) 우리나라 영재교육의 발전과정

우리나라의 경우 오랜 과거에도 우수한 인재를 발굴하여 국가적 차원에서 교육하고 등용함으로써 국가경쟁력을 높이려고 하는 노력이 있었다. 전경원(2000a, pp. 77-92)의 연구에 따르면, 우리 조상들은 삼국시대부터 영재교육과 같은 제도를 통해 우수 인재를 선발하여 별도로 교육하였다. 고구려는 왕실 자제의 교육을 위해 '태학'을 설치하였고, 백제는 '박사제도'를 두어 교육하였는데, 박사 왕인을 일본에 보내 학문을 전파하기도 하였다. 신라는 '화랑도'를 통하여 우수한 재능을 갖춘 인재(화랑)를 교육하였으며, 화랑들은 삼국을 통일하는 데 크게 기여하였다. 이후 통일신라는 유교 진흥책으로 귀족 자제의 교육을 위한 '국학'을 설치하여 교육을 통해 인재등용을 도모하였다. 고려는 중앙에는 '국자감', 지방에는 '향교'를 두어 학문을 부흥시켰으며, 과거제도를 두어 인재를 선발하였다. 그리고 조선시대에는 입학자격이 엄격한 최고 교육기관인 '성균관'을 설치하여 교육하였다. 특히 조선시대에는 양반을 포함하여 평민들도 교육에 대한 열의가 높아 그들에게도 인재등용을 위한 다양한 과거제도를 통해 신분상승을 도모할 수 있게 하였다.

한편, 현대적인 우리나라 영재교육의 변천사를 10년 단위로 시대별로 구분하면 다음과 같다.

첫째, 1990년대 이전은 영재교육의 '암흑기'라고 할 수 있다. 1970년대에는 '교육평준화정책'에 의해 그동안 '형평성'의 원리를 강조해 왔었다. 그러다가 1985년부터 1989년 사이에 국가 차원의 제대로 된 영재교육이 시행되기 전에 잠재된 영재성이 제대로 발현도 되지 못하고 조기에 사장된 영재교육의 실패 사례도 있었다. 이러한 불행한 실패 사례는 타고난 잠재된 영재성은 저절로 계발되지 않으며, 가정과 학교 및 국가의 특별한 교육적 지원이 있어야만 발현될 가능성이 높아진다는 점을 우리에게 교훈적으로 시사하고 있다.

둘째, 영재교육이 싹트기 위한 '뿌리기'라고 할 수 있다. 1995년에 처음으로 '신교육체제 수립을 위한 교육개혁 방안'에서 구체적인 영재교육의 제도적 장치가 있어야 함이 언급되었다. 이후 1997년 「교육기본법」에 국가와 지방자치단체의 책무로서 영재교육을 의무화하는 규정(제19조)이 포함되었다. 그리고 1998년 「초 · 중등교육법 시행령」(제90조)에 전문적인 교육을 목적으로 하는 특수목적고등학교(과학 인재 양성을 위한 과학계열의 고등학교 등)을 지정고시할 수 있다고 하면서 기존의 경기과학고등학교(1983년 설립) 등 각 시 · 도 교육청별로 1개 이상의 과학고등학교가 설치 운영되기 시작하였다(2019년 현재 영재학교 8개, 과학고등학교 20개). 한편, 1998년 과학기술부에서는 대학 부설 과학영재교육센터를 최초 8개를 선정하여 운영하기 시작하였다(2019년 현재 27개).

셋째, 영재교육의 토양에 씨앗이 심어진 '씨앗기'라고 할 수 있다. 2000년에 들어와 국가적 차원에서 처음으로 「영재교육 진흥법」과 그 시행령(2002)이 제정 · 공포되었다. 영재교육을 위한 법령에 따라 국가는 영재교육을 구체적으로 추진하기 위하여 부산과학고등학교를 영재학교로 지정하여 운영하는 것을 시작으로 전국에 영재교육원, 영재학급을 지정 운영하기 시작하였다. 무엇보다 「영재교육 진흥법」에 기초하여 영재교육을 구체적으로 추진할 영재교육 청사진이라고 하는 '제1차 영재교육진흥종합계획'(2002~2006년)을 교육인적자원부, 과학기술부, 문화체육관광부, 정보통신부, 여성부, 기획예산처, 특허청 등의 7개 부처가 공동으로 수립하여 시행하였다.

이후 2004년 '창의적 인재 육성을 위한 수월성교육종합계획'의 수월성을 추구하는 교육정책이 발표되면서, 그동안 30여 년간 유지되어 왔던 형평성의 교육원리인 평준화 교육과 조화를 이룰 수 있는 수월성 교육이 강조되기 시작하였다. 또한 '제2차 영재교육진흥종합계획'(2007~2012년)이 시행되면서 5대 추진 전략인 '영재교육기관 특성화' '영재교육기관 운영 개선' '영재교육의 연속성 확보' '영재교육 담당 교원 전문성 신장' '영재교육 지원체제 정비'를 추진하게 되었다.

넷째, 체계적인 국가적 영재교육지원이 씨앗기를 거쳐 든든한 '줄기기'가 되어 성장해 나가는 시기이다. 2013년에 '창조경제를 견인할 창의인재 육성 방안'(2013)이 발표되면서 영재교육의 안정적 · 지속적 추진을 위한 새로운 중장기 비전이 필요하여, '제4차 영재교육진흥종합계획'(2018~2022년)이 수립되어서 오늘날의 영재교육으로 발전하게 되었다.

우리나라의 영재교육의 연대기를 그림으로 제시하면 [그림 1-1]과 같다.

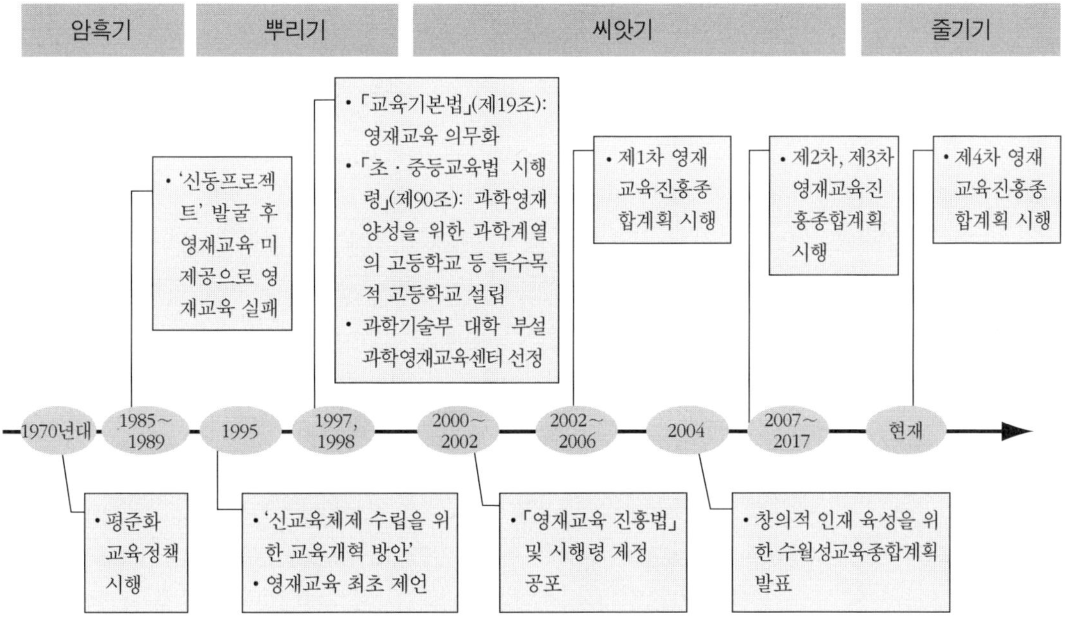

[그림 1-1] 우리나라 영재교육 발전사

출처: 이정규 외(2015).

그리고 과학기술정보통신부는 「과학기술기본법」 제25조에 의거하여 과학영재의 발굴 및 체계적인 육성을 지원하기 위하여 과학영재교육 관련 정책으로 '과학영재 발굴 · 육성 종합계획'을 수립하였고, 매년 '과학영재교육기관 지원사업 시행계획'을 수립하여 시행하고 있다.

> ※「과학기술기본법」 제25조(과학영재의 발굴 및 육성)
> ① 과학기술정보통신부장관은 과학영재를 조기에 발굴하고 체계적으로 육성하기 위하여 과학영재의 발굴 및 육성계획을 세우고 필요한 조치를 마련하여야 한다.
> ② 과학기술정보통신부장관은 제1항에 따른 과학영재의 조기발굴과 육성을 위하여 이를 전문적으로 지원할 기관을 지정하고 그 지원업무 수행에 필요한 경비의 전부 또는 일부를 지원할 수 있다.

정부는 매년 5년간의 영재교육 중장기계획인 영재교육진흥종합계획을 수립하고 국가예산을 투자하여 영재교육의 양적 확대와 질적 성장을 지속적으로 추진하고 있는 중이다.

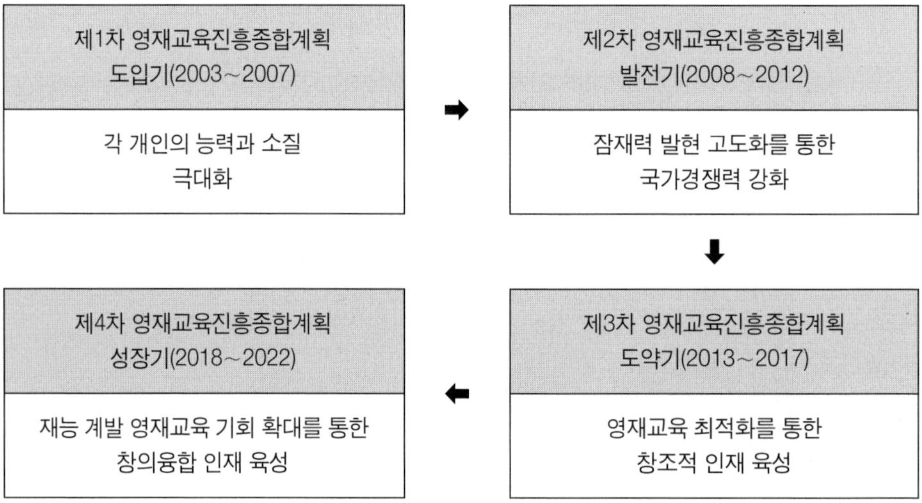

[그림 1-2] 우리나라 영재교육의 정책 동향

출처: 교육부(2013d).

3) 우리나라 영재교육의 추진체계와 영재교육기관의 형태

(1) 영재교육의 추진체계

우리나라 영재교육의 추진체계는 [그림 1-3]과 같이 3가지 체계로 구성되어 있다.

첫째, 영재교육기관은 영재학교, 영재교육원, 영재학급의 3가지 유형이 있으며, 각 영재교육기관의 특성에 적합한 교육을 실시하고 있다.

둘째, 초등 → 중등 → 고등으로 영재교육의 수직적 연계성을 유지하도록 하는 체계이다. 그러나 초·중등학교 영재교육 대상자는 많으나 고등학교로 갈수록 대학입시의 영향으로 영재교육 대상자가 급감하여 영재교육의 연계성이 미흡하다는 문제점이 있다.

셋째, 국가 영재교육 정책을 수립하여 수행하는 정부부처, 영재교육을 실제로 실시하고 지원하는 전국 17개의 시·도 교육청, 영재교육에 대한 연구와 지원 사업

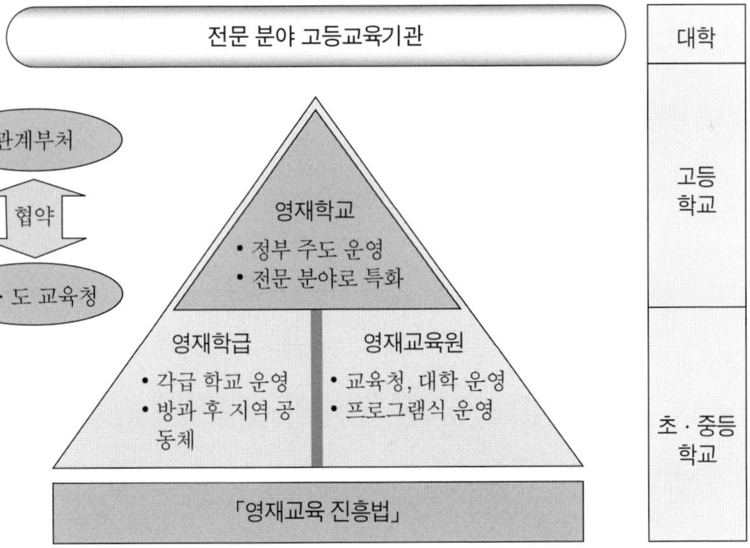

[그림 1-3] 우리나라 영재교육의 추진체계

출처: 교육과학기술부(2008).

을 수행하는 국가영재교육연구원(KEDI 영재교육연구센터, KAIST 과학영재교육연구원, KRIGA 한국예술영재교육연구원, KIPA 발명영재교육연구원)에서 영재교육 연구를 하고 있다.

〈표 1-1〉 우리나라의 4대 국가영재교육연구원

구분	KEDI 영재교육연구센터	KAIST 과학영재교육연구원	KRIGA 한국예술영재교육연구원	KIPA 발명영재교육연구원
설립 목적 및 기능	영재교육 기초 · 정책연구 및 종합데이터베이스 구축 관리 등 영재교육 전 분야 종합 현장지원	과학기술인 양성 과학영재교육 분야 연구 및 현장지원	예술영재교육 분야 연구 및 현장지원	발명영재교육 분야 연구 및 현장지원
주요 업무	• 「영재교육 진흥법」 개정 • 영재교육진흥종합계획 수립 및 평가연구 • 영재교육 종단연구, 프로그램 기준연구 • 국가영재교육통계산출, 국가창의인재시스템 구축, GED 교사추천선발 시스템 운영, 종합자료실 운영 • 국가 차원 선발도구 개발 및 컨설팅 • 국가 영재교육 프로그램 개발 및 영재교육 담당 교원 직무연수 운영	• 과학영재교육 정책 연구 • AP, Pre-URP, R&E 프로그램 운영 • 과학 고도영재 및 소외계층 과학영재 발굴 · 육성 • 사이버 영재교육원 운영 • 과학교원연수	• 예술영재 정책연구 • 예술 고도영재발굴 및 소외계층 예술판별도구 개발 • 예술영재교육 프로그램 개발 • 예술영재교원연수	• 발명영재 정책연구 • 발명영재 선발도구 개발 • 발명교육 프로그램 개발 • 발명교사 직무연수

(2) 영재교육기관의 유형

「영재교육 진흥법」(2000)이 규정한 영재교육기관은 크게 영재학교, 영재교육원, 영재학급의 세 유형으로 구분된다(이정규, 김미숙, 박춘성, 이승희, 이행은, 2007).

첫째, 영재학교는 학생 선발 및 교육과정의 자율화, 무학년 졸업학점제, R&E 프로그램 운영 등 영재들을 위한 차별화된 속진 · 심화 프로그램을 제공하는 것을 목적으로 하고 있다.

둘째, 영재교육원과 영재학급은 영재성 발굴과 저변 확대를 위해 '영재교육의 기회 확대와 활성화'를 목적으로 방과 후나 주말 등을 이용한 특별 프로그램 형태로 운영되고 있다. 영재교육원은 예산 지원과 운영 주체에 따라 ① 시·도 교육청 지원 영재교육원(수학과 과학을 중심으로 인문사회, 정보, 발명, 예술·체육 등 다양한 영역의 영재교육), ② 대학 부설 과학영재교육원(수학과 과학, 정보 중심의 영재교육)으로 구분된다.

그리고 교육부(제4차 영재교육진흥종합계획)는 영재교육기관인 영재학급, 영재교육원, 영재학교의 수준별 영재교육기관 체제 확립을 다음과 같이 새로이 정립하고 있다.

- 영재학급: 잠재력 발굴을 위한 분야 간 연계 중심 기초과정 운영
- 영재교육원: 특수분야 재능계발을 위한 심화 및 사사과정 운영
- 영재학교: 정규교육과정에서 창의인재 육성을 위한 학교 운영

※ 과학영재학교(6개교) 및 과학예술영재학교(2개교) 운영

셋째, 영재학급은 학교 특성과 규모에 따라 ① 단위학교 내의 영재학급, ② 지역 내에서 하나의 중심학교를 선정하여 주변학교의 영재교육 대상자를 모아 교육하는 중심학교 영재학급이 있다.

2018 교육부의 '제4차 영재교육진흥종합계획'에 따르면, 영재교육의 기회 제공을 위한 영재교육 확대로 '영재교육 대상자'는 〈표 1-2〉와 같이 매년 증가하고 있다(교육부, 2018).

〈표 1-2〉 영재교육 수혜자 증대

연도	2013년	2014년	2015년	2016년	2017년
영재교육 대상자 수(명)	121,421	117,949	110,053	108,253	109,266
전국 초·중등학생 수(명)	6,481,492	6,285,792	6,088,827	5,882,790	5,725,260
비율(%)	1.87	1.88	1.81	1.84	1.91

※ 통계자료: 교육부(2018).

넷째, 영재교육 분야도 기존의 수학·과학 분야 이외에도 영재교육 확대를 통해 다양한 재능 계발 기회를 제공하고 있다(수학·과학 이외 영재교육 분야 확대 추진, 목표 22%).

〈표 1-3〉 영역별 영재교육 대상자 현황

구분	수학·과학	발명	정보	외국어	예술·체육	인문사회	기타	계
학생 수(명)	84,468	4,563	5,193	2,232	4,192	4,096	4,522	109,266
비율(%)	77.30	22.70						100

※ 통계자료: 교육부(2018).

(3) 우리나라 영재교육의 추진 성과 및 발전 방향(제4차 영재교육진흥종합계획, 교육부, 2018)

구분	제1, 2, 3차 계획 추진의 성과와 한계		제4차 계획에의 시사점
성과	• 영재교육 수혜율 증대 및 영재교육 분야 다양화 - 영재교육 대상자 증대(1.91%) - 수학·과학 외 목표치(22%) 초과달성(0.7%) • 다양한 프로그램 개발·운영 - 융합형, 사이버형 등 교육 다양화 - 국가 영재교육 프로그램 기준 개발	➡	• 영재교육 대상자 및 수혜 분야 균형적 확대로 다양한 재능 발굴 지원 - 재능 발굴을 위한 영재교육 체험 기회 확대 • 학생 중심의 개별 맞춤형 교육과정 제공 • 국가 영재교육 프로그램 기준 정교화를 통한 현장 지원 및 확산
	• 영재선발과정 정상화를 위한 '교사관찰 추천제' 도입 및 확산 - 목표치(70%) 초과달성(17.4%)	➡	• 교사관찰추천 영재교육 대상자 선발의 안정화 및 선발방법의 다양화 - 교사관찰추천 실시 기관 확대(100%)
	• 영재교육 담당 교원 연수이수자 확대 - 목표치(9,000명) 초과달성(5,528명)	➡	• 교원 양성 및 경력 단계별 전문성 계발 체계 필요
	• 영재교육이력관리시스템 구축 - 국가창의인재관리시스템 구축	➡	• 성장단계별 영재성 발달과정 기록 및 관리시스템의 안정 강화

한계	• 학생 맞춤식 · 자율선택형 도입 운영 및 정규 교육과정 기회 확대 미흡	➡	• 자율 선택형 맞춤형 교육 프로그램 확대 및 정규교육과정과의 연계성 모색
	• 경직된 정원 구조와 선발방법에 따른 상시 진입 및 선발 자율권 제한 • 교사관찰추천제 실시 확대 한계 • 영재교육 소외자에 대한 맞춤선발 및 교육지원 부족	➡	• 영재교육 상시진입 및 영재교육기관 선발 자율성 필요 • 교사관찰추천제 전 기관 실시 확대 추진 • 소외계층 발굴 및 실질적 지원 강화 - 소외계층 영재교육선발 수혜 강화
	• 영재교육기관 특성화 · 연계 운영 체계 미흡 • 영재교육 평가체제 미흡으로 질적 수준 담보 미흡	➡	• 영재학급 · 영재교육원 간 역할 정립 • 영재교육기관별 특성화 및 연계성 강화 • 평가 체계화 및 환류 기능 강화
	• 교원의 영재업무 기피 및 전문성 부족 · 재교육 미흡	➡	• 영재교육 담당 교원 사기 진작을 위한 인센티브 제공 및 역량연수 강화
	• 관계 부처 간 협업 부족 • 영재교육연구원 간 기능 중복	➡	• 관계 부처 역할 정립 및 협력 강화 • 영재교육연구원 간 협력 체계 강화

[그림 1-4] 우리나라 영재교육의 추진 성과 및 발전 방향

이와 같은 그간의 성과를 증진시키고 한계점을 해결하고자 영재교육의 5대 정책 방향을 다음과 같이 정하여 추진하고 있다.

- '선발'에서 '교육'으로의 패러다임 전환
- 다양한 학생에 대한 맞춤형 선발로 적합한 영재교육 제공
- 영재교육 연계성 확보로 교육의 연속성 · 효과성 제고
- 영재교육 담당 교원의 전문성 강화
- 효과적인 영재교육을 위한 지원체계 구축

2. 미국 영재교육의 역사와 최근 동향

미국의 영재교육사에 대해 탄넨바움(Tannenbaum, 1983; 김태련, 김정휘, 조석희 공

역, 2004)은 영재와 영재교육에 대한 미국 정부와 국민의 관심이 최고조였던 두 시점을 1957년 스푸트니크(Sputnik)[3] 충격 이후의 5년과 1970년대 후반의 5년이라고 제시하면서, 장애를 가진 사람들에 대한 교육에 여론의 관심이 최고조였던 시기의 중간 지점에서 영재교육은 오히려 도태되었다고 하였다.

> 영재에 대한 관심의 순환적 특징은 미국 교육사에서 특이한 현상이다. 그 어떤 특별한 아동집단도 교육자와 아마추어 같은 사람들에 의해 강하게 받아들여지거나 혹은 거부당한 적이 없었다(Tannenbaum, 1983, p. 16).

그러나 최근에 미국의 연방정부 및 각 주에서는 특별법안을 통해 영재교육을 더 많이 지원하고 있는데, 주마다 차이는 있으나 되도록 많은 학생에게 영재교육의 기회를 제공하고자 하는 '포괄성의 원칙'에 따라 전체 학생의 2~16%의 영재를 선발하여 영재교육을 더욱 강화하고 있다.

1) 미국 영재교육의 필요성 및 목적

미국 영재교육의 필요성 및 목적은 정책 결정자와 교육학자들이 제안한 미국 연방법률과 영재교육에 대한 각종 보고서를 살펴보면 잘 알 수 있다. 1970년대 초반까지만 해도 미국의 대부분의 주에서는 예산 부족, 영재교육 전문가 부족, 영재 판별을 위하여 널리 받아들여지고 있는 타당한 절차와 준거의 미비 등의 문제 때문에 여전히 소수의 영재에게만 교육 프로그램을 제공하고 있는 실정이었다.

이 시기에 영재교육 활성화를 위하여 미 의회에 제출된 정책 건의서인 「말랜드 보고서」(Marland, 1972)는 연방정부 및 주정부에서 영재교육에 보다 적극적인 관심을 기울이는 계기를 마련해 주었다. 「말랜드 보고서」는 영재학생들을 위한 차별화

3) 세계 최초로 구소련의 인공위성인 스푸트니크(1957년 10월 4일 제1호 발사)가 발사되었는데, 이를 계기로 과학과 군사 분야를 비롯하여 세계적으로 우월주의에 빠져 있던 미국은 'Sputnik Shock'라고 하면서 교육, 과학을 포함한 모든 분야에서 국가부흥운동을 대대적으로 전개하였다.

된 교육과정과 교수전략, 조직적 · 행정적 지원을 제안하였다. 「말랜드 보고서」에 제시된 미 교육부의 영재에 대한 정의는 다음과 같다.

영재(the gifted and the talented)[4]는 전문가들에 의해 우수한 능력을 가지고 있기 때문에 뛰어난 수행을 할 수 있을 것으로 판별된 아동이다. 그들이 자신과 사회에 기여하도록 하기 위해서는 일반학교에서 정상적으로 제공되는 프로그램과는 차별화된 교육 프로그램과 서비스가 필요하다. 뛰어난 수행을 할 가능성이 있는 아동은 다음 분야에서 우수한 성취를 입증했거나 그러한 성취를 할 잠재력이 있다.

- 일반적인 지적 능력
- 창의적 혹은 생산적 사고능력
- 시각 및 공연 예술
- 특수 학문의 적성
- 리더십 능력
- 정신운동 능력

1972년 교육부의 영재에 대한 정의는 1978년에 의회의 수정을 거쳐 1988년에 「영재교육법(Gifted and Talented Student Education Act, P.L.100-297)」으로 제정 · 공포되었으며, 2005년에는 미국 의회의 재승인을 받아 영재교육이 더욱 확대될 수 있는 기반이 되었다. 1988년 미국에서 「영재교육법」을 제정하게 된 배경을 살펴보면 영재교육 정책의 기본 취지를 알 수 있다(조석희, 오영주, 1997).

- 영재는 미래의 국가 발전, 안보 및 복지 향상에 기여하게 될 절대적으로 필요한 인적 자원이다.
- 영재들의 특수한 재능을 초 · 중등학교 시절에 계발시켜 주지 못하면, 국가 발전에 기여할 영재들의 특수한 잠재능력이 사장될 가능성이 높다.
- 경제적으로 어려운 가정환경에서 태어난 영재들은 영재로서 발굴되지 못할 가능성이 높고, 결국 그들은 영재교육의 기회를 부여받지 못하여 자신의 잠재능력을 계발하지 못하게 될 것이다.

---

4) 'the gifted and the talented'는 일반적으로 '영재'라고 한다. 그러나 학자에 따라서는 영어 해석 그대로 '영재와 재능아'라고 쓰기도 하고, 영재아와 재능아는 개념적으로 구분하여 사용되어야 한다는 학자(예: Gagné)도 있다.

- 영재교육 프로그램의 개발과 적용에서 얻은 교육적 경험과 지혜는 일반학생들을 위한 보다 다양하고 도전적인 교육과정의 개발, 적극적인 학습습관의 형성 등에 기여할 것이므로 모든 학생에게 확대·적용하여야 한다.
- 연방정부는 영재들의 독특한 지적 탐구의 욕구를 충족시켜 줌으로써 국가의 이익에 기여할 수 있도록 사회적 관심을 불러일으키고, 필요한 정보의 제공과 기술지원을 하여야 한다.
- 주정부 및 지역의 교육 관계자는 영재의 조기발굴을 위해 효과적·효율적 프로그램을 개발하고 실시하여야 한다.

이러한 「영재교육법」의 취지에 따라 개정된 영재의 정의는 다음과 같다.

> 영재는 지능, 창의성, 예술성, 리더십이나 특수한 학문 영역에서 뛰어난 능력을 입증하였거나, 그러한 능력을 최대한 계발하기 위해서 일반 학교교육 이상의 특별한 교육적 서비스나 활동을 필요로 하는 아동 또는 청소년을 말한다.

2) 미국 영재교육의 발전과정

미국은 1868년 세인트루이스 학교에서 능력수준별 학습제도를 도입한 것을 영재교육의 시초로 삼고 있고, 이후 영재를 위한 속진학습이 주로 이루어졌다. 1904년에 개발된 프랑스의 비네-시몬(Binet-Simon) 지능검사를 스탠퍼드 대학교의 터먼(Terman)이 1922년에 미국판으로 표준화함으로써 스탠퍼드-비네(Stanford-Binet) 지능검사가 개발되었다. 이때 터먼은 스탠퍼드-비네 지능검사의 상위 1%에 해당되는 IQ 135 이상의 학생 1,528명을 판별하여 거의 50년 동안 종단연구를 실시하였다. 그 연구 결과는 『천재에 대한 유전적 연구(Genetic Studies of Genius)』라는 시리즈로 출판되었고, 그는 오늘날 과학적인 영재연구와 영재에 대한 잘못된 신화[5]를

5) 터먼의 영재에 대한 경험적인 연구가 있기 전까지는 롬브로소(Lombroso) 같은 학자들에 의해 '영재는 지적 능력은 뛰어나나 신체적으로 병약하고 대인관계를 비롯하여 사회·정서적으로 문제가 많은 사람'으로 인식되어 왔다.

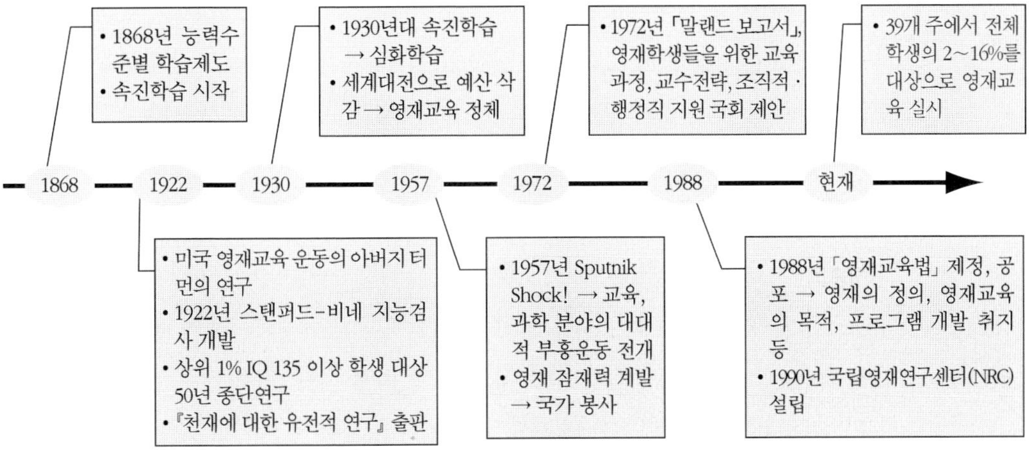

[그림 1-5] 미국 영재교육의 발전과정

바로잡은 공이 인정되어 미국에서 '영재교육 운동의 아버지'로 불린다.

1920년대의 영재교육은 대도시에서 영재교육을 실시한 것과 속진을 위한 능력별 집단편성이 특징이었다. 1930년대와 세계대전 시기에는 특수학급에서의 심화교육이 정규교실에서의 심화교육으로 대체된 시기라고 규정할 수 있다(김태련 외 공역, 2004). 그러나 그 이후 경제대공황으로 생존의 걱정과 교육 형평성의 원리가 지배적인 사회가 됨으로써 영재교육에 대한 관심 저하와 예산 삭감으로 인하여 영재교육은 급격히 감소되었다. 이러한 상황에 대해 1950년 교육정책위원회가 발간한 보고서에서는 "지적으로 탁월한 영재들에 대하여 사회가 무관심하였기 때문에 결국 예술, 과학, 전문 분야에서 커다란 손실을 가져왔다."라고 지적하였다(박성익 외, 2003).

1957년에 세계 최초로 구소련의 인공위성인 스푸트니크 1호가 발사되면서 과학을 비롯

사진 1-1 영재 교실의 전시물

영재학급의 모든 벽면에는 학생들이 만든 작품이 전시되어 있으며, 학생들의 자아존중감과 다른 학생들과의 비교를 통해 학습동기를 향상시키고 있다.

하여 모든 분야에서 우월주의에 빠져 있던 미국은 교육, 과학을 비롯한 모든 분야에서 국가부흥운동을 대대적으로 전개하였다. 특히 영재교육을 '잠재력을 계발해서 자신의 능력을 국가에 봉사하는 데 활용'하기 위해, 어려운 교과를 선택하여 속진을 위한 능력별 집단편성이 실행되는 계기가 되었다. 이후 5년간은 영재교육에 대한 관심이 최고조에 달하였다. 탄넨바움(Tannenbaum, 1979)은 스푸트니크 충격을 "영재교육을 포함한 총체적 재능인재 육성의 도화선"이라고 표현한 바 있다.

그러나 1960년대 중반에 들어서서는 학문의 가치에 대한 심각한 의문이 제기되면서 과학 분야의 인재의 공급은 감소된 수요에 따라 침체하기 시작하였다(김태련 외 공역, 2004). 그러다가 1970년대에는 영재교육 활성화를 위한 「말랜드 보고서」에서 영재교육에 대한 중요성이 언급됨으로써 영재교육에 대한 관심이 고조되었다. 이후 1988년에 「영재교육법」이 통과됨으로써 영재교육이 미국 전역으로 확산될 수 있는 전기가 마련되었다. 1988년 「영재교육법」의 발효와 함께 대부분의 주에서도 「영재교육법」이 제정되었다. 1990년까지 26개 주가 영재들을 위한 특별 프로그램과 서비스를 학교에서 제공하게 되었고, 27개 주는 영재교육 프로그램을 제공할 수 있도록 「영재교육법」을 제정하였으며, '국립영재연구센터'가 설립되었다.

사진 1-2 미국의 영재교육 현장

두 명의 교사가 팀티칭으로 수업을 진행하는데, 학생의 눈높이에 맞춰 수업을 진행한다.

그러나 1990년대에 들어 영재교육에 대한 요구가 더욱 증가되고 있음에도 불구하고, 미국의 쌍둥이 적자(무역과 재정 적자)와 경기침체로 인해 예산이 삭감되고 영재교육이 침체되었다. 2004년에는 「국가의 속임수: 학교 교육이 우수한 미국 학생들을 퇴보시키고 있다(A nation deceived: How schools hold back America's brightest students)」(Colangelo, Assouline, & Gross, 2004)에서 영재교육에 관한 국가적인 불만이 토로되었다. 이 보고서의 첫 장의 제목은 '미국은 수월성을 무시하고 있다'였다. 보고서에서는 "로마가 멸망할 때 학교 책임자들은 딴청을 피우고 있었다."라고 하면서 다음과 같은 내용을 주장하였다(이신동 역, 2008에서 재인용).

> 미국의 교육시스템은 우수한 학생들에게 고정된 지식을 일반학생들과 함께 배우라고 강요한다. 교사들과 교장들은 그들이 알고 있는 것보다 훨씬 더 많이 배우고자 하는 우수한 학생들의 욕망을 무시하고 있다.
>
> 칭찬과 격려 대신, 우수한 학생들은 "안 돼."라는 한마디 말을 들을 뿐이다. 그들이 도전하려고 할 때면 늘 저지당하고, 날고 싶을 때도 교사는 그냥 자리에 앉아 있으라고 말한다. "네 주제를 알고 그냥 그 학년에 남아 있어." 이것은 국가적 스캔들이다. 이 대가로 미국인의 우수성은 천천히 그리고 지속적으로 붕괴될지 모른다.

그러나 21세기를 맞아 미국은 대통령 직속의 '딜레마위원회'를 설치하는 등 미래 사회를 대비하기 위한 여러 가지 전략 중 영재교육의 진흥을 강조하고 있으며, 2014년에 미국은 39개 주에서 다양한 형태의 영재교육 대상자(2~16%, 주마다 차이가 있음)에게 영재교육을 실시하고 있다. 그리고 대학에서도 우수한 영재교육 프로그램을 이수한 학생에 대해 HP(Hornos Program) 등의 특별한 교육 프로그램을 제공하여 영재교육을 연계시키고 있다.

그리고 최근 교육부는 전통적인 평가 방식으로는 판별되거나 교육받지 못했던 경제적 취약 계층, 영어 미능숙자, 장애아를 포함하는 소외계층 영재지원 프로그램을 계속 확대하고 있는 추세이다.

3. 싱가포르 영재교육의 역사와 최근 동향

1965년 말레이시아로부터 독립한 싱가포르는 천연자원이 거의 없는 도시국가였기 때문에 일찍이 유능한 인재 발굴과 육성에 국가정책의 역량을 집중하여 왔다. 1990년대 후반부터 '맨파워21'이라는 국가비전을 세우고 인재 양성과 해외인재

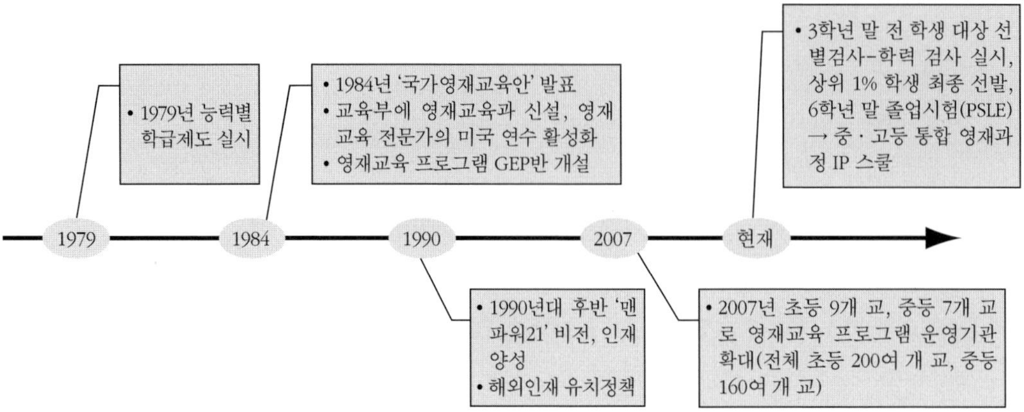

[그림 1-6] 싱가포르 영재교육의 발전과정

유치정책을 펼쳐 왔다. 초등학교부터 이중언어 교육과 영재교육을 강화하고 있으며, 영어를 공용어로 사용한 결과, 국제학업성취도평가인 PISA와 TIMSS(The International Math and Science Study)에서 최상위 수준이며, 세계적인 우수 대학, 의료기관, 금융기관 등을 유치하여 국가 성장의 동력으로 삼고 있다. 이러한 성장의 배경에는 국가가 전략적으로 우수한 영재교육을 통해 국가발전에 이바지하자는 전략이 있었다. 그러기에 교육부의 '영재교육과'를 별도 조직으로 분류하여 박사급 공무원들로 구성하여 영재교육전략을 추진하고 있다.

싱가포르 영재교육의 목표는 영재교육을 통하여 '국가의 미래를 만들자(moulding the future of our nation)'는 것으로, 영재교육을 국가 미래를 위한 투자대상으로 인식하여 정책적 역량을 집중하고 있다. 1979년부터 일반학교에서도 능력별 학급제도를 부분적으로 실시해 왔으나, 1984년에 '국가영재교육안'을 발표하고 교육부에 영재교육과를 신설하여 많은 교육자와 영재교육 전문가를 미국에 연수시켜 본격적으로 영재교육을 활성화시켰다. 그리고 교육부의 일관된 주도하에 학생의 학습 속도에 적합한 '개별화 교육'으로 영재교육을 실시하고 있다. 싱가포르에서 영재교육을 제공하는 2가지 근거는 지적 재능을 갖춘 학생들의 욕구를 충족시켜 줄 수 있는 특별한 교육이 제공되어야 한다는 것과 영재는 귀중한 인적 자원이기 때문에 국가와 사회의 이익을 위해 신중하게 육성되어야 한다는 것이다. 싱가포르 영재교육의 6대

목표는 다음과 같다.

- 학생의 지적 능력에 적합한 고등 사고능력의 계발
- 창의적 생산능력 계발
- 자기주도적 생애학습에 필요한 사고능력과 태도 계발
- 학생의 자아개념과 자기성취에 대한 포부 신장
- 사회적 양심과 사회에 헌신적으로 봉사하려는 태도 신장
- 지도자적 자질 함양

싱가포르에는 초등학교가 약 200개 교, 중등학교(secondary school)가 약 160개 교가 있다. 1984년부터 시작된 영재교육은 초등학교 2개 교, 중등학교 2개 교에서 시작하여 2007년에는 초등 9개 교, 중등 7개 교로 확장되었다. 영재교육기관의 운영 형태를 보면, 일반 학교 안에서 영재학급제도를 상설 운영하고 있으며, 우리나라와 미국과는 달리 영재학교를 별도로 운영하지 않는다.

영재학생의 선발은 초등학교 3학년 말에 전 학생을 대상으로 시험을 치러서 이루어진다. 2단계 선발과정으로 제1차는 영어 및 수학의 선별검사(screening test)를 실시하고, 제2차는 영어, 수학, 일반능력의 학력검사를 통해 상위 6%를 선발한다. 제1, 2차의 점수를 종합하여 상위 1%에 해당되는 '지능이 뛰어난 학생(intellectually gifted)'을 영재교육 대상자로 최종 선발한다. 싱가포르의 영재 학생의 선발 원칙은 다음과 같다.

- 접근 및 기회의 균등
- 하나 이상의 기준 활용
- 평가팀에 의한 판단
- 선발을 위한 기준과 제도의 조화
- 단 한 번의 기회를 근거로 삼지 않음
- 잠재력 입증을 위한 기회 제공

선발된 영재학생들은 초등학교 4~6학년까지 일반학교에 설치된 상설 영재학급(self-contained classes)에서 영재교육을 받는다. 그들은 초등학교 6학년 말에 초등학교 졸업시험(Primary School Leaving Examination: PSLE)을 치르고, 이수한 학생에 한하여 중등학교(1~4학년)[6]에서 영재교육을 계속 받을 수 있다.

싱가포르의 영재교육은 다음의 몇 가지 특징을 지니고 있다.

- 영재교육의 방법적인 원리는 속진학습보다는 심화학습이다. 영재교육에서는 주제가 깊고 폭넓게 다루어지며, 창의성과 고등 사고능력의 함양이 매우 중요시된다. 영재교육과정은 지적인 면에서 매우 도전적이고, 교수-학습 방법은 개별화되어 학습자 중심으로 이루어진다. 영재학생들에게는 다양한 종류의 심화학습활동이 제공된다.
- 영재학교를 별도로 운영하지 않고 일반학교 내에 영재학급을 상설 운영한다. 이는 영재학생의 정서 함양을 위해 일반학생과 어울리는 것이 매우 중요하기 때문이다.
- 영재교육의 목표 중 하나는 학생의 사회적 인식과 책무성을 함양하는 것이다. 이는 영재의 탁월한 인지적 발달수준과 정의적 · 사회적 발달수준 간의 조화를 이루고, 자신에 대해 현실적인 목표와 기대를 가지며, 다양한 기회에서 현명한 선택을 할 수 있도록 하기 위함이다. 또한 초등학교 영재학생들을 위해 '사회인식의 날(social awareness day)'을 지정하여 다양한 인문사회적 소양을 함양하도록 하며, 중등학교 영재학생들을 위한 '인문사회 영재교육 프로그램(Humanities and Social Studies Program in Gifted Education: HSSP-GE)'을 운영하여 영재들이 인문학과 사회과학을 깊이 다룰 수 있는 기회를 제공한다.
- 영재학급에서는 정규수업 외에 개인별 조사연구와 현장조사를 위한 캠프 등 다양한 프로그램을 운영하며, 자기 관심에 따라 스스로 주제를 정하고 실험과 관찰 후에 보고서를 작성하여 발표하는 '자기주도적 학습태도'를 함양한다.

---

6) 싱가포르는 중등학교가 4년제이다.

- 싱가포르 교육부의 영재교육과는 영재교육을 담당할 우수한 교사들을 엄격히 선발하여 학교에 배치하고 국내외 연수를 통해 전문성을 신장시키고 있다. 영재학생을 가르치는 교사들은 전문가 자격을 갖추어야 한다. 초등학교 교사들에게 요구되는 최소한의 자격은 '교육에 있어서 A 수준의 자격과 학위'이다. 중등학교 교사들은 최소한 교육학 석사 학위가 있어야 한다. 이에 더하여 영재교사들은 과목에 대한 전문성, 교수능력과 열정, 지적 호기심, 자신감, 성숙함, 유연성, 창의성, 열정 등을 갖추어야 한다.

최근 싱가포르 교육부는 정규 교육과정과 연계한 심화교육과정의 공공의식, 리더십 교육을 더욱 강화하고 통합형과 분리형의 2가지 유형으로 영재교육을 실시하고 있다.

- 통합형 영재교육: 정규교육과정 중 일반학생과 교육을 받다가 영어, 수학, 과학, 사회과학에서 일반학생과 분리한 영재교육 운영
- 분리형 영재교육: 미술, 공예, 사회, 도덕, 체육 등 영재학생만을 위한 학교

1% 뽑아 조기 영재교육 …… 초등학생들도 특허 낸다

오전 싱가포르 난양초등학교 5학년 L반 이노베이션 프로젝트 수업시간. 여학생 두 명이 20여 명의 학생과 교사 앞에서 자신들이 개발한 '컬러 수정액'에 대해 발표하고 있었다. 기존 수정액에 다양한 색깔의 잉크를 배합해 만든 48가지 컬러 수정액이었다. '수정액은 흰색'이라는 고정관념을 깬 것이다. 제품을 써 본 학생들은 "신선한 아이디어다." "색이 곱다."며 신기해했다. 이날 발표를 한 사라 안(11)은 "재료 선택부터 잉크 배합, 농도 조절, 발표 준비까지 모든 것을 스스로 했다."고 말했다. 또 "특허를 받은 뒤 원재료로 쓴 수정액 제조업체에 역으로 구매를 제안할 것"이라며 상품화 계획까지 밝혔다. 또 다른 발표자 지아 민(11)은 "상품가치를 따져 보니 900만 싱가포르 달러(한화 약 67억 원)는 충분히 된다는 계산이 나왔다."고 자신 있게 말했다.

두 학생은 이 학교의 영재교육 프로그램(GEP)반 소속이다. 싱가포르 정부가 1984년에 우수 인재를 어릴 때 발굴해 집중 육성한다는 전략 아래 만든 프로그램이다. 난양을 포함해 9곳의 초등학교에 개설되어 있다. 전국의 초등학교 3학년을 대상으로 시험을 쳐 전체의 약 1%만을 선발한다. 체육, 음악 등의 과목은 일반학생과 함께 수업을 듣지만 영어, 수학, 과학은 GEP반 학생들끼리만 따로 심화교육을 받는다.

GEP반 수업은 학생들의 창의성을 길러 주기 위해 대학원에서처럼 학생이 주제를 정해 연구하고 발표하는 방식으로 진행된다. 두세 명이 한 그룹이 되어 교사의 일대일 지도도 받는다. 림비킴 교감은 "전담교사가 1주일에 한 번, 대학교수 등 외부 전문가가 한 달에 한 번씩 각 그룹을 따로 만난다."고 말했다. 지아 민과 사라 안도 싱가포르 경영대 교수에게서 마케팅 기법을 지도받았다. 우수한 학생들만 따로 모아 놓은 덕에 GEP 반의 학습열기는 더없이 뜨겁다. 학생들은 경쟁을 즐기는 분위기다. 난양초등학교 4학년 GEP 반에 재학 중인 손추(10)는 "가끔 스트레스를 받기도 한다."라면서도 "스스로 주제를 정해 연구하는 방식으로 수업이 진행되다 보니 공부하는 게 즐겁다."고 말했다.

싱가포르의 GEP 교육은 초등학교 이후에도 이어진다. IP(Integrated Programme) 스쿨이라고 불리는 6년짜리 중 · 고등학교 통합 영재과정이 있다. 존 그레고리 콘세이카오 싱가포르 관광청 교육서비스 국장은 "싱가포르는 국토가 좁고 인구가 적은 나라"라며 "한정된 인적 자원을 최대한 활용해야 살아남을 수 있다."고 말했다. '제각각 능력이 다른 학생에게 평준화 교육을 시키는 것은 자원 낭비'라는 것이다.

[출처: 중앙일보, 2008. 8. 21.]

4. 이스라엘 영재교육의 역사와 최근 동향

오랜 유목생활 끝에 1948년에 독립한 이스라엘은 불리한 지정학적 위치와 주변 중동국가와의 치열한 전쟁의 포화 속에서도 국가 발전을 이룩하였다. 그리고 국토 환경도 열악하고 천연자원이 부족하기에 창의적이고 생산적인 영재교육에 국가정책의 역량을 집중하고 있는 대표적인 국가 중 하나이다.

그러나 1970년대 초까지만 해도 이스라엘은 모든 시민이 기회균등의 교육의 권리를 지닌다는 '형평성의 원리'가 지배적인 국가였다. 그러다가 1973년에 이스라엘 문화교육부는 영재교육의 필요성에 대해 인식하기 시작하면서 1978년에 '영재 및 과학청소년과'를 설치하였다. 그리고 영재교육 정책을 수행하기 위한 3가지 원칙을 수립하였다(구자억 외, 2002).

- 영재들에 대한 관심은 광범위하고도 혁신적인 방법으로 계속될 것이며, 그들의 재능을 계발시키기 위해 가능한 한 최선의 여건을 제공한다.
- 모든 아동의 잠재력, 최상의 능력, 재능을 실현할 수 있는 여건을 제공하는 데 영재교육의 목적이 있다. 이러한 목적을 달성하기 위해 학교가 교육적으로 어떻게 준비해야 하는가에 대한 방향을 제시한다.
- 문화적 배경이 각각 다른 여러 나라에서 이민 온 학생들 간의 통합정책은 계속될 것이며, 교육체제에서 가능한 한 모든 방법을 동원하여 영재교육을 수행해 나간다.

이스라엘 문화교육부의 영재 및 과학청소년과에서는 영재교육 정책의 수립과 시행을 담당하고, 선발도구의 개발과 교육에 관한 프로그램 개발 등에 관한 전문적인 연구는 졸드연구소(Henrietta Szold Institute)에서 연구하여 지원하고 있다.

특히 이스라엘 문화교육부는 영재교육의 세계적인 전문가인 탄넨바움, 렌줄리 등의 이론에 기초하여 다음과 같은 '교육과정 개발 지침'을 제시하였다(구자억 외, 2002).

- 학습 프로그램은 영재들의 특성을 고려해야 하며, 독특한 학습경험을 제공하고 계발시키는 데 초점을 두어야 한다. 프로그램을 계획할 때는 인문학, 사회과학, 생물과학, 정밀과학이 균형 있게 제공되도록 해야 한다.
- 학습자료는 구조화되고 조직적이어야 하며, 중심 아이디어, 문제, 주제를 포함하여야 하고, 지식과 사고과정이 통합되어야 한다.
- 학습 프로그램은 인지발달과 자율학습 기능을 계발시키도록 설계되어야 하며, 학생들이 기존의 정보를 습득하는 동시에 새로운 지식을 창출할 수 있게

해 주어야 한다.

- 학생들의 기존의 지식과 정보를 지속적으로 학습하게 하는 동시에 학습에 대한 원천적인 즐거움을 계발시켜 나갈 수 있는 학습 프로그램이어야 한다.
- 학생들에게 적절하고 특별한 자원을 접할 수 있게 해 주어야 하고, 독특한 연구방법과 최신의 공학을 적용할 수 있는 기회를 제공해야 하며, 전문가를 학습자원으로 활용하여야 한다.
- 탐구를 수행하고 최종 산출물을 만들어 내는 데 창의성과 수월성을 강조해야 한다.
- 영재들이 스스로의 강점과 약점을 잘 알고, 흥미, 학습 스타일, 성향을 잘 알 수 있게 도와주어야 한다.
- 학생들로 하여금 이웃에 대해 민감할 수 있게 해 주고, 사회 및 국가 의식을 계발할 수 있게 해 주어야 한다.
- 학습 프로그램을 계획함에 있어서 특정 교과 간의 간학문적인 측면을 강조하고, 간학문적 프로그램을 준비해야 한다.
- 실제적인 현실 문제에 대해 토론하게 함으로써 학생들이 자신의 미래에 대해 결정하고 미래 문제들을 잘 해결할 수 있게 도와주어야 한다.
- 모든 학습 프로그램은 지식을 습득하는 기회와 학습 및 연구 기능을 습득할 수 있는 기회를 포함해야 한다.
- 학습 프로그램은 엄중하게 평가되어야 한다.

이스라엘 영재교육과정의 특징은 '간학문적 접근방법'과 '평등과 민주주의 가치관'에 있다. 영재학생들에게 이러한 기본적인 특징을 유지해 나가는 교육과정을 제공하면서 영재 개개인의 재능과 소질에 적합한 최상의 교육을 다음과 같이 제공하고 있다.

- 간학문적 접근방법에 따라 프로그램을 계획할 때 인문사회과학과 자연과학이 균형 있게 제공되도록 해야 함을 명시하고 있다. 이스라엘의 방과 후 심화학

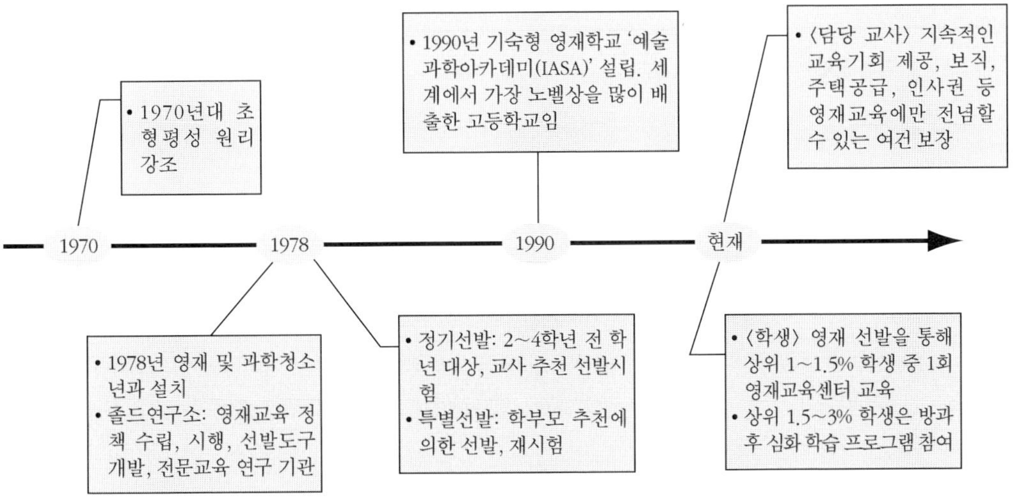

[그림 1-7] 이스라엘 영재교육의 발전과정

습 영재교육센터의 교육과정을 살펴보면 일반교육과정 내에서 제공하지 않는 과목, 즉 과학, 수학, 인문사회과학 영역의 과목들 중에서 선택하도록 한다.

- 평등과 민주주의 가치관 및 도덕교육을 중시하고 있다. 학생들로 하여금 이웃에 대해 민감할 수 있게 해 주고, 사회 및 국가 의식을 계발할 수 있는 영재교육 프로그램을 제공하고 있다.

이스라엘의 영재교육기관은 현재 방과 후 심화학습 영재교육센터, 주중 1일 영재교육센터, 일반학교 내의 영재학급, 영재학교의 4가지 형태로 운영되고 있다. 이러한 영재교육기관의 영재학생 선발절차는 정기선발과 특별선발로 구분된다(김미숙 외, 2007).

이스라엘 예술과학아카데미 탐방

이스라엘 유일의 기숙형 영재학교인 IASA는 210명의 '선택받은 아이'들이 최상의 자유를 누리면서 공부와 생활을 병행하고 있는 곳이다.

때마침 수업이 끝나고 휴식시간이 시작되자 학생들이 교실에서 쏟아져 나왔다. 네 명의 과학전공 학생들은 이내 중앙 로비에 있는 탁자에 앉아 '수학 수수께끼' 하나를 풀기 시작했다. '1865년의 육상 세계 기록은 1마일을 4분 36.5초에 주파한 것인데, 1999년 기록은 3분 43.13초였다. 두 기록 보유자가 동시에 달린다면 1999년 선수가 결승점을 통과할 때 다른 한 명은 몇 피트 뒤처져 있는가?' 이는 미국 아이오와 주립대의 영재센터 학생들이 보내온 문제였다. IASA와 미국의 몇몇 영재학교 학생들은 매달 인터넷을 통해 수수께끼를 주고받으면서 '머리싸움'을 벌인다고 한다.

음악전공 수업이 진행됐던 1층 강당. 학생들이 1월로 예정된 교내 콘서트를 앞두고 베토벤과 모차르트의 작품을 연습하고 있었다. 그중 일곱 명은 과학전공 학생들이다. 그들은 "악기를 좋아하고 음악 공부를 더 하고 싶다. 음악 역시 고도로 수학적인 분야라 전공에 도움이 된다."고 했다. 이처럼 IASA에서는 과학과 미술, 그리고 음악이 '창의성 교육'이라는 장에서 동시에 이뤄지고 있었다.

각자 전공이 있지만 얼마든지 다른 영역의 수업을 들을 수 있어 학문 간의 벽이 자연스럽게 허물어지도록 교육시스템이 짜여 있는 것이다. 학생들은 아침 8시부터 오후 5시까지 이론 수업과 실험과 실습이 반복되는 교과과정을 자기 전공별로 소화한다.

IASA가 강점을 갖는 분야는 이스라엘이 과학기술의 강국임을 반영하듯 과학 및 수학 과목의 교육 프로그램이었다. 작년에는 이스라엘 각지에 있는 공립학교 교사 500명이 이 학교를 찾아 철저히 실험 위주로 짜인 커리큘럼 내용을 배우고 갔다.

학교 관계자는 "'영재만을 위한 기숙형 고등학교'라는 것에 거부감을 가지고 있던 교사들도 있었지만 연수를 받은 뒤 질 높은 창의성 교육의 필요성을 인정했다."고 전했다. 전공별로는 과학전공이 전체 정원의 3분의 2를 차지하고, 미술전공과 음악전공이 나머지 정원에서 절반씩 나눠 갖는다.

사진 1-3 이스라엘 예술과학아카데미

[출처: 조선일보, 2007. 1. 10.]

- 정기선발은 초등학교 2, 3, 4학년의 모든 학생을 대상으로 문화교육부에서 매년 실시한다(검사비용 지원). 첫 단계는 학교 교사에 의해 선발시험을 실시한다. 두 번째 단계는 첫 단계에서 상위 15% 이내의 학생이나 두 번째 단계의 검사를 받을 자격이 있다고 학교가 추천한 학생에 대해 졸드연구소의 특수센터가 주관이 되어 실시한다. 선발결과에 따라 상위 1~1.5% 학생은 일반학교의 영재학급, 주중 1일 영재교육센터에서 영재교육을 받는다. 그리고 상위 1.5~3%의 학생은 방과 후 심화학습 영재교육센터에서 실시하는 프로그램에 참여한다.
- 특별선발은 영재 선발시험을 치르지 못했거나, 시험을 보기는 했으나 영재교육 프로그램에 선발되지 못해서 다시 시험 보기를 희망하는 학생들을 위해서 매년 실시한다(학부모가 선발비용 부담).

영재교육 담당 교사는 일반교사와는 다른 재능을 갖출 뿐만 아니라 별도의 교육을 받아야 한다. 따라서 영재교육 담당 교사의 모집과 승인은 아주 엄격하다. 전공 영역에서 뛰어날 뿐만 아니라 다양한 영역에 대하여 폭넓은 소양과 지식을 갖추어야 하고, 영재들의 독특한 심리적 특성을 이해하고 있어야만 영재교육 담당 교사로 선발될 수 있다(구자억 외, 2002, pp. 161-162).

문화교육부의 영재 및 과학청소년과는 상위 5%에 해당되는 영재학생의 교육을 담당할 교사를 엄정하고 공정한 선발절차에 의해 현직 교사 중에서 선발한다. 그리고 대학의 영재교육 전공 교수진과 협력하여 정부가 요구하는 우수한 교사 양성을 위해 국가가 개발한 영재교육 담당 교사 양성 프로그램에 적합한 인재를 교육하고 있다. 한편, 전문적 능력을 갖춘 영재교사를 양성하기 위하여 영재교사 임용센터를 별도로 두고 특별한 교육을 실시하여 영재교육 담당 교사를 양성・임용하고 있다.

정부에서는 우수한 영재교육 담당 교사의 확충뿐만 아니라 지속적인 교육의 기회와 연봉, 보직, 주택 공급, 인사권에 이르기까지 전반적인 지원시스템을 확충하고 있는데, 이와 같이 정부 차원에서 오직 영재교육에만 전념할 수 있는 교육환경과 전문성 신장을 위해 적극 노력하고 있는 것이 특징적이다.

세계적으로 노벨상을 가장 많이 배출한 고등학교는 1990년에 설립된 이스라엘 유일의 기숙형 영재학교인 '예술과학아카데미(Israel Arts and Science Academy)'이다. 이 학교는 학생들의 창의력을 향상시키기 위한 과목융합에 힘쓰고 있는데, 그 교육과정에는 다음의 3가지 특징이 있다.

- 과학과 예술의 만남을 강조하는 교육과정을 운영한다. 과학전공 학생은 음악이나 미술 수업을 통해 미적 감각을 키우고, 예술전공 학생은 과학을 배우며 논리성과 합리성을 신장시키는 방식이다.
- '길더(Gilder) 프로젝트 주간'을 선정하여 학생들이 종합적으로 사고하고 문제를 해결해 나갈 수 있는 기회를 제공한다.
- 고등학교 수준에서는 과학 분야에만 한정된 경험을 주는 것이 좋지 않다고 인식하여 다른 학문 분야를 탐색할 기회를 제공하는 탐색캠프를 운영하고 있다.

요약정리

1. 영재교육은 시대와 상황에 따라 변화되어 왔다. 21세기 국가 간 무한경쟁 시대에 세계 각국은 과학기술을 포함하여 국가경쟁력을 향상시키기 위해 지적·창의적으로 탁월한 영재들을 위한 영재교육에 많은 정책적 노력을 확대하고 있는 상황이다.
2. 우리나라 영재교육은 「영재교육 진흥법」의 토대 위에서 2003년도부터 국가적 차원의 영재교육이 체계적으로 실시되었다. 오랜 역사를 지닌 미국, 영국, 이스라엘, 싱가포르와 같은 나라에 비하면 출발이 늦었지만, 국가의 정책의지와 국민의 관심, 행·재정적 지원으로 양적인 확대와 질적인 성장을 도모하고 있다. 그러나 영재교육이 시작된 지 몇 년이 채 지나지 않았기에 아직도 해결해야 할 문제(영재 판별 및 선발, 영재교육 담당 교원의 양성과 활용, 영재교육 프로그램 개발, 영재교육 관련 법령의 정비 등)가 산적해 있다. 우리나라의 영재교육은 영재 개인적 차원과 국가경쟁력 향상 차원에서 영재학교, 영재교육원, 영재학급의 영재교육기관에서 실시되고 있다.

3. 미국은 영재를 '미래의 국가 발전, 안보 및 복지 향상에 기여하게 될 절대적으로 필요한 인적 자원'으로 인식하고 영재교육을 실시하고 있다. 1868년 세인트루이스 학교에서 능력수준별 학습제도를 도입한 것을 시작으로, 주마다 차이는 있겠지만 현재는 전체 학생의 2~16% 정도의 학생들이 영재교육을 받고 있다.
4. 싱가포르는 영재교육을 통하여 '국가의 미래를 만들자'라는 슬로건 아래 정책적 역량을 집중하고 있다. 이러한 결과, 세계적인 학력평가(PISA, TIMSS) 결과에서도 최고 수준의 성과를 과시하고 있다. 싱가포르는 '지능이 뛰어난 학생'을 영재라고 하여 전체 초등학교 3학년 학생들을 대상으로 엄격한 선발시험을 치르며, 영재학생의 정서 함양을 위해 영재학교를 별도로 운영하지 않고 정규 학교 내에 영재학급을 상설 운영하는 것이 특징적이다.
5. 이스라엘의 영재교육은 다양한 학문의 기회를 접할 수 있는 '간학문적 접근방법', 이웃을 배려하고 사회 및 국가 의식을 계발하게 하는 '평등과 민주주의 가치관'을 실현하기 위해 영재교육을 실시하고 있다. 더불어 영재교육을 담당할 우수한 전문성과 자질을 갖춘 교사 양성에 주력하고 있다.

연구문제

1. 많은 국가가 국가 차원에서 영재교육을 추진하고 있는 이유에 대해 설명하시오.
2. 국가적 차원의 영재교육이 성공할 수 있는 배경변인에 대해 설명하시오.
3. 우리나라의 영재에 대한 정의와 영재교육의 목적에 대해 설명하시오.
4. 우리나라 영재교육기관의 유형에 대해 설명하시오.
5. 미국 교육부의 영재의 정의에 대해 설명하시오.
6. 미국 영재교육의 흥망사에 대해 연대별로 간략히 설명하시오.
7. 싱가포르 영재교육의 3가지 특징에 대해 설명하시오.
8. 이스라엘 영재교육과정의 특징을 설명하시오.
9. 싱가포르와 이스라엘 영재교육의 유사점과 차이점에 대해 설명하시오.
10. 미국, 싱가포르, 이스라엘의 영재교육이 우리나라 영재교육에 주는 교육적 시사점에 대해 설명하시오.

제2장
영재성의 개념과 정의

학습목표

1. 영재교육을 연구하는 연구자들이 지금까지 어떠한 과학적 연구방법으로 영재성을 탐구하여 왔는지 설명할 수 있다.
2. 영재성의 개념과 정의에 대하여 국가 간의 공통점과 차이점에 대해 설명할 수 있다.
3. 영재성의 개념과 정의에 대하여 연구자들의 다양한 이론을 재정립하여 자신의 관점에서 설명할 수 있다.
4. 다양한 프로파일을 지닌 영재와 다양한 분야의 영재들의 특성에 대해 설명할 수 있다.

'영재란 누구인가? 누구를 영재라고 할 것인가? 어떤 특성이 탁월한 사람을 영재라고 정의할 것인가? 영재는 어느 영역에서 나타나는 것일까? 어느 한 영역에서 상위 몇 %를 영재라고 규정할 것인가? 법에서는 영재를 누구라고, 어느 영역에서, 몇 %를 영재라고 규정하고 있을까? 어릴 때 탁월한 재능을 가진 사람을 영재라고 할 것인가? 성인이 되어 학문적으로나 사회적으로 검증된 사람을 영재라고 할 것인가?' 등등 영재에 대해 그리고 영재가 지니고 있는 특성인 영재성에 대해 궁금한 점이 많다.

영재와 영재성의 개념과 정의, 출현 영역, 출현율[1] 등 영재에 대한 패러다임은 시대적 · 문화적 · 사회적 상황에 따라 변화되어 왔다. 스파르타와 로마 시대에 부각

1) 전체 인구 중 상위 몇 %를 영재로 할 것인가를 영재의 '출현율'이라고 한다.

된 영재, 인간보다는 신의 세계가 중시되었던 중세시대의 영재, 농경사회와 오늘날의 고도의 지식정보화 시대가 요구하는 영재의 개념은 서로 다르다. 또한 동양과 서양 문화권에서 인정받는 영재, 전쟁과 평화 시절에 인정받는 영재의 개념도 서로 다르다. 국가마다 인정하는 영재의 범위가 다르고, 또 국가 내에서도 지역별(미국은 주별로도 서로 다름)로 영재의 출현율이 서로 다르다(2~16% 정도). 이와 같이 영재성의 개념과 정의에 대한 패러다임은 끊임없이 상황에 따라 변화되어 왔다.

영재성(giftedness)이란 영재가 지닌 인지적이고, 정의적이며, 사회적인 특성을 의미한다. 영재교육에서 가장 중요한 선결문제는 '어떤 사람을 영재라고 할 것인가?'의 문제로, 영재성을 어떻게 정의할 것인가가 우선적으로 정립되어야 한다. 영재학생의 특별한 심리적 특성과 교육적 욕구를 정확히 인식하여야만 그들의 특성과 욕구를 충족시켜 줄 수 있는 법적 · 제도적 기반 위에 영재교육이 이루어질 수 있다. 따라서 영재성에 대한 개념과 정의가 올바로 정립되어야만 올바른 영재교육을 실시할 수 있는 것이다.

정립된 영재성의 개념과 정의에 기초하여 누가 영재인지를 판별(identification)하고 선발(selection)하여, 영재성을 계발하고 육성시켜 줄 수 있는 적절한 영재교육기관의 교육 프로그램에 배치할 수 있다. 그리고 영재교육기관의 교육 프로그램의 설계와 구성 및 운용, 영재교육 프로그램의 효과 측정과 평가, 영재교육을 담당하는 교원의 양성과 배치, 영재의 심리적 특성에 따른 영재상담 등의 일련의 체계적이고 효율적인 교육이 이루어지는 것이다.

스턴버그(Sternberg, 2004; 이정규 역, 2008)는 영재성 연구에 대한 신중한 접근과 경계가 있어야 한다고 강조하였다. 왜냐하면 "우리가 영재성을 개념화하는 것은 누군가가 미래 사회에 공헌할 수 있는 기회를 많게 하거나 적게 하는 데 영향을 줄 수 있으며, 영재로 판별된 사람들에게는 성공할 기회가 주어지지만 판별되지 못한 사람들에게는 그렇지 못할 것"이기 때문이다.

이 장에서는 먼저 영재성에 대하여 개념을 정의한 연구자들이 어떤 과학적인 연구방법을 사용하였는지를 살펴본다. 다음으로 우리나라와 미국, 이스라엘, 싱가포르, 홍콩 등 국가적 차원의 영재성, 그리고 영재성을 연구한 학자들이 규정한 이론적 차원의 영재성의 개념과 정의를 살펴본다. 우리는 그동안 일반학생과 영재학생 간의 집단 간 차이연구의 관점에서 영재성의 개념과 정의를 연구하여 왔다. 하지만 최근에는 영재학생들 간에도 개인차가 크게 존재한다는 의견이 제시되었고, 이러한 영재집단 내에서 개인차를 밝히려는 연구가 활발히 진행 중으로, 다양한 영재의 프로파일과 각 분야별 영재들의 특성에 대해 살펴본다.

1. 영재성의 연구

인간의 특성을 인지적 · 정의적 · 사회적 특성으로 구분 또는 통합하여 연구하고자 하는 교육학 및 심리학과 같은 행동과학에서는 지난 수십 년간 영재성을 어떻게 연구하여 왔을까? 영재들의 탁월한 특성을 알고 특성 간에 존재하는 규칙을 발견하여 그것을 이론적으로 정립할 수 있다면, 그리하여 일반학생들에게도 그 특성을 계발할 수 있도록 교육한다면 영재교육과 일반교육 모두 시너지 효과를 발휘할 수 있게 될 것이다.

일반적으로 연구자들은 다음의 2가지 연구방법을 통해 영재성에 대해 연구하였다(이정규, 김현철, 이윤옥, 2005). 첫째, 아직 잠재되어 있거나 발현 중에 있는 천부적으로 타고난(the gifted)[2] 영재성을 지닌 아동이나 학생들을 대상으로 인지적 · 정의적 · 사회적 특성을 파악하는 연구방법이다. 둘째, 영재성을 지닌 아동이나 학생이 아닌 이미 영재성이 발현되어 학문적으로나 사회적으로 그 업적이 검증된 성인이 된 영재들을 대상으로 영재성을 파악하는 연구방법이다.

전자의 연구방법을 적용한 대표적인 연구로는 1904년 프랑스의 비네(Binet)가 개발한 지능검사에 대해 1922년에 미국 스탠퍼드 대학교의 심리학자인 터먼(Terman) 교수가 스탠퍼드-비네(Stanford-Binet) 지능검사를 개발하고 검사 결과 상위 1%의 지능을 가진 1,528명의 영재학생에 대하여 50여 년 동안 종단연구를 시행한 터먼과

2) 영재의 영문 표기는 'the gifted and the talented' 또는 분리하여 'the gifted'나 'the talented'라고 하는데, 최근에는 'the gifted'라는 표기가 더 많이 사용되고 있다.

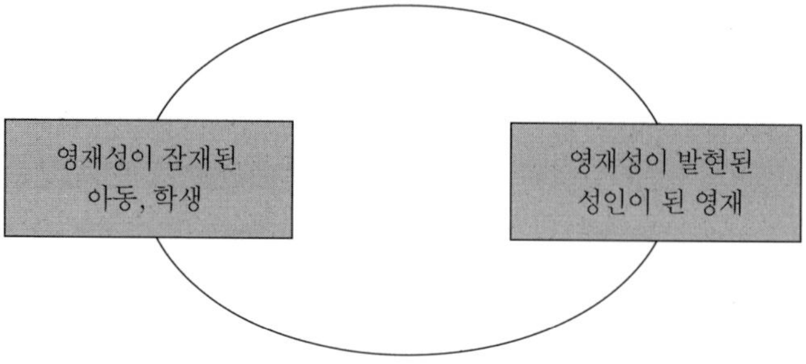

[그림 2-1] 영재성 연구방법의 대상

오든(Terman & Oden, 1947, 1959)의 연구를 들 수 있다. 그 연구 결과는 『천재에 대한 유전적 연구(Genetic Studies of Genius)』라는 시리즈로 출판되었다.

후자의 연구방법을 적용한 대표적인 연구로는 14세기부터 20세기까지 예술, 과학, 정치, 종교 분야에서 탁월한 업적을 남긴 200명의 위인들의 아동기 특성을 연구한 월버그(Walberg, 1982)의 연구를 들 수 있다. 연구 결과, 위인들의 아동기 특성은 다재다능하고 집중력, 인내력, 우수한 의사소통 기술과 보통 이상의 지적 능력이 있는 것으로 나타났다. 또한 심리사회학적인 관점에서 아동보다는 성인을 중심으로 영재성 연구를 해야 한다고 주장한 탄넨바움(Tannenbaum, 2003)은 "충분히 계발된 재능은 성인에게서만 찾아볼 수 있다."라고 하였다. 그리고 "영재성은 인간의 윤리적 · 신체적 · 정서적 · 사회적 · 지적 · 심리적 생활에서 새로운 아이디어를 생산해 내는 표상 또는 결정적으로 존경을 받는 수행자가 될 가능성을 말한다."라고 하였다.

최근에 국내에서도 앞의 2가지 연구방법으로 영재성을 파악하려는 실증적인 연구가 있었다. 전자의 연구방법을 적용한 연구로는 영재성이 잠재되어 있는 아동이나 학생들을 대상으로 영재의 특성을 추출한 김홍원, 윤초희, 윤여홍, 김현철(2003)의 연구가 있다. 그들은 지능지수를 영재성의 준거로 하여 전국 영재교육기관의 초등학생 583명을 대상으로 가정배경, 인지적 · 정의적 행동특성을 추출한 초등 영재학생의 지적 · 정의적 행동특성 및 지도 방안을 연구하였다. 연구에서 고지능의 영재들 중에서도 영재교육기관에서 체계적으로 영재교육을 받고 있는 학생들이 다른 집단들에 비하여 영재성이 잘 계발되고 있는 것으로 밝혀졌다.

후자의 연구방법을 적용한 연구로는 1985년부터 1989년 사이에 영재성이 판별된 144명의 아동들이 18년이 지난 후에 어떻게 성장하였는가를 연구한 조석희, 안도희, 한석실(2003)의 「영재성의 발굴 및 계발에 영향을 미치는 요인 분석 연구」가 있다. 그러나 그들이 연구에서도 밝힌 바와 같이 "국가가 이들을 신동으로만 발굴하였을 뿐 교육적 조치는 이루어지지 않은 불만으로 인하여 연구 대상자들이 연구에 잘 응하지 않아 실제로 얼마나 성취했는지는 편파적인 자료를 통해 해석될 수밖에 없다."(p. 280)는 연구의 제한점이 있었다. 그리고 이정규, 김현철, 이윤옥(2005)은 사회적으로나 학문적으로 검증받은 성인 영재를 대상으로 「우리나라 영재의 인지적 특성 연구: 3개 영역별(문과, 이과, 예술) 영재를 중심으로」라는 연구를 통해 지능과 창의성, 수학, 공간, 논리지능 등 다양한 인지적 능력에 대해 조사하면서 3개 영역의 영재집단 간에 차이가 있음을 밝혔다.

이와 같이 잠재된 영재성을 지닌 아동이나 영재성이 발현되어 사회적으로나 학문적으로 검증받은 성인 영재를 대상으로 영재성을 밝히려는 연구자들의 많은 연구 결과를 결론적으로 간략히 말하자면, '영재란 바로 이런 사람이다.'라고 할 수 있는 일치된 정의가 아직까지는 없다는 것이다. 영재성의 개념과 정의가 일치하지 못하고 있는 이유는 다음과 같다.

첫째, 지난 130여 년의 심리학 역사 중에서 가장 오랜 연구사를 지닌 '지능'에 대한 개념과 정의가 지능을 연구하는 학자들의 수만큼 많다고 하는 것은 영재성의 연구에서도 적용될 수 있다고 하겠다. 오히려 연구자들에게 일치된 '영재성'의 정의를 요구하는 것 자체가 학문의 과학적인 발전에 대한 오만이자 학자의 독선이 될 수 있다. '과학적 이론이란 반드시 반증되어야 하며, 반증되지 않는 이론은 비과학적 이론'이라고 한 포퍼(Popper)의 '반증(反證)주의'에 비추어 보아도, 하나의 정의가 존재하지 않는다는 것이 과학적 이론의 발달 차원에서 오히려 타당한 것이다. 이러한 '반증주의' 관점에서 살펴볼 때, 영재성 연구도 연구자들 간의 끊임없는 반증과 논쟁을 통해 연구의 과학적 발전을 꾀하고자 하는 발전과정으로 해석할 수 있다.

둘째, 일반적으로 눈으로 관찰 가능하고 측정 가능한 자연현상과는 달리, '인간'

의 복잡 다양한 눈에 보이지 않는 속성(영재성)을 한마디로 간단명료하게 정의하기는 매우 어렵기 때문이다. 그리고 지금까지 영재성의 정의는 시대적 · 문화적 차이에 따라 변화되고, 달리 정의되어 왔다.

셋째, 영재성 연구의 과학적 연구방법의 차이이다. 예를 들면, 이미 언급한 것처럼 영재성이 잠재된 아동을 대상으로 영재성을 파악하는 방법과 이미 영재성이 발현된 성인 영재들을 대상으로 영재성을 파악하는 방법이 있다. 또한 타고난 영재성이 환경의 지원으로 잘 판별되어 학교에서 대부분 성공적인 영재교육을 받고 있는 영재를 대상으로 한 연구와 지역적 · 경제적으로 소외되어 학교 부적응, 미성취 등을 겪고 있는 영재를 대상으로 한 연구는 당연히 다른 결과를 도출할 것이다. 최근에는 연구자들의 관심이 영재들 간에도 영역 간 차이, 개인 간 차이가 크다는 것에 집중되어 영재 내의 개인 차이를 밝히려는 연구가 늘어나고 있다.

우리나라 영재교육에 있어서 영재성의 개념과 정의가 중요한데도 그동안 영재성의 본질에 대한 연구가 부족한 이유에 대해 윤초희와 강승희(2005, p. 64)는 “우리나라의 영재교육은 주로 영재교육 프로그램 개발, 교육과정 개발, 교수-학습 자료 개발 등 실제적으로 교실 현장에 적용할 수 있는 모형 개발에 주력해 왔지만, 과연 영재성이란 무엇인지, 영재성을 이루는 하위 구성요소는 무엇인지, 영역별 영재의 심리적 특성은 어떠한지에 대한 연구는 드물었다.”라고 밝혔다.

다음에서는 오늘날의 영재성 연구에 많은 영향을 미친 국가별 영재성의 개념과 정의, 대표적인 연구자들의 영재성의 개념과 정의에 대해 살펴보고자 한다.

2. 국가별 영재성의 개념과 정의

1) 우리나라 영재성의 개념과 정의

우리나라의 영재교육 기본법인 「영재교육 진흥법」(2000)에서 밝힌 영재의 법적 정의는 다음과 같다.

제2조(정의) 이 법에서 사용하는 용어의 뜻은 다음과 같다.

1. '영재'란 재능이 뛰어난 사람으로서 타고난 잠재력을 계발하기 위하여 특별한 교육이 필요한 사람을 말한다.

제5조(영재교육 대상자의 선정) ① 영재교육기관의 장은 다음 각 호의 어느 하나의 사항에 대하여 뛰어나거나 잠재력이 우수한 사람 중 해당 교육기관의 교육 영역 및 목적 등에 적합하다고 인정하는 사람을 영재교육 대상자로 선발한다.

1. 일반 지능
2. 특수 학문 적성
3. 창의적 사고능력
4. 예술적 재능
5. 신체적 재능
6. 그 밖의 특별한 재능

「영재교육 진흥법」의 법적 정의가 내포하고 있는 의미는 다음과 같다.

첫째, 용어의 통일이다. 즉, 그동안 영재(英才), 신동(神童), 천재(天才) 등 다양하게 쓰인 용어를 '영재'라는 용어로 통일하였다. 한편으로 수행능력의 수준, 심리적 특성의 차이 등으로 영재, 신동, 천재를 구분하는 학자들도 있다. 그리고 영재아와 재능아를 구분하여, 영재성은 인간의 능력 영역에 적용되고 재능은 인간의 성취영역에 적용된다고 보는 학자들도 있다.

둘째, 영재성은 타고난 잠재력을 의미한다. 이에 영재는 천부적으로 타고난(the gifted) 사람을 말한다. 다시 말해, 타고난 천부적인 영재성이 없음에도 불구하고 외부의 압력에 의해 만들어지는 영재는 진정한 영재가 아니라는 의미이다.

셋째, 영재는 잠재력을 계발하기 위해 특별한 교육을 필요로 하는 사람이다. 영재의 잠재력을 계발하기 위해서는 일반적인 정규학교 교육과정 이외에도 영재의 특별한 심리적 특성과 교육적 욕구를 충족시켜 줄 수 있는 '영재교육'이라는 특별한 교육적 서비스가 제공되어야 한다. 반면, 이러한 교육적 서비스가 제공되지 않고서는 영재나 주변 사람들은 영재가 지닌 영재성조차 발견하지 못한 채 조기에 사장되고 만다. 김홍원 등(2003)의 연구에서 고지능의 영재임에도 불구하고 영재교육기관에서 적합한 교육적 서비스를 제공받는 영재와 그렇지 못한 영재 간에는 차이가 있다고 한 것에서도 알 수 있듯이, 영재의 타고난 영재성도 교육이라는 환경의 적절한 지원이 있어야만 잘 발현될 수 있는 것이다.

마지막으로, 우리나라는 영재성을 ① 일반 지능, ② 특수 학문 적성, ③ 창의적 사고능력, ④ 예술적 재능, ⑤ 신체적 재능, ⑥ 그 밖의 특별한 재능의 6가지로 규정하고 있다.

2) 미국 영재성의 개념과 정의

미국에서 최초로 영재성의 정의를 밝힌 것은 국립학교교육평가협회(National Study of School Evaluation: NSSE)의 1920년과 1924년 연감에 나타나 있다. 연감의 '초년의 영재아동에 대한 프로그램과 규정'에서는 영재아동을 '높은 지적 능력과 학업적 성취를 보인 아동'으로 간주하였으며, 이러한 능력이 영재성의 본질을 결정하는 개인의 특성이자 자질이라고 명백히 밝히고 있다(Passow, 1981).

그러나 최근 미국에서 가장 널리 사용되는 정의는 미국 교육부의 정의일 것이다(이정규 역, 2008; Passow, 1981). 당시 교육위원회의 위원이었던 말랜드(Marland, 1972)가 제시한 정의는 다음과 같다.

> 영재는 전문가에 의해 뛰어난 능력을 지니고 있어서 높은 수행력을 가진 것으로 판단된 아동들이다. 그들이 자신은 물론 사회에의 공헌을 구현하기 위해서는 일반적으로 정규학교 교육과정에서는 제공하지 못하는 차별화된 교육 프로그램과 서비스가 필요하다(p. ix).

그리고 다음의 분야 중 하나 또는 여러 분야에서 검증된 성취 및 잠재력을 비롯하여 높은 수행력을 가진 아동을 영재라고 정의하였다.

① 일반적인 지적 능력	② 특수 학문의 적성
③ 창의적 또는 생산적 사고능력	④ 리더십
⑤ 시각 및 공연 예술	⑥ 정신운동 능력

이 중 '정신운동 능력'[3]은 「말랜드 보고서」에서 제시한 분야에서 제외되어 현재 교육부 정의에는 5가지 분야만 남아 있다. 정신운동 능력이 삭제된 이유는 여러 가지가 있으나, 그중 하나는 정신운동 능력이 탁월한 사람의 경우 재원이 풍부한 프로 스포츠 구단에서 이미 스카우트해 가서 국가에서 특별한 예산을 들여 별도로 교육하지 않아도 되기 때문이다.

이후 1988년에 「영재교육법(Gifted and Talented Student Education Act, P.L. 100-297)」이 제정 · 공포되었다. 2005년에는 미국 의회의 재승인을 받아 영재교육을 확대하고 있으며, 미국의 대부분의 주에서도 이 정의를 수용하거나 일부 개정하여 영재교육을 하고 있다. 「영재교육법」의 취지에 따라 개정된 영재의 정의는 다음과 같다.

> 영재는 지능, 창의성, 예술성, 리더십이나 특수한 학문 영역에서 뛰어난 능력을 입증하였거나, 그러한 능력을 최대한 계발하기 위해서 일반학교 교육 이상의 교육적 서비스나 활동을 필요로 하는 아동이나 청소년을 말한다.

사진 2-1 **미국의 영재교육 현장**

미국의 영재교육에는 학교에서 영재교육만을 전담하는 '영재교육 전담교사'(중앙)가 있으며, 지역의 영재교육을 지도하는 '영재교육 코디네이터'(우측)가 있다. 그리고 영재교실에는 한 명의 보조교사가 교육을 보완하는 팀티칭 제도로 운영된다.

---

3) 정신운동(psycho-motor) 능력은 심리운동(심동) 능력이라고도 불린다. 이는 인간의 반사동작, 초보적 기초동작, 운동지각 능력, 의사소통 능력을 의미한다.

[그림 2-2] 미국 영재교육의 6가지 분야

3) 영국 영재성의 개념과 정의

영국에서는 2001년부터 공립학교에서 영재교육을 본격적으로 실시하였으며, 2007년에는 인재 육성을 위해 '과학기술고등교육부'를 신설하여 영재교육에 박차를 가하고 있다. 영국은 영재교육 대상자를 수준별로 다시 2개의 층으로 구분하고 있다. 즉, 영재교육 기본 대상자는 전체 학생 인구의 약 5%로 '매우 유능한 학생(very able pupil)'[4]인데, 이들 중 약 2%는 '예외적으로 유능한 학생(exceptionally able pupil)'으로 구분된다.

영국의 영재교육은 IQ에 근거한 단일 지표보다는 '다중지능이론(multiple intelligence theory)'을 근거로 판별한다. 그리고 '능력'의 개념은 인지적 능력뿐만 아니라 창의성, 재능(무용, 드라마, 음악, 체육), 과제 집착력, 동기 등을 포함하는 폭넓은 의미의 접근으로 이해하고 있다. 따라서 학생들의 능력을 측정하는 데 있어 일

4) 영국은 미국과 달리 영재를 'the able pupil'이라고 한다.

사진 2-2 영국의 영재교육 현장

영국의 영재교육에서는 수학 시간에 ICT를 활용한 전자칠판(좌)과 전자 리모컨(우)을 활용하여 전원 참여와 토론이 가능한 학습을 하고 있다.

차원적인 측정이 아닌 다차원적인 평가를 지지하고 있다. 그러므로 국립영재교육원이 영재를 선발할 때는 다양한 증거를 확보하는데, 시험 결과뿐만 아니라 교사, 부모, 친구들의 추천, 성취 포트폴리오 등을 근거로 한다. 더불어 선발과정에서 중요하게 여기는 것은 적절한 지원과 제공으로 얻어진 '현재의 성취'보다 '미래의 잠재력'을 보여 주는 증거이다.

4) 싱가포르 영재성의 개념과 정의

싱가포르의 영재성의 개념과 정의는 교육부의 영재교육의 6대 목표에 잘 나타나 있다. 무엇보다 싱가포르는 전체 학생의 상위 1%에 해당되는 '지능이 뛰어난 학생(intellectually gifted)'을 영재라고 규정하였다.

- 학생의 지적 능력에 적합한 고등 사고능력의 계발
- 창의적 생산능력 계발
- 자기주도적 생애학습에 필요한 사고능력과 태도 계발
- 학생의 자아개념과 자기성취에 대한 포부 신장

• 사회적 양심과 사회에 헌신적으로 봉사하려는 태도 신장
• 리더십 함양

5) 이스라엘 영재성의 개념과 정의

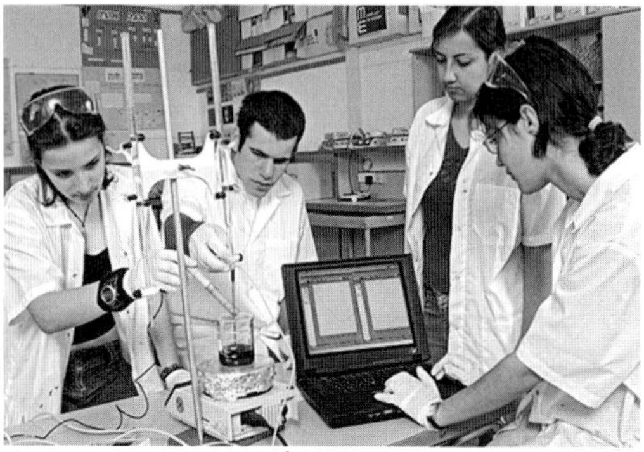

사진 2-3
이스라엘 예술과학아카데미 학생들의 실습 장면
출처: 조선일보(2007. 1. 10.).

이스라엘 문화교육부는 1978년부터 본격적으로 영재교육을 실시하였다. 미국의 영재성의 개념과 정의와는 달리, 이스라엘은 '인문과학과 자연과학 분야에서 아동의 지적 혹은 특별한 학문적 능력과 관련된 영재성'을 가장 적합한 정의로 받아들이고 있다. 이 정의는 지적 성취에 기초한 일차원적인 정의로, 다른 나라들과는 달리 창의성, 리더십, 시각예술, 정신운동 영역과 같은 특수재능 영역은 포함시키지 않고 있다(구자억 외, 2002).

6) 홍콩 영재성의 개념과 정의

2000년에 홍콩 정부는 '영재교육정책'을 수립하였고, 이에 근거하여 2003년에 교육국 내에 '영재교육과'가 신설되었다. 2007년에는 영재학생과 교사, 학부모를 위한 영재교육 아카데미를 설립하여 영재교육을 더욱 활성화하고 있다.

홍콩 정부에서는 영재성을 다음과 같은 영역에서 잠재성을 지니고 있거나 발현된 학생으로 정의하고 있다.

• 측정된 높은 수준의 지능
• 특수 학문의 적성
• 창의적 사고능력

- 시각과 공연 예술의 탁월한 재능
- 공통의 목적을 달성하기 위해 타인을 지도할 수 있는 자연적인 리더십
- 정신운동 능력(탁월한 운동이나 기계 기술 등)

1990년부터 '교육과 인재국'은 가드너(Gardner) 교수의 다중지능이론(언어지능, 논리-수학지능, 음악지능, 시각-공간지능, 대인관계지능, 개인내적지능, 운동지능, 자연탐구지능)에 기초하여 학교 중심 접근법을 영재교육에 적용하고 있다.

〈표 2-1〉 국가별 영재성의 정의 비교표

	한국	미국	영국	싱가포르	이스라엘	홍콩
일반적인 지적 능력	○	○	○	○	○	○
특수 학문 적성능력	○	○	○	△	○	○
창의성	○	○	○	○	△	○
시각 및 공연 예술	○	○	○	△	×	○
리더십	×	○	×	○	×	○
정신운동 능력	○	×	○	△	×	○
기타	특별한 재능 추가	-	-	자기주도적 사고와 태도, 자아개념과 자기성취, 양심과 봉사	-	-
비고	재능 강조와 기타 특별한 재능으로 포괄적 정의	1996년 '정신운동 능력'을 제외함	다중지능이론에 근거한 포괄적 정의	상위 1%의 지능이 뛰어난 학생	지적 · 학문적 능력강조	다중지능이론에 기초

○: 명확, △: 어느 정도 포함, ×: 없음.

3. 학자별 영재성의 개념과 정의

1) 터먼의 영재성의 개념과 정의

터먼(Terman)과 그의 동료 연구자들은 1922년에 비네-시몬 지능검사를 미국판으로 표준화하여 스탠퍼드-비네(Stanford-Binet) 지능검사를 개발하였다. 그 당시 선발된 IQ 135 이상의 1,528명의 영재들에 대한 50여 년간의 실증적인 종단연구는 터먼 이전의 영재들에 관한 연구들에 대하여 반증을 제시한 연구로 손꼽힌다. 터먼 이전의 영재들에 관한 대표적인 연구로는 롬브로소(Lombroso)의 연구를 들 수 있다. 그는 "영재들은 점차 퇴화되는 조짐을 보이고 있는데, 대표적인 특징으로는 어눌한 말씨, 작은 키, 쇠약한 몸, 창백한 얼굴색, 구루병, 대머리, 기억상실, 불임, 심각한 두뇌 퇴화 등이 나타난다."라고 주장하였다.

터먼은 '학교 총 학생 수의 상위 1%에 드는 뛰어난 대상'으로 판별된 'IQ 135 이상의 고지능'을 영재라고 정의하였다. 터먼과 그의 동료들이 50여 년 이상 지속하여 종단연구를 실시한 이유는 다음과 같다.

> 지적 영재성에 대한 원천을 판단하고 나면 지적 능력의 공급을 증가시킬 수 있는 수단을 찾을 수 있을 것이다. 영재아동의 신체적, 지적, 성격적 자질을 더 잘 이해하면 더 큰 성공의 확률로 영재아동을 위한 교육을 설계할 수 있을 것이다. …… 영재아동의 경우, 교육부의 통상적인 한계를 초월한 것이지만, 교육자 앞에 펼쳐진 영역은 여전히 미지의 세계이다. 이제 앞으로 나아가 탐구하고 통합할 때가 온 것이다(Terman, 1925~1926, pp. 16-17).

그들은 연구 결과를 통해 '학교 시절에 고지능으로 판별된 영재들은 성인이 되어서도 상대적으로 뛰어난 경지에 오를 수 있다.'고 보고하였다. 종단연구의 결과 가운데 일반적으로 영재에 대한 여러 오해와 반대되는 결과는 지적으로 재능이 있는 아동들이 또래의 평범한 아동들에 비해 일반적으로 건강 및 신체, 정신건강과 적응력, 성인 지능, 직업 지위 및 수입, 출판 및 특허권, 심지어 삶의 만족도에서도 더 뛰어나다는 점이다.

연구 결과 나타난 특징을 간략히 정리하면 다음과 같다.

- 영재아는 지적 소질이 훨씬 우수하고, 신체적인 소질이 약간 더 우수한 가족 출신이다.
- IQ 140 이상인 아동의 형제의 평균 IQ는 약 123이다.
- 영재아는 감정적으로 불안정하거나 사회성, 사회적 적응력이 부족하지 않으며, 어떤 유형의 부적응도 나타나지 않는다.
- 영재아는 다른 아동보다 건강과 체격에 있어서 약간 우월하다.
- 영재아는 숨겨진 잠재력을 보유하고 있다. 그러나 잠재력의 성공 여부는 양육 요인에 달려 있다.

한편, 터먼의 종단연구에서 그 대상은 대공황을 겪고 있는 1920년대 당시 캘리포니아의 대도시에서 제대로 학교를 다닐 수 있는 계층인 중산층 이상의 자녀들로, 옷을 깨끗이 잘 입고, 행실도 올바르며, 반항적이지도 않고, 특히 선생님 말씀을 잘 듣는 학생들이었으며, 남학생들이 여학생보다 훨씬 많은 비중을 차지하고 있었다. 그렇기에 이러한 터먼의 종단연구의 결과를 영재 전체에 일반화하기에는 타당하지 못하다는 비판이 제기되기도 한다.

2) 홀링워스의 영재연구

터먼이 미국의 서부 캘리포니아를 중심으로 종단연구를 진행하고 있을 때, 홀링워스(Hollingworth)는 미국의 동부인 뉴욕 시에서 영재성의 본질과 필요성에 대한 연구에 참여하고 있었다. 그녀는 영재아동을 '일반 지능에 대한 상위 1%의 아동'으로 정의하였는데, 이는 구체적으로 '추상적 사고력 및 상징을 다루고 학문을 성취할 수 있는 능력'이었다(이정규 역, 2008, p. 39). 홀링워스는 영재성에 대해 다음과 같이 기술하였다.

> 우리는 일반적인 아동보다 훨씬 교육 가능한 아동을 영재아라고 일컫는다. 이러한 뛰어난 교육적 탁월성은 음악이나 회화와 같은 예술 중 하나에서 나타날 수도 있고, 기계적 적성에서 나타날 수도 있다. 혹은 추상적 지능과 학업을 성취할 수 있는 뛰어난 능력일지도 모른다. 따라서 학생들의 영재성의 모든 형태를 고려해야 하는 교육사업은 영재아동들 자신의 복지를 위해서는 물론, 더 크게는 사회를 위해 이루어져야 한다(이정규 역, 2008).

이와 함께 홀링워스는 영재에게 생산적 습관이나 리더십과 관련된 태도나 동기를 발달시킬 수 있는 정서학습이 절대적으로 필요하다고 강조하면서 상담을 통한 영재아의 '정서교육'에 공헌하였다. 지적발달은 아동의 연령과 신체발달보다 먼저 이루어지기 때문에 사회적 · 정서적 문제가 나타난다. 예를 들어, "또래에 비하여 차원 높은 어휘를 구사하고 규칙이 복잡한 게임을 좋아하는 아동들은 보통 아동들과 어울리기 힘들 것이다."라고 밝혔다.

3) 렌줄리의 세 고리 모형

미국 교육부의 영재와 영재성에 대한 정의와 함께 세계적으로 영재교육에 가장 많은 영향력을 미친 사람은 렌줄리(Renzulli)일 것이다(Gagné, 1985). 그는 오랫동안 미국영재교육학회장 및 국립영재교육연구소장을 역임하였으며, 30여 년이 지난 지금도 영재를 비롯한 영재교육의 다양한 영역에 대해 연구와 강연활동을 활발히 하고 있다.

렌줄리(Renzulli, 1978, 1986)는 미국 교육부(Marland, 1972)가 정의한 영재성 개념에 대해 "영재성의 정의에 포함되어야 할 더 다양한 범위의 능력에 주목하게 되는 유용한 계기가 되었다. …… 동시에 이 정의는 중요한 문제점을 제기하기도 하였다."라고 밝혔다(이정규 역, 2008, pp. 36, 147).

여기서 중요한 문제점이란, 우선 영재 성인 또는 재능 성인과 관련된 연구의 대부분이 창의적 · 생산적 행동의 표현에 있어서 동기변인이 중요하다는 것을 확인했음에도 정의에서는 동기가 언급되지 않았다는 것이다. 또한 정의에서 언급되었던 6가지 범주(일반적인 지적 능력, 특수 학문의 적성, 창의적 또는 생산적 사고능력, 리더십, 시각 및 공연 예술, 정신운동 능력)의 비중이 동등하지 않다는 것이다. 즉, 그중 2가지(특수 학문의 적성, 시각 및 공연 예술)는 능력이나 재능이 명백한 인간 노력의 특수한 수행 영역에서 나타나는 반면, 나머지 4가지 범주는 일반적인 수행 영역에서 나타난다는 것이다.

이에 렌줄리는 '무엇이 영재성을 만드는가?'라는 질문을 제기하면서 사회에 기여하는 '창의적이고 생산적인' 사람이나 인간 노력의 다양한 수행 영역에서 뛰어난 성취를 이룬 사람들에 대한 탐색적인 변인을 자세히 기술한 연구를 기초로 영재성을 정의하였다. 또한 영재아동의 특성에 대한 연구를 고찰하고 학교현장에도 유용하게 사용할 수 있는, 즉 영재학생을 판별하거나 선발하고자 할 때 유용하게 사용할 수 있는 '세 고리(three-ring) 요소'라는 영재성의 정의를 제기하였다.

렌줄리는 사회적 유용성을 준거로 자신의 영역에서 창의적인 공헌을 하는 사람들 모두에게서 발견된 3가지 심리적 특성의 상호작용을 '영재성'으로 정의하였다. 영재성의 첫 번째 요소는 극단적으로 높을 필요가 없는 '평균 이상의 능력(above-average ability)'이다. 두 번째 요소는 집중적 동기형태를 갖춘 창의적 혹은 생산적인 개인에게 지속적으로 나타나는 '과제 집착력(task commitment)'이다. 이는 특정 문제(과제)나 특정 성취 분야에 수반되는 에너지를 나타낸다. 세 번째 요소는 '창의성(creativity)'이다.

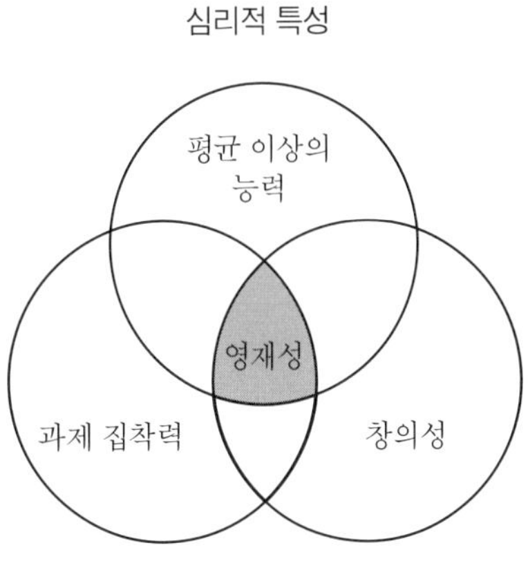

[그림 2-3] 렌줄리의 영재성의 세 고리 모형

영재성을 보다 명백히 하기 위해서는 이 세 요소가 동시에 나타나고, 특정 수행 영역에 근간을 두어야 한다. 이를 보다 자세히 살펴보면, 3가지 특성 요소가 모두 상위 15% 이내에 들면서 그중 한 요소가 상위 2% 안에 들면 영재로 볼 수 있으며, 세 요소 간의 공통 부분([그림 2-3]의 흑색 부분)이 클수록 영재성도 크다고 할 수 있다. 그리고 영재성이 나타나는 수행 영역은 일반적이고 특수한 영역 모두에서 나타난다.[5)]

> 영재성은 인간의 특성 중 3가지 요소 간의 상호작용으로 구성되어 있다. 이 요소들은 평균 이상의 일반적인 능력, 높은 수준의 과제 집착력, 높은 수준의 창의성이다. 영재아동은 이러한 통합적 특성을 갖추고 있고, 인간 성취의 가치 있는 모든 분야에 적용할 수 있는 아동이다. 3가지 요소 간의 상호작용을 계발할 수 있는 아동은 정규 교육 프로그램에서는 통상적으로 제공되지 않는 다양한 범위의 교육적 기회와 서비스를 필요로 한다(Renzulli, 1978, p. 261).

4) 영재성과 창의성

토랜스(Torrance), 갤러거(Gallagher), 렌줄리(Renzulli), 고완(Gowan), 스턴버그(Sternberg), 트레핑거(Treffinger) 등의 많은 연구자의 연구 덕분에 영재성의 본질에 대한 개념이 바뀌면서 창의성이 포함되었다. 토랜스는 1958년에 미네소타 대학교 교육연구소의 소장이 된 직후에 영재아동의 교육에 관한 프로그램을 개발하는 과제를 맡았는데, 연구진이 해야 할 중요한 첫 번째 연구는 창의적 영재성을 조사하여 창의적 발달과 성취를 종단적으로 연구하는 것이었다.

갤러거와 바이스(Gallagher & Weiss, 1979)는 지금까지의 영재성 연구는 지능 위주였다고 하면서, "새로운 생각, 개념, 결과를 생성, 시각화, 극화 또는 표현하는 뛰어난 능력을 갖춘 아동의 특수한 속성을 분류하고자 하는 여러 시도가 있어 왔는데, 이러한 특성을 지닌 아동이 창의적 아동이다."라고 하였다. 렌줄리의 세 고리

5) 영역성은 영역-일반성(generality)과 영역-특수성(specificity)으로 구분된다. 영역-일반성이란, 예를 들어 수학의 수행능력이 뛰어난 사람은 다른 영역에서도 유사한 능력수준을 발휘하는 것을 의미한다. 반면, 영역-특수성은 수학의 수행능력이 뛰어난 사람은 다른 영역에서는 수학만큼의 능력수준을 발휘하지 못한다는 것으로, 어떤 한두 영역에서만 뛰어난 능력을 발휘하는 것을 의미한다.

모형 이론에서도 영재성의 3가지 특성 요소에 창의성을 포함하였다. 그는 영재성을 학업적 영재성과 창의적-생산적 영재성으로 구분하였다. 학업적 영재성이란 언어, 수학, 과학과 같은 영역에서 현저하게 높은 수행을 보이거나 좋은 성적을 보이는 영재성을 의미한다. 창의적-생산적 영재성이란 예술, 문학, 과학적 연구 등에서 독창적인 수행을 보이는 것을 의미한다.

스턴버그와 루바트(Sternberg & Lubart, 1993)는 영재가 '학업적 영재'와 '창의적 영재'로 구분된다고 하면서, 지금까지는 학업적 영재가 주도하여 왔다면 앞으로의 미래 사회에서는 창의적 영재가 주도하게 될 것이라고 하였다. 트레핑거(Treffinger, 1980)는 창의성이 적어도 2가지 방식으로 영재성과 통합될 수 있다고 하였다. 첫째, 창의성은 영재 교육과 선발을 위해 IQ를 보완해 주는 지능의 차원으로 볼 수 있다. 이 관점은 순수하게 인지적 능력의 창의성을 강조하는 것이다. 둘째, 창의성은 영재성을 구성하는 하나의 종류로 볼 수 있다. 예컨대, 학교에서의 학업적 영재성이나 신체적 영재성과는 전혀 다른 영재성의 일종이라고 강조하였다. 이와 같이 창의성은 연구자들에 따라 영재성과 재능의 한 요소 혹은 한 종류로서 다양하게 정의되어 왔다.

우리나라를 포함한 많은 나라에서도 영재성의 본질에서 '창의적 또는 생산적인 사고능력'을 영재성의 하나로 규정하고 있다. 특히 우리나라 영재교육의 기본법인 「영재교육 진흥법」(2000)에서는 '창의적 사고능력'을 영재성의 하나로 규정하고 있다. 그리고 영재교육의 3가지 목표를 '창의성 계발, 자기주도적 학습태도의 함양, 도덕심의 함양'으로 설정하여, 창의성을 영재교육의 주요 목표 중 하나로 하고 있다. 이에 따라 영재교육 대상자 선발에서도 창의성검사와 창의적 문제해결력이 큰 비중을 차지하고 있다.

사진 2-4 **영재교육 현장**

미국의 영재학생이 '오늘의 VIP'라는 수업에서 자신이 살아온 삶에 대해 다양한 소재와 아이디어, 사진, 인형 등을 활용하여 주제 발표를 하고 있다. 이러한 프로그램은 자기성찰과 자아존중감 향상에 많은 도움을 준다.

5) 영재성과 재능

「말랜드 보고서」(1972)를 비롯하여 많은 문헌에서는 영재를 'the gifted and the talented'로 보고 있다. 이를 연구자에 따라 '영재'라고 하기도 하고, 영재아와 재능아를 별개의 개념으로 구분하여 '영재아와 재능아'라고 하기도 한다. 많은 연구자는 주로 '영재'라는 하나의 용어로 인식하여 영재성과 재능을 구분하지 않고 사용하여 왔다. 그러나 여기서는 영재성을 재능과 구분하여야 한다는 테일러, 콘, 가네의 이론을 소개한다.

(1) 테일러의 다중재능 토템 기둥 접근법

테일러(Taylor, 1978; Taylor & Ellison, 1975)는 '재능에는 일반적인 지능이 아닌 여러 다른 유형의 재능이 존재한다.'고 하면서 '다중재능 교수법(multiple intelligences teaching-learning)'과 '다중재능 토템 기둥(multiple-talent totem pole)'의 이론적 모형을 제시하였다. 그는 '다중재능 토템 기둥 접근법'이 완전한 기능성과 효과적 재능을 갖춘 개인의 계발이라는 목표에 한 걸음 다가갈 수 있다고 하였다. 학생과 교사 및 관리자를 풍요롭고 활기차게 해 주며, 따라서 전 교육과정을 인간화한다고 하였다(Taylor & Ellison, 1975, p. 213). 다중재능 토템 기둥의 9가지 재능은 다음과 같다.

① 학업적 재능	② 생산적 사고 재능	③ 의사소통 재능
④ 예측 재능	⑤ 의사결정 재능	⑥ 계획(설계) 재능
⑦ 실행 재능	⑧ 인간관계 재능	⑨ 기회분별 재능

테일러의 다중재능 토템 기둥의 관점은 영재성과 재능을 엄격히 구분하기보다는 영재를 포함한 대부분의 많은 학생이 9가지 다중재능 토템 기둥 중에 자신만의 특별한 기술이나 재능을 가지고 있다는 것이다. 테일러는 많은 학생이 학문적 재능 이외에 다른 재능을 가지고 있으며, 그러한 재능이 학습을 통해서 발견되고 개발되어야 한다고 주장하였다. 또한 재능을 크게 '사고 재능'과 '수행 재능'으로 구분하고,

사고 재능에는 창의적 문제해결과 관련된 생산적 사고 재능, 의사소통 재능, 예측 재능, 의사결정 재능, 계획 재능이, 수행 재능에는 실행 재능, 인간관계 재능, 기회 분별 재능이 포함된다고 하였다.

(2) 콘의 영재성 모형

콘(Cohn, 1977, 1981)은 영재성과 재능을 구분한 영재성 모형을 제안하였다. [그림 2-4]에서 알 수 있듯이, 그는 영재성을 지적, 예술적, 사회적 영역의 3가지로 나누었고, 각각을 다시 재능의 특수 하위범주로 보다 세분화하였다(이정규 역, 2008). 즉, 영재성을 여러 다양한 재능의 집합체로서 재능들의 상위개념으로 설정하였다.

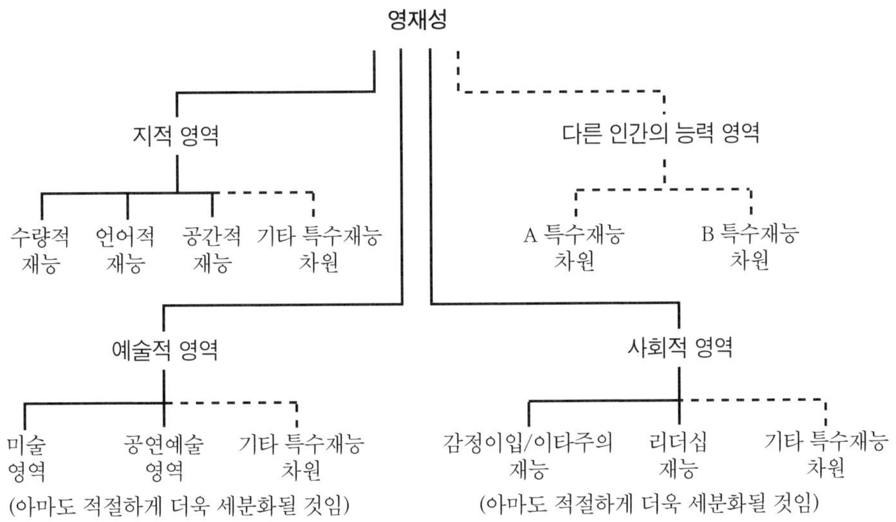

[그림 2-4] 콘의 영재성 모형

(3) 가네의 영재성과 재능의 차별화 모형

가네(Gagné, 1985)는 지금까지 영재성에 대한 연구의 대부분에서 영재성과 재능의 구분이 불명확하였는데, 둘은 구분되어야 할 별개의 개념이라고 주장하였다. 그는 「영재성과 재능: 정의의 재검증에 대한 재검증(Giftedness and talent: Reexamining a reexamination of the definitions)」이라는 연구에서 영재성과 재능이 명확히 차별화되어야 하는 이유를 다음과 같이 주장하였다.

> 사람들은 '피터는 학문적 영재아이다.' 또는 '대단한 학문적 재능을 지녔다.' 그리고 '니콜은 그림의 영재이다.' 또는 '그의 작품은 화가로서의 대단한 재능을 보여 준다.' 등과 같이 말한다. 이 두 용어는 일상생활에서뿐만 아니라 사전에서도 혼용되고 있다. 예를 들어, 웹스터 사전(1970, p. 162)에서도 '영재'를 '자연적 재능을 소유하고 있는'으로 표현하고 있다. 주로 미국 출처인 영재성에 관한 과학적 문헌연구에서도 같은 단락 안에서 두 용어를 임의로 사용함으로써 이런 애매모호함을 지지하고 있다. 따라서 두 용어는 동의어임을 제시하고 있다. …… 이것은 수용된 정의가 영재의 판별과정과 제공되는 심화 프로그램 전반에 영향을 미치기 때문에 불안한 상황이다.

가네의 영재성과 재능의 차별화 모형의 핵심은 영재성과 재능에 각각 부합되게 능력의 영역과 수행의 분야를 이분법적으로 나눈 것이다. 그는 '영재성'은 하나 이상의 영역에서 나타나는 평균 이상의 능력에 해당된다고 하였다. 클레이 사격에 재능이 있는 사격수는 높은 명중률을 보임으로써 그의 재능을 입증하듯이, '재능'은 하나 이상의 분야에서 보이는 평균 이상의 뛰어난 수행에 해당된다고 차별화하여 정의하였다.

영재성은 다양한 활동분야에서 뛰어난 수행을 촉진하고 설명하는 능력의 영역과 관련이 있다. 따라서 재능이 없어도 영재가 되는 것은 가능하지만(미성취 영재의 경우에서 볼 수 있듯이), 그 반대는 성립되지 않는다. 그는 특수재능 내의 영재성을 발휘하기 위한 촉매제로서 동기와 환경의 질과 같은 여러 요인이 중요하다고 보았다.

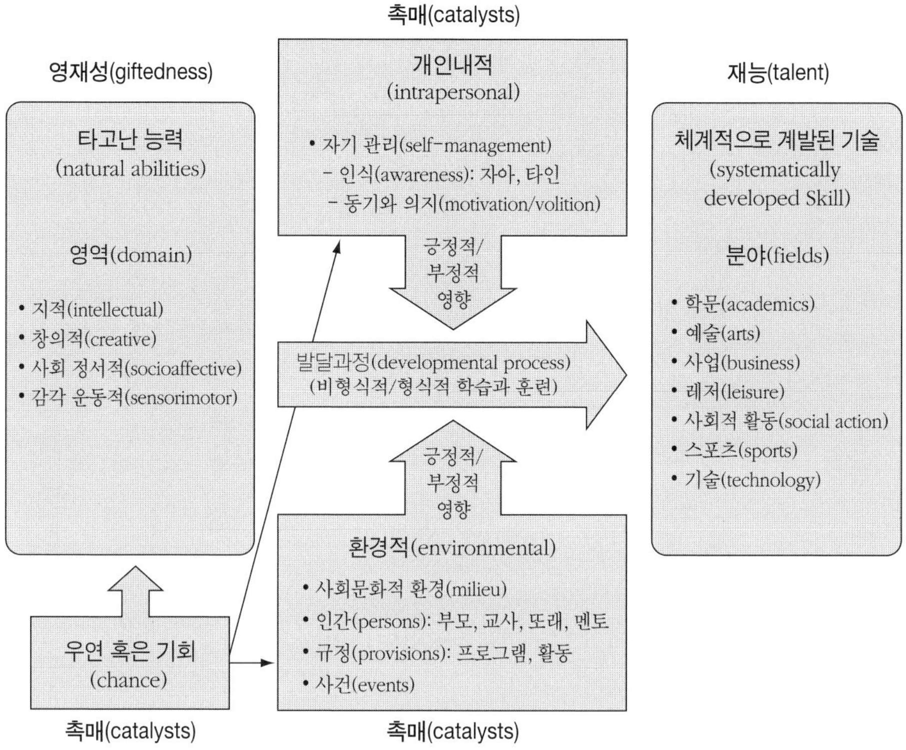

[그림 2-5] 가네의 영재성과 재능의 차별화 모형

6) 스탠콥스키의 영재성의 5가지 범주

스탠콥스키(Stankowski, 1978)는 지금까지 연구된 영재성에 관한 연구자들의 정의를 고찰하여 크게 5가지 범주로 구분하였다(이경화, 최병연, 박숙희 공역, 2005, pp. 23-25).

- 높은 지능 정의: 지능검사에서 특정 점수 이상을 획득한 사람을 영재라고 한다(예: 터먼).
- 퍼센트 정의: 학교 혹은 지역에서 상위 몇 %에 포함되는 학생을 영재라고 한다. 퍼센트 기준은 지능검사, 수학이나 과학과 같은 특정 영역의 학업 수행능

력 등을 바탕으로 설정될 수 있다(예: 렌줄리).

- 수행결과 정의: 이미 각 분야에서 탁월한 성취를 보인 사람들만을 영재라고 한다. 수행결과(after-the fact)에 따른 정의는 영재성의 준거로서 특정한 영역에서의 우수한 수행을 강조한다. 즉, 인간활동의 가치 있는 영역에서 뛰어난 성취를 지속적으로 보여 주는 사람을 영재라고 한다(예: 가드너, 탄넨바움).
- 재능 정의: 뛰어난 적성과 재능을 보이거나 가능성을 가진 사람들을 영재라고 한다. 재능 정의에서는 미술, 음악, 과학, 혹은 다른 특정한 심미적 · 학문적 영역에서 우수한 학생을 영재라고 한다(예: 콘, 가네).
- 창의성 정의: 창의성이 탁월한 사람을 영재라고 한다(예: 토랜스).

7) 스턴버그의 오각형의 암묵적 이론

스턴버그(Sternberg, 1985b)는 암묵적 이론이 공식적이거나 형식적이지 않고 오히려 개인의 마음 안에 존재하는 지적인 구조라고 하였다. 암묵적 이론과 반대되는 것으로는 심리학자들이 심리학적 기능을 가정하여 수행되는 과제로부터 수집한 자료에 기초하거나 적어도 심리학에서 검증된 명시적 이론이 있다.

영재성과 같은 개념을 암묵적 이론으로 연구하고자 하는 이유는 우선 사회 내에서 사고를 지배하는 공통적인 문화적 관점을 공식화하는 데 암묵적 이론이 유용하기 때

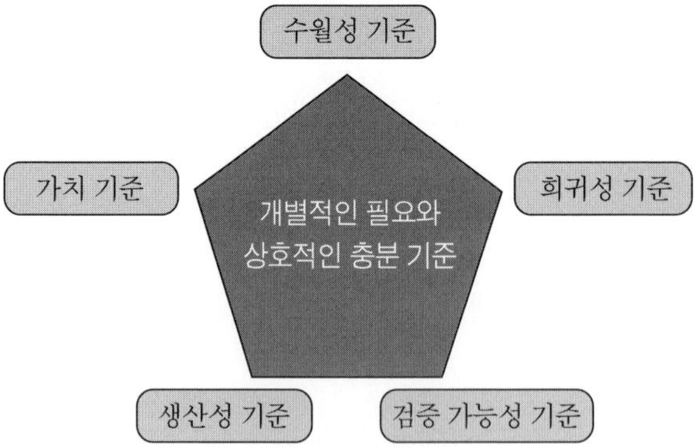

[그림 2-6] 스턴버그의 오각형의 암묵적 이론

문이다. 그리고 암묵적 이론을 이해하는 것은 우리 자신을 이해하도록 도와줄 뿐만 아니라 명시적 이론을 위한 기초를 제공하기 때문이다(Sternberg & Zhang, 1995).

스턴버그는 영재성에 대한 오각형의 암묵적 이론의 목적은 무엇이 영재를 만드는지에 대한 사람들의 직관을 파악하고 체계화하는 데 있다고 하였다. 그러면서 영재로 판별되기 위해서는 다음의 5가지 기준에 적합해야 한다고 하였다.

- 수월성 기준: 영재는 어떤 영역 또는 차원에서 동료들과 비교하여 우위를 차지하는 것
- 희귀성 기준: 영재는 반드시 동료들과 비교하여 높은 수준이라고 할 수 있는 희귀한 기준을 가지는 것
- 생산성 기준: 영재는 반드시 또는 잠재적으로 생산성을 이끌어야만 한다는 것
- 검증 가능성 기준: 영재성을 결정하는 차원(들)에서 개인의 탁월성이 타당한 하나 이상의 검사를 통해서 검증되어야만 한다는 것
- 가치 기준: 개인은 반드시 그가 속한 사회 내에서 사람들이 가치를 두는 차원에서 최고의 수행을 보여 주어야 한다는 것

4. 다양한 영재들의 프로파일

지금까지의 영재성의 개념 및 정의에 대한 연구는 주로 영재집단과 일반집단으로 구분하여 두 집단 간의 차이 검증으로 영재의 심리적인 특성을 탐색하여 왔다. 그러나 영재집단에서도 집단 내 또는 개인 간의 차이를 밝히고자 하는 연구가 나타나기 시작하였다. 영재집단은 분류기준에 따라 여러 가지로 구분될 수 있다. 즉, 학교나 사회에서 성공한 영재와 성공하지 못한 영재, 잠재된 영재성을 발현한 영재와 발현하지 못한 채 조기에 사장된 영재(미성취 영재), 일반영재와 장애영재, 남성 영재와 상대적인 개념으로서의 여성 영재, 학문적 영재와 창의적 혹은 신체 · 운동적 영재 등 다양하게 구분될 수 있다.

베츠와 나이하트(Betts & Neihart, 1988)는 수년간의 관찰, 인터뷰, 문헌연구 끝에 영재아동과 청소년에 대한 6가지 영재의 프로파일을 밝혔다. 이 모델은 영재의 정의, 판별, 교육계획, 상담을 위한 이론적 기초로 기여할 것이며, 교육자와 부모가 영재의 행동과 감정을 주의 깊게 살펴봄으로써 영재의 인지적 · 정서적 · 사회적 욕구를 이해하는 데 유용할 것이다(이정규 역, 2008).

① 유형 I: 성공적인(the successful) 영재

아마도 학교 프로그램에서 영재로 판별된 90%의 많은 학생이 유형 I에 속할지 모른다. 유형 I의 아동들은 부모와 교사의 말을 경청하고 학교와 가정에서 적절한 행동을 한다. 그들은 공부를 잘하고 성취도검사와 지능검사에서 고득점을 올린다. 그 결과, 통상 영재 프로그램에 배치되기 위한 영재로 판별된다. 그들은 교사, 부모와 다른 어른들에게서 칭찬받기를 원하기 때문에 문제행동을 거의 일으키지 않는다. 그러나 유형 I은 종종 학교생활을 지루해하고 가능한 한 적은 노력을 하며, 학교에서 자신의 흥미와 목표를 추구하기보다는 마지못해 하는 경향이 있고, 부모와 교사에게 의존적이다. 교실에서 머리가 좋은 아동은 유능할지 몰라도 그들의 영재성과 재능을 충분히 발달시키지 못하는 창의성과 자율성이 부족할 수도 있다.

② 유형 II: 도전적인(the challenging) 영재

유형 II는 전통적인 학교와 영재 판별 시스템에서는 영재로 판별되기 어렵다. 전형적으로 높은 수준의 창의성을 지니고 있으나, 고집스럽고, 요령이 없으며, 빈정대는 것처럼 보인다. 종종 권위에 의문을 품고 교실 안에서 교사에게 도전적일지 모른다. 이러한 아동들은 학교 시스템에서 재능과 능력을 인정받지 못하기 때문에 좌절감을 느끼나, 자존심을 지키기 위해 애쓴다. 또한 어떤 유형 II의 영재들은 친구들에게 도전적이기에 또래집단에 속하지 못하거나 어떤 활동 또는 집단 프로젝트에서 환영받지 못한다. 반면, 어떤 유형 II의 영재들 중에는 유머감각과 창의성이 있어서 친구들에게 매우 인기가 많은 경우도 있다. 그러나 창의성이 있음에도 불구하고, 유형 II는 종종 부정적 자아개념을 소유하고 있다.

③ 유형 III: 잠복되어 있는(the underground) 영재

유형 III의 영재들은 여자 중학생들이 대부분이며, 남학생이라 할지라도 자신의 영재성을 숨기거나 나중에 나타내는 경향이 있다. 그들은 일반집단에서 소속감을 더 느끼기 위해 재능을 부정하고, 자주 불안해하며, 걱정한다. 그들의 변화하려는 욕구는 종종 교사와 부모의 기대와 갈등을 일으킨다. 어른들은 이러한 아동들이 어떻게 느끼고 있는지를 전혀 고려하지 않고 교육 프로그램을 계속할 것을 고집하고 강요하는 경향이 있다.

④ 유형 IV: 중도 탈락(the dropouts) 영재

유형 IV의 영재들은 수년간 학교교육 시스템이 자신들의 욕구를 충족시키지 못했고, 거부감을 느끼게 하였기 때문에 자기 자신과 어른들에게 화가 나 있다. 그들은 자퇴하거나 행동화(acting out)하면서 방어적으로 행동함으로써 이러한 분노를 표출한다. 정규학교 교육과정의 범위를 벗어나는 것에 자주 흥미를 보이는 유형 IV는 지원을 받지 못하며, 비범한 영역에서 그들의 재능과 흥미를 확인한다. 학교는 그들의 사기를 떨어뜨리고 아마도 적대감을 갖고 있는 것처럼 보인다. 대부분의 유형 IV는 고등학생으로(때때로 초등학생도 있기는 하지만), 학교를 거의 출석하지 않고, 신체적으로는 아니어도 정서적 · 정신적으로 '중도 탈락'되었다고 느낀다.

⑤ 유형 V: 중복 낙인(the double-labeled) 영재

유형 V의 영재는 신체적 또는 정서적 장애를 가진 영재로 간주되거나 학습장애아로 간주된다. 대부분의 영재교육 프로그램은 이런 아동을 판별하지 못하거나 그들의 특별한 욕구를 언급하거나 통합하는 차별화된 프로그램을 제공하지 못한다. 그들은 학교에서 영재로 보이는 행동이 나타나지 않으며, 낙심, 좌절, 무기력, 고독을 느낀다. 그들은 보통학생으로 인식되거나 치료를 받아야 하는 것으로 여겨지기 때문에 무시된다. 학교 시스템은 그들의 결점에만 초점을 두며 장점이나 재능 육성에 실패하는 경향이 있다.

⑥ **유형 VI: 자율적인 학습자**(the autonomous learner) **영재**

유형 VI의 영재는 유형 I처럼 학교 시스템에서 효과적으로 학습한다. 하지만 가능한 한 적게 노력하려는 유형 I과는 달리, 스스로 새로운 기회를 창조하기 위해 시스템 사용을 학습한다. 그들은 자신의 욕구가 충족되므로 강하고 긍정적인 자아개념을 소유하며, 성공적이고 긍정적인 배려를 받는다. 그들은 어른들과 친구들에 의해 높이 평가되며, 학교와 지역 공동체 내에서 리더십 능력으로 봉사한다. 유형 VI의 영재들은 자기지향적으로 자신의 교육적 · 개인적 목표를 설계하며 모험을 감수할 수 있다. 유형 VI의 중요한 특징은 자신의 개인적 힘에 굉장히 민감하다는 것이다. 그들은 자신의 삶의 변화를 창조할 수 있음을 깨달으며 자신의 변화를 도와줄 사람을 기다리지 않는다. 그들은 자신의 감정, 목표, 욕구를 자유롭고 적절하게 표현할 수 있다.

5. 다양한 분야의 영재들의 특성

저명인사들의 어린 시절 특성과 환경에 대해 연구를 했던 허버트와 그의 동료들(Herbert et al., 1981)은 다양한 분야의 영재들의 특성을 〈표 2-2〉와 같이 정리하였다.

〈표 2-2〉 저명인사 집단의 특성

분류	대표 인물(IQ)	특성
32명의 정치가	Franklin, Benjamin(160) Grotius, Hugo(197) Jefferson, Thomas(160) Lincoln, Abraham(147) 등	설득력 있고, 합리적이고, 확고하고, 매력 있고, 낙천적이고, 인기 있고, 잘생기고, 키가 크고, 다른 형제들이 좋아하고, 학교에서 성공적이고, 자신의 분야에서 문화적 매체이고, 내성적임
17명의 군인	Bolivar, Simon(145) Napoleon, Bonaparte(142) Thomas, Jonathan(132) Washington, George(135) 등	호기심이 강하고, 키가 크고, 활력이 넘치고, 강하며, 외적 보상과 지원이 많았으나 쓰기 실력은 약했음

21명의 종교 지도자	Bossuet, Jacques B.(177) Calvin, John(165) Luther, Martin(157) Melanchthon, Philipp(180) 등	집중력이 있고, 일을 즐기고, 박식하고, 조숙하고, 도덕적이고, 철학적이고, 민감하고, 어머니나 다른 어른들에게서 격려를 받았고, 어릴 때 일찍이 유명인사들과 만날 기회가 있었고, 충분한 지원이 있었음
23명의 평론가, 역사가, 사회학자	John, Samuel(165) Macaulay, Thomas(180) Rousseau, J. J.(150) Sarpi, Paolo(187) 등	융통성 있고, 참을성 있고, 민감하고, 도전적이고, 종교적이고, 문화적 자극이 있었고, 다양한 문화와 아이디어에 대해 열린 마음을 가짐
43명의 시인, 소설가, 드라마 작가	Goethe, J. W.(200) Leopardi, Giacomo(185) Milton, John(167) Voltaire, Arouet de(185) 등	집중력이 있고, 도전적이고, 아버지가 없었고, 외동이 많으며, 학교를 좋아하고, 신경증이 있었음
21명의 음악가	Bach, J. Sebastian(152) Beethoven, Ludwig Van(157) Mendelssohn, Felix(162) Mozart, W. A.(162) 등	능력이 우수하고, 매사에 열심히 임하고, 기회를 잘 포착하고, 아버지와 선생님의 격려가 있었고, 연설은 잘하지 못하며, 도덕성이 좀 부족함
18명의 화가	Durer, Albrecht(150) Buonarroti, Michelangelo(170) Rubens, Peter Paul(155) Vinci, Leonardo da(167) 등	융통성 있고, 능력이 우수하고, 경험주의적이고, 도덕적이고, 도전적이고, 신중하고, 활기차고, 잘생기고, 인기 있고, 낙천주의적이고, 보상과 지원이 있었고, 다른 문화와 아이디어를 잘 받아들이고, 지도해 주고 같이 일할 사람이 있었음
19명의 철학자	Bacon, Francis(172) Descartes, Rene(175) Leibnitz, Gottfried Wihelm(200) Spinoza, Baruch(172) 등	질문이 많고, 경험주의적이고, 도전적이고, 다재다능하고, 부모의 기대가 높았고, 탐구의 기회가 많았고, 잘생기거나 인기가 있지 않았고, 학교에서 성공적이지 않았음
22명의 과학자	Darwin, Charles R.(160) Haller, Albrecht(185) Newton, Isaac(170) Pascal, Blaise(192) 등	성실하고, 어머니가 없는 사람이 많았고, 편의주의적이고, 융통성이 좀 떨어졌음

요약정리

1. 영재성의 개념과 정의, 출현 영역, 출현율 등 영재에 대한 패러다임은 시대적, 문화적, 사회적 상황에 따라 변화하여 진화하고 있다.
2. '영재성'이란 영재가 지닌 인지적 · 정의적 · 사회적 특성을 의미한다. 영재성의 정립에 기초하여 누가 영재인지를 판별하고 선발하여, 영재성을 계발하고 육성해 줄 수 있는 적절한 영재교육기관의 교육 프로그램에 배치할 수 있다.
3. 영재성에 대한 연구방법은 2가지이다. 첫째는 아직 잠재되어 있거나 발현 중에 있는 천부적으로 타고난 영재성을 지닌 아동이나 학생들을 대상으로 영재성을 파악하는 연구방법이다. 둘째는 이미 영재성이 발현되어 학문적으로나 사회적으로 그 업적이 검증된 성인이 된 영재들을 대상으로 영재성을 파악하는 연구방법이다.
4. 우리나라에서는 영재를 '재능이 뛰어난 사람으로서 타고난 잠재력을 계발하기 위하여 특별한 교육이 필요한 사람'으로 「영재교육 진흥법」에서 규정하고 있다.
5. 미국에서 영재는 '지능, 창의성, 예술성, 리더십이나 특수한 학문 영역에서 뛰어난 능력을 입증하였거나, 그러한 능력을 최대한 계발하기 위해서 일반학교 교육 이상의 교육적 서비스나 활동을 필요로 하는 아동이나 청소년'을 말한다.
6. 국가마다 처한 상황과 시대적 맥락에 따라 영재성의 개념과 정의에 차이가 있다. 그러나 공통적으로는 지능과 특수 학문의 적성, 창의성 등의 특성을 포함하고 있다.
7. 영재성을 연구하는 학자들은 기존의 지능 위주의 단일지표에서 창의성 등을 포함한 다중 지표로 전환하고 있다.
8. 영재성을 재능과 구분하여 연구해야 한다고 주장하는 모형으로는 테일러의 다중재능 토템 기둥 접근법과 가네의 영재성과 재능의 차별화 모형 등이 있다.
9. 최근에 영재성을 연구하는 연구자들은 영재집단 간에도 다양한 유형의 영재 프로파일이 있으며, 분야별로 영재들의 특성도 다양하다고 하였다.

연구문제

1. 영재성의 정의가 중요한 이유에 대해 설명하시오.
2. 국가마다 정의한 영재성의 공통점과 차이점에 대해 설명하시오.
3. 렌줄리의 세 고리 모형에 대해 설명하시오.
4. 영재성과 창의성의 관계에 대해 설명하시오.
5. 영재성과 재능에 대한 이론들의 공통점과 차이점에 대해 설명하시오.
6. 스탠콥스키의 영재성의 5가지 범주와 대표적인 학자에 대해 설명하시오.

제3장

영재의 심리적 특성

학습목표

1. 영재의 지능, 창의성, 상위인지 등의 인지적 능력에 대해 설명할 수 있다.
2. 영재의 동기, 자아개념, 대인관계, 리더십 등의 정의적 · 사회적 특성에 대해 설명할 수 있다.
3. 영재의 인지적, 정의적, 사회적 특성 간의 상호관계에 대해 설명하고, 교육적 처치를 할 수 있다.

영재는 일반학생들과 달리 어떠한 심리적 특성을 지니고 있을까? 만약 영재들의 심리적 특성을 잘 알 수 있다면 2가지의 교육적 차원에서 유익할 것이다. 첫째, 영재들에게는 그들의 심리적 특성과 교육적 욕구에 적합한 영재교육이 가능할 것이다. 둘째, 영재의 심리적 특성을 잘 파악하여 그것을 일반학생에게도 적용한다면 일반학생들의 잠재력 향상에도 기여할 수 있을 것이다.

영재의 심리적 특성인 영재성(giftedness)은 인간의 마음과 행동을 과학적으로 연구하고자 하는 행동과학인 심리학과 교육학에서 연구되는 다음의 3가지 특성에 따라 구분된다. 첫째는 지능, 창의성, 상위인지, 학습양식과 같은 인지적(cognitive) 능력이다. 둘째는 동기, 자아개념, 자아존중감과 같은 정의적(affective) 특성이다. 셋째는 대인관계 및 리더십과 같은 사회적(social) 특성이다. 학자에 따라서는 신체의

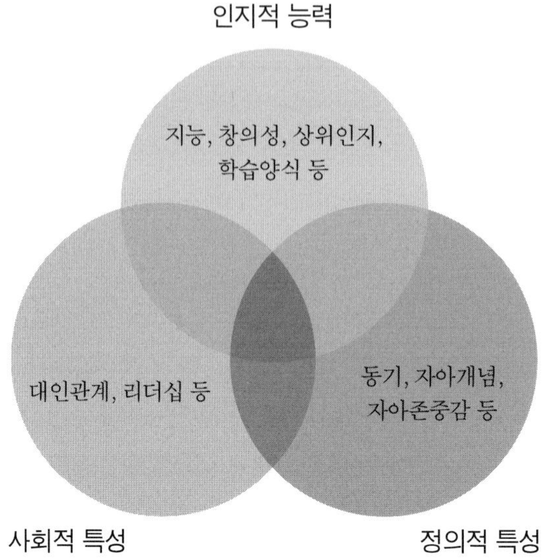

[그림 3-1] 영재성의 영역

발달(성숙, 성장)과 같은 신체적 특성을 별도의 영역으로 다루기도 한다. 이 장에서는 영재가 지니고 있는 인지적 · 정의적 · 사회적인 '일반적' 특성을 중심으로 살펴본다. 여기서 '일반적'이라고 하는 이유는 영재집단 내에서도 영재들 간에 개인차가 존재하기 때문이다.

영재의 심리적 특성인 '영재성'에 대해 살펴보고자 할 때, 우리는 다음과 같은 질문을 통해 영재성에 대해 생각해 볼 수 있다.

먼저, 영재의 인지적 능력의 수준은 어떠할까? 그들의 지능은 과연 높을까? 수학, 과학, 언어 등 다양한 영역에서 지능이 다 높은 것일까? 수학영재들은 음악 영역에서도 영재일까? 그렇다면 머리가 좋기 때문에 시간과 노력을 별로 들이지 않아도 좋은 성취를 낼 수 있지 않았을까? 새롭고 가치 있는 산출물을 만들 수 있는 창의성이 높을까? 지능이 높다면 과연 창의성도 높을까? 자기가 좋아하는 영역 또는 과목만 잘하는 것일까(영역-특수성), 아니면 모든 영역 또는 과목을 골고루 잘하는 것일까(영역-일반성)? 영재는 해결하기 어려운 도전적이고 비구조화된 문제를 선호할까?

다음으로, 영재의 정의적 · 사회적 특성은 무엇이며, 어떤 수준일까? 영재들은 어떤 문제를 끝까지 해결하기 위해 최선의 노력을 한다고 하는데 과연 그럴까? 학습동기가 높다고 한다면 내 · 외적 동기 중에서 어느 동기가 더 높으며, 왜 그럴까? 자신에 대한 신념과 평가인 자아개념은 긍정적일까, 아니면 부정적일까? 주변 친구들을 널리 많이 사귈까, 아니면 소수로 깊게 사귈까? 대인관계와 리더십은 어떠할까? 머리가 좋다면 성격도 좋을까? 학교생활의 만족도는 높을까? 이와 같은 영재의 심리적 특성에 대한 관심과 질문은 꼬리에 꼬리를 물고 계속될 수 있다.

영재의 인지적 · 정의적 · 사회적 특성에 관한 수많은 선행연구에서는 영재의 심리적 특성에 대한 의문을 해결하기 위해 다양한 영역의 영재들을 대상으로, 혹은 영재학생과 일반학생 간의 집단 간 차이 검증을 통하여 영재성에 대해 연구를 수행하여 왔다.

한편으로, 이러한 영재성의 3대 영역인 인지적 · 정의적 · 사회적 특성 간의 관계는 어떠할까? 일반적으로 영재들은 인지적 능력이 높다고 하는데 정의적 · 사회적 특성과는 조화를 이룰까, 아니면 조화를 이루지 못할까? 조화를 이룬다면 혹은 조화를 이루지 못한다면 어떠한 교육과 상담을 하여야 할 것인가?

1. 영재의 인지적 능력

일반적으로 영재의 인지적 능력에 대한 많은 선행연구에서 그들은 인지적 능력이 탁월하다고 보고하고 있다. 일찍이 스탠퍼드-비네 지능검사를 통해 지적 우수아를 선발하여 종단연구를 실시한 터먼과 오든(Terman & Oden, 1947, 1959)은 다음과 같이 인지적 능력을 보고하였다. “날카로운 관찰력, 끊임없는 질문, 모든 것에 대한 흥미, 유창한 언어 사용, 뛰어난 읽기 능력, 독립적인 판단, 독창적인 생각, 언제나 요점을 잘 이야기하는 것이다.”

미국에서 영재성을 발휘한 성인 영재를 추적 조사한 위티(Witty, 1971)는 영재의 인지적 능력에 대해 “어릴 때부터 많은 어휘를 사용하고, 언어발달이 잘 이루어져 있으며, 대답을 빨리 독창적으로 하고, 날카로운 관찰력과 사물에 대한 기억력이 뛰어나며, 시간과 날짜에 대한 관심을 일찍이 나타내고, 사물과 현상의 인과관계를 잘 밝히며, 그림과 노래 등과 같은 활동에 재능을 보이고, 책을 무척 좋아하고 일찍부터 독서에 흥미를 느낀다."라고 보고하였다.

여기서는 영재들의 인지적 능력 중 지능, 창의성, 상위인지를 비롯한 인지적 능력에 대해 먼저 각각의 심리학적인 개념과 정의를 간략히 살펴보고, 영재들의 특성에 대해 살펴보았다.

1) 지능

심리학은 곧 지능의 역사라고 할 정도로, '지능(intelligence)'에 대한 연구는 130여 년이 넘었으며, 지금도 많은 연구자의 관심 속에 활발히 연구되고 있다.

(1) 지능의 개념 및 정의

1904년 프랑스 정부는 정규학교 교육과정과 특수교육이 필요한 학생을 구분하기 위해 비네 연구진에게 지능검사도구 개발을 요청하여 비네-시몬 지능검사가 개발되었다. 이후 120여 년간 지능에 대한 연구가 있었던 만큼, 지능의 개념과 정의 또한 지능을 연구하는 연구자들의 수만큼 다양하다고 할 수 있다.

지금까지 지능 연구자들의 지능에 대한 다양한 개념과 정의를 간략하게 정리하면 다음과 같다.

- 지능을 추상적으로 사고하는 능력으로 보는 견해이다. 이는 인간의 고등 정신능력을 강조하는 입장이다.
- 지능을 학습능력으로 보는 견해이다. 지능을 학습하는 능력, 경험에 의해 얻어지는 능력이라고 보는 입장으로, 지능이 높은 사람일수록 학습능력이 높다.
- 지능을 새로운 환경에의 적응능력이라고 보는 견해이다. 인간은 환경과의 적극적인 상호작용을 통하여 환경에 적응하고자 하는 능력이 있는데, 이러한 능

력을 지능이라고 보는 입장이다.

그리고 이 3가지 개념을 포괄한 정의인 웩슬러(Wechsler)의 지능의 정의는 미국 심리학회(American Psychological Association: APA)에서 내린 정의와 함께 학자들 간에 가장 많이 인정받는 정의로 활용되고 있다. 웩슬러는 지능을 "합목적적으로 행동하고, 합리적으로 사고하며, 환경을 효과적으로 처리하는 종합적이고 전체적인 능력"이라고 정의하였다.

지금도 지능에 대한 패러다임은 계속 진화하고 있다. 대표적인 지능 패러다임에는 가드너의 '다중지능이론'과 스턴버그의 '성공지능이론' 등이 있다(보다 자세한 내용은 제10장 참조).

(2) 영재의 지능

영재의 지능에 관한 연구는 영재성 연구에서도 가장 전통적인 연구 분야이다. 미국은 1868년부터 영재교육을 시작하면서 높은 지능지수의 학생에게 적합한 능력별 수준학습을 최초로 실시하였다. 그리고 '영재교육의 아버지'라고 불리는 터먼은 스탠퍼드-비네 지능검사의 상위 1%에 해당되는 IQ 135 이상의 학생들을 대상으로 연구하였는데, '지능이 높은 사람'을 영재라고 정의하였다. 터먼이 캘리포니아에서 종단연구를 수행하고 있을 당시, 홀링워스(Hollingworth)는 뉴욕 시에서 영재성의 본질과 필요성에 대한 연구에 참여하고 있었다. 그녀도 영재아동을 '일반 지능에 대한 상위 1%의 아동'으로 정의하였다.

그리고 캐서린 콕스(Catherine Cox, 1926)는 약 301명의 유명인사의 IQ를 최대한 정확하게 측정하고자 그들의 이력과 역사적인 업적의 기록물을 탐색하여 연구하는 새로운 연구방법을 사용하였다. 연구 결과에 의하면, 17세까지의 발달기록에 대한 평균점수와 17~26세의 발달기록에 대한 평균점수는 IQ 100~190이었다. 콕스는 '연구 대상자의 실제 IQ는 평균 160 이상이었고, 그들 중 다수의 실제 IQ는 180 이상일 수도 있다. 그러나 140 이하는 극소수였다.'라고 하였다.

이후에 인구의 특정 비율(상위 1~2%의 지능)이나 지능검사에서의 특정 한계점수

(IQ 125 또는 135)와 같이 여러 방식으로 정의되는 뛰어난 지능을 영재성의 주요 특성으로 간주하기 시작하였고, 지능이 뛰어난 아동을 육성하기 위한 프로그램과 규정을 학교에서 만들어 교육하였다(이정규 역, 2008). 무엇보다 세계 각국의 영재교육에 영향을 많이 미치고 있는 미국 교육부의 정의에서도 '일반적인 지적 능력'을 중요한 특성으로 제일 먼저 꼽고 있다.

가드너(Gardner, 1983)는 영재성의 핵심이 되는 지능을 '새 문제를 발견하거나 창조하는 것뿐만 아니라 문제를 해결하고 산출물을 창조해 내는 능력'이라며 창의성의 개념과 유사한 관점에서 새로이 정의하였다. 또한 렌줄리(Renzulli, 1986)는 사회적으로 성공한 영재들이 지닌 3가지 특성을 '세 고리(three-ring) 모형'으로 소개하면서, 그중의 하나를 '보통 이상의 지적 능력'이라고 하였다. 보통 이상의 지적 능력이란 ① 어려운 내용을 빨리 쉽게 배우고, ② 수준 높은 책을 즐겨 보고 많이 읽으며, ③ 수준 높은 개념을 쉽게 이해하고 문제해결에 쉽게 활용하고, ④ 이해가 빠르고 기억을 잘하며 아는 것이 많은 것 등이다.

우리나라의 연구를 살펴보면, 영재성을 고지능으로 정의하고 초등학교에 다니는 영재의 인지적 · 정의적 특성을 연구한 김홍원, 윤초희, 윤여홍, 김현철(2003)은 "지능이 높으면서도 체계적인 영재교육기관에서 교육적 서비스를 받고 있는 집단이 그렇지 못한 집단보다 영재성이 높게 발현될 수 있다."라고 하면서, 아무리 좋은 지능을 천부적으로 타고났다고 하여도 체계적인 영재교육을 받아야 잠재된 영재성이 잘 발현될 수 있다고 하였다. 초등 언어영재와 수학영재를 대상으로 한 윤초희와 강승희(2005)의 연구에서도 영재집단이 일반집단에 비해 지능이 높다는 것이 확인되었다.

우리나라의 인문사회, 자연과학, 문화예술의 3개 영역의 성인 영재들에게서 동의를 받아 초 · 중 · 고등학교 생활기록부에 기록된 지능지수에 기초하여 그들의 인지적 능력을 연구한 이정규, 김현철, 이윤옥(2005)에 의하면, 우리나라 영재들의 평균 IQ는 135.88이었으며, 3개 영역 간의 IQ 평균치는 통계적으로 유의미한 차이가 나타났다. 이러한 현상에 대해 송인섭(2005)은 "이는 지능지수의 측정 범위가 극도로 제한되어 있기에 발생한 현상으로 해석된다. 한 예로 미술영재는 IQ가 79~133의 범위이고 평균 107이다. 음악영재는 IQ가 95~139의 범위이고 평균 121이다. 예술 분야의 영재집단은 IQ가 높지는 않으나, 지능의 다른 지표에서 그들이 우수한 영재의 고유한 특성을 갖고 있음을 간과해서는 안 될 것이다."라고 하였다.

이렇게 인문사회, 자연과학, 문화예술의 3개 영역에서 지능지수의 차이가 나타나는 이유는 그동안 개발된 지능검사가 주로 언어, 수리, 논리, 지식 등을 측정하기 위해 언어형과 도형형 검사로 개발되었기 때문이다. 가드너(1999)는 다중지능이론을 통해 "그동안 서양 사회에서는 논리-수학지능에 높은 가치를 두었으며, 인류 역사를 이끌어 가는 것으로 믿어 왔다. 이로 인해 다른 지능들은 상대적으로 낮은 자존감을 느껴야만 했으며, 심지어 자신의 잠재적인 지능을 계발할 기회조차 잃어버렸다. 논리-수학지능은 다른 지능보다 월등한 것이 아니며, 높은 자긍심이 있는 것도 아니다."라고 밝혔다.

일반적으로 영재들은 보통 이상의 지적 능력을 소유하고 있다. 그러나 모든 영역에서 영재들의 지능지수가 다 높은 것은 아니다. 예술 영역과 같이 영역별 또는 개인별로 차이가 나타날 수 있으며, 지능지수가 평균보다 낮을지라도 노력과 열정으로 자신의 지능의 한계를 충분히 극복하여 자기 영역에서 성공한 영재도 많기 때문이다.

2) 창의성

세계는 21세기 고도의 지식정보화 사회로 접어들면서 창의적이고 생산적인 인재를 더욱 많이 요구하고 있다. 우리나라의 영재교육 목표도 '탁월한 잠재적 능력을 지닌 영재의 창의성, 도덕성, 자기주도적 학습태도 함양'으로 설정하고 있다. 그러므로 영재 판별 및 선발에 있어서도 창의성, 창의적 문제해결력 등에 중점을 두고 선발할 것을 영재선발 지침으로 하고 있다(교육인적자원부, 2002). 그리고 미국, 이스라엘, 싱가포르, 홍콩 등의 영재교육에서도 '창의적이고 생산적인 사고'를 영재성의 중요한 요인으로 선정하여 교육하고 있다.

(1) 창의성의 개념 및 정의

일반적으로 창의성은 '새롭고 가치 있는 산출물을 만들어 내는 능력'이라고 정의된다. 창의성은 1950년에 미국심리학회(APA)에서 창의성에 관한 길포드(Guilford)의 기조연설이 발단이 되어 지금까지 창의성에 관한 많은 연구가 이루어져 왔다. 초기에 창의성의 연구자들은 길포드(Guilford, 1956)의 '지능구조이론(Structure of Intellect: SI)'에서 지능의 여러 조작 중의 하나인 확산적 사고를 창의성과 동일한 것으로 간주하였다. 이러한 길포드의 이론적 영향으로 인해 창의성 연구가 촉발되었으며, 그는 이후의 창의성 연구에 많은 영향을 미치게 되었다.

창의성의 최근 연구 동향에서는 창의성의 인지적 변인 중 확산적 사고의 변인(유창성, 독창성, 융통성, 정교성 등)도 중요하지만 수렴적 사고 역시 중요하다. 그리고 인지적 능력은 정의적 특성(개방성, 민감성, 도전성 등)과의 상호작용이 중요하며, 창의성을 지지해 주는 가정, 학교 및 사회 환경도 중요하게 상호작용하여 창의적인 산출물이 나온다고 본다. 창의성의 인지적 능력(확산적 사고의 변인 중심)과 정의적 특성은 다음과 같다.

① 인지적 능력(확산적 사고의 변인을 중심으로)

- 유창성(fluency): 특정한 문제상황에서 주어진 시간 내에 많은 아이디어를 내는 능력
- 독창성(originality): 기존의 것과는 다른 독특하고 새로운 아이디어를 산출하는 능력
- 융통성(flexibility): 고정적인 사고방식이나 시각을 변화시켜서 다양한 종류의 해결책을 찾아내는 능력
- 정교성(elaboration): 기존의 아이디어를 보다 자세하고 실용적인 것으로 발전시키는 능력

② 정의적 특성

- 민감성(sensibility): 주변 환경에 대해 예민한 관심을 보이고, 이를 통해 새로운

탐색을 하려는 특성

- 개방성(openness): 자신의 경험에 제한받지 않고 모든 가능성을 수용하려는 특성
- 도전성(challenging): 어려운 과제라도 도전하여 성취하고자 하는 특성

(2) 영재의 창의성

미국 국립영재교육연구소 소장을 역임한 렌줄리(Renzulli, 1987)는 '세 고리 모형'에서 '평균 이상의 지적 능력, 창의성, 과제 집착력'을 제시하며 영재성의 3가지 준거 중 하나로 창의성을 들고 있다. 사회적으로 성공한 영재들을 대상으로 연구한 렌줄리는 다음과 같이 밝히고 있다. "영재는 어떤 문제나 질문에 대한 아이디어나 해결방안을 많이 제시하며 종종 독창적인 해결방안을 제안한다. 영재들은 제공된 방법을 그대로 답습하기보다는 독립적으로 사고하고 행동하기를 좋아한다. 하지만 지적으로 우수한 아이들은 창의적인 영재일 수도 있고 아닐 수도 있다. 우수한 지적 영재들과 우수한 창의적 영재들의 학업성취력을 비교한 연구에서는 두 집단 간에 유의한 차이가 나타나지 않았다." 즉, 그는 지능 변인과 함께 창의성도 학업성취도를 예측하는 주요한 변인이라고 하였다(이정규, 2004a; Getzels & Jackson, 1962).

사진 3-1 렌줄리 박사

스턴버그(Sternberg, 2003)는 영재성을 자신이 제시한 '성공지능이론'에 기초하여 정의하였다. 그는 성공지능이란 분석지능, 창의지능, 실제 지능으로 구성되어 있는데, 이러한 지능들이 어떻게 조합되는가에 따라 여러 형태의 영재성이 나타날 수 있으며, 영재성이란 여러 지능이 조화를 잘 이룬 상태라고 보았다. 그리고 지금까지 분석지능의 영재가 중심이었다면, 앞으로의 미래 사회는 창의지능의 영재가 더 필요한 사회가 될 것이라고 주장하였다.

영재성이 발현된 우리나라의 성인 영재를 대상으로 한 이정규(2005)의 연구에서는 문과, 이과, 예술의 3대 영역 간의 창의성에서 유의미한 차이가 나타나지 않았으

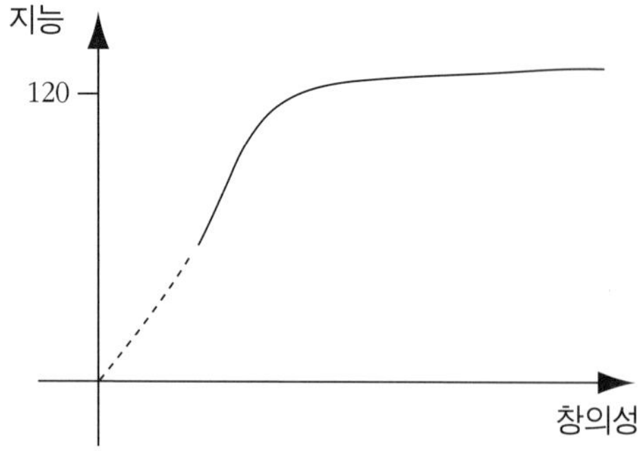

[그림 3-2] 창의성의 역치이론

나, 일반집단과 비교할 때는 유의미한 차이로 영재집단의 창의성이 높다는 것이 증명되었다.

우리나라의 경우 영재교육 대상자 선발에서 창의성을 선발의 중요한 요인으로 생각하고 있으며, 과학영재학교, 과학고등학교 입시에서도 '창의적 문제해결력 검사' '과학 창의성 캠프' 등 창의성을 더욱 요구하고 있는 상황이다.

그러면 지능과 창의성은 어떤 관계가 있을까? 지능이 높으면 창의성도 높은가? 지능과 창의성의 관계에 대한 연구 결과들을 종합 · 분석해 볼 때, 일반적으로 지능과 창의성의 상관관계는 0.2~0.3 정도이며, IQ 120 이하에서는 지능과 창의성의 상관관계가 어느 정도 높고 비례관계이나, IQ 120 이상에서는 상관관계가 아주 낮은 것으로 나타났다. 이를 창의성의 역치이론(threshold theory)[1]이라고 한다.

3) 상위인지

(1) 상위인지의 개념 및 정의

상위인지(meta cognition)는 메타인지라고도 불린다. 우리가 시험을 준비할 때 해당 과목의 지식을 얼마나 많이 학습하였는가 하는 지식의 양은 중요하다. 그리고 자신의 지식을 관찰 · 평가하여 강 · 약점을 분석하고, 시간과 공간을 어떻게 활용할 것인가 하는 학습전략 또한 중요하다. '며칠 뒤 중간고사이니 자신 있는 과목과 부족한 과목을 구분하여 시간 활용을 어떻게 해야지.'라고 하는 것은 자신의 상위인지를 활용하는 것이다. 일반적으로 상위인지는 '학습자 자신의 학습, 이해, 사고, 기억과정에 대한 사고능력을 의미하며, 개인의 지식과 정보, 인지 활동의 통제 및

---

1) 정신물리학적 접근으로, 모든 권역대에서 우리에게 자극이 주어지지만 우리가 어떤 자극을 지각할 수 있는 최소한의 수치를 역치라고 한다.

관리 능력'이라고 정의된다(Brown et al., 1983).

상위인지과정은 개인으로 하여금 그들의 인지를 잘 통제하고 모니터링하여 더욱 효율적이고 융통성 있는 학습자가 되게 한다. 어린 학생들의 상위인지는 제한적이지만, 성숙하고 나이가 들수록 그들의 상위인지도 발달하면서 학습전략도 효율적으로 선택하고 사용하게 된다.

(2) 영재의 상위인지

상위인지는 영재에게 나타나는 중요한 인지적 능력 중 하나이다. 상위인지가 학습증진 전략과 정신적 활동 전반을 통제하는 것이라고 본다면, 전반적으로 학습 전략과 능력에 대한 지식이 많은 영재학생일수록 새로운 지식과 기법을 보다 쉽고 빠르게 터득할 수 있을 것이다(이정규 역, 2008).

영재성과 상위인지의 관련성에 관한 20여 개의 연구를 분석한 로저스(Rogers, 1986)는 상위인지에 있어 영재들이 해결해야 할 과제를 신속하게 인지하고, 문제해결을 위한 적절한 전략을 선택하며, 문제를 해결하는 데 필요한 자원을 할당하는 데 보다 능숙한 것으로 보았다. 그리고 데이비드슨과 스턴버그(Davidson & Sternberg, 1984)도 영재들은 문제를 해결할 때 계획단계에 시간을 많이 투자하고, 새로운 전략을 쉽게 학습하고 다른 장면에도 쉽게 전이시키며, 자신이 사용한 전략에 대한 자기보고 능력이 뛰어나다고 하였다.

영재의 상위인지 기술과 전략에 대해 심층면접과 관찰을 통한 질적 연구를 수행한 베니토(Benito, 2000)에 따르면 다음과 같다. "영재는 정보를 처리할 때 신속하게 처리하며(정보처리의 자동화),[2] 누가 가르치지 않아도 효과적인 전략을 자발적으로 사용하는 경향이 있었다. 영재의 전략 사용은 6세 이후부터 가능한 것으로 보이며, 이러한 전략은 연역적 추리와 귀납적 추리를 포함하는 다양한 문제해결 전략이었다. 더 나아가 영재는 문제를 해결하기 위하여 어떤 종류의 전략을 사용해야 하는

2) 인지심리학 용어로, 명제적 지식과 절차적 지식의 연합과 숙달로 인하여 자동적으로 정보가 빠르게 처리되는 것을 의미한다. 예컨대, 자동차 운전을 처음 할 때는 차선을 바꾸는 것, 사이드 미러를 보는 것조차 어렵지만, 숙달되면 운전하면서 대화도 나누고 차선 변경을 위해 사이드 미러도 자연스럽게 볼 수 있는 것이다.

지뿐만 아니라 자신이 사용한 전략을 어떻게 말로 표현하는지에도 능숙함을 보여 주었다." 이 연구는 이처럼 영재성과 상위인지 간에는 밀접한 관련성이 있으며, 상위인지는 영재성을 결정하는 주된 요소 중 하나임을 밝혀 준다.

우리나라 초등 영재학생을 대상으로 한 김홍원 등(2003)의 연구에서는 상위인지가 연령의 증가에 따라 발달하지만 상위인지 능력의 차이가 연령이나 성숙요인과 관련된 것만은 아니라고 하였다. 대신 학습경험의 차이에 따라 달라질 수 있으며, 영재 또한 영재교육기관에서 학습전략과 관련된 다양한 문제해결 과제나 수업을 통해 상위인지 능력이 연마된다고 하였다.

4) 자아개념

(1) 자아개념의 개념 및 정의

사람들은 누구나 '나는 누구인가?' '나는 어떤 존재이며, 어떤 능력을 지니고 있는가?'와 같이 자신에 대해 스스로 관찰하고 생각하며 평가한다. 자아개념(self-concept)이란 자신의 능력, 흥미, 목표 등에 대한 체계화된 내적 생각과 태도의 복합체를 의미하며, 자기효능감, 자아존중감 등의 개념을 포괄하는 보다 일반적인 개념이다(Dai, Moon, & Feldhusen, 1998).

자아개념은 그것의 높고 낮음이 아니라 긍정적 자아개념과 부정적 자아개념으로 구분된다. 그리고 그 내용에 따라 학업적 자아개념, 신체적 자아개념, 사회적 자아개념 등과 같이 구분된다. 자아개념과 학업성취에 관하여 많은 연구자는 개인이 학업성취에 대한 자신의 관찰과 평가, 타인의 평가와 인정에 따라 자신의 학업적 자아개념을 형성해 나가는데, 그중에서도 교사의 태도와 평가가 가장 많은 영향을 미친다고 하였다.

(2) 영재의 자아개념

영재들의 자아개념은 긍정적 자아개념의 성향이 강하다는 특징이 있다. 영재들은 자신의 높은 지적 능력과 높은 포부수준을 인지하고 사회적으로 영재라는 인정과 판별을 받게 되면 일반아동보다 긍정적인 자아개념이 더 많을 것으로 생각된다. 그러나 반대로 자신의 높은 기대로 인한 실패 경험, 자신의 능력에 대한 비판적 태도, 우수한 영재들끼리의 비교를 통해 자신을 열등하게 평가한다면 부정적인 자아개념과 낮은 자아존중감을 가질 수 있다.

연구 결과들을 살펴보면, 콜란젤로와 켈리(Colangelo & Kelly, 1983)는 영재, 일반아동, 학습장애아동으로 판별된 중학교 1~3학년들의 자아개념을 비교하였는데, 전반적으로 영재의 자아개념이 일반아동보다 유의미하게 높았으며, 일반아동의 자아개념은 학습장애아동의 자아개념보다 높은 것으로 나타났다. 델코트(Delcourt, 1993)는 자아개념 검사의 점수를 학생이 자신을 표현하기 위해 사용한 형용사와 비교하였는데, 학생들은 긍정적인 자아개념을 갖고 있었다. 영재학생들은 자기 자신에 대해 '열심히 공부하는' '적극적인' '자발적인' '외향적인' '도전적인' '독립적인'과 같은 형용사를 사용하여 긍정적으로 표현하였다(김정휘, 이정규, 이민희 공역, 2008).

세일러와 브룩셔(Sayler & Brookshire, 1993)의 연구에서는 속진학생이 보통학생보다 더 좋은 학문적 자아개념을 가진 것으로 나타났다. 그리고 영재학생은 일반학생에 비해 더 긍정적이고 건강한 자아개념을 가지는 것으로 나타났다. 이러한 연구들은 대부분 학업적 영재를 대상으로 한 학업성취도 관련 연구가 많으며, 결과적으로 자아개념 중에서도 학업적 자아개념에 대한 연구가 많은 비중을 차지하고 있다.

그러나 모든 유형의 영재가 긍정적 자아개념을 지니고 있는 것만은 아니다. 베츠와 나이하트(Betts & Neihart, 1988)는 수년간 관찰, 인터뷰, 문헌연구를 한 끝에 6개의 영재 프로파일 유형을 작성하였다(각 유형의 상세한 설명은 이 책의 76~78쪽 참조). 먼저 긍정적 자아개념을 가진 영재의 프로파일 유형으로는 공부를 잘하고 성취도 검사와 지능검사에서 고득점을 획득하여 학교에서 영재로 판별된 성공적인(the successful) 영재 유형, 그리고 스스로 새로운 기회를 창조하기 위해 학습하며 강하고 긍정적인 자아개념을 소유하고 있는 자율적인 학습자(the autonomous learner) 영재 유형이 있다.

반대로 부정적 자아개념이 나타나는 영재 유형으로는 전형적으로 높은 수준의 창의성을 지니고 있으나 고집스럽고 요령이 없으며 종종 권위에 의문을 품고 교사에게 도전적인(the challenging) 영재 유형과 일반집단에서 소속감을 더 느끼기 위해 재능을 부정하는 잠복되어 있는(the underground) 영재 유형이 있다. 더불어 억눌린 행동을 하고 자퇴하거나 방어적으로 행동하여 분노를 표출하는 중도 탈락(the dropouts) 영재 유형, 영재성을 지니고 있으나 신체적 또는 감정적 장애를 가진 영재로 간주되는 중복 낙인(the double-labeled) 영재 유형이 있다(제2장 '4. 다양한 영재들의 프로파일' 참조).

〈표 3-1〉 영재들의 자아개념과 영재유형

구분	유형
긍정적 자아개념	성공적인 영재, 자율적인 학습자 영재
부정적 자아개념	도전적인 영재, 잠복되어 있는 영재, 중도 탈락 영재, 중복 낙인 영재

5) 기타 영재의 인지적 능력

일반적으로 인지적 능력인 지능, 창의성, 상위인지 이외에도 영재들이 지닌 인지적 능력은 다양하며, 이들은 모두 높은 수준을 나타내고 있다.

먼저, 교육심리학에서는 인지발달과 언어가 밀접한 관계가 있다고 본다. 일반적으로 언어가 인지발달을 촉진하거나 매개하며, 아동은 타인(가족, 교사, 친구 등)과 언어를 통한 상호작용으로 인지적 발달을 촉진한다. 영재아동의 급속한 언어발달은 개념적인 능력과 지식 기반의 확장과 관련이 있다. 그들은 읽는 것을 쉽게 배우며, 때로는 스스로 터득한다. 그들의 이해, 파지, 어휘, 정보 저장, 논리적 능력은 대체로 우수하다.

데이비스와 림(Davis & Rimm, 1998)은 영재아동의 인지적 능력을 다음과 같이 밝혔다.

• 영재아동은 언어와 사고력에서 일반아동과 달리 조숙하다.

- 영재아동은 나이에 비하여 더 발달된 어휘를 알고 있으며 정확하게 사용한다.
- 영재아동은 글을 명확하게 쓰며, 또래의 아동보다 더 긴 문장을 쓰고, 명확하고 논리적으로 사고한다.
- 영재아동은 자기 행동을 설명할 수 있으며 문제에 대한 선택적인 해결책을 찾는다.

사진 3-2 영재아동의 지적 능력

박성익(1999)은 영재아동의 지적 학습 능력을 다음과 같이 제시하였다.

- 지적 탐구에 대한 호기심이 높다. 즉, 삼라만상의 변화현상이나 다양성으로부터 규칙성이나 통일성을 찾아보고 일반화하고자 노력한다.
- 반성적 사고와 합리적 사고를 하며, 특히 탐구의 과정에서 원인, 이유, 근거, 배경, 절차, 결과 등에 대하여 명확히 알고자 '왜?'라는 질문을 계속하고 그 답변을 찾고자 노력한다.
- 여러 면에서 문제를 파악하는 능력이 뛰어나며, 새로운 아이디어를 산출하고 평가할 수 있는 능력이 있고, 간단한 과제보다 복잡한 과제를 선호하며, 통찰력과 직관력이 뛰어나 문제의 구성요소들 간의 관계를 분석적으로 파악한다.
- 고정관념에서 벗어나 개방적이고 융통성이 있는 사고를 한다.

지금까지 영재들의 인지적 능력을 살펴보았다. 한편, 이러한 인지적 능력은 영재성을 발현하는 데 긍정적인 역할 또는 부정적인 역할을 할 수 있다.

마지막으로 영재의 인지적 능력에 따라 발생할 수 있는 긍정적 · 부정적 행동특성은 〈표 3-2〉와 같다(윤여홍, 2003).

〈표 3-2〉 영재의 인지적 능력과 행동특성

영재의 지적 특성	긍정적인 행동특성	부정적인 행동특성
1. 높은 지적 호기심	정보 습득이 빠름, 호기심과 궁금함이 많음, 진지함, 질문이 많음, 풍부한 양의 정보를 소유함, 다양한 책을 읽음	과다한 질문과 의욕이 넘쳐 지시를 따르기를 거부함, 인내심 부족, 정규 학교생활을 지루해함
2. 발달된 언어능력	어휘력 풍부, 앞선 정보력, 유머 감각, 앞선 언어발달, 높은 어휘 수준, 책을 많이 읽음, 언어로 비판함	학교나 또래와 맞지 않는 언어 사용으로 의사소통이나 대인관계가 어려움, 잘난 체, 따지거나 논쟁함, 장황한 핑계를 자주 댐
3. 높은 창의성	상상력 풍부, 새로운 발명과 방식 추구, 독특함, 자기 해석과 스타일 추구, 아이디어나 해결책을 내기 좋아함, 심미적이고 예술적인 감각이 풍부함	복잡한 규칙 설정으로 친구들이 기피함, 파괴적이거나 보조를 깨뜨리는 것으로 보임, 반복학습과 연습 기피, 동조하지 않음
4. 우수한 사고능력	사고력 우수, 사고과정이 빠르고 판단력과 문제해결을 즐김, 추상화 및 종합능력 우수, 원인-결과 관계 파악, 사물과 사람을 조직화함, 도전적 · 논리적임	단순연습 기피, 전통적 교수-학습 방법 거부, 자세하거나 세부적인 것을 놓침, 지나치게 복잡하게 생각하는 경향이 있음, 불분명하거나 비논리적인 것을 따짐, 논쟁적임
5. 높은 주의집중력	흥미 영역 지속, 복잡함 속에서도 자기 일에 몰두, 선택적 주의집중 우수, 목표지향 행동	하던 일을 멈추지 못함, 타인에 대한 관심 부족, 일상생활의 일들에 무관심함, 제한된 시간을 넘김, 자기 일에만 편중됨

2. 영재의 정의적 · 사회적 특성

영재의 정의적 · 사회적 특성으로는 동기, 도덕심, 리더십 등이 있다. 일반적으로 영재의 인지적 능력이 높다는 것은 널리 인정되고 있다. 그러나 정의적 · 사회적 특성은 긍정적 혹은 부정적 측면으로 나타나는 경우가 많기에 인지적 능력과 조화를 이루거나 부조화를 이룰 수도 있다. 최근에 영재교육에서는 영재들의 정서 발달,

도덕심 함양, 자기주도적 학습태도 함양을 위해 각종 정서발달 프로그램들이 제공되고 있으며, 영재와 영재 학부모를 대상으로 상담도 많이 이루어지고 있다. 영재의 정의적 · 사회적 특성을 간략하게 정리하면 다음과 같다.

- 다른 사람의 기대에 민감하게 반응한다.
- 간섭 없이 혼자 해결하는 것을 좋아한다.
- 반복적인 것을 싫어하고 새로운 것을 시도해 보려고 한다.
- 도덕성이 높아 보다 이상적인 가치를 추구하려 한다.
- 사회적인 문제에 대해 수준 높은 도덕적 사고를 하고 토론하려 한다.
- 자신이 하는 일에 관심이 많고 과제 집착력이 높다.
- 학습속도가 빠르기 때문에 정규학교 수업에 흥미를 잃고, 공부를 하지 않거나 문제행동을 일으키는 경우도 있다.
- 과제를 완벽하게 수행하려고 하기 때문에 스트레스에 시달리기도 한다.
- 자아개념이 높고 자신감과 자기주장이 강하다.

1) 동기

(1) 동기의 개념 및 정의

교육학과 심리학 연구에서는 학생들의 학업성취도를 설명하고 예측하는 여러 가지 변인을 인지적 · 정의적 변인으로 구분하고 있다. 학업성취도에 대한 지금까지의 연구들을 고찰해 볼 때, 인지적 변인으로서는 지능이, 정서적 변인으로서는 동기가 학생들의 학업성취도에 가장 많은 영향력을 주고 있음이 밝혀졌다.

동기(motivation)란 인간의 행동을 설명하고 예측하는 중요한 심리학적 개념이다. 동기는 개인의 행동을 유발하고, 일정한 목표로 지향하게 만들며, 목표에 도달하면 유발된 행동을 더욱 강화해 주는 기능을 한다. 따라서 '학습동기'는 학생의 학습행동을 유발하고, 학습목표에 도달할 수 있도록 방향을 유지시켜 주며, 학습목표에 도달하면 학습행동을 더욱 강화하는 기능을 한다고 할 수 있다(이정규, 2004b).

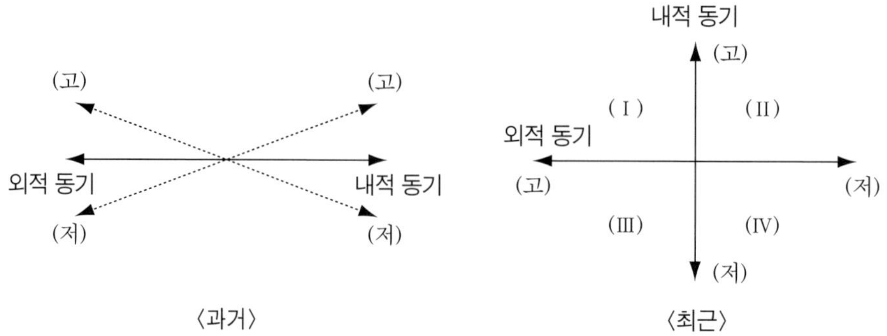

[그림 3-3] 동기의 대립성 및 독립성의 개념

출처: 하대현(2002).

여기서는 다양한 동기이론 중에서도 내적 동기이론에 대해 살펴보고자 한다. 내적 동기이론은 인간의 행동에 대한 동기를 내적 동기와 외적 동기로 구분한다. 내적 동기(intrinsic motivation)는 외부의 보상이 없더라도 '일에 대한 열정'으로 행동하는 동기이다. 즉, 일(공부)하는 자체가 즐겁고, 흥미와 관심이 있기에 도전하고, 스스로 만족스럽기 때문에 행동하는 동기이다. 반대로 외적 동기(extrinsic motivation)는 일 자체와는 다른 어떤 외부 보상이나 타인의 인정, 승인, 상벌, 통제, 압력, 지시 같은 것의 반응으로 일하는 동기이다.

과거에는 내적 동기와 외적 동기는 대립되고 분리된 개념으로서 내적 동기가 높으면 외적 동기가 낮다는 단일성 개념이었으며, 학업성취에는 외적 동기보다는 내적 동기가 더 긍정적이고 지속적으로 영향을 미친다는 연구가 지배적이었다. 따라서 보상이 내적 동기를 오히려 감소시킨다고 하였다. 그러나 최근에는 내적 동기와 외적 동기를 별개의 축으로 생각하는 양극성 개념으로 변화되고 있다([그림 3-3] 참조). 즉, 개인의 동기 유형은 ① 내적 동기와 외적 동기가 모두 높은 유형, ② 내적 동기가 높은 유형, ③ 외적 동기가 높은 유형, ④ 내적 동기와 외적 동기가 모두 낮은 유형의 4가지로 분류할 수 있으며, 외적 동기가 학업성취를 무조건 저해하는 것이 아니라 내적 동기가 높은 개인에 한하여 내적 동기와 상승(synergy)작용을 할 수도 있다는 연구로 발전하고 있다(이정규, 2005).

(2) 영재의 동기

발명가 에디슨(Edison)은 "영재는 1%의 영감과 99%의 노력"이라고 하였다. 그리고 노벨상 분야 중에 수학 분야는 없지만 이에 버금가는 4년에 한 번 수여하는 '필드상' 수상자인 히로나카 헤이스케(ひろなか へいすけ)는 대학교 3학년이 되어서야 뒤늦게 수학의 길을 선택하였고, 끈기와 노력 하나로 대수학자로 발돋움하기까지의 과정을 『학문의 즐거움』이라는 책을 통해 밝히고 있다. 그는 "나는 어떤 문제에 부딪히면 미리 남보다 두세 배의 시간을 투자할 각오를 한다."라고 하였다.

지능의 상위 1%를 대상으로 한 터먼의 종단연구 결과에서 연구 대상자 중 일부는 성공적이었으나 일부는 그렇지 못했다. 이는 동기(과제에 대한 열정)의 차이 때문이며, 동기는 가족의 가치관에서 기인하기도 한다(이경화, 최병연, 박숙희 공역, 2005). 앞서 언급한 것처럼, 렌줄리(Renzulli, 1986)는 실제로 사회에서 뛰어난 공헌을 한 사람들이 ① 보통 이상의 지적 능력, ② 창의성, ③ 과제 집착력의 3가지 특성을 지니고 있다며 '세 고리 모형'을 제안하였다. 그 특성 중 과제 집착력이란 과제를 수행하는 도중에는 주위의 사물이나 상황에 의해 영향을 받지 않는 것, 문제가 쉽게 해결되지 않아도 포기하지 않고 끝까지 노력하는 것, 관심 있는 문제에 사로잡혀 있을 때 떼어 놓기가 힘든 것, 오랫동안 하나의 일에 집중할 수 있는 것을 의미한다.

송인섭, 이신동, 이경화, 최병연, 박숙희(2001)는 동기와 지구력을 영재의 공통적인 특성으로 보고 이것이 성인이 된 후의 성공에 중요한 역할을 한다고 하였다. 애머바일(Amabile, 1996)은 노벨상을 받은 많은 사람을 인터뷰하여 그들의 공통적 특성으로서 일에 대한 열정과 과제에 대한 추진력과 몰입을 꼽았다. 영재에게서 보이는 높은 학습 동기는 지적 호기심이 높은 수준의 사고력, 논리적 능력과 결합되어 나타난다.

델코트(Delcourt, 1993)는 창의적 · 생산적 사고력이 우수한 영재 고등학생들을 대상으로 연구한 결과, 도전적인 프로그램이 흥미와 호기심, 자기만족감, 향학열, 도전의식, 자기표현과 같은 욕구를 충족시켜 준다고 하였다(김정휘 외 공역, 2008).

내가 왜 컴퓨터 프로그램을 열심히 만드는가? 나는 뭔가를 보고 그것이 어떻게 작동하는지 모르면 궁금해한다. 그래서 프로그램을 만드는 것은 나의 일부분이며, 내가 프로그램을 만드는 동기는 점수를 원하거나 돈이 필요해서가 아니라 나 자신을 표현하기 위해서이다(김정휘 외 공역, 2008).

2) 리더십

(1) 리더십의 개념 및 정의

리더십의 사전적 정의는 '어떤 과정에 있어 안내하고 방향을 제시함'인데, 여기서 리더의 주요 역할은 안내자와 방향 제시자인 것을 알 수 있다. 여러 학자가 리더십을 정의하고 있지만, 정의를 요약하면 '조직의 비전과 방향을 제시해 주고, 이를 성공적으로 달성할 수 있도록 구성원의 다양한 활동에 영향을 미쳐 변화시켜 나가는 것'이라고 할 수 있다.

교육현장에서 리더십은 그 자체를 별도의 재능 영역으로만 보기보다는 다양한 영역의 인지적 · 정의적 특성의 계발과 함께 충분한 교육과 훈련을 통해 계발되어야 할 필요성이 제기되고 있다(김경아, 2004).

(2) 영재의 리더십

영재가 사회적으로나 학문적인 분야에서 리더가 되기 위해서는 미래에 대한 비전과 목표, 창의적 문제해결력, 의사소통 능력, 학제 간 통합을 통한 시너지 효과 창출, 타인에 대한 배려 등 21세기형 커뮤니티 리더십이 함께 계발되어야만 하며, 그때 영재의 능력이 충분히 활용되고 실질적인 사회 기여로 이어질 것이다. 리더십에 대한 교육적인 관심은 계속적으로 이어져야 하나, 그 개념이 복잡하여 한마디로 정의하기가 어렵고 시대상을 반영하여야 하기 때문에 시대에 따라 달리 정의되어 리더십 교육이 어려워지는 측면이 있다(진석언, 2003).

리더가 생각하는 리더십의 중요도 및 바람직하게 여겨지는 리더의 특성을 연구한 김미숙 등(2007)에 따르면, 영재에게는 자신이 속한 분야에서 발휘할 뛰어난 능력과 사회에 대한 헌신, 도덕성이 중요한 리더적 자질로 기대되고 있었다. 한편, 우리 사회의 구성원 대다수는 영재가 리더로 자라나 주기를 기대하였으나 실현 가능성은 기대감에 못 미치고 있었으며, 리더는 타고나는 것이라기보다는 후천적 교육을 통해 만들어질 수 있다고 보고 있었다. 이러한 연구 결과들은 영재의 리더십이 사회가 기대하는 만큼 충분히 계발되어 있지 않을뿐더러 시도되고 있지도 않으며, 따라서 지금부터라도 영재교육에서도 교육적 노력이 필요함을 시사하고 있다.

최근 한국과학영재학교와 과학고등학교 등에서도 교육과정으로 리더십 교육을 강화하고 있다. 한국과학영재학교의 경우, "영재학교 학생들은 리더십 활동을 통한 역할분담을 통해 참여의식과 공동체의식을 함양할 수 있게 되고, 상호존중을 통한 민주적 의사결정과정의 중요성을 습득하여 건전한 가치관을 형성하게 될 것이다. 따라서 학교에서는 다양하고 내실 있는 리더십 활동을 운영하여 영재학생들의 인성과 창의성 및 자율성을 함양시켜 인류에 공헌할 수 있는 창의적 글로벌 리더를 육성하여야 한다."라는 리더십 교육의 목적하에 지 · 덕 · 체를 겸비한 글로벌 리더로서의 자질과 소양을 배양하기 위해 연간 45시간을 권장하고 있다.

칸스와 빈(Karnes & Bean, 1997)도 유능한 리더와 영재학생의 두 집단 모두 언어능력이 뛰어나고, 비전을 가지고 있으며, 문제를 해결하고, 논리적이고 비판적인 사고를 할 수 있으며, 창의적이고 책임감 있고 융통성 있는 선도자라는 점에서 유사하다고 하였다. 사실상 유능한 리더와 영재성을 가진 사람을 묘사하는 데 사용되는 특성들 사이에는 여러 가지가 서로 관련되어 있다. 즉, 유능한 리더와 영재학생들의 공통적인 특징은 언어감각과 사회성이 좋고, 미래지향적이며, 문제해결 능력이 탁월할 뿐만 아니라 비판적 · 창의적으로 사고하고, 새로운 것을 시도하며, 책임감이나 자기 충족감이 뛰어나다는 것이다.

3) 기타 영재의 정의적 특성

먼저, 영재들은 내적 통제소재, 내적 귀인성향이 강하다. 통제소재란 행동의 결과에 대한 원인을 자신의 내적으로 두는가 외적으로 두는가를 판단하는 경향성이다. 일반적으로 영재들은 자신의 능력에 대한 자신감이 높고, 혼자 일을 수행하고

자 하는 독립심이 강하며, 내적 통제가 높다고 알려져 있다. 즉, 행동의 결과가 자신의 통제권 내에 있다고 생각하므로 결과를 바꾸기 위해서 더 열심히 노력한다. 내적 통제와 책임감이 강한 영재는 자신이 설정한 목표를 성취하지 못했을 경우에 실망, 좌절 등을 경험하게 된다.

리처드슨과 벤보우(Richardson & Benbow, 1990)는 18~23세의 수학영재들을 대상으로 한 연구에서 영재들이 보통 사람들에 비하여 내적 통제를 더 많이 한다고 보고하였다. 즉, 영재들은 시험을 잘 보거나 과제수행을 잘했을 때 또는 학업적으로 성공했을 때 그 원인을 노력이나 능력 같은 자신의 내적인 요소로 돌리는 경향이 강하였다. 쿠르츠와 바이너트(Kurtz & Weinert, 1989)의 연구에서도 영재학생들은 일반학생들에 비하여 학문적 성공을 자신의 높은 지적 능력에 귀인하는 경향이 높았다.

두 번째로 영재들은 도덕심이 높은 경향이 있다. 도덕심의 함양은 우리나라 영재교육의 3가지 목표 중 하나로 중요하게 여겨진다. 간디와 히틀러 중에서 누가 영재인가를 꼽는다면 대부분 간디를 꼽을 것이다. 이는 개인의 탁월한 능력도 중요하지만 도덕심에 따라 행동할 수 있는 이를 더 훌륭한 인물로 여기기 때문이다. 피아제(Piaget)는 발달이 앞선 아동들에게서 자기중심적인 성향이 덜 나타난다고 하였다. 영재들은 또래보다 일찍 특정 상황을 다른 사람의 관점에서 볼 수 있으며, 이에 따라 다른 사람의 권리와 감정을 쉽게 이해할 수 있다.

그로스(Gross, 1993)는 매우 우수한 지적 능력을 보이는 10~13세의 아동들을 대상으로 도덕적 판단에 대한 검사를 실시하였다. 그들의 도덕적·윤리적 의식수준은 고등학생이나 대학생 수준인 것으로 나타났다. 일반적으로 영재들은 일찍부터 가치, 공정함, 정의감을 발달시키고, 구체화하며, 내면화한다. 그들은 동정심이 있고, 정직할 뿐만 아니라 일관된 기준에 따라 다른 사람을 공정하게 평가할 수 있으며, 반사회적인 문제행동을 덜 일으킨다. 반면, 홀링워스(Hollingworth, 1926, 1942)는 영재들의 비도덕성에 대해 지적하였다. 즉, 영재들은 '건전한 속임수'를 잘 쓰는데, 이러한 속임수는 그들의 높은 정신력과 도덕적 사고에도 불구하고 청소년 비행과 범죄로 발전할 수도 있다고 하면서 정서 함양과 상담이 필요하다고 강조하였다.

세 번째로 영재는 정서적으로 민감하며 강렬함을 지니고 있다. 여기서 정서적 민감성이란 자극에 대한 유기체의 반응성으로 예민함을 의미하며, 강렬함이란 강한 집중력이나 능력, 힘, 또는 에너지를 의미한다. 정서적 민감성과 강렬함은 영재로 하여금 주변의 자극을 민감하게 받아들이고 여러 자극에 동시에 주의를 기울이도록 만들며, 때로는 자신의 감정을 보다 강하게 느끼게 한다. 영재는 이러한 정서적 민감성과 강렬함으로 보통 아동들이 잘 느끼지 못하는 작은 변화나 차이점 등을 지각하면서 과잉행동 경향성을 보이기도 하는데, 이로 인하여 또래 아이들이나 일반 교사들과 심리적 거리감을 갖게 될 수도 있다.

네 번째로 영재들은 완벽주의 성향을 가지고 있다. 영재들의 완벽주의는 어린 시절부터 우수한 성적을 기록하여 왔기에 교사나 부모로부터 뛰어나야 한다는 피드백을 끊임없이 받은 데서 기인한다. 이로 인해 영재들은 자신이 수행하고 싶은 과제를 끝까지 해결하고 싶은 긍정적인 영향도 받지만, 칭찬과 인정을 내재화하면서 그것을 충족시킬 만한 수준의 성취를 해야 한다는 심리적 압박감도 느낀다. 이러한 완벽주의적 성향으로 인해 고민하고 죄책감을 느끼며, 지나치게 공부에 몰두하게 되는 경향이 있다(Davis & Rimm, 1998).

마지막으로 영재의 정의적 · 사회적 특성에 따라 발생할 수 있는 긍정적 · 부정적 행동특성은 〈표 3-3〉과 같다(윤여홍, 2003).

〈표 3-3〉 영재의 정의적 · 사회적 특성과 행동특성

정의적 · 사회적 특성	긍정적인 행동특성	부정적인 행동특성
1. 정서적 민감성과 열정	정서적 예민함, 공감성, 타인으로부터 사랑과 수용받기를 열망함, 타인의 기대에 부응하려 함, 높은 에너지	과잉욕심, 과잉행동, 과민반응, 활동하지 않는 것을 못 견뎌 함, 현실적인 목표를 맞추기 어려워함, 해석의 주지화
2. 완벽주의와 자기비판	자신에 대한 높은 기대, 최선을 다함, 성공과 인정에 대한 욕구가 강함, 목표 지향적 행동	우울, 자기비판과 자기비하로 무기력해지거나 용기를 잃음, 타인의 평가나 비판에 예민해짐, 우수아 신드롬, 일중독(공부벌레), 미성취 가능성

3. 자아개념과 자기통제력	자신과 타인에 대한 높은 기대, 남과 다르다는 자의식과 자신감, 자신의 것을 명확히 주장함, 자기 일에 책임감을 갖고 처리함, 과제 집착력, 인내심	고집스럽고 의지가 강한 사람으로 보임, 타인에 대한 배려 부족, 비판이나 또래 거부에 예민함, 자기가 설정한 기준에 타인이 따르기 힘들어함, 목표를 달성하지 못했을 때 좌절함
4. 뛰어난 유머 감각	날카로운 유머감각, 자기 유머로 타인에게 영향력을 행사하려 함	또래의 유머 이해 부족으로 '웃기는 아이'로 인식됨, 적대적인 유머로 공격하기도 함
5. 내향성과 독립성	깊이 사색하고 혼자만의 시간을 즐김, 자신의 목표와 가치가 옳다면 타인과 타협하지 않고 추구함	고집, 타협이 어려움, 자기주장, 지시를 거부함, 타인에게 무관심, 부모나 교사에게 동조하지 않음, 스스로 고립하여 외톨이가 됨, 사회성 결여, 책에 몰두함
6. 도덕발달과 정의감	진실, 평등, 공평의 추구, 인류애에 대한 관심, 근심, 자기 가치를 실현하고자 함, 도덕적 행동	비현실적 목표를 설정하여 개혁을 시도하다가 좌절과 우울에 빠짐
7. 도전성과 회피성	일상생활의 틀을 싫어함, 평범한 것보다는 새로운 것과 도전적인 일을 선호함, 적극성, 노력, 위험 피하기	전통과 권위에 도전하는 것으로 비춰짐, 실패 가능한 일은 시도조차 안 하려 함
8. 다재다능함	다방면의 흥미, 열심, 열정, 의욕이 넘침	과잉욕심, 일을 벌임, 시간 부족에 따른 좌절, 신체적 · 정신적 피곤

3. 영재의 심리적 특성 간의 상호관계

영재의 인지적 능력에 대한 많은 연구는 영재의 지적 능력, 즉 지능, 창의성, 상위인지, 고차원적 추론능력 등이 탁월하다고 일관되게 보고하고 있다. 그러나 영재의 정의적 · 사회적 특성에 대한 국내외의 선행연구들을 고찰하여 보면 학자들 간의 영재성에 대한 정의의 차이, 연구 대상자의 선정에서의 표집의 차이나 연구방법의 차이 등으로 인해 그 결과들이 상반되게 보고되고 있다.

먼저, 영재들은 인지적 능력 못지않게 정의적으로나 신체적으로 모두 탁월하고 건강하다는 연구이다. 터먼과 오든(Terman & Oden, 1947)은 영재아동의 사회, 정서, 도덕 및 신체 발달에 대한 종단연구에서 "지적으로 우수한 아동에 대한 잘못된 신화(myth)가 이 연구가 제시하는 실증적인 자료에 의하여 사라지기를 기대한다. 영재아동들이 좀스럽고, 그들의 능력과 흥미에 있어서 너무 특수하며, 정서적으로 불안정하고, 사회적으로 부적응적이며, 정신병자이고, 도덕적으로 신뢰할 수 없다는 것은 사실이 아니다."라고 밝혔다. 갈루치, 미들턴과 클라인(Gallucci, Middleton, & Kline, 1999)은 심화 프로그램에 등록되어 있는 영재아동, 일반학급의 영재아동, 일반학급의 보통아동을 비교하여 세 집단의 심리사회적 적응에서 차이가 없으며, 영재아동 집단의 창의성과 정신병리적 행동특성 간에도 상관이 없음을 보여 주었다.

세일러와 브룩셔(Sayler & Brookshire, 1993)는 중학교 2학년 영재학급 학생과 일반학급 학생의 사회적 · 정서적 · 행동적 적응에 있어서 차이가 있는가를 탐구하였다. 연구 결과, 사회적 관계와 정서발달의 지각에서 영재학급 학생이 일반학급 학생보다 좋은 것으로 나타났고, 그들의 학교 행동문제는 일반학급 학생에 비해 덜 심각한 것으로 나타났다. 일반적으로 믿고 있는 것과는 반대로, 조기 입학하거나 또는 초등학교의 특정 학년을 건너뛰어 진급한 영재학생의 대부분은 특별한 사회적 고립을 보고하지 않았거나 또는 심각한 정서적 어려움을 경험하지 않았다. 심각한 행동문제에서도 그들은 일반학급 학생에 비해 덜한 것으로 나타났다. 우리나라에서 사회적 · 학문적으로 성공한 성인 영재를 대상으로 한 이정규 등(2005)의 연구에서도 영재들은 탁월한 인지적 능력과 건강한 정의적, 사회적, 신체적 특성이 있다고 하였다.

영재의 인지적, 정의적, 사회적 특성과 신체적 조건이 우수하다는 이러한 연구 결과들은 영재에 대한 과거의 잘못된 신화[3]를 불식시키는 긍정적 영향도 있다. 그러나 영재는 탁월한 영재성을 지니고 있기 때문에 특별히 예산을 들여 영재교육 프로그램을 제공하거나 상담적 처치, 정서 함양이나 리더십 프로그램 등을 제공해 줄 필요가 없다는 인식을 심어 주어 영재교육에 부정적인 영향을 미치기도 하였다.

3) 대표적인 학자 중 한 명인 롬브로소는 20세기 중반까지도 영재를 일반적으로 머리는 뛰어나나 꼽추이며, 두꺼운 안경을 쓰고, 신체적으로 병약하고, 친구도 없는 외톨이 등으로 묘사하였다.

반면, 영재들은 그들의 탁월한 인지적 능력에 비해 정의적, 사회적, 신체적 특성이 낮거나 조화를 이루지 못해 오히려 문제가 될 수 있다는 연구도 있다. 홀링워스(1926, 1942)는 지능이 높은 영재들은 지적 발달이 신체적 발달보다 먼저 일어나 정서적·사회적으로 어려움을 겪으므로 정서적 측면에서의 교육이 절대적으로 필요하다고 하였다. 심지어 성인들이 아동의 지적 조숙을 이해하지 못하고 조롱하기에 영재아동들은 자라면서 사회적으로 부정적인 태도가 길러진다고 하였다.

나이퀴스트(Nyquist, 1973)의 연구 또한 홀링워스의 연구를 지지하고 있는데, 뉴욕에서 스스로 자퇴한 고등학생 중 19%는 '영재'로 분류될 수 있을 것이라고 하였다. 이와 유사하게 영재학생 중에서 학교를 자퇴한 학생들은 학습부진아였거나 학교에서 적절한 지도나 상담 혹은 도전감을 경험하지 못했다는 연구가 있다. 더욱이 미국에서 가장 재능이 뛰어난 학생들의 교육에 대한 두 번째 연방보고서(Ross, 1993)인 「국가 수월성: 발전하는 미국의 재능에 대한 사례(National excellence: A case for developing America's talent)」에 따르면, 절반 이상의 영재아동들이 판별 검사를 통해서 확인한 능력과 학업성취 간에 불일치를 보이고 있었다.

이렇게 영재의 정의적·사회적 특성에 대해 서로 다른 설명을 하는 이유를 보면, 터먼의 연구에 참여한 영재들은 학교에서 교사의 추천에 의해 영재교육을 받고 있는 중상류층 이상의 학생들이므로 옷차림이 말끔하고, 예의 바르며, 어느 정도 사회에 잘 적응하는 이들만 표집되었을 가능성이 있다. 반면, 홀링워스의 연구에서는 영재임에도 불구하고 임상적인 상담이 요구되는 이들을 대상으로 하였기 때문에 영재의 정의적·사회적 특성에 대한 터먼 등의 연구와 상반된 연구 결과를 제시하고 있다고 할 수 있다.

최근에는 많은 학자가 영재교육에 있어 영재성을 잘 이해하고, 영재들의 정서와 사회성을 함양하는 프로그램이 동시에 이루어지며, 그들에게 적합한 상담이 이루어져야 한다고 강조하고 있다. 우리나라의 「영재교육진흥법 시행령」 제29조에서도 영재교육기관에 '영재전문 상담교사'를 두도록 법적으로 규정해 놓고 있다.

제29조(영재교육기관에 두는 교원의 배치기준) ① 영재학교에는 다음 각 호의 기준에 따라 교원을 배치하여야 한다.

1. 교장 및 교감 각 1인
2. 학생 10인당 교사 1인 이상
3. 전문 상담교사 및 사서교사 각 1인

영재들은 높은 인지적 능력이 있는 반면, 정서적 · 사회적으로 불일치하기 때문에 이로 인한 갈등과 불안이 존재한다. 예를 들어, 영재들은 비사교적이고 내향적이며 독립적인 사회 적응 및 정체성에 혼란이 높은 경향이 있다. 일반적으로 영재는 독립적으로 혼자 일하기를 좋아하는 내성적인 경향성을 지니고 있다. 또한 사회성이 부족하다고 알려져 있다. 그 이유는 영재의 지적 수준이나 흥미, 관심이 또래와 서로 맞지 않아 친구를 사귀기가 어려울 뿐만 아니라 사람들을 자기 뜻대로 조직화하려고 시도하면서 타인의 생각이나 입장을 충분히 고려하지 못하여 또래 간에 갈등이 일어날 가능성이 높기 때문이다. 그러므로 영재는 또래보다는 자기보다 나이가 많은 이들을 선호하여 관계를 형성하거나 적당한 친구가 없으면 책으로 대신하는 경향이 있다. 더구나 영재의 스트레스 중 하나는 또래집단에 맞추어 행동해야 한다는 동조압박감과 자기욕구를 충족시키고자 하는 것 사이의 갈등이다(Schmitz & Galbraith, 1985).

한편, 도버와 벤보우(Dauber & Benbow, 1990)의 연구에서는 적정 수준의 영재성을 지닌 청소년들이 영재성이 매우 높은 청소년에 비해 인기가 있고, 운동도 잘하며, 사회성 면에서 자기 자신을 보다 긍정적으로 지각한다고 보고하였다. 그러므로 적정 지능의 영재 청소년보다 매우 뛰어난 지적 능력을 가진 영재 청소년들이 상대적으로 사회적 · 정서적 문제를 가질 위험이 높은데, 특히 언어적으로 매우 뛰어난 능력을 갖고 있는 청소년의 경우 또래와의 관계에서 문제의 발생 위험이 높은 것으로 보고되고 있다. 결국 모든 영재가 교우관계에서 문제를 갖는 것이 아니라 영재성의 정도와 분야에 따라 교우관계의 양상이 달라진다는 것이다.

요약정리

1. 영재의 심리적 특성을 알 수 있다면, 그들의 심리적 특성을 잘 파악하여 그 특성과 교육적 욕구에 적합한 교육이 가능할 것이다. 또한 영재의 심리적 특성을 일반학생에게도 적용한다면 일반학생들의 잠재력 향상에도 기여할 것이다.
2. 일반적으로 영재들은 보통 이상의 인지적 능력을 소유하고 있다. 그러나 모든 영역의 영재들의 지능지수가 다 높은 것은 아니다. 예술 영역과 같이 영역별 또는 개인별로 차이가 있을 수 있다.
3. 창의성은 영재의 중요한 인지적 능력 중 하나이다. 우리나라의 영재교육에서도 '탁월한 잠재적 능력을 지닌 영재의 창의성, 도덕성, 자기주도적 학습태도 함양'을 목표로 설정하였다. 그리고 미국, 이스라엘, 싱가포르, 홍콩 등의 영재교육에서도 '창의적이고 생산적인 사고'를 영재성의 중요한 요인으로 선정하여 영재교육을 하고 있다.
4. 상위인지의 개념에서 볼 때, 학습 전략과 능력에 대한 지식이 많은 영재학생일수록 새로운 지식과 기법을 보다 쉽고 빠르게 터득할 수 있을 것이다.
5. 일반적으로 영재의 인지적 능력이 높다는 것은 널리 인정되고 있다. 그러나 정의적 · 사회적 특성은 긍정적 혹은 부정적 측면으로 나타나는 경우가 많기에 인지적 능력과 조화를 이루거나 부조화를 이룰 수도 있다.
6. 영재라는 인정과 판별을 받게 되면 긍정적인 자아개념을 가질 것으로 생각된다. 그러나 자신의 높은 기대로 인하여 실패를 경험하거나 자신의 능력에 대한 비판적 태도를 가지며, 우수한 영재들끼리의 비교를 통해 자신을 열등하게 평가한다면 부정적인 자아개념과 낮은 자아존중감을 가질 수 있다.
7. 영재들은 도덕심이 높은 경향이 있으며, 정서적으로 민감하며 강렬함을 지니고 있다. 그리고 완벽주의는 어린 시절부터 우수한 성적을 기록하여 왔기에 교사나 부모로부터 뛰어나야 한다는 피드백을 끊임없이 받은 데서 기인한다.

연구문제

1. 영역별로 영재들의 지능 차이가 발생하는 것에 대해 설명하시오.
2. 영재에게 창의성 교육이 중요한 이유에 대해 설명하시오.
3. 영재의 상위인지가 높은 이유에 대해 설명하시오.
4. 영재의 인지적 능력으로 인한 긍정적 · 부정적 행동에 대해 설명하시오.
5. 영재의 자아개념은 다양한 프로파일의 유형별로 어떤 차이가 나타날 수 있는지 설명하시오.
6. 영재의 정의적 특성으로 인한 긍정적 · 부정적 행동에 대해 설명하시오.
7. 영재의 인지적, 정의적, 사회적 특성이 조화된다는 대표적인 연구물에 대해 설명하시오.
8. 영재의 심리적 특성이 부조화되는 이유와 대책에 대해 설명하시오.

제4장
영재판별과 선발

학습목표

1. 영재판별의 개념, 목적 및 비율을 설명하고 기술할 수 있다.
2. 국내외 영재판별의 동향과 방법을 알고 설명할 수 있다.
3. 다양한 영재판별의 실제를 설명하고 적용할 수 있다.
4. 영재판별 대안과 검증방법의 필요성을 이해하고 설명할 수 있다.

영재판별이란 영재성의 정의에 비추어 적절한 영재를 선별하는 것이다. 영재교육을 위해서는 영재판별이 필수적이고, 영재교육의 출발점을 영재판별로 보는 시각이 있다는 점에서, 영재판별은 영재교육에서 중요한 위치를 차지하고 있다. 만약 영재판별이 잘못될 경우, 주어진 프로그램에 대한 준비가 되지 않았기에 당사자에게는 불행이 되며, 영재 프로그램은 그 효과를 달성하지 못하고 낭비를 초래하는 결과를 가져오게 된다(Borland, 2003). 따라서 이 장에서는 영재판별과 관련된 다양한 내용을 살펴보고, 영재교육에 대한 이해의 폭을 넓히고자 한다.

1. 영재판별의 이론

1) 영재판별의 개념

영재판별과 관련하여 사용되는 용어로는 선별(screening), 판별(identification), 선발(selection), 배치(placement)라는 용어가 있다. 각각의 용어는 영재 프로그램에 적격인 영재학생을 선발하는 과정에서 파생되는 각기 다른 시각을 대표한다. 첫째, 선별이란 굵은 체로 거칠게 거르는 것을 의미한다(Tannenbaum, 1983). 선별이라는 용어는 판별이나 사정의 전 단계로서 영재를 대략적으로 정의한다는 의미이다. 둘째, 판별은 영재인지 아닌지 또는 영재의 특성을 보이는지 등의 의사결정과정이다. 셋째, 선발은 영재학교나 학급에 배치하는 것을 의미한다. 넷째, 배치는 판별한 학생을 적합한 교육과정에 매칭하여 수업을 받게 하는 것을 의미한다.

판별 관련 용어들은 각기 구분된 의미를 갖고 있으나, 일반적으로 혼용되는 경향이 있다. 이 용어들의 실질적 의미를 보면, 선별은 비교적 간단하게 실시할 수 있는 검사에 의존하는 반면에, 판별은 표준화검사 등을 사용하거나 판별을 위해 특별하게 고안된 검사를 사용한다. 따라서 판별에 사용되는 검사는 시간과 비용이 많이 드는 특징이 있다. 선별과 판별이라는 용어가 주로 학생 개인을 대상으로 할 때 사용되는 데 비하여, 선발은 주어진 인원수만큼을 선발하는 것을 의미하는데, 영재판별과의 차이점은 영재판별이 이루어진 대상도 주어진 학급의 인원수에 포함되지 않으면 선발되지 않고, 반대로 선발되더라도 영재가 아닌 경우가 있다는 것이다.

이 책에서는 용어상의 혼동을 피하기 위해 '영재판별'이라는 용어를 사용하지만, '선별'이나 '배치'라는 용어가 적절한 경우 그에 맞는 용어를 사용하고자 한다.

2) 영재판별의 목적

영재를 판별하고 교육하는 것에는 다양한 목적이 있을 수 있다. 우리나라의 「영재교육 진흥법」에서는 영재판별 목적을 영재 프로그램에 적격인 자로 규정하고 있으며, 여러 가지 기준을 제시하고 있다. 영재판별은 다음과 같은 목적을 가진다는 것이 연구자들의 공통된 지적이다(박춘성, 2006).

첫째, 영재 프로그램에 적격인 학생을 선발하여 프로그램에 투입하려는 목적이 있다. 영재교육 프로그램에 기반을 두어 적격인 영재학생 선발을 목적으로 하기에 가장 이해하기 쉬우면서도 영재판별이 이루어지는 기본적인 이유가 된다.

예컨대, 농구선수 또는 육상선수를 선발할 때나 미술 프로그램에서 학생을 선발하고자 할 때 어떤 판별절차를 거쳐야 할지 쉽게 짐작할 수 있을 것이다. 만약 농구선수를 선발하고자 한다면 공을 다루는 능력이 중요한 판별준거가 될 것이며, 육상선수의 경우라면 달리기와 관련된 신체적 능력이, 미술 프로그램의 경우라면 미술과 관련된 능력이 중요한 판별준거가 될 것이다.

영재판별은 이 예들에서와 같이 각 영재 프로그램의 목표에 맞게 각기 다르게 설정된 판별준거에 따라 진행되는 것이 일반적인 판별절차이다. 이때 영재 프로그램은 정의된 영재성에 기반을 두게 된다. 따라서 영재판별은 영재성의 정의에 근거하여 판별과정을 거치게 되는 것이 논리적으로 타당한 순서이다.

둘째, 영재성의 정의에 합당한 영재판별을 목적으로 한다. 즉, 정보영재, 수학·과학 영재, 예술영재, 발명영재, 체육영재 등의 정의양식에 비추어 적절한 영재를 선발하는 것이 영재판별의 두 번째 목적이다.

우리나라 「영재교육 진흥법」에서는 "'영재'란 재능이 뛰어난 사람으로서 타고난 잠재력을 계발하기 위하여 특별한 교육이 필요한 사람을 말한다."라고 영재를 규정하고 있다.

이처럼 '정의'된 영재성에 비추어 영재를 선발하는 것은 이해와 적응 측면에서 타당성이 있다. 그런데 영재성의 정의는 제3장에서 살펴본 것처럼 학자 또는 시대에 따라 매우 다양하기 때문에 영재성을 정의하는 것은 문제가 될 수 있다. 가장 흔하게 사용되는 지능의 정의도 일반지능, 다중지능, 실천지능 등 서로 다른 개념체계에 기반을 두고 있을뿐더러 일반지능만 해도 이론적 배경과 문항 특성이 매우 다양하기 때문에 영재판별의 양상도 매우 다양할 수 있다.

셋째, 프로그램 투입의 기본 요건으로서의 영재판별을 들 수 있다(Clark, 2002). 이는 행정적인 목적으로 영재가 판별되어야 영재 프로그램을 투입할 수 있기 때문에 중요하다.

국내 영재판별의 실제는 세 번째 목적에 기반을 두고 이루어지는 경우가 많은데, 이는 행정적인 필요성에 기초하기 때문에 문제가 있을 수 있다. 일반적으로 판별 결과는 중요한 정보로서 학생을 위한 프로그램 구성에 참조자료가 되어야 하는데, 세 번째 방법은 그러한 목적에 유용하게 사용할 수 없기 때문이다.

영재판별은 여러 가지 원리와 원칙 속에서 진행되는데, 여러 학자는 다음의 사항을 중요하게 고려하여야 할 것으로 보고 있다.

첫째, 영재판별의 목적을 분명하게 하여야 한다. 영재판별이 프로그램에 적합한 영재를 선발하는가, 영재성의 정의에 따라 선발하는가에 따라 투입되는 접근방법이 달라야 할 것이다. 영재 프로그램들은 프로그램별로 각기 다른 판별방법을 제시하고 있는데, 프로그램마다 고유의 목적을 달성하기 위한 영재판별 방법을 활용하고 있다(Renzulli, 1996).

둘째, 영재판별은 다양한 준거를 통하여 지속적으로 이루어져야 한다. 다양한 준거를 통한 영재판별로는 방법론적 측면, 검사 측면, 지속성 측면이 있다. 방법론적 측면은 다단계 · 다측정을 의미하며, 다양한 검사를 활용하여 대상 학생의 다양한 측면을 측정하여야 함을 의미한다. 검사 측면에서는 학생의 장점과 관련된 다양한 검사를 활용하여야 한다. 여기에는 표준화검사뿐만 아니라 자기보고식 검사, 추천의 방법도 활용될 수 있을 것이다. 지속성 측면에서는 계속적인 기회 부여를 통하여 영재성을 확인할 수 있는 방법이 강구되어야 할 것이다. 유치원 시기부터 고등학교 시기[1]까지 지속적으로 학생의 영재성이 발현될 시기를 평가해 보아야 한다.

셋째, 영재판별의 결과는 판별의 목적뿐만 아니라 학생지도자료로도 활용되어야 한다. 영재판별의 행정적 목적 중의 하나는 대상 학생을 선발하는 것이지만, 교육

1) 「영재교육 진흥법」에서는 영재교육 대상자를 각급 학교(고등학교 이하)에 재학하는 학생으로 규정하고 있다.

적 관점에서 판별과정에서 얻어진 정보는 대상 학생의 영재 프로그램에서의 출발점 행동을 규정하는 것이기에 자료로서 활용하여야 한다.

넷째, 영재판별은 공평성이 있어야 하며, 특정 집단의 아동이 제외되지 않아야 한다. 장애인이나 사회경제적 약자에게도 영재교육의 혜택이 제공되어야 하는데, 여기서 영재판별 기준은 대상 집단의 구성원보다 나은 수행을 하는 것이며, 절대적인 기준에 미달하더라도 영재로 판별할 수 있다.

3) 영재판별의 비율

영재판별의 비율은 매우 다양한 것으로 알려져 있다. 예를 들어, 러시아의 노보시비르스크(Novosibirsk) 대학 부설 수학 · 물리 학교에서는 1단계에서 잡지를 통해 해결해야 할 문제를 출제하고, 학생이 그 답을 보내면 일부 학생을 선발한 후 그 중 6~7%를 필기시험으로 선발하며, 최종적으로 1단계에서 선발된 학생의 2% 정도를 선발한다(이순주, 2002). 길포드(Guilford)의 SOI 모형(Structure Of Intellect: SOI) 및 테일러(Taylor)의 다중재능모형(multiple talent model)은 학습자의 강점을 판별하기 위해 다양한 검사를 실시하여 대상자를 선별하는데, 평정식 방법뿐만 아니라 표준화검사 등을 다각도로 활용하여 영재선발에 사용한다(Sherry, Shawin, & Danielle, 2003).

렌줄리의 심화학습 3단계 모형은 회전문 판별모형(revolving door identification model)에 근거하여 영재판별을 한다. 렌줄리와 리스(Renzulli & Reis, 1994)의 연구에서는 제공된 프로그램에서의 학생의 반응에 따라 선별이 이루어진다. 회전문 모형(revolving door model)이라고 명명된 이 모형은 다양한 형태의 영재학생 판별방법을 제공하는데, 성적이 좋고 IQ가 높은 학생은 자동으로 선발되는 체계도 함께 지니고 있다. 일반적으로는 5단계에 의하여 판별이 이루어진다. 1단계는 검사점수에 의한 선별이고, 2단계는 교사선별, 3단계는 다양한 기준에 의한 선별이며, 4단계는 특별선별, 5단계는 활동단계 메시지를 통한 선별이다. 베츠(Betts, 1986)의 자율적 학습자 모형(autonomous learner model)은 개인의 프로파일을 제공하여 선별과정의 기초로 사용하도록 하고 있다. 이 모형에서는 개인의 프로파일에서 높은 성취를 할 경우 영재로 선별된다. 일반적으로 받아들여지는 높은 성취기준은 상위 10% 수준이다.

이상의 논의들을 종합해 볼 때, 영재판별 비율은 매우 다양하나, 하나의 공통점은 관심 있는 영역에서의 높은 수행을 판별의 주요한 준거로 삼고 있다는 것이다. 높은 수행의 비율이 판별 비율이 되는데, 연구자들마다 상이한 기준이 설정되었다. 렌줄리는 세 고리 모형의 각 영역에서 85%ile 이상이면서 적어도 한 특성에서는 98%ile 이상일 때 뛰어난 성취를 할 가능성이 더 높아진다고 보았다. 세 고리 모형은 영재성을 평균 이상의 지적 능력, 과제 집착력, 창의성으로 보고 있기 때문이다. 가네(Gagné, 1993)는 상위 15~20% 정도로 영재선별 비율을 제시하였는데, 이는 렌줄리와 비슷한 영재판별 비율이다. 이에 비해 미국 연방정부는 전체 아동의 상위 3~5%를 영재성의 비율로 보고 있다. 영재판별의 비율은 높게는 20%에서 낮게는 3%까지의 범위이다. 다시 말해, 영재성은 느슨한 의미에서는 20%까지이며, 엄격한 의미에서는 3%까지이다. 20%의 집단은 정규분포곡선에서 평균보다 약 1표준편차 이상의 집단이고, 3%의 집단은 평균에서 상위 2표준편차의 집단이다. 국내에서는 영재판별 비율을 2010년까지 전체 학생의 1%로 확대하였고, 2017년 전체 학생의 약 2%가 영재교육 대상이다. 이러한 비율은 엄격한 의미의 3%보다 적은 수치이기 때문에 더 많은 영재교육 대상 학생이 있어야 할 것이다.

한편, 우리나라의 영재판별 비율은 매년 증가세에 있다. 영재교육 대상자 증가세는 〈표 4-1〉과 같다.

〈표 4-1〉 연도별 영재교육 대상자 수 및 비율

연도	2013년	2014년	2015년	2016년	2017년
영재교육 대상자 수(명)	121,421	117,949	110,053	108,253	109,266
전국 초·중등학생 수(명)	6,481,492	6,285,792	6,088,827	5,882,790	5,725,260
비율(%)	1.87	1.88	1.81	1.84	1.91

출처: 교육부(2018).

2. 영재판별의 방법

영재판별은 단계별, 영재성별로 구분 지어 살펴보는 것이 일반적인 접근이다. 따라서 단계별, 영재성별로 각기 다른 방법이 사용된다. 이 장에서는 각 영재판별의 실제에서 사용되는 방법을 다루고자 한다. 또한 각기 다른 영재판별 분야에서 활용하는 실제적인 방법에 대해 다루어 보고자 한다.

일반적으로 영재판별을 위해서는 영재를 선발하는 방법을 3가지로 나누어 살펴볼 수 있다(Perleth, Schatz, & Monks, 2000). 이는 전통적인 심리측정적 접근, 정보처리적 접근, 성취지향적 접근이다. 전통적인 심리측정적 접근이란 지능검사를 이용하여 영재를 선발하는 것을 말하고, 정보처리적 접근은 정보처리와 회상속도 등에 의해 영재를 선별하는 것을 의미하며, 성취지향적 접근은 뛰어난 성취에 근거하여 영재를 선별함을 말한다. 이 중 초등학교의 영재선별은 지필검사, 지능검사 등을 순차적으로 실시하기 때문에 심리측정적 접근을 따르고 있다.

영재판별에 사용되는 방법은 매우 다양한데, 이를 몇 가지로 나누어 보면 추천, 심리검사(학업성취, 창의성검사 포함), 행동특성 평가지, 포트폴리오 등이 있다. 영재판별의 단계별로도 사용하는 방법에 차이가 있는데, 선별단계 또는 영재판별 초기에 주로 사용되는 검사들은 다차원적인 검사들로, 다음과 같은 것들이 있다(Clark, 2002).

- 관찰 및 추천: 교사, 학교장, 카운슬러, 심리학자, 기타 관련인의 추천
- 학생의 기능에 대한 교사 보고: 지능, 운동성, 사회성, 정서(학습스타일, 동기) 등
- 가족 역사와 학생의 배경: 부모에게서 학생의 발달과정에 대한 자료를 얻어 학생과 가족의 병 기록, 부모의 학력수준과 직업, 아동의 과외활동에 대한 흥미 등을 조사
- 지명: 동료 지명, 교사 지명, 부모 지명, 본인 지명
- 학생조사 기록: 자아감, 가치관, 흥미, 학교와 과외활동에 대한 태도

- 학생성취: 성취도 검사, 포트폴리오, 수상실적 등
- 다양한 검사: 지능검사, 적성검사 등

선별단계에서는 새로운 검사를 사용하기도 하지만 과거에 실시한 검사결과를 활용하기도 하며, 추천의 방식이 사용될 뿐만 아니라 평정척도 등이 사용되기도 한다. 이 장에서는 영재판별에 사용되는 다양한 영재판별 방법의 이론적인 내용을 제시한다.

1) 교사, 학부모, 동료, 자기 지명 또는 추천

(1) 교사관찰추천

교사관찰추천 방법은 2009년부터 본격적으로 도입되고 있는 방법으로, 영재교육 대상자 선발의 가장 큰 단점인 사교육에 의해 만들어진 영재보다는 잠재성을 중요한 관찰의 대상으로 하여 영재교육 대상자를 선발하는 방법이다. 교사관찰추천의 방법은 우리나라 영재판별 방법으로 가장 많이 활용되고 있으며, 관찰추천에 의한 영재판별은 다음의 방법으로 활용되는 추세이다.

① 영재교육 담당 교사의 추천서

영재교육을 받고 있는 지원자의 영재교육 담당 교사 추천서는 학생을 객관적이고 전문적으로 관찰한 결과이므로 이로부터 가장 신뢰할 수 있는 정보를 얻을 수 있을 것이다. 지원자의 일반적인 지적능력, 창의성, 자기주도적 학습능력, 호기심, 뛰어난 학습기술 등 특별한 능력 등에 대한 정보를 얻을 수 있도록 추천서의 서식을 구성하여 영재를 판별하는 데 필요한 정보를 충분히 얻을 수 있도록 한다.

② 영재교육 담당 교사의 영재특성 체크리스트

영재교육 담당 교사들은 수업활동을 통해서 학생들을 직·간접적으로 관찰해 오면서 영재들이 가지고 있는 특성을 가진 학생들을 선별할 수 있다. 영재들이 가진

행동의 특성에 대해 평가할 수 있는 체크리스트는 외국에서 개발된 것과 관찰추천을 위해 개발한 척도가 있다. 영재특성 체크리스트는 〈표 4-4〉의 행동특성 검사지에서 좀 더 자세한 내용을 다룬다.

③ 학교생활기록부

지원자의 학교생활과 정의적인 특성에 대한 정보는 학교생활기록부를 통해서 알 수 있다. 특히 과학에 대한 동기화, 과제 집착력, 창의성, 그리고 특별활동, 봉사활동 기록을 통하여 인성, 호기심 등에 대한 정보를 얻을 수 있다. 이는 지필검사에서 얻기 어려운 정보를 확인하는 데 유용하게 활용될 수 있을 것이다.

④ 지원서와 자기소개서

지원자의 기본적인 정보를 알려 주는 지원서를 통하여 주거지역, 가족관계 등 생활환경을 파악할 수 있다. 자기소개서는 학생에게 지원동기, 특별활동, 독서활동, 미래의 비전 등 몇 가지 질문사항에 대하여 답변을 작성하게 함으로써 자신의 영재성을 나타낼 수 있는 구체적인 예를 제시하도록 한다.

2009년에 처음 도입되어 점차 확산하고 있는 교사관찰추천에 의한 영재선발의 현황은 〈표 4-2〉와 같다.

〈표 4-2〉 연도별 교사관찰추천에 의한 영재선발 비율

구분	2012년	2013년	2014년	2015년	2016년	2017년
교사관찰추천제 실시기관 비율	48.3%	81.2%	83.0%	84.7%	85.5%	87.4%

출처: 교육부(2018).

(2) 학부모 지명

학부모는 완전한 객관적 관찰자가 될 수 없고 동일한 연령집단에서 어떤 행동 수준이나 유형이 영재성을 보이는지에 관한 전문적 지식이 없기는 하나, 학교 이외의 상황에서 나타난 영재성을 알려 주는 좋은 정보원이 된다. 특히 연령이 어린 학생들의 경우에는 더욱 그러하다. 따라서 유아기 학생을 영재로 추천할 때, 부모의 지명은 유용한 자료가 될 수 있다. 자기보고식 영재판별 검사(박춘성, 2006)는 부모들이 사용하기에 적절하다.

(3) 동료 지명

동료학생들은 교사나 학부모가 미처 관찰하지 못한 행동특성을 관찰할 수 있다. 그러나 동료들은 공부 잘하는 학생들을 영재로 지명하는 경향이 많으며, 이는 어릴수록 더 그렇다. 동료의 지명이 타당한 것이 되기 위해서는 적어도 10세 이상이 되어야 할 것으로 보인다.

동료학생에 의한 지명에 사용되는 양식의 예는 〈표 4-3〉과 같다. 이 양식은 동료학생에 의해 창의성이 높은 학생을 지명하기 위해 개발된 것이다.

〈표 4-3〉 중학생용 창의성 식별양식

중학생용 또래 식별양식
우리 학급의 학생들을 생각하라. 다음의 질문에 대해 가능한 한 완전하게 대답하라. 사물에 대해 가장 호기심이 많은 3명의 학생은 누구인가? 1. ________ 2. ________ 3. ________ 문제에 대한 좋은 아이디어나 해결책을 가지고 있는 학생은? 1. ________ 2. ________ 3. ________ 말하는 내용에 대해 남들이 어떻게 생각하는지를 걱정하지 않는 학생은? 1. ________ 2. ________ 3. ________ 모험을 좋아하는 학생은? 1. ________ 2. ________ 3. ________ 사물이나 상황에 대해 가장 재미있는 상상을 하는 사람은? 1. ________ 2. ________ 3. ________ 타인의 관심이나 감정에 민감한 사람은? 1. ________ 2. ________ 3. ________

유머감각이 뛰어난 사람은?
1. ____________ 2. ____________ 3. ____________

아름다운 일을 잘 알고 즐기는 사람은?
1. ____________ 2. ____________ 3. ____________

세세한 일에 관심이 없는 사람은?
1. ____________ 2. ____________ 3. ____________

남이 나와 달리 생각하는 데 대해 별 관심이 없는 사람은?
1. ____________ 2. ____________ 3. ____________

진실로 개성적인 사람은?
1. ____________ 2. ____________ 3. ____________

권위에 의문을 제기하는 경향이 있는 사람은?
1. ____________ 2. ____________ 3. ____________

출처: 김정휘(1998), p. 161.

(4) 자기추천

자기추천은 스스로 인식한 자신의 특성을 이용하여 자신을 영재판별에 추천하는 방법으로, 보통의 경우 고등학교 이상에서 사용할 것을 권장하고 있다(Davis & Rimm, 2003). 자기추천은 자기보고서의 형태로 하는데, 자기보고서는 자아개념, 흥미, 가치, 학교 안팎에서의 활동과 성취 등에 대해 학생 자신이 설명하는 기록이다. 자기보고서는 교사, 학부모, 동료들이 파악하기 어려운 학생의 특성을 이해할 수 있게 해 준다. 일반적으로 자기보고서에 들어갈 내용은 학생이나 학교가 정한다.

- 자기보고서의 주요 내용
  - 능력에 대한 스스로의 평가
  - 자신이 잘하는 것과 못하는 것(강점과 약점)
  - 흥미/관심 분야, 현재 흥미/관심을 가지고 있는 구체적인 문제

- 현재까지의 업적(성취) 중 소개하고 자랑할 만한 것들
- 앞으로 하고 싶은 것, 해결해 보고 싶은 구체적인 문제 등 미래의 계획

2) 행동특성 검사지

행동특성 검사지는 체크리스트 형태의 행동 검목표에 영재성의 행동특성을 기술하는 형식의 검사지이다. 그 예는 〈표 4-4〉와 같은데, 이는 미국의 네브래스카 교육청에서 제시한 창의성과 관련된 행동 검목표이다(김정휘, 1998).

〈표 4-4〉 행동특성 검사지

창조적 저술 재능

• 만일 한 아동이 다음의 특성 모두나 그 일부에 해당된다면 그 특성의 번호를 이름 옆에 기록하시오.

1. 이야기의 도입, 전개, 종결을 재미있게 할 수 있다.
2. 비일상적인 방식으로 아이디어를 표현하는 데 독창적이다.
3. 본질적인 세부사항까지 말하는 것을 막는다.
4. 아이디어를 논리적으로 표현한다.
5. 의미를 생생하게 전달하고, 등장인물을 살아 있는 사람처럼 전달할 수 있는 서술적 단어들을 선택한다.
6. 맨 먼저 떠오르는 중심적인 아이디어를 유지하면서 재미있는 세부항목을 추가한다.
7. 자신의 시와 이야기 짓기를 좋아한다.
8. 등장인물의 감정을 실감 나게 표현할 수 있다.

학생 이름	특성 번호	평가자 소견

출처: 김정휘(1998), p. 158.

행동특성 검사지는 교사, 학부모, 동료가 할 수 있다. 조사자마다 판단의 기준이 다르다는 문제점이 있어 이것만으로 영재성을 규명하기가 어렵다. 그러나 행동특성 검사지는 과제 집착력, 관심 영역 및 동기의 정도, 학습태도 등의 인성적 특성과 행동적 특성에 관한 정보를 제공하여 주기 때문에 매우 중요하다.

영재판별 평정검사는 교사 및 부모의 평정에 근거한 영재판별 평정검사(GATES; Gilliam, Carpenter, & Christensen, 1996; GES-2; McCarney & Anderson, 1989; SRBCSS; Renzulli, Smith, White, Ca, & Hartman, 1976)와 학생의 평정에 근거한 영재판별 평정검사(GATES; Gilliam et al., 1996; GES-2; McCarney & Anderson, 1989) 등으로 나누어진다. GATES와 GES-2는 교사, 부모, 학생 등 평정 주체별로 구분하여 제작되었다. 국내에서 개발된 영재평정척도로는 박춘성(2006)의 평정척도가 있다. 이 평정척도는 「영재교육 진흥법」의 영재성의 정의에 근거를 두고 제작되었으며, 부모용 · 교사용과 학생용의 2가지 평정척도가 있다. 박춘성(2006)의 평정척도는 영재성의 법적 정의에 근거하여 일반지능, 학문적성, 예술적 재능, 신체적 재능, 창의성, 동기 특성을 평가할 수 있도록 설계되었으며, 교사용, 부모용, 학생용의 3가지 구분된 평정척도로 제작되었다.

3) 표준화검사

영재판별의 실제에서 가장 광범위하고 널리 사용되는 검사는 표준화검사이다. 영재판별 목적으로는 지능검사, 학업성취 검사, 창의성검사, 적성검사 등이 많이 활용되고 있다.

(1) 지능검사

지능검사는 영재판별을 위해 사용된 가장 오래된 검사 중 하나로, 전 세계적으로 가장 많이 사용되는 영재판별 방법이다(Clark, 2002). 지능(intelligence)이라는 개념은 추정 개념의 성격을 띠고 있기 때문에 지능을 어떤 측면에서 어떤 방식으로 보는가에 따라서 각각 다른 해석이 내려질 수 있으며, 아직도 지능에 대해 학자들 간에 의견 일치가 이루어지지 않고 있다(김기영, 2002). 지능의 정의는 지난 100여 년간 지능학자들이 연구를 수행한 만큼이나 많이 언급되었다고 할 수 있는데, 그들이 지능의 속성을 어떻게 파악하는가에 따라 달라져 왔다.

지능의 본질에 대한 가장 최초의 이론들은 다음 중 하나 혹은 그 이상과 관련되어 있다. 즉, ① 학습하기 위한 역량, ② 한 인간이 획득한 총지식, ③ 일반적으로 새로운 상황과 환경에 성공적으로 적응하는 능력 등이다(김아영, 백화정, 설인자, 송명숙 공역, 2003).

영재판별을 위해서는 가급적 최근에 개발·표준화된 지능검사를 사용한다. 오래전에 표준화된 검사일수록 지능지수가 높게 나올 가능성이 많다. 경우에 따라서는 15~20점 이상 높게 나오기도 한다(서울대학교사범대학교육연구소, 1995). 그러므로 오래전에 개발된 검사의 경우 최근에 개정된 것이 있는지를 확인한다. 검사는 충분한 훈련을 받은 전문가가 실시하도록 해야 한다. 훈련받지 않은 검사자의 경우 검사 및 결과 해석에 있어서 오류를 범할 가능성이 높다. 영재판별을 위한 지능점수의 절단점은 학자 또는 영재 프로그램에 따라 매우 다양하지만, 하한선으로 상위 20% 이상을 포함한다.

지능검사는 개인 지능검사와 집단 지능검사가 있다. 개인 지능검사는 일대일의 상황에서 실시하는 것이며, 집단 지능검사는 집단을 대상으로 실시하는 것이다. 집단 지능검사와 개인 지능검사의 특징을 살펴보면 〈표 4-5〉와 같다.

〈표 4-5〉 집단 지능검사와 개인 지능검사의 특징

	집단 지능검사	개인 지능검사
장점	• 사고능력을 측정하기에 용이하다. • 사용이 용이하다. • 비용이 저렴하다. • 동시에 많은 대상의 검사가 가능하다.	• 고차적, 종합적 고등 사고능력과 조작능력, 감각운동 능력의 측정이 가능하기 때문에 집단 지능검사보다 지능을 더욱 종합적이고 정확하게 측정할 수 있다. • 검사요원과 피험자가 일대일로 검사를 실시하기 때문에 글을 읽지 못하는 어린 아동들에게도 사용할 수 있다. • 집단 지능검사에 비해 측정하는 영역이 더욱 광범위하며 종합적이다.

단점	• 고차적, 종합적 고등 사고능력과 조작 능력, 감각운동 능력의 측정이 어렵다. • 일반 학생들을 대상으로 만든 것이기에 능력이 뛰어난 학생을 정확히 변별하기가 어렵다. • 글의 이해력이 낮은 아동들에게 실시하기가 곤란하다.	• 한 번에 1명의 검사요원이 1명의 학생을 대상으로 실시하기 때문에 시간과 비용이 많이 든다. • 집단 지능검사와 마찬가지로 개인 지능검사도 일반학생들을 대상으로 만든 것이기에 능력이 뛰어난 학생 또는 고학년 학생의 능력을 정확히 변별하는 데 어려움이 있다.

① **개인 지능검사**

◈ 웩슬러 지능검사(Wechsler Intelligence Scale)

이 검사는 데이비드 웩슬러(David Wechsler)가 1939년에 제작한 개인용 지능검사로, 전 세계적으로 가장 널리 사용되는 지능검사 중 하나이다. 아동용에서 시작된 비네(Binet) 검사와 달리 제2차 세계대전 기간 중에 성인용으로 개발되기 시작하여 추후에 아동용, 유아용으로도 제작되었다. 지적인 능력을 평가할 뿐 아니라 임상적인 진단에 관한 정보를 제공하는데, 동작성 IQ와 언어성 IQ로 크게 나누고, 다시 전체 IQ로 수치를 제공하는 것이 특징적이다.

이 검사는 크게 유아용(Wechsler Preschool and Primary Scale of Intelligence: WPPSI), 아동용(Wechsler Intelligence Scale for Children: WISC), 성인용(Wechsler Adult Intelligence Scale: WAIS) 검사가 있으며, 최초 개발 이후에 몇 번의 개정작업이 있었다. 한국에서도 이 세 검사가 모두 표준화되어, 일관된 지능이론에 기초한 지능검사로 동시대의 3세 유아부터 성인의 지능을 비교할 수 있게 되었다. 유아용 검사인 WPPSI-R은 1996년에 K-WPPSI로 표준화되어 사용 중이며, 아동용 검사는 'WISC-R → KEDI-WISC → WISC-III → K-WISC-IV → K-WISC-V' 순으로 개정되었다.

• K-WAIS: 고등학생 이상~성인

K-WAIS는 WAIS-R을 염태호, 박영숙, 오경자, 김정규, 이영호(1992)가 표준화한 것이다. K-WAIS는 적절한 예비문항 선정, 1차 예비검사, 2차 예비검사, 문항분

석, 본검사 실시, 규준설정, 실시요강 작성 등의 과정을 거쳐 표준화되었다.

이 검사는 주로 성인용으로 사용할 수 있으며, 각각 11개의 소검사로 구성되었기 때문에 각 하위 프로파일의 정보를 알기에 용이하다. 하지만 영재교육이 고등학교 시기까지의 학생을 대상으로 하기 때문에 영재교육에서는 사용의 예가 많지 않다.

- K-WPPSI: 만 3세~7세 3개월

K-WPPSI는 한국 아동의 지능을 측정하기 위해 WPPSI-R을 모체로 예비연구와 표준화연구를 통해 개발되었다. K-WPPSI는 WPPSI에서의 소검사, 동작성과 언어성 소검사를 교차해서 제시하는 것, 아동에게 연습시행을 할 수 있게 하는 점, 아동의 흥미 유지를 위해 물건 조작 과제를 포함시킨 점 등을 그대로 유지하였다. 만 3~7세 사이의 아동은 여러 차원의 능력에서 매우 빠르게 발달하기 때문에 원래의 WPPSI 문항에 더 쉬운 문항과 더 어려운 문항을 추가하였다.

이 검사는 만 3세~7세 3개월 사이의 아동을 대상으로 개발되었지만, 매우 뛰어난 능력을 가지고 있는 영재아동이나 나이는 많지만 발달상 문제를 보이는 지체아동은 연령범위를 벗어나더라도 사용할 수 있다.

웩슬러 검사를 해석할 때는 개인 간 해석과 함께 개인내적 분석을 해야 한다. 개인 간 해석은 규준에서의 개인의 위치를 결정하며, 개인내적 분석은 개인의 총체적 능력 안에서의 강점과 약점을 분석하는 것이다. 규준분석 시 편차 지능지수(deviation IQ)를 사용하여 평균이 100, 표준편차가 15인 전체 지능지수(full IQ score), 언어성 지능지수(verbal IQ score) 및 동작성 지능지수(performance IQ score)의 3개 지표점수를 제공해 준다. 전체 지능을 분류하고 나면 동작성 지능(PIQ)과 언어성 지능(VIQ)의 차이를 해석한다.

- K-WPPSI-IV: 만 2세 6개월~7세 7개월

한국 웩슬러 유아지능검사 4판(Korean Wechsler Primary and Preschool Scale Intelligence-IV: K-WPPSI-IV)은 K-WPPSI-R의 이후 가장 최근에 표준화된 검사이다. 2세 6개월~7세 7개월(2:6-7:7)의 유아의 인지능력을 임상적으로 평가할 수 있

다. 전반적인 지능(전체 IQ)과 더불어 특정 인지영역의 지적 기능을 나타내는 15가지(2:6-3:11세는 7가지) 소검사와 5가지(2:6-3:11세는 3가지) 기본지표 및 4가지(2:6-3:11세는 3가지) 추가지표를 제공한다. 이 검사는 아동의 인지영역별 강점과 약점을 상세히 평가할 수 있을 뿐 아니라 영재, 정신지체 등을 포함하는 전반적인 인지 기능에 대한 평가가 가능하다.

2:6-3:11세용 검사는 7개의 소검사로 구성되며, 3개 기본지표척도(언어이해, 시공간, 작업기억)와 3개 추가지표척도(어휘획득, 비언어, 일반능력)가 제공된다. 4:0-7:7세용 검사는 15개의 소검사로 구성되며, 5개 기본지표척도(언어이해, 시공간, 유동추론, 작업기억, 처리속도)와 추가지표척도(어휘획득, 비언어, 일반능력, 인지효율성)가 제공된다.

• WISC-R: 만 6~16세

아동용 지능검사인 WISC-R은 WISC의 개정판으로서 검사의 기본 성격은 WISC의 이론적 모형과 동일하다. WISC-R은 1970년대 초반에 연령, 성별, 인종(백인-다른 인종), 부모의 직업, 도시/농촌 거주, 종교, 행정구역 등 미국의 인구 특성에 적합하게 구성된 대표성 있는 2,200명의 아동의 표본을 통해 표준화되었다. 이 검사에서는 지능을 언어성 지능, 동작성 지능, 전체 지능으로 구분하여 산출하는데, 이 3가지 지능은 평균 100, 표준편차 15인 표준점수를 산출한다. 각 하위검사에서의 수행은 평균 10과 표준편차 3의 척도점수로 표현된다. WISC-R의 규준은 미국 내 히스패닉 집단의 표본을 포함하지 않았다는 단점을 가지고 있다.

• K-WISC-III: 만 6세~16세 11개월

아동용 웩슬러 지능검사 제3판(WISC-III)은 WISC의 세 번째 개정판이다. 검사의 규준이 되는 집단과 영재교육 대상 집단이 일치하기 때문에 영재교육에서 활용이 빈번한 편이다.

• K-WISC-IV: 만 6세~16세 11개월

한국판 웩슬러 아동용 지능검사인 K-WISC-IV는 기존의 K-WISC-III를 개정한 것으로 개정과정에서 인지발달, 지적 평가, 인지과정에 대한 최근 연구 결과들을 통합하여 전반적인 지적 능력(전체 검사 IQ)을 나타내는 합성점수는 물론, 특정 인지 영역에서의 지적 기능을 나타내는 소검사와 합성점수를 제공한다.

• K-WISC-V: 만 6세~16세 11개월

K-WISC-V는 웩슬러 지능검사의 최신 개정판으로, 지능 이론은 물론이고 인지발달, 신경 발달, 인지신경과학 및 학습과정에 대한 가장 최근의 심리학 연구들에 기초하여 제작되었다. 기존 K-WISC-IV에서 새로운 3개의 소검사가 추가되었고, 5가지 지표점수와 5가지 추가지표점수, 구조적으로 변화된 전체 IQ를 제공한다.

◈ K-ABC/KABC-II

K-ABC는 미국의 카우프만(Kaufman) 부부가 1980년에 제작한 검사로, 만 2세 6개월부터 만 12세 6개월까지의 아동을 대상으로 한 개인 지능검사이다. K-ABC는 인지심리학과 신경심리학의 지능이론에 근거하여 문항을 개발하였고, 비언어적 과제에 비중을 크게 두어 의사소통에 문제가 있는 특수아동이나 타 문화권 아동에게도 실시할 수 있도록 제작되었다.

K-ABC의 장점은 영재아동의 지능과 성취를 구분하여 측정할 수 있다는 것이다. 예를 들어, 지능과 성취를 별개로 측정하고 있기 때문에 영재의 진단에서 능력과 성취의 불일치를 결정할 수 있게 해 준다. 또 지능, 성취 차원에서 히스패닉 집단과 같은 아동들을 대상으로 지능과 문화적 적응 간의 관계를 검사할 수 있다.

한국판 K-ABC 검사는 미국 K-ABC를 모체로, 한국의 만 2세 6개월부터 12세 5개월까지의 정상 및 특수 아동을 대상으로 표준화하였다. 한국판 K-ABC는 5개의 하위척도로 구성되어 있으며, 소검사는 총 16개로 이루어져 있다. 각 하위척도는 평균 100, 표준편차 15이다. 한국판 K-ABC는 아동의 언어능력이나 어휘력의 영향을 최소화하도록 개발하였으며, 가능한 한 모든 문화권에서 공유된 자극물을 사용하여 검사문항이 문화적 공정성을 유지할 수 있도록 하였다. 한편, 한국판 K-ABC에서는 지능을 '문제를 해결하고 정보처리를 하는 개인의 인지처리양식'으로 정의하고 있다.

최근에 나온 KABC-II는 만 3세부터 18세까지 실시할 수 있어 적용 대상이 확대되었고, 결과 해석 시 이원적 구조를 적용하여 다양한 관점에서 진단이 가능하다. 그리고 비언어성척도를 포함하여 제한된 언어능력을 갖춘 아동에게 적용할 수 있으며, 새로운 하위검사가 10개 추가되었다.

◈ 스탠퍼드-비네 지능검사

이 검사는 비네-시몬(Binet-Simon) 지능검사를 미국의 아동과 성인에게 적용할 수 있도록 터먼(Terman)이 개발한 척도이다. 이 척도는 1916년에 최초로 개발된 이래 1937년, 1960년, 1972년에 개정되었다. 1972년 판이 바로 스탠퍼드-비네 지능검사(Stanford-Binet Intelligence Scale: S-B)이다. S-B-IV는 인지능력에 대한 3수준 계층 모델에 근거하였다. 제1수준은 일반능력인 'g'를 측정하거나 일반적인 추리능력을 측정한다. 제2수준은 결정성 능력(경험을 통해 획득된 지식과 기술), 유동성-분석 능력(익숙하지 않은 문제해결을 위한 정보의 사용과 획득), 단기기억의 3가지 차원을 측정한다. 제3수준에서는 결정성 능력 차원이 언어적 추리와 양적 추리 척도로 나뉘고, 유동성-분석 능력 차원은 추상적 추리척도와 시각적 추리척도로 나뉜다. S-B-IV는 앞의 3가지 척도 및 단기기억을 평가할 수 있도록 구성되어 있다.

스탠퍼드-비네 지능검사는 15개의 하위검사로 4가지 영역(언어적 추리, 양적 추리, 추상적-시각적 추리 및 단기기억)을 평가한다. S-B-IV는 비네 지능검사의 이전 판들이 사용했던 연령척도를 사용하지 않고 WISC나 K-ABC처럼 하위검사 형태로 정의된 개념을 측정하고 있다.

② 집단 지능검사

◈ 레이븐 지능검사

레이븐(Raven) 지능검사는 추론능력과 재생능력을 측정하기 위한 문항으로 구성되어 있다. 문항은 단순한 것에서 복잡한 것으로 난이도가 높아지게 제시되며, 문항이 의도하는 것은 사고체계의 근본을 측정하는 것이다.

레이븐 지능검사에는 표준누진행렬(Standard Progressive Matrices: SPM), 색채누진행렬(Coloured Progressive Matrices: CPM), 고급누진행렬(Advanced Progressive Matrices: APM)의 3가지 종류가 있다. SPM은 초등학생부터 일반 성인까지 실시하는 검사이다. SPM은 5가지 세트로 구성되어 있고, 각 세트는 12문항으로 되어 있다. CPM은 33개월부터 초등학교 2학년까지, 치매나 기타 뇌손상을 당한 노인층에게, 그리고 APM은 연구원급이나 기업체 간부 등에게 실시하기 위한 검사이다(임호찬, 2004).

일반적으로 다른 지능검사에 비하여 레이븐 지능검사는 문화의 영향을 덜 받고, 잠재력 측정에 용이한 것으로 알려졌으며, 일부 대학 부설 영재교육원의 지능검사로 채택되어 사용되고 있다. 따라서 레이븐 지능검사는 선행학습에 의한 영향력을 최소화하면서 잠재력 측정을 극대화하는 영재판별에 효과적으로 사용할 수 있다. 또한 부모의 사회경제적 지위에 영향을 받지 않고 개인의 잠재능력을 알아볼 수 있으며, 요인분석 연구에서는 이 검사가 일반능력인 'g'를 가장 잘 측정하는 검사라고 증명되어 왔다. 일반능력은 학업능력과는 다른 개념으로 이해해야 하는데, 학업능력의 경우 추론능력보다는 재생능력에 초점을 둔 웩슬러 검사의 어휘 소검사 같은 것이 예언타당도가 높다 하겠다(이신동, 2006a). 또한 이 검사는 도형 추론에만 근거하여 지능을 측정하므로 스탠퍼드-비네 지능검사나 WISC를 대신하여 사용될 수 없는 것으로 보고되고 있다.

◈ 인물화검사

굿이너프-해리스 그림검사(Goodenough-Harris Drawing Test)는 인물화검사(Drawing-A-Man Test)라고도 불리며, 개인 및 집단별로 실시 가능한 간편한 비언어적 지능검사이다. 이 검사는 만 3~15세 11개월 아동에게 실시할 수 있으나, 만 10세 이상의 아동에게는 규준이 유용하지 못하므로 만 3~10세 아동에게 실시하는 것이 바람직하다. 이 검사에서는 사람을 그리도록 요구하는데, 아동들이 그린 그림에 대해 신체 부위별로 점수가 주어진다. 인물화검사는 지적인 성숙을 측정하는 것을 그 목적으로 한다. 여기서 지적인 성숙이란 추상적인 특성에 대해 개념을 형성하는 능력을 말한다. 추상적인 특성에 대하여 개념을 형성하기 위해서는 지각(유사함과 차이 분별), 추상화(대상의 분류) 및 일반화(새로운 대상을 올바르게 분류하기) 능력이 갖추어져야 한다. 아동의 인물화를 평가하면 아동의 개념 형성 능력의 복잡성을 측정할 수 있다.

한국판 인물화에 의한 간편 지능검사는 미국의 인물화검사를 토대로 한국 실정에 맞추어 이화여자대학교 교육심리연구실에서 제작한 간편 지능검사이다. 한국에서 제작된 인물화에 의한 간편 지능검사는 문화적 영향을 받지 않고 투사적 기법에 의한 객관적인 방법이라는 점에서 의미 있다고 할 수 있다. 이 검사는 남자상/여자상에 대한 그림을 그리게 한 후 채점규준에 맞추어 결과를 해석한다.

◈ 기타 집단 지능검사

개인 지능검사는 개별적으로 실시하기 때문에 검사 실시에 보다 많은 노력과 경비가 들며, 임상적 관찰을 위해서 검사실시자의 보다 많은 훈련과 전문적 배경이 필요한 데 반하여, 집단 지능검사는 비교적 짧은 시간에 전문적인 훈련 없이도 실시할 수 있다는 장점이 있다. 국내에서 사용되는 집단 지능검사는 〈표 4-6〉에 제시된 바와 같다(서울대학교사범대학교육연구소, 1995). 집단 지능검사는 개인 지능검사에 비하여 여러 가지 문제점이 있기 때문에 실제 사용에서 주의하여야 한다.

〈표 4-6〉 집단 지능검사

검사명	대상	제작자	발행처
L-S 진단성 지능검사	중 · 고등학생	이상로, 서봉연	한국심리검사연구소
유아지능검사	3.6~6.6세	한국행동과학연구소	한국행동과학연구소
일반지능검사	초 3~6년	임인재	한국심리적성 검사연구소
지능검사	중학생	김재은	웅진출판사
지능검사(KIT-P)	초 저, 초 중, 초 고	한국행동과학연구소	한국행동과학연구소
K 토니검사	만 5~12세	강위영, 이상복, 윤점룡	한국심리적성 검사연구소
한국교육개발원 지능검사	초등용, 중등용, 고등학생용, 대학생용	한국교육개발원	한국적성연구소
지능검사	중 · 고등학생	김재은	한국심리검사연구소

출처: 서울대학교사범대학교육연구소(1995) 부분 발췌.

(2) 학업성취 검사

학업성적은 교과영역별 지식, 사고력, 성취수준을 알려 주는 유용한 정보가 된다. 특히 표준화 학업성취 검사는 학생들의 상대적 위치를 알 수 있기 때문에 영재판별에 유용한 자료가 될 수 있다. 그렇지만 학업성적은 여러 단점을 지니고 있다.

첫째, 시험문항이 고차적이고 종합적인 사고력, 문제해결력을 측정하기보다 암기력이나 암기된 지식, 원리, 개념을 단순하게 적용해서 해결하는 낮은 수준의 사고력, 문제해결력을 측정하는 경우가 많다.

둘째, 일반학생들을 대상으로 한 쉬운 문항이기 때문에 그 난이도가 영재를 변별하기에는 부적합하다.

셋째, 영재 중에는 교사의 수업방침, 학교의 획일적이고 억압적인 분위기, 흥미가 없는 수업내용 등으로 인해 학교생활에 흥미를 잃은 학생들도 있고, 신경생리학적인 결함(난독증, 운동기능 결함 등)으로 인해 학습부진이 누적된 학생들도 있다. 이런 학생들은 영재성을 지녔어도 학업성적이 부진하여 발굴되기가 어렵다. 이러한 문제점에도 불구하고 표준화된 학업성취도 검사가 실시될 경우, 해당 교과영역에서 한 학생이 자신의 동학년생들과 비교해 어느 수준의 실력을 가지고 있는지에 관한 유용한 정보를 얻을 수 있기에 특정 교과영역에서의 재능을 파악하는 데 도움이 된다.

(3) 창의적 문제해결력 검사(창의성검사)

창의적 문제해결력은 낯선 문제상황에 직면하였을 때 알고 있는 지식, 원리, 문제해결방법을 새롭게 재조직 · 재구성하여 새로운 지식이나 원리, 문제해결방법을 창안한 다음 그것을 활용하여 문제를 해결하는 능력을 말한다. 그것은 문제해결과정에 수렴적 사고와 확산적 사고가 함께 작용하여 문제를 해결하는 기능이다.

창의성검사라는 이름으로 사용되고 있는 국내의 검사들로는 TTCT(Torrance Tests of Creative Thinking; 김영채, 2006), 통합창의성검사(이경화, 이신동, 2003), 유아 종합창의성검사(전경원, 2006), 초등학생용 창의성검사(임인재, 2000) 등이 있다. 여기서 TTCT와 통합창의성검사, 유아 종합창의성검사가 역량평가임에 반해, 임인재의 창의성검사는 자기보고식 검사라는 특징이 있다. 〈표 4-7〉~〈표 4-9〉에서는 창의성검사 중 가장 많이 사용되는 TTCT 검사의 구성체계를 제시하고, 자기보고식 검사인 임인재의 창의성검사 결과와 역량검사인 TTCT의 검사결과를 예시한다. TTCT 검사는 언어검사와 도형검사의 2가지 검사가 있는데, 이 중 언어검사를 제시하며 도형검사의 결과도 예시한다.

자기보고식 창의성검사는 채점과 이해가 쉽고, 역량검사인 TTCT 등은 객관적인 지표를 제공해 준다는 점에서 의의가 있다. 그러나 아직까지 영재판별에서 창의성에 대한 정의와 창의성검사에 대한 이해가 완전하지 못하다는 점을 고려하여야 할 것이다.

〈표 4-7〉 TTCT 언어검사 구성

TTCT 언어검사는 다음의 6가지 활동으로 이루어져 있다. (A형과 B형 공히) 각각의 활동과제는 언어적 과제의 창의적 사고에서 다소간 상이한 측면들을 측정하고 있다고 본다. 1. 활동 1: 질문하기(제한시간 5분) 활동 1~3은 같은 하나의 그림을 제시 · 사용한다. 제시된 하나의 모호한 그림을 보고 어떤 일이 일어나고 있는지를 확실히 알기 위하여 물어볼 필요가 있는 질문들을 적어 보게 한다. 2. 활동 2: 원인 추측하기(제한시간 5분) 그림에서 일어나고 있는 일이 벌어지기 전에 일어났을 것 같은 가능한 원인들을 최대한 많이 나열해 보게 한다. 3. 활동 3: 결과 추측하기(제한시간 5분) 그림에서 일어나고 있는 일의 결과로 앞으로 일어날 가능성이 있어 보이는 것을 최대한 많이 나열해 보게 한다. 4. 활동 4: 작품 향상시키기(제한시간 10분) 장난감 코끼리와 그것을 그린 그림을 보여 주고 그것을 아이들이 더 재미있게 가지고 놀 수 있는 것으로 바꾸거나 향상시킬 수 있는 방법들을 나열해 보게 한다. 5. 활동 5: 마분지 상자의 독특한 용도(제한시간 10분) 빈 마분지 상자를 재미있게 그리고 독특하게 쓸 수 있는 용도들을 최대한 많이 나열해 보게 한다. 6. 활동 7: 가상해 보기(제한시간 5분) '구름에 달려 있는 많은 줄이 아래로 지면까지 늘어뜨려 있다.'고 가상해 보게 한다. 그리고 이러한 불가능한 장면이 실제로 일어난다면 어떤 일들이 일어날 것 같은지 추측해서 나열해 보게 한다.

〈표 4-8〉 초등학생용 창의성검사 결과 예시

창의성 자기보고식 검사 문항 예시 • 호기심(curiosity): 주변의 사물이나 물건, 사람들에게 관심이 많고 신기하거나 색다른 것에 대하여 좀 더 알고 싶어 하는 태도 • 문항: 나는 평소에 궁금한 것이 많아서 질문을 자주 한다. 전혀 하지 않는다. 1 _____ 2 _____ 3 _____ 4 _____ 5 _____ 매우 자주 한다.

창의성 진단검사 결과 예시

- 피검사자: 초등학교 3학년
- 검사 소요시간: 〈검사 1〉 7분 30초 〈검사 2〉 2분

〈창의성 진단검사(3, 4학년용) 결과〉

구분	원점수	백분위 점수	T점수	수준
창의적 사고력 총점	38	36.99	46.73	D
창의적 태도 총점	57	74.30	57.42	B
창의적 사고력 및 태도 총점	95	61.52	52.74	B
창의적 환경 총점	43	86.96	61.87	A
창의성 총점	138	70.34	55.61	B

창의성 진단검사 결과 해석 예시

- 창의적 사고력

D	전반적으로 창의적 사고력이 조금 낮은 편입니다. 창의적 사고력을 향상시키는 일에 좀 더 적극적인 자세로 노력해야 할 것 같습니다. 창의적인 사람들의 사고력은 다른 사람들에 비해 어떤 특징을 가지고 있는지 꼼꼼하게 살펴보고, 배울 점은 어떤 것일지 찾아보세요.

- 창의적 태도

B	전반적인 창의적 태도수준이 조금 높은 편입니다. 주변에서 일어나는 일에 관심이 많으며 자신에게 주어진 일을 새로운 방법으로, 적극적으로 해결하려고 하는 편입니다. 창의적인 태도가 모두 좀 더 높은 수준에 이를 수 있도록 계속 노력해야겠습니다.

- 창의적 환경

A	창의적 사고력, 창의적 태도, 창의적 가정환경 수준이 모두 매우 높은 편입니다. 따라서 이 수준의 아동은 창의적 문제를 해결하는 과정에서 매우 높은 사고력을 활용하며, 새로운 문제나 상황에서 적극적인 창의적 태도로 대응합니다. 또한 자신의 가정이 허용적 · 자율적이며, 자신의 창의성을 자극하기에 충분한 심리적 · 물리적 요소를 갖추고 있다고 생각하고 있습니다. 총평과 함께 각 영역의 수준별 해석을 참고로 하여 모든 영역이 골고루 높은 수준을 유지할 수 있도록 계속 노력하기 바랍니다.

출처: 임인재(2000).

〈표 4-9〉 TTCT 검사 결과 예시

TTCT 언어검사

	유창성	융통성	독창성	비고
활동 1	8	5	1	
활동 2	7	4	7	
활동 3	7	5	4	
활동 4	15	11	14	
활동 5	6	4	5	
활동 7	4	3	3	
전체	47	32	34	전체 평균
표준점수	81	101	88	90
백분위 점수	17	52	27	32

〈결과 해석〉

① 유창성은 백분위 17로 하위 17%이다.

② 융통성은 백분위 52로 중간인 52%이다.

③ 독창성은 백분위 27로 하위 27%이다.

④ 언어검사에 의한 창의성 점수는 백분위 32로, 언어적 표현에 의하면 평균 이하의 창의성을 보인다.

TTCT 도형검사

	원점수	표준 점수	백분위 점수	백분위 점수 10	20	30	40	50	60	70	80	90
유창성	23	106	62									
독창성	19	113	74									
제목의 추상성	0	0	0									
정교성	4	66	7									
성급한 종결에 대한 저항	6	70	8									
평균점수		71	4									

〈결과 해석〉

① 유창성은 백분위 62로 상위 38%에 속한다.

② 독창성은 백분위 74로 상위 26%에 속한다.
③ 제목의 추상성 점수는 0점이다.
④ 정교성은 백분위 7로 매우 낮다.
⑤ 성급한 종결에 대한 저항은 백분위 8로 매우 낮다.
⑥ 도형검사에 의한 창의성 점수를 종합하면 백분위 4로 창의성이 매우 낮다고 할 수 있다.

(4) 적성검사

적성이란 주로 학습에 영향을 받지 않는 특정 영역에서의 타고난 능력을 말한다. 영재아동들의 경우 일반지능이 높기 때문에 대체로 모든 분야에서 높은 점수를 얻

〈표 4-10〉 적성검사의 종류

검사명	대상	제작자	발행처
진로성숙도검사	중 · 고등학생	한국교육개발원	한국적성연구소
진로적성진단검사	성인	김재은	웅진출판사
진로 및 적성탐색검사	13세 이상	안창규	한국가이던스
진로흥미, 적성검사	초등학생~고등학생	김충기, 최재기	한국적성연구소
직업진학적성검사	중 · 고등학생	정한택	중앙교육사
KAT-M 적성검사	중학생	한국행동과학연구소	한국가이던스
홀랜드® 진로적성검사 (Holland®)	초등학교 고학년 이상 ~대학생	안현의, 안창규	인싸이트
CATA 적성검사	중 · 고등학생	이종구, 현성용, 최인수	인싸이트
직무적성검사(KVAT)	대학생, 성인	이종구	인싸이트
CACV 종합 진로 직업 적성검사	중 · 고등학생용	성태제	인싸이트
KMAT 한국 음악적성 검사	9~15세	현경실	인싸이트
Kids' MAT 유아 음악적성검사	5~7세	현경실	인싸이트
CATD 디자인 진로적성검사	대학생	길임주	인싸이트

어 적성이 높은 것으로 나타날 가능성이 있다. 그러므로 영재들을 위한 적성검사는 검사문항의 난이도가 상당히 어려워야 그들의 적성분야를 알려 줄 수 있다. 그러나 현재까지 국내에서 개발된 많은 적성검사의 문항은 대체로 쉽다. 따라서 상급학생들을 대상으로 한 적성검사를 실시하여야만 영재들의 적성분야를 파악할 수 있는 경우가 많다.

국내에서 사용되는 다양한 종류의 적성검사는 〈표 4-10〉과 같다.

4) 행동 및 산출물

영재성은 학교 및 학교 이외의 상황에서의 여러 가지 행동이나 산출물 등을 통해서도 찾아낼 수 있다. 학교 상황에서 흔히 발견할 수 있는 것은 수업 중에 나타나는 아이디어와 과제의 수준 및 질, 여러 교내 경시/경연대회, 발명품 전시회 입상 성적, 특별활동에서의 활동과 산출물 등이다. 학교 이외의 상황에서는 외부 경시/경연대회나 전람회 입상 성적, 외부 영재교육 관련 활동 참가 경력(수학 · 과학 영재 여름캠프 참여 등), 집이나 사회에서 개인적으로 수행하는 활동/산출물의 질 등을 발견할 수 있다. 특히 예술영재 판별에서는 포트폴리오 형태의 행동 및 산출물 평가 결과가 매우 유용한 것으로 알려졌다. 포트폴리오는 맥락 속에서의 수행을 요구하는 평가에 대한 진평가(authentic assessment)의 대표적인 예이다. 최근에는 포트폴리오가 수많은 초 · 중등학교에서 광범위하게 사용되고 있으며, 외국 학교의 일부 교실에서는 공식적으로 학생들을 평가하기 위한 유일한 절차가 되었다.

3. 영재판별의 실제

1) 우리나라의 영재판별

(1) 대학 부설 영재교육원 및 교육청 부설 영재교육원

대학 부설 영재교육원은 국가 지정 영재교육원 및 기타 시 · 도 지정 대학 부설 영재교육원이 있으며, 초등학생과 중학생 등을 대상으로 영재교육을 실시하고 있다. 대학 부설 영재교육원의 영재판별은 관찰 · 추천에 의한 영재판별을 가장 먼저 본격적으로 도입하였다는 특징이 있다. 대체적으로 관찰 · 추천에 의해 학생을 선발하지만, 대학별로 사용하는 양식 등에 차이가 있다.

교육청 부설 영재학급 또는 영재교육원은 학급과 교육원이라는 2가지 명칭을 사용하는데, 일반적으로 영재학급은 학교단위의 영재교육기관을 의미하고, 영재교육원은 교육청 주관의 영재교육기관을 의미한다. 영재학급과 영재교육원의 구분은 「영재교육진흥법 시행령」에 규정되어 있는데, 영재학급은 「영재교육진흥법 시행령」 제20조, 영재교육원은 「영재교육진흥법 시행령」 제21조에 근거하며, 약간의 차이가 있다. 영재판별은 영재학급과 영재교육원이 비슷한 방법을 사용하는데, 2008년도 영재판별 이후에는 한국교육개발원 판별검사와 학문적성 검사 등을 순차적으로 적용하여 영재판별을 실시하는 것이 일반적인 영재판별방법이었지만, 3차에 걸친 영재교육종합진흥계획에 따라 관찰 · 추천에 의한 선발 방식으로 바뀌었다. 대학 부설 영재교육원보다 훨씬 많은 수의 교육청 부설 영재교육원이 있으며, 여기에 중소도시를 중심으로 일정 지역 학교단위로 운영되는 영재학급까지 생각하면 그 규모는 10배 이상이 된다. 논리적 사고력 및 문제해결력 측정을 중심으로 영재선발이 이루어지고, 각 지역 교육청 또는 영재학급에서 영재교육을 실시한다.

영재학급의 선발은 약 80%에 달하는 기관에서 매년 11월~다음 해 1월에 걸쳐 실시되고 있으며, 3~4단계에 걸쳐 선발이 이루어지고 있다. 일반적으로 1단계에서는 대상자의 행동 관찰 체크리스트와 성적, 포트폴리오 등을 근거로 교사, 학교장, 주변 전문가 등의 추천을 통해 선발하고, 2~3단계에서는 1단계에서 선발된 학생들에게 창의적 문제해결력을 중심으로 집단적인 지필형식의 검사가 실시되며, 마지막 단계는 합숙, 캠프 등을 통한 행동관찰, 실기, 면접 등 주로 개별적인 심층 평가를 통해 최종선발이 이루어진다.

대학 부설 과학영재교육원 또는 교육청 영재학급의 영재판별에 대한 안내는 각급 기관의 홈페이지에 자세하게 소개되었으니 참고 바란다.

(2) 과학고등학교 및 과학영재학교

영재학교는 「영재교육진흥법 시행령」 제19조(영재학교의 지정), 즉 "① 국·공·사립의 고등학교 중 영재학교로 지정받고자 하는 학교의 장은 다음 각 호의 사항이 포함된 지정신청서에 당해 교육감의 추천서(국립의 고등학교를 제외한다)를 첨부하여 교육부장관에게 제출하여야 한다."에 근거하여 설치되었다.

한국과학영재학교(부산), 경기과학고등학교(경기), 서울과학고등학교(서울), 대구과학고등학교(대구), 광주과학고등학교(광주), 대전과학고등학교(대전) 등이 영재학교로 지정되었으며, 세종과학예술영재학교, 인천과학예술영재학교 등을 확대 운영 중이며, 과학고등학교는 각 시·도별로 1개 이상의 과학고등학교가 지정되어 운영 중이다. 지금까지는 과학고등학교가 과학영재학교로 개편되어 운영 중인 경우가 많은데, 과학고등학교와 과학영재학교는 교육과정과 영재판별과정 등에 차이가 있다.

앞으로 더 많은 학교가 과학영재학교로 지정될 것으로 보인다. 과학영재학교에서의 영재판별은 일반적으로 [그림 4-1]에서와 같이 3단계의 전형으로 이루어지며, 과학고등학교와 차이가 있다.

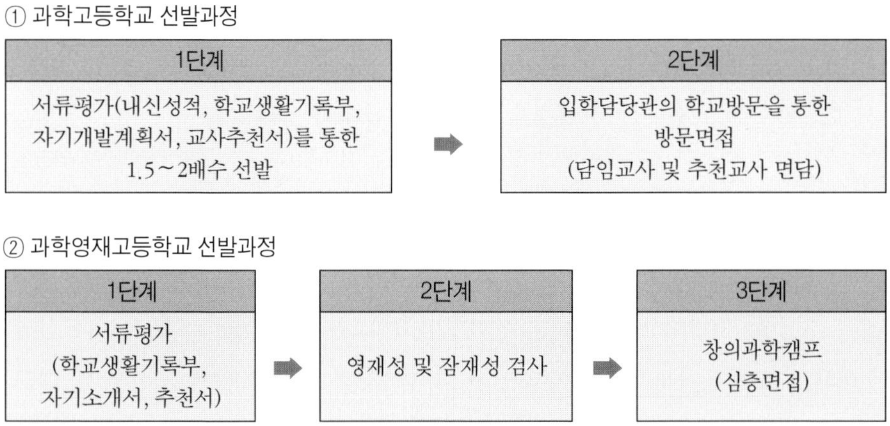

[그림 4-1] 영재학교에서의 영재판별

(3) 예술영재

예술영재(the talented in art)란 예술 영역에 남다른 재능을 가진 사람으로서 예술적으로 성공할 가능성이 아주 높은 사람으로 정의될 수 있다(성경희, 2005). 예술영재는 크게 미술영재와 음악영재의 2가지로 인식되고 있다.

음악영재(the talented in music)는 음악에 남다른 재능을 가진 사람으로서 음악적으로 성공할 가능성이 아주 높은 사람을 의미한다. 음악영재의 판별을 위해 사용되고 있는 기준의 특성을 살펴보면, 음악영재는 대체적으로 음악적 지각과 인지적 능력을 다루는 음악성은 물론, 높은 음악적 감수성과 상상력 및 표현력 등과 관련되는 창의성, 강한 집중력과 높은 학습 의욕 및 인내력과 자율성 등의 정의적 특성 등을 함께 고려한다(성경희, 1993; 오주일, 2004; 조효임, 최은식, 정진원, 1996; Haroutounian, 2002; Zimmerman, 1994). 미술영재(the talented in visual art)는 모든 미술활동에 관련된 분야에서 뛰어난 재능을 지니거나 무한한 잠재력을 지닌 아동을 말한다. 일반적으로는 표현력과 감수성이 뛰어나고, 풍부한 직관적 상상력을 지니며, 창의적 표현이 유창하다고 보고 있다(정은선, 2004).

우리나라 예술영재교육원의 교육 프로그램은 이 책의 제13장 '예술영재'를 참조하기 바란다. 각 예술영재기관의 예술영재 판별절차는 예술중학교와 예술고등학교

별로 차이가 있다. 예술중학교의 경우는 실기시험을 100%로 하고, 면접과 신체검사를 참고자료로 활용한다. 예술고등학교의 경우는 특별전형과 일반전형으로 나누어서 모집하는 학교와 일반전형으로 모집하는 학교가 있다.

(4) 소외계층 영재

교육청에서 실시하는 소외계층 영재 프로그램의 학생들은 영재교육원과 영재학급으로 지정된 기관에서 교육받는 영재들과는 다른 검사와 절차를 거쳐서 선발된다. 대체로 교육복지투자 우선지역인 사회 · 경제적 수준이 낮은 농어촌 및 대도시 빈민지역으로 한정한다.

소외계층을 '사회 · 경제적 지위가 낮은 가정의 학생, 다문화가정의 학생, 지리적으로 영재교육 접근성이 제한된 도서 · 벽지의 학생, 장애가 있는 학생, 북한 이탈주민, 특정 영역에서 수혜가 부진한 학생들로 영재교육의 기회가 상대적으로 제한되어 있는 계층'으로 명시하고 있다.

2012년 기준으로 소외계층 영재교육 대상자 수는 3,290명으로, 초등학생이 1,970명으로 59.9%, 중학생이 728명으로 22.1%, 고등학생이 592명으로 18%를 차지한다. 또한 대상자는 도서 · 벽지 지역학생, 장애학생, 다문화가정 학생 순으로 많았으며, 북한이탈주민가정의 재학생 수가 가장 적은 수를 차지하였다(한국교육개발원, 2012).

2010년까지 한국교육개발원에서 개발한 소외계층 영재선발도구는 〈표 4-11〉과 같다.

교사에 의한 관찰 · 추천제의 전국적 시행으로 소외계층을 위한 영재판별도 관찰 · 추천에 의해 이루어지지만, 더 많은 연구가 필요한 분야이다. 이는 3차에 걸친 영재교육종합진흥계획에 따라 대상과 폭, 영재교육 분야가 더욱 확대되기 때문이다.

〈표 4-11〉 소외계층 대상 영재선발도구 개발 현황

학년 구분	2009 학문적성검사			2010 학문적성검사	
	수학	과학	수학 · 과학 통합	수학	과학
초등4	1종	1종	1종	1종	1종
초등5	1종	1종	1종	1종	1종
초등6	1종	1종	1종	1종	1종
중등1	1종	1종	1종	1종	1종
중등2	1종	1종	1종	1종	1종
중등3	1종	1종	1종	1종	1종
고등1	1종	1종	1종	1종	1종
중등1(3월)	-	-	-	1종	1종
고등1(3월)	-	-	-	1종	1종
소계	7종	7종	7종	9종	9종

(5) 차세대 영재기업인 및 발명영재교육

발명영재와 차세대 영재기업인은 「영재교육 진흥법」에 의한 영재교육 대상은 아니지만, 수학 · 과학 중심의 영재교육에만 편중된 영재교육 분야의 확대를 위한 분야 확대의 의미가 크며, 미래 사회를 위한 다양한 인재를 개발하는 의미 있는 활동이다.

차세대 영재기업인이란 20~30년 후의 다음 세대에 영재기업인으로서 자신만의 독창적인 지식재산(intellectual property)을 기반으로 기업을 설립해 운영하고, 부가가치를 창출하는 성공적인 기업인이 될 수 있는 잠재력을 지닌 재능 있는 학생을 의미한다. 차세대 영재기업인의 목적은 기존의 발명영재교육을 한 단계 발전시켜 Microsoft의 빌 게이츠나 Apple의 스티브 잡스, Google의 세르게이 브린과 래리 페이지와 같이, 높은 수준의 지식재산을 창출하고, 이를 활용하여 기업을 설립해서 운영할 인재를 육성하는 것이다.

차세대 영재기업인 교육은 포스텍(POSTECH), 카이스트(KAIST) 두 군데에서 진행하고 있는데, 포스텍의 학생 모집방법을 소개하면 [그림 4-2]와 같다.

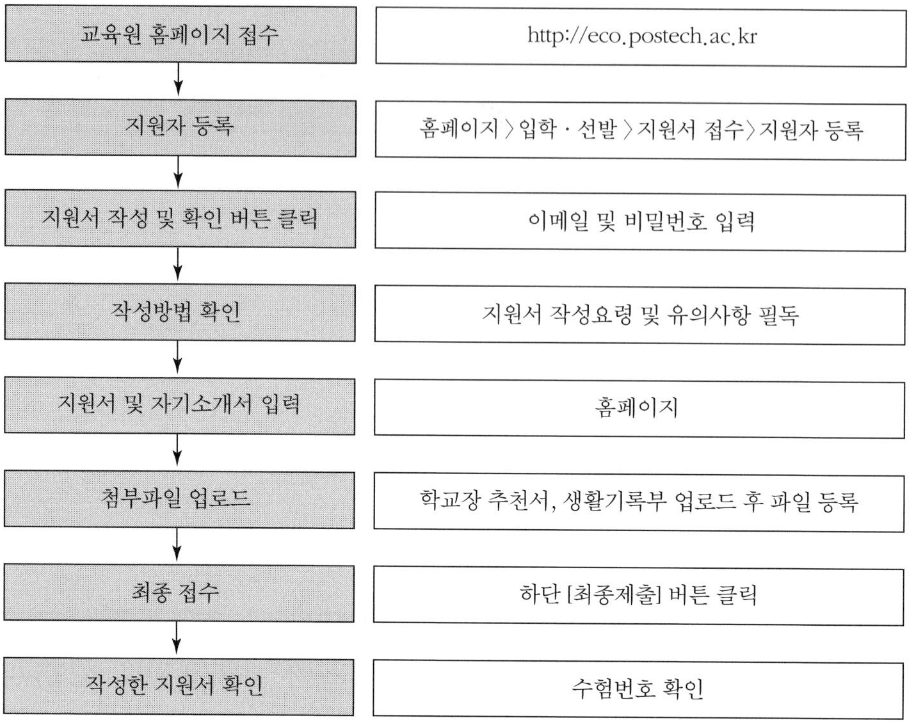

[그림 4-2] 포스텍의 학생 모집방법

출처: 포스텍 에코디자인 특성화 대학원 홈페이지(http://eco.postech.ac.kr).

〈표 4-12〉 차세대 영재기업인 학생 선발 현황(2010~2019년) (단위: 명)

구분	2010 (1기)	2011 (2기)	2012 (3기)	2013 (4기)	2014 (5기)	2015 (6기)	2016 (7기)	2017 (8기)	2018 (9기)	2019 (10기)
카이스트	109	85	93	88	84	82	81	88	80	85
포스텍	80	75	81	80	80	80	80	81	84	83
합계	189	160	174	168	164	162	161	169	164	168

출처: 한국발명진흥회 발명영재교육연구원 미발간 자료.

2014년 현재 4,474명의 학생이 발명영재교육을 받고 있다(〈표 4-13〉 참조).

〈표 4-13〉 운영 형태 및 운영기관별 발명영재교육기관 수 현황(2018)

운영 형태	기관 수(개소)	비율(%)
합계	147	100.0
영재교육원	95	64.7
지역공동영재학급	44	29.9
단위학교영재학급	8	5.4
합계	147	100.0
초등학교 영재학급	38	25.8
중학교 영재학급	10	6.8
고등학교 영재학급	5	3.4
대학교 부설 영재교육원	2	1.4
교육청 영재교육원	92	62.6

출처: 한국발명진흥회 발명영재교육연구원 미간행 자료.

(6) 정보영재

정보영재는 컴퓨터의 활용에 힘입어 최근 들어서 매우 인기를 끌고 있는 분야가 되기도 하였고, 이러한 발전에 기여할 만한 연구(김미숙, 이재호, 2005)가 이루어지기도 하였다.

김미숙과 이재호(2005)는 정보과학 영재교육 대상자는 창의적 사고, 수리 및 논리적 사고, 문제발견 및 해결력, 논리전개 능력, 새로운 정보창출 능력 등의 지적 능력이나 뛰어난 과제 집착력, 도전의식, 지적 호기심, 정보과학 분야에 대한 관심과 흥미 등의 정의적 특성 중에서 어느 하나 또는 그 이상에서 매우 우수한 능력과 특성을 보이는 학생들을 중심으로 선발하여야 한다고 하였다.

(7) 과학예술영재

과학예술영재학교는 이스라엘의 IASA(Israel Arts and Science Academy)의 운영방법을 참고하여 설립되었다. IASA는 2가지 방법(예술트랙, 과학트랙)으로 학생을 선발하는 것에 비해, 과학예술영재는 1가지 방법(융합트랙)으로 학생을 선발한다.

과학예술영재학교는 과학적 창의성과 예술적 감성이 조화된 창의적 융합인재 양성을 위해 융합인재교육(Science, Technology, Engineering, Arts, Mathematics: STEAM)을 교육과정의 일정 규모 이상 과학기술, 예술, 인문학 등에 연계한 융합형 전문·심화교과를 개설하여 다중재능의 우수한 융합형 창의인재 양성을 목표로 하는 학교를 의미한다.

교육부에 의하면 과학영재학교와 과학예술영재학교는 〈표 4-14〉와 같이 차이가 있는 것으로 알려졌다.

〈표 4-14〉 과학영재학교와 과학예술영재학교의 차이

구분	과학영재학교	과학예술영재학교
설립 목적	우수 이공계 전문인력 양성	과학-예술·인문학 등의 융합적 사고와 연구 역량을 갖춘 융합인재 양성
설립 근거	「영재교육 진흥법」 및 「영재교육진흥법 시행령」	
교육 대상	수학·과학 잠재력이 있으며, 이공계 연구·개발에 대한 관심과 진로 의지가 있는 학생	과학과 예술, 인문학 등의 분야에 관심이 높고, 융합적 사고 역량 등을 갖추고 있으며, 창조와 개척 의지가 강한 학생
교육과정	• 수학, 물리, 화학, 생명과학, 지구과학 등 기초과학 분야 전문·심화 교과목 편성(60% 이상) • 이공계 대학 교수, 연구원 등과 함께 연구활동(R&E)	• 과학영재학교의 보통·전문교과를 압축적으로 편성 • 융합 관련 철학, 기본 개념, 주제별 심화내용 등 과학-예술, 인문학 융합 분야의 다양한 교과목 추가 편성(20% 이상) • 융합을 주제로 한 연구활동 등(STEAM activity)
진로·진학	이공계열 대학·학과 진학을 통해 과학기술 분야 연구·개발	과학 또는 예술 등의 전공으로 진학하여 융합분야 개척 또는 융합전공을 거쳐 새로운 영역 창조
교원 활용	교사 외에 대학, 연구소, 기업 등의 연구자 등 전문인력 활용	학문 간 융합분야 전문가 확보, 다양한 전공자가 co-teaching

2) 외국의 영재판별

(1) 미국

미국에서 영재를 선발하는 방법 및 비율은 주 교육청 그리고 학교마다 매우 다양하다. 영재교육 대상자의 비율도 1~15%로 주마다 매우 다양하다. 더불어 선발방법도 매우 다양하다. 과거에는 지능검사와 학업성취도 검사를 위주로 하였으나, 최근에는 이와 함께 창의성이나 동기를 중요시하는 경향이 늘고 있다. 선발도 다단계 판별을 하는 경우가 늘고 있다. 따라서 일률적으로 하나의 방법을 사용하기보다는 각 주별, 영재교육 기관별로 각기 다른 방법을 사용하는 특징이 있다.

한편, 미국에서 영재판별을 위해 가장 많이 사용되는 판별도구는 지능검사인 것으로 알려졌다. 2010년에는 50개 주 가운데 32개 주가 영재교육을 의무화해 주정부를 중심으로 획일성을 지양한 특색 있는 교육을 하고 있다. 영재교육 대상을 상위 1%라는 매우 한정된 집단에서 15~20%로 점점 넓혀 피라미드식 영재교육을 지향하며, 지능과 학업 성적을 중심으로 한 영재교육에서 흥미, 학습스타일, 성격적 특성 중심의 집단편성에 의한 영재교육으로 점차 변해 가고 있다.

연방정부에서는 영재학생들 가운데 소외계층이나 영어에 서툰 학생들을 위해 연간 1,000만 달러를 배정할 뿐이며, 주정부에서 적극적으로 영재교육 예산을 편성해 집행하고 있다.

영재교육에 대한 연구개발을 전담하는 국립영재교육 연구센터는 코네티컷 대학교, 버지니아 대학교, 예일 대학교, 뉴욕시립대학교, 스탠퍼드 대학교와 52개의 영재교육센터, 360여 개의 공·사립 학교와 연계하여 현장성을 살린 각종 교육 도구와 방법을 개발·보급하고 있다.

(2) 싱가포르

싱가포르에서는 초등학교 3학년 말에 전 학생을 대상으로 영재선발시험을 치른다. 2단계의 선발과정으로 이루어지는데, 제1차에서는 영어 및 수학의 선별검사를 실시하고, 제2차에서는 영어, 수학, 일반능력의 학력검사를 통해 상위 6%를 선발한다. 그리고 제1, 2차의 점수를 종합하여 상위 1%에 해당되는 '지능이 뛰어난 학생(intellectually gifted)'을 영재교육 대상자로 최종 선발한다. 싱가포르의 영재선발의 원칙으로, 첫째, 접근 및 기회의 균등, 둘째, 1가지 이상의 기준 활용, 셋째, 평가팀에 의한 판단, 넷째, 선발을 위한 기준과 제도의 조화, 다섯째, 단 한 번의 기회를 근거로 삼지 않음, 여섯째, 잠재력 입증을 위한 기회 제공이 있다.

선발된 영재학생들은 초등학교 4학년부터 6학년까지 일반학교에 설치된 상설 영재학급(self-contained classes)에서 영재교육을 받는다. 그들은 초등학교 6학년 말에 초등학교 졸업시험(Primary School Leaving Examination: PSLE)을 치르고, 이수한 학생에 한하여 중학교(1~4학년)에서 영재교육을 계속 받을 수 있다. 싱가포르 영재교육은 제1장 '영재교육의 역사와 최근 동향'에 자세히 소개되었다.

(3) 이스라엘

이스라엘에서는 영재성에 대한 국가 차원의 공통 정의를 내릴 경우, 지역이나 학교에 따라 영재의 분포가 다르게 나타나기 때문에 영재 정의에 관해 혼합정책을 채택한다. 지역기준에 따라 상위 5%에 해당하는 우수아를 영재(지역/학교단위 우수아)로 본다. 또한 전국의 영재들 가운데 매우 소수를 차지하는 상위 1%의 영재는 전국단위의 '슈퍼영재' 혹은 '천재'로 정의된다. IQ 155 이상(연령별로 10~15명 정도)에 해당하는 슈퍼영재는 일반영재와도 구별되며, 비범한 능력을 증명할 수 있다.

영재판별은 평가도구를 통해 다양하게 이루어진다. 교사/학부모/학생 설문지, 관찰, 포트폴리오, 성취도평가, 학업성적, 지능검사, 동기 및 창의성 측정도구 등을 사용한다. 이스라엘 교육부는 가능한 한 조기에 영재교육을 시작하고, 1, 2학년을 마칠 때까지 지속하도록 권고한다.

이스라엘의 영재판별은 정기선발과 특별선발로 구분된다(김미숙 외, 2007).

- 정기선발은 초등학교 2, 3, 4학년의 모든 학생을 대상으로 문화교육부에서 매년 실시한다(검사비용 지원). 첫 단계에서는 학교 교사에 의해 선발시험을 실시한다. 두 번째 단계는 첫 단계에서 상위 15% 이내의 학생이나 두 번째 단계의

검사를 받을 자격이 있다고 학교가 추천한 학생에 대해 졸드연구소의 특수센터가 주관이 되어 실시한다. 선발 결과에 따라 상위 1~1.5% 학생은 일반학교의 영재학급에서 교육을 받고, 주중 1일은 영재교육센터에서 영재교육을 받는다. 그리고 상위 1.5~3%의 학생은 방과 후 심화학습 프로그램에 참여한다.

- 특별선발은 영재선발시험을 치르지 못했거나, 시험을 보기는 했으나 영재교육 프로그램에 선발되지 못해서 다시 시험 보기를 희망하는 학생들을 위해서 매년 실시한다(학부모가 선발비 부담).

특히 이스라엘은 소외계층을 대상으로 영재교육 프로그램을 운영하고 있으며, 경제적으로 불우한 아동들에게 학습활동과 학습경험을 제공하고, 학습과정을 관찰하여 영재성 여부를 판별해서 영재교육의 기회를 제공하고 있다. 이스라엘 영재교육은 제1장 '영재교육의 역사와 최근 동향'에 자세히 소개되었다.

(4) 중국

중국은 오랜 옛날부터 영재교육을 실시한 것으로 알려졌다. 챈(Chan, 2000)은 기원전에 이미 중국에서는 영재를 Cai로 불렀으며, Cai는 타고난 것으로, 자연에서 부여받은 힘을 대표하는 사람을 의미한다고 하였다. 챈(2000)에 의하면, 고대 중국인들은 비범한 재능을 보이는 아동들을 왕궁으로 불러 그들의 재능을 확인해 계발하였다고 한다.

최근 중국의 영재교육은 1970년대부터 지능이 뛰어난 아동과 다른 유형의 영재에 대해 다양한 교육을 중점적으로 제공하기 시작하였다.

중국에서의 영재를 찾아내는 과정에서 기본적으로 지키는 원칙은 다각적으로 비교하고, 다양한 기준과 방법을 동원하고, 성격특성을 파악하고, 문제해결의 과정과 결과를 모두 고려하며, 실제 수업에서의 관찰을 통하여 발굴한다는 점이다. 이를 구체적으로 살펴보면 다음과 같다.

첫째, 다양한 기준과 방법을 동원한다. 영재성이 있는지를 확인하기 위해서 다양한 영역, 기준, 방법을 동원하여 검사한다.

둘째, 인성적인 특성도 조사한다. 최고의 성취는 뛰어난 지능뿐 아니라 인성적인 특성에 의해서 결정된다. 지적 능력과 비지적인 성격특성도 모두 조사하여 영재성의 확인과정에서 고려한다.

셋째, 과정, 형태, 전략뿐 아니라 결과도 분석한다. 능력은 양적 변화와 질적 변화가 변증법적으로 상호작용하며 발달된다. 아동이 문제를 해결한 과정, 형태, 전략뿐 아니라 그 문제를 해결하는 데 걸린 속도와 학생의 검사점수를 고려한다.

넷째, 영재교육 프로그램에 참여하는 정도를 관찰한다. 영재성의 발달은 환경과 교육의 영향을 받는다. 그러므로 아동이 영재교육 프로그램에 참여하는 동안에도 계속적으로 관찰 · 평가하여야 한다. 수시로 아동의 현재 상태를 측정하여 그에 적절한 교육적 조치를 취해 준다.

이상의 원칙을 종합하면 중국에서는 영재를 발굴하기 위해서 지적 능력, 창의성, 학습능력, 특수재능, 성격특성을 모두 고려한다.

실제적인 예로 북경 제8실험중학교의 선발은 앞서 살펴본 영재성 판별의 원칙을 그대로 고수하며, 2년에 한 번 실시한다. 북경시 거주 학생 중 약 1,000명의 지원자를 대상으로 습득된 지식과 기능을 측정하기 위하여 첫 번째 단계로 중국어, 수학, 사고력 과목의 검사를 세 차례 실시하여 200명을 선발하며, 두 번째 단계에서는 습득된 지식을 활용하는 정보처리 능력을 중심으로 중국어, 수학, 사고력 분야에서 난이도가 높은, 즉 어려운 시험을 다시 치른다. 세 번째 단계에서는 수학(修學)능력을 주로 본다. 즉, 물리, 화학, 중국어, 수학, 영어 분야에서 처음 접하는 새로운 자료를 조작하는 능력을 일주일간에 걸친 실제 수업을 통해서 검사하는데, 이를 통하여 최종적으로 30여 명을 선발한다.

(5) 캐나다

캐나다의 영재교육 프로그램과 절차는 지역마다 조금씩 차이를 보인다. 학교에 따라 어떤 학교에서는 도전센터를 초등학교에 만들고, 1년 동안 9주로 이루어지는 모듈 3개를 제공하기도 하고, 중학교에서 AP반을 운영하거나, 도전적인 과목들과 속진과 심화를 통합한 형태인 '학교 내 학교' 프로그램에 등록하기도 한다. 농촌지역에서는 영재학생을 위한 열정이 있는 교사에 따라 수정된 교육과정이 제공되기도 한다.

밴쿠버에서는 대학에 조기입학하기 위해 지역자원 프로그램(Provincial Resource Program: PRP)이라는 프로그램을 운영하기도 하는데, 특별히 학문적으로 뛰어난 학생들을 위한 프로그램이며, 50개의 PRP들이 그 주에 있다.

한편, 밴쿠버 학교위원회와 브리티시콜롬비아 대학 사이에는 학업적으로 매우 우수한 학생들을 위한 전이 프로그램이 있다. 1993년부터 시작한 이 프로그램은 캐나다에서 유일한 프로그램으로, 대학에 조기에 입학하기를 원하는 영재청소년을 위해 중등과정을 수료하는 데 필요한 자격수업을 제공하고, 교수들이 멘토십 프로그램을 실시하는 것으로 구성되어 있다.

(6) 영국

영국은 전체 108개 지방교육당국 중 35개의 지방교육청에서 영재교육을 위한 전문가를 고용하여 다양한 교과에 대한 심화과정을 실시하고 있다. 대체적으로 정규과정이 아닌 과외활동으로 진행되며, 주말이나 방학 중 무상 혹은 실비를 받는 형식으로 전국 규모의 12개 영재교육기관에서 개별적으로 제공되고 있다. 영국은 2001년부터 공립학교에 영재교육을 실시하여 2007년에는 '과학기술고등교육부'를 신설하였다. 또한 전체 학생의 약 5%를 '매우 유능한 학생(very able pupil)'으로 분류해 기본 대상자로 구분하고, 이들 중 약 2%는 '예외적으로 유능한 학생(exceptionally able pupil)'으로 분류해 영재를 선발하고 있다.

3) 영재판별 동향

영재판별이 전체 영재교육에서 차지하는 위치는 많은 경우 영재교육 초기단계에서 이루어진다. 데이비스와 림(Davis & Rimm, 1998)은 영재판별이 전체 영재 프로그램에서 프로그램 초기에 사용되는 것으로 제시하고 있다. 전체 영재 프로그램에서 영재판별 계획은 영재 프로그램을 비롯한 기저들이 완성된 이후에 그것을 근거로 설정됨을 알 수 있다.

학교현장에서 많이 사용하는 영재판별은 영재 프로그램을 미리 개발한 후에 그에 적절한 영재를 선별하는 절차인데, 이러한 방법으로 가장 많이 사용되는 형태가 다단계 선별이다. 다단계에 의한 선별은 여러 단계의 선별절차를 설정하고, 각 단계마다 적절한 영재성의 준거를 적용하여 영재를 선별하는 방법이다. 이것은 전 세계적으로 공통적인 방법으로 우리나라, 미국, 싱가포르, 이스라엘 등에서 사용하고 있다.

우리나라 영재판별은 시대의 필요에 따라 다양한 형태를 띠고 있으며, 지금도 그 변화는 계속되고 있다. 영재교육의 현대적 출발점은 1980년대로, 가장 대표적인 영재교육기관인 경기과학고등학교의 입학시험을 통하여 이 시기의 영재판별 절차를 소개하면 다음과 같다(신세호, 임인재, 임선하, 1984).

- 1단계: 경기도 내의 중학교 3학년 1학기 성적을 기준으로, 학년 석차가 상위 3% 이내인 자로 학교장이 추천을 했다. 이때 학생의 추천을 객관적으로 하기 위해서 담임교사와 과학교사가 해당 학생에 대한 '학생 행동관찰 평정지'를 작성하여 첨부하게 하였는데, 이 평정지는 학습특성, 동기특성, 창의적 특성, 과학적 태도의 4개 영역으로 구성되었다.
- 2단계: 추천된 학생을 대상으로 같은 날 학력고사 및 과학적성검사를 실시했다. 학력고사는 국어, 영어, 과학을 실시하였다. 과학적성검사는 총 108분간 실시하는 것으로, 3부로 나뉘는데, 1부는 일반지능, 2부는 과학적 창의성, 3부는 지적 호기심, 객관성, 인내성 및 성취동기를 측정하도록 하였다. 마지막으로 시험이 끝난 후 면접과 신체검사를 실시하였다.

초기의 영재판별방법은 다양한 변화를 거쳐서 현재의 '관찰 · 추천'에 의한 영재판별이 영재판별의 주요한 내용을 이루고 있다. 또한 영재교육 분야의 다양화가 이루어지고 있는데, 한국발명진흥회에서 주관하는 발명영재교육, 차세대 영재기업인, 한국예술영재교육원에서 주관하는 예술영재교육뿐만 아니라, 과학예술영재교육 등으로 분야가 다양해지고 있으며, 이에 따라 판별방법도 많은 변화를 겪었다.

영재교육 대상자 선발과 관련하여 지금까지의 주요한 변화는 2, 3차에 걸쳐 발표된 '영재교육진흥종합대책'에서 제시한 방향으로 변화하였으며, '제4차 영재교육진흥종합계획'을 2018년에 발표하였다. '제4차 영재교육진흥종합계획'은 2018년부터 2022년까지 시행할 종합계획이다. '제4차 영재교육진흥종합계획'에서 밝힌 영재판별을 살펴보면 다음과 같다(교육부, 2018).

첫째, 영재선발을 확대하고 다양화하는 것이다. 이 방안에서는 희망하는 모든 학생에게 영재교육을 제공하는 것을 골자로 하고 있다. 이를 위해, 재능개발 프로그램을 운영하여 참여의사가 있는 모든 학생을 포함하도록 한다. 또한 영재학급이 없는 학교에서도 운영이 가능한 예비 영재교육 프로그램을 실시한다.

둘째, 교사관찰추천제를 2022년까지 100%로 확대한다. 이를 위해서 연수 및 현장 컨설팅을 활성화한다. 이러한 결과는 영재교육 담당 교원의 전문성을 전제로 하며, 영재교사 인증을 통하여 이루어질 전망이다.

셋째, 영재교육기관의 특성을 반영한 선발 자율성을 부여한다. 이를 위해 종합적 선발이 가능하도록 영재교육기관 전문성 강화 및 선발 반영 비율 재량권을 강화한다.

[그림 4-3] 영재교육종합데이터베이스(GED) 화면(2019)

출처: 영재교육종합데이터베이스 홈페이지(https://ged.kedi.re.kr).

영재판별의 실제에 있어서는 영재교육종합데이터베이스인 GED(Gifted Education Database)가 활용되고 있다. GED는 영재교육종합데이터베이스로서 우수한 창의적 인재 육성을 목표로 국가 차원에서 '영재교육에 관련된 자료를 종합적으로 관리'하기 위하여 구축되었다. 또한 국내외 영재교육 관련 정책결정자, 교육자, 연구자, 학생, 학부모 등 다양한 정보수요자에게 영재교육에 관한 체계적이고 전문적인 정보를 종합적으로 실시간 제공하는 것을 목표로 하고 있으며, 다음과 같은 목적으로 운영된다.

- 영재학교, 영재교육원, 영재학급, 영재교육연구원 등의 기관정보
- 영재학생, 영재교사, 영재교육전문가 등의 인재정보
- 영재교육과정 및 교원연수과정 운영에 관한 교육정보
- 영재교육 정책자료, 교수학습자료, 연수자료, 연구보고서 등의 자료정보

이상의 목적으로 운영되는 GED는 홈페이지(https://ged.kedi.re.kr)를 통하여 관련 정보를 확인할 수 있다. 영재판별과 선발을 위해서는 지원서를 GED에 입력하고 판별절차를 거치는 것이 일반적이다.

4) 영재판별의 대안

영재판별에는 여러 가지 문제점이 있는데, 크게 3가지로 나누어 살펴볼 수 있다. 첫째, 현존하는 판별체계가 영재를 판별하는 데 실패하였거나 실패할 위험이 크다는 점이다. 볼랜드(Borland, 2003)가 이러한 지적의 대표적인 주장자 중의 하나로, 여기에는 현존하는 영재판별 절차가 부적절하기 때문에 잘못된 판별 결과로 부작용(예: 영재가 판별되지 못하거나 영재가 아님에도 판별됨)이 수반된다고 본다. 따라서 영재판별을 하지 않고 원하는 모든 학생에게 영재 프로그램을 개방하여야 함을 주장하고 있다. 우리나라의 경우 '만들어진 영재'라는 신조어가 있다. 이는 영재가 아니나 사교육 등에 의해 영재판별 시험을 통과한 학생을 일컫는다. '만들어진 영재'

는 잘못된 판별의 대표적인 예이므로 학생의 잠재력을 평가하는 영재판별이 될 수 있어야 한다.

둘째, 지능검사에 지나치게 의존하는 경향에 대한 비판이 있다. 영재판별을 대표하는 방법이 지능에 대한 접근인 것은 전 세계적인 현상이다. 그런데 지능검사 자체의 문제와 한계, 지능에 대한 다양한 시각이 존재(일반지능, 다중지능, 성공지능 등)하기 때문에 지능의 의미를 무엇에 두고, 어떤 지능검사를 사용하며, 규준상 어떠한 점수를 절단점수(cut-point)로 사용하여야 할지에 대한 지능 자체의 문제 인식과 함께 대안적인 방법(지명, 추천, 역동적 평가)과의 대립적 논의가 이루어지고 있다(이신동, 2006a).

셋째, 영재판별의 비율에 대한 문제이다. 영재판별 비율에 대한 문제는 첫 번째와 두 번째 논쟁이 함께 관련된 것으로, 흔히 영재판별의 비율은 3~20%의 넓은 범위가 지적되고 있다. 영재판별의 비율은 영재교육의 외형과 형태를 규정하는 방법 중 하나로, 우리나라는 지속적으로 영재교육 대상자를 확대하고 있다.

이러한 문제점을 해결하기 위하여 영재판별에서 다양한 대안적 방법이 논의되고 있는데, 이를 소개하면 다음과 같다(Heller, Monks, Sternberg, & Subotnik, 2000).

(1) 역동적 평가

역동적 평가(dynamic assessment)란 학습 잠재력, 다시 말하면 영재교육 혜택을 받기 위한 학습자의 능력을 평가하기 위해 설계된 상호작용적인 방법론이다(Kanevsky, 2000). 역동적 평가가 검토된 배경은 전통적으로 '정적인' 지능검사 또는 '학력검사'가 문화적, 언어적, 사회경제적 측면에서 잠재력보다는 수행능력에 중점을 두어서 '잠재력'이 사장된 영재판별이 이루어진 것이다. 또한 잠재력을 강조하는 영재성이나 지능에 대한 개념은 '현재의 분명한 능력을 평가하는 것뿐만 아니라 아동들이 할 수 있을지도 모르는 것을 확인하는 기법'을 위한 욕구를 발생시킨다. 발달에 대한 사회문화적인 이론들은 높은 지적 기능 발달에서의 사회적 상호작용의 역할에 초점을 맞춘다. 어떤 기준의 가장 좋은 예언변인은 그 수행의 표집이라는 것을 명심해야 한다. 이상을 종합하면 역동적 평가는 영재판별의 부정확성에 대한 반성으로 등장하였다(VanTassel-Baska, 2000).

역동적 평가의 예는 한국과학영재학교의 3단계 평가인 과학캠프와 같은 형태로, 프로그램에서 학생의 수행을 표집하는 형태의 평가를 의미한다.

볼리그와 데이(Bolig & Day, 1993)는 전통적인 지능검사와 관련하여 역동적 평가가 고려하는 사항을 다음과 같이 요약하였다.

- 역동적 평가는 정적인 검사에서 동일한 능력을 가진 아동들이 교육으로부터 다르게 혜택을 받을 수도 있다는 사실을 고려한다.
- 역동적 평가는 아동의 발달을 촉진하기 위한 개입 프로그램 개발에 사용될 수 있는 정보를 제공한다.
- 역동적 평가와 기법은 전통적인 지능검사에 의해 야기된 소수민족에게 불리한 편파성을 극복하기 위하여 발달되었다.
- 역동적 평가는 아동들이 배울 수 있고(모르는 것보다는) 아동의 독특한 성격이나 선호하는 학습스타일에 맞출 수 있는 것에 초점을 둔다.
- 역동적 평가는 능력의 일반적인 측정(예: IQ검사)이 아니라 학습수월성 영역의 특정적인 지표이다.

역동적 평가의 가장 중요한 의의는 '검사' 과제를 수행하는 과정을 평가하는 것인데, 검사자가 학생의 향상 정도를 중심으로 파악한다는 특징이 있다. 역동적 평가는 기본적으로 검사-중재-재검사의 과정을 거친다(Kirschenbaum, 1998).

즉, 사전검사를 거친 후에 실제 수업을 통한 변화율을 산출하고 급격한 변화를 보이는 학생을 판별하는 방법이다. 기본적으로 역동적 평가는 두 단계의 검사과정을 거쳐서 영재성을 판별하며, 판별방법은 중재과정에서 이루어지는 내용과 직접적으로 관련이 있는 것이어야 한다. 이 방법은 영재성 판별 캠프 등에서 많이 볼 수 있는 것으로, 사회경제적으로 낮은 지위이거나 다문화 가정 출신 등의 소외계층의 영재판별 또는 유아기의 영재성 판별 등에 효과적인 것으로 알려졌다(Borland & Wright, 1994).

(2) 다중지능을 사용한 영재판별

영재판별의 문제점을 극복하는 대안 중의 하나는 다양한 관점으로 인간의 능력을 보는 것이다. 이러한 접근을 대표하는 것이 다중지능적 관점의 영재교육 접근이다. 다중지능적 관점은 인간의 능력수준을 다양하게 보기 때문에 측정 및 선별의 문제를 유발하기는 하나, 학생의 수행이 기초가 된 DISCOVER 선별방법과 같은 대안적 접근은 지능 또는 학업성취에 의한 선별방법과는 다른 관점에서 영재를 판별한다.

보고된 바에 의하면, 다중지능을 이용하여 영재를 판별하는 것은 미국 내의 소수민족이나 사회경제적으로 지위가 낮은 학생들의 선별에 실제적인 도움을 주고 있다. 인디애나 지역의 키 스쿨(Key School), 피츠버그 지역의 아츠 프로펠(Arts Propel; Gardner & Hatch, 1989), 보스턴 지역의 프로젝트 스펙트럼(Project Spectrum), DISCOVER 프로그램(류지영, 2004) 등은 그 대표적인 적용 예라고 할 수 있다. 이 중 DISCOVER(Discovering Intellectual Strengths and Capabilities while Providing Opportunities for Varied Responses) 프로그램이 가장 대표적이다(류지영, 2004; Daniel, 2001).

DISCOVER 프로그램에서는 문제해결력이 뛰어난 학생을 영재로 정의하고 있다. 따라서 이전의 선별방법과 비슷하게 영재를 선별할 수 있을 뿐만 아니라 교사의 평정방식으로 영재를 선별할 수 있는데(Maker, Nielson, & Rogers, 1994), 특히 교사평정에 의해 선별된 영재학생은 사회경제적인 편차가 적기 때문에 소외된 영재판별에 매우 효과적이다(이화국, 김언주, 문정화 공역, 2003). 다중지능적 접근을 통한 영재교육은 적어도 한 지능에서 학생이 뛰어난 능력을 가진 경우 영재로 선발하기 때문에 수학과 과학 위주의 교육이 중심이 된 우리나라 영재 프로그램에 변화의 기준으로 사용 가능할 것으로 보인다.

(3) 성공지능을 사용한 영재판별

성공지능을 실제적인 적응력의 관점으로 보았을 때, 영재학생이란 실천력과 적응력이 뛰어나고 학교에서 높은 수행을 하는 학생들이기 때문에, 결국 영재학생들이 일반학생들에 비하여 성공지능이 높을 수 있다. 이러한 지적에 따르면 지금까지 전통적 지능으로 영재학생을 선발하는 대안으로 성공지능을 검토해 볼 수 있다.

스턴버그는 성공지능에 입각해서 영재아를 정의하였다(Sternberg, 1985a). 스턴버그에 의하면, 성공지능 중 '분석적 영재성'은 지능검사와 시험점수에서 높은 점수를 받아 내는 데 뛰어난 능력을 말한다. 이 영재성은 지적 행동을 계획하고, 수행하고, 평가하는 데 필요한 심리적 과정과 기제를 얼마나 잘 구사하는가에 의하여 결정된다. '창의적 영재성'은 주로 비전통적이고, 통찰력이 있고, 창의적인 사람들이 주로 나타내는 영재성이다. '실천 영재성'은 자기의 생활과 관련된 실제 환경에 의도적으로 적응하고, 자신에게 적절한 환경을 선택하거나 환경을 적절하게 바꾸어 나가는 영재성이다.

일반학생과 영재학생을 비교하였을 때, 영재학생이 일반학생에 비하여 높은 통찰력을 가지고 과제해결을 하였을 뿐만 아니라, 성공지능의 세 요인 모두에서 일반학생에 비하여 높은 점수를 나타내었다(Sternberg & Davidson, 1983).

그런데 실천지능의 의미는 Street Smart의 개념을 가진 것으로, 흔히 학문적인 지능과 구분되는 것으로 표현되기 때문에 학문적인 우수성과는 다른 것으로 받아들인다. Street Smart의 개념으로 실천지능을 보면, 학문적인 업적 등과 관련이 없는 것으로 파악할 수 있을 것이다. 스턴버그와 그리고렌코(송길연 역, 2004)에 의하면 학문적인 지능과 실제 적용력 간에는 괴리가 있는 것으로 묘사되고 있다.

박춘성과 김동일(2006)은 성공지능의 하위지능인 실천지능의 영재변별력을 연구한 결과, 실천지능은 영재판별방법으로 활용이 가능함을 밝혔다.

성공지능을 활용한 대표적인 판별도구는 오로라 배터리(Aurora Battery)가 있다. 오로라 배터리는 영재 프로그램에 참여가 가장 활발한 초등학생부터 중학생까지를 대상으로 한 영재판별방법으로 활용이 가능하다. 앞서 언급한 성공지능 이론에 기반을 두고 새롭고 다양한 영역의 능력을 평가하기 위해 개발된 것으로, 문항이 구체적이며, 기존의 평가에서 가장 중요하게 의미를 두었던 일반 지적능력은 보충평가로 개발되었다. 오로라 배터리는 크게 Aurora-a, Aurora-i, Aurora-o와 기존의 지능 측정방법인 Aurora-g로 구성된다.

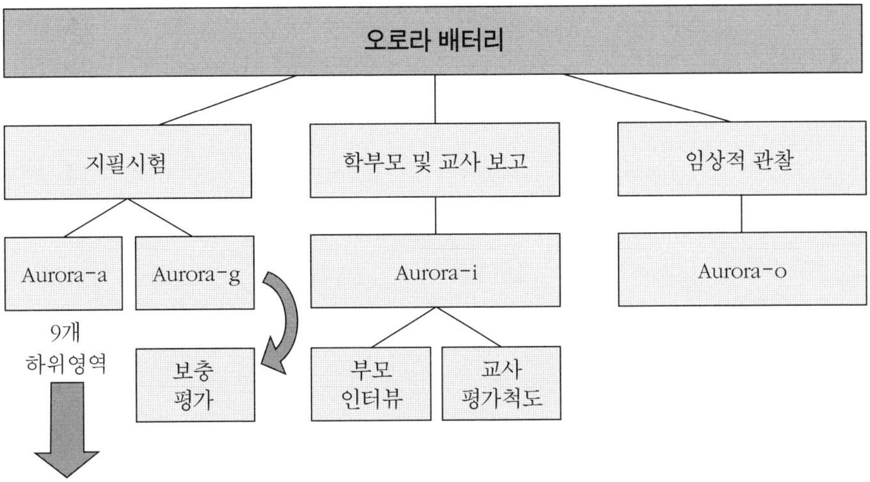

분석적	창의적	실용적
떠 있는 보트(floating boat)	책표지(book covers)	장난감 그림(toy shadow)
이상한 비유(strange metaphor)	무생물 대화 (inanimate conversation)	물류지도(logistics mapping)
문자 수학(letter math)	숫자들의 말(number talk)	힘든 결정(tough decision)

[그림 4-4] 오로라 배터리의 구성

9개의 하위검사들의 문항의 난이도는 다양하고, 여러 유형의 과제가 제시된다. 예를 들어, 답을 선택하기도 하고 직접 말하기도 하며, 빈칸 채우기, 수학문제 풀기, 목록 작성하기, 짧은 글 짓기, 정보 분류하기, 주관적 결정 내리기, 경로 그리기, 사진이나 숫자 배열하기 등의 과제유형이 있다.

(4) 조기 영재판별

영재성의 조기발견은 학생의 성장과 함께 영재성의 사장을 막을 수 있는 가장 중요한 접근 중의 하나이다. 영재성의 조기판별을 위한 방법의 전통을 종합해 보면, 다음의 3가지 접근이 있어 왔다(Perleth et al., 2000).

- 전통적인 심리측정적 접근으로 지능검사 등에 의하여 영재들을 판별하는 방법이다. 조기판별의 방법에서 가장 높은 공인타당도와 예언타당도를 지닌 것으로 평가되는 방법이다.
- 정보처리적 접근 또는 인지적 접근이다. 인지적 과제가 해결될 때, 상호작용하는 요소와 과정을 분석하고 판별하는 데 목적을 둔다. 이 방법의 기본적인 가정은 정보처리와 회상의 속도가 영재성의 실제적인 효율성을 나타내기 때문에 이를 기반으로 한 영재판별이 가능하다는 점이다.
- 성취지향적 접근으로 전문가와 초보자의 비교에 의한 접근이다. 영재들이란 조숙한 성취에 도달한 학생들이므로 조숙한 또는 빠른 성취에의 접근 그 자체를 영재성으로 보아야 한다는 판별방법이다.

영재성의 조기판별은 영재성의 사장을 방지하기 위한 방법으로 권장되는 것인데, 영재성을 일찍 발견하고 그에 적절한 영재교육을 투입하여야만 영재성의 사장을 막을 수 있다(조석희, 2005).

4. 영재판별의 검증

영재판별 절차가 종결되면 그 임무가 끝났다고 생각하는 것이 일반적인 경향이다. 그러나 영재판별이 종료된 이후에 판별절차가 의도대로 작동하였는지, 진실로 프로그램의 목표를 반영하였는지에 대한 증거가 있어야 한다(Feldhusen, Asher, & Hoover, 1984). 즉, 판별과정의 유효성과 장래에 대비한 수정사항을 정하기 위해 평가과정이 있어야 한다.

판별과정을 검증하기 위해서는 학생들을 판별하는 데 사용한 도구들이 실제로 영재 프로그램에서 성공을 예측할 수 있는지를 보여 주는 자료를 모아야 한다. 여기서 프로그램에서의 성공준거와 판별도구 간의 상관이 정확한 판별이었는지를 보여 줄 것이다. 다시 말해, 상관이 높은 것이 판별과정이 올바른 것이었음을 알려 주는 중요한 기준이 될 것이다.

상관분석을 하려면 영재 선별-판별 프로그램 과정을 검증해 줄 준거들이 반드시 있어야 한다. 이런 준거들은 반드시 영재 프로그램의 목표를 반영하는 것이어야 한다. 예를 들면, 표준화검사와 교사의 수행평가, 차후의 장기적 인생성공 지수 등을 들 수 있다. 판별과정의 상대적인 유효성이 판가름 나면 그 타당도를 높이기 위해 수정할 수 있다.

영재판별 사후에 이상의 검증이 필요하다면, 영재판별 중에는 평가방법, 타당도와 신뢰도에 대한 의문점이 면밀히 조사되어야 한다. 프로그램 진행자들은 자신의 판별절차를 검토하고 수정하기에는 심리검사에 대한 전문적인 소견이 부족할 수 있으므로 판별에 대한 문제를 나타낼 수 있다. 그러므로 영재판별이라는 재능, 능력, 또는 영재성을 확인하는 엄청난 작업을 전문성을 갖추고 할 수 있도록 노력하여야 할 것이다.

요약정리

1. 영재판별에서 선별, 판별, 사정, 선발, 배치 등의 다양한 용어가 사용되고 있는데, 각각의 용어는 차이가 있다. 선별은 비교적 초기, 판별은 최종 단계, 사정은 점수 종합의 의미가 있다.
2. 영재판별의 목적은 프로그램 투입, 영재 정의, 행정적인 목적에 따라 다를 수 있다.
3. 영재판별의 원칙은 학자에 따라 다른 관점이 제시되는데, 종합하면 목적을 분명하게 하고, 다양한 준거를 사용하며, 학생지도 자료로 사용하여야 하고, 공평성이 있어야 함이 지적되고 있다.
4. 영재판별은 다단계의 방법을 사용하는 것이 일반적이다.
5. 영재판별의 문제점을 개선하기 위해서 대안적인 영재판별이 제시되는데, 역동적 평가, 다중지능, 성공지능, 조기 영재판별 등이 있다. 역동적 평가는 기존의 영재판별이 일회성에 그치고 장기에 걸친 교수-학습의 결과를 반영하지 못한다는 단점을 극복하고자

한 노력이다. 그리고 다중지능은 영재학생의 다양한 능력을 살펴보고자 하는 시도이며, 조기 영재판별은 빠른 판별을 통한 영재성의 보존을 목적으로 검토된다. 성공지능은 오로라 배터리 판별도구 등으로 활용되고 있다.

6. 영재판별을 위해 사용되는 검사는 매우 다양한데, 대표적으로 관찰 · 추천방식, 행동특성 검사지, 표준화검사, 행동 및 산출물이 있으며, 이 중에서 표준화검사가 가장 광범위하게 사용된다.
7. 우리나라의 영재판별은 매우 다양한 양태를 띠고 있으며, 각급 영재교육기관은 다양한 방법으로 영재판별을 실시하고 있다.
8. 세계 각국은 각 나라의 실정을 반영하여 영재선발 절차를 도입하고 활용하는데, 매우 다양한 형태의 판별방안을 사용하고 있다.

연구문제

1. 영재의 선별, 판별, 사정, 선발 및 배치의 차이에 대해 설명하시오.
2. 영재판별의 목적 중에서 자신이 생각하는 영재판별의 목적에 가장 부합한 것을 고르고, 그 이유를 설명하시오.
3. 영재판별을 위한 추천방식에 사용되는 방법을 살펴보고, 이를 이용하여 영재를 추천해 보시오.
4. 영재판별에 대한 대안적인 관점을 기술하고, 그 이외에 자신의 대안을 세우고 설명하시오.
5. 우리나라 영재판별의 다양한 실제 중에서 1가지를 더 조사하여 심도 있게 설명하시오(영재학급, 영재교육원, 예술영재, 과학예술학교 등).
6. 행동 및 산출물을 통한 영재판별의 실제 예를 뉴스 검색을 통하여 확인하시오.
7. 국가별 영재판별 방안의 공통점과 차이점을 기술하고, 각 나라별 특징을 설명하시오.

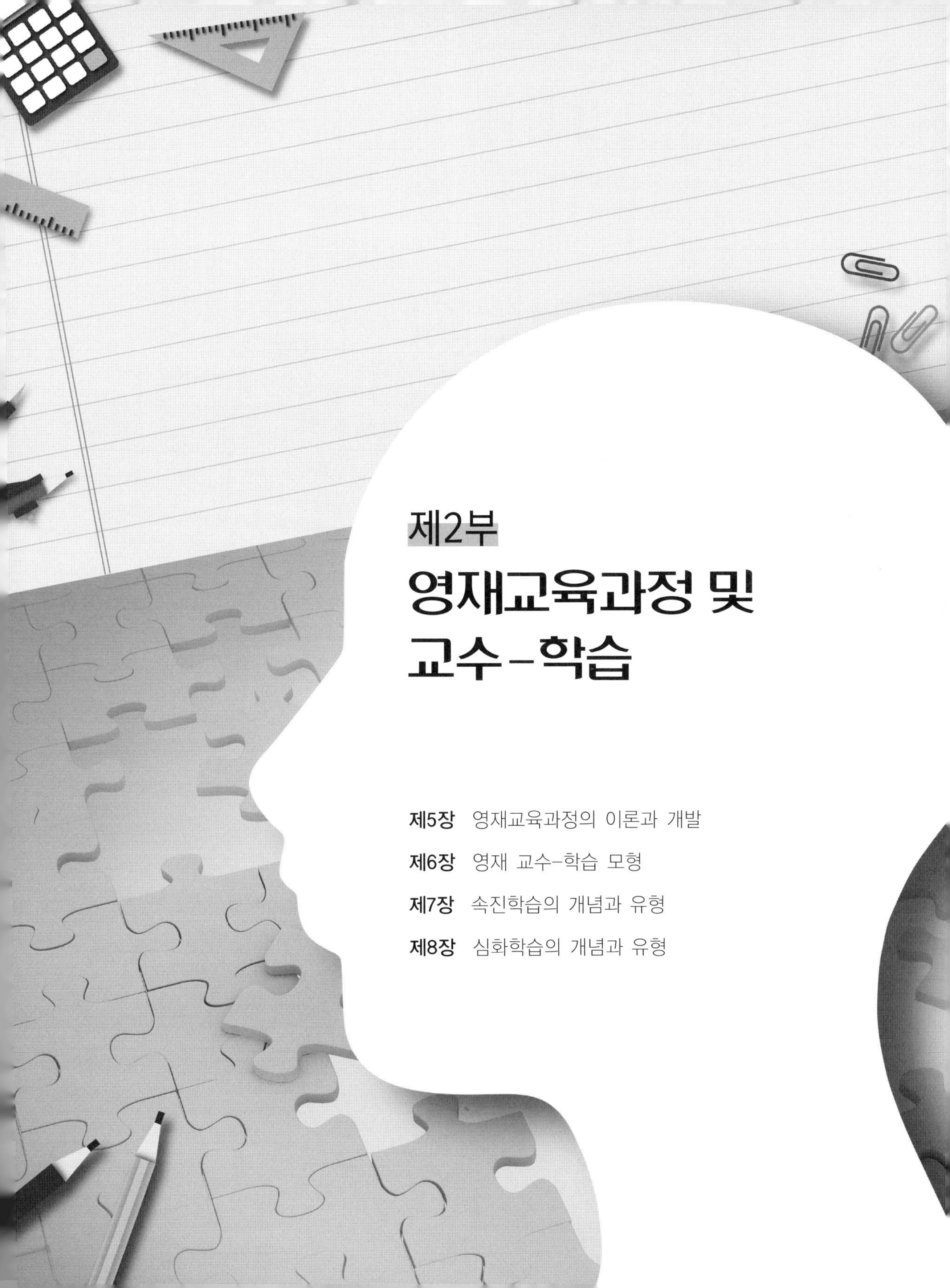

제2부

영재교육과정 및 교수-학습

제5장
영재교육과정의 이론과 개발

학습목표

1. 영재교육과정의 과정-산출 접근을 설명할 수 있다.
2. 영재교육과정 구성에 필요한 6가지 기본 가정과 5가지 철학적 입장을 설명할 수 있다.
3. 영재교육과정 설계를 위한 교육과정의 기준을 설명할 수 있다.
4. 차별화 교육과정의 방법을 이해하고 적용할 수 있다.
5. 반타셀-바스카의 통합교육과정 모형을 이해하고 적용할 수 있다.
6. 언어, 수학, 과학, 예술 교과 영재교육과정 개발의 방법을 적용할 수 있다.

영재들은 독특한 학습적 욕구를 가지고 있다. 영재를 판별하고 나서 그들을 위한 적절한 교육과정을 제공하지 않으면 영재성은 발현될 수 없다. 그러므로 영재들을 위한 교육과정이나 프로그램은 그들의 지적능력과 다양한 학습욕구에 적합하게 설계되어야 한다. 또한 영재를 지도하는 교사들은 영재의 일반적 특성을 잘 이해하고 영재들의 특별한 재능을 더욱 계발할 수 있는 기회를 제공해야 한다. 일반적으로 영재들은 높은 동기, 탁월한 기억력, 탐구력, 뛰어난 창의성과 같은 인지적 · 정의적 · 사회적 · 신체적 공통점을 가지고 있지만, 이러한 특성들이 구체적인 행동으로 나타날 때의 환경과 상황에 따라 그 산출 결과에서는 차이를 보인다.

이런 의미에서 영재교육과정은 영재들에게 적합한 내용이 포함된 제반 활동을 구체적으로 설계할 수 있도록 다양한 정보를 제공해야 한다. 영재교육은 학교, 가정, 사회로부터 제공되는 다양한 교육내용인 교육과정에 크게 의존한다. 영재교육과정을 이해하기 위해서는 우선 영재교육과정에 대한 기초적인 배경지식이 필요하다. 따라서 영재교육과정의 역사와 접근방법, 기본 가정과 철학적 기반, 그리고 영재교육과정을 설계하는 데 필요한 기준을 살펴보는 것이 중요하다.

1. 영재교육과정의 역사와 접근방법

지난 수 세기 동안 영재교육과정을 개발하는 이론적 패러다임은 과정-산출 접근(process-product approach)이었다. 과정-산출 접근은 영재들을 위한 교육과정뿐만 아니라 일반학생들을 위한 교육과정에도 적용되는 이론적 패러다임인데, 수업의 과정이 직접 산출에 영향을 주어 그 수준을 결정한다는 것이다. 예를 들면, 수업의 과정과 관련된 변인인 다양한 교수기술(주의집중, 동기화, 학습전략 등)과 내용설계 기술(구조화, 시각화, 자료의 반복 등)을 효과적으로 설계하여 제시하면 높은 산출을 기대할 수 있다는 것이다. 이 접근에서 효과적인 교육과정과 교육방법의 설계는 산출, 즉 학습의 효과에 영향을 줄 수 있는 중요한 변인이다.

이와 같은 과정-산출 접근에 입각한 영재교육은 교육과정의 설계와 심화학습에 치중하게 된다. 초등학교 수준에서는 영재들을 다양한 자료가 구비되어 있는 풀아웃(pull-out)[1] 자료실에 보내어 여러 자료를 접하게 한 후, 거기서 3단계 심화학습모형을 통하여 영재들의 흥미와 관심을 찾는 방법으로 교육한다. 이런 접근방법은 인지과학운동이 확산되면서 점차적으로 인기가 높아졌다. 그 결과 고차원 사고기술의 계발, 실제적 산출물 만들기와 같은 구체적인 목표가 설정되었으며, 그에 따른 다양한 사고모델의 학습이 강조되었다.

베츠(Betts)의 자율학습자모형(autonomous learner model)이나 펠듀슨(Feldhusen)의 퍼듀 3단계 심화학습모형(Purdue three-stage enrichment model)은 대표적인 풀아

1) 특별한 시간을 정하여 영재학생들만을 대상으로 심화학습을 실시하는 형태로, 예를 들면 방과 후 프로그램, 여름 캠프, 토요일 특별 프로그램 등이 있다.

웃 영재교육과정 모형이라 할 수 있다. 이런 모형들은 무엇보다도 학습자의 개별적 흥미에 기초하여 개발되었으며, 의미 있는 결과를 산출하는 데 필요한 고차원의 사고기술을 강조하고 있다. 이와 같이 흥미 중심의 고차원 사고기술을 강조하는 학습 모형에 관해서는 제6장에서 좀 더 자세히 언급하겠다.

초기 영재교육과정 개발자들은 그 시대의 영재교육과 관련된 학문적 지식만을 활용하여 영재교육과정을 개발하고자 하였다. 이러한 주장 때문에 당시 많은 영재교육과정과 프로그램은 구체적인 내용의 실제적 지식을 제대로 다루지 못하였다.

이후 1970년대 후반 과정-산출 접근의 문제점과 비판이 지속되면서 스탠리(Stanley)의 진단적 · 처방적 내용기반 접근이 시작되었다. 이 접근은 학생의 학습교재에 관심을 갖는 것으로, 현존하는 학교 교육과정을 재조직하려는 것은 아니었다. 진단적 · 처방적 내용기반 접근은 SAT(Scholastic Aptitude Test) 점수에 근거하여 학생들의 재능을 탐색하는 데 주력하였다.

미국의 경우, 재능탐색 프로그램은 매년 12만 명의 중학생들을 판별하였다. 이 재능탐색 프로그램은 대학교 부설 여름캠프에서 널리 적용되었다. 초기에는 수학 과목에서 재능 있는 학생만을 선발하여 속진학습을 시켰으나, 점차 그 영역이 넓어져 현재는 언어 및 다른 교과로까지 확대되었다. 이 접근은 진단적이고 처방적인 측면에 근거해 학생들의 재능을 탐색하는 데는 주력하였지만, 교육과정의 본질적인 문제에 대해서는 괄목할 만한 아이디어를 내놓지 못했다. 따라서 앞으로 이런 분야에 대한 좀 더 많은 연구가 요구된다.

〈표 5-1〉 영재교육과정의 접근방법 비교

접근방법 / 내용	과정-산출 접근	진단적 · 처방적 내용기반 접근
시대	1960년대(인지과학운동)	1970년대 후반
초점	교육과정 설계 및 심화학습 • 교수 기술, 내용설계 기술 • 지식 자체에 중점 • 학교 교육과정 재조직	진단적 · 처방적 내용 기반 • 학생의 학습교재 • 학생의 재능탐색 • 교육과정 본질에는 영향을 주지 못함

목표	고차원적 사고기술 계발 및 실제적 산출물 제작	학생의 재능 발견 및 진단적 · 처방적 교육
프로그램의 예	풀아웃제(3단계 심화학습모형) • 베츠의 자율학습자모형 • 펠듀슨의 퍼듀 3단계 심화학습모형	스탠리 교수, 대학 부설 여름캠프 • 다양한 분야와 교과의 재능탐색 프로그램 • 속진학습

2. 영재교육과정의 기본 가정과 철학적 기반

영재교육과정을 구성하기 위해서는 우선 교육과정 이론의 기저에 놓이게 될 필수적이며 기본적인 가정을 살펴볼 필요가 있다. 영재교육과정의 구성에 필요한 6가지의 기본 가정은 다음과 같다(강현석 외, 2007).

- 모든 영재는 자신의 능력과 학습을 극대화할 수 있는 교육과정을 제공받아야 한다.
- 영재들은 일반 학습자와는 달리 그들만의 독특한 학습욕구를 가지고 있으므로, 교육과정은 그들의 다양한 욕구에 맞추어 설계되어야 한다.
- 영재들의 학습욕구는 인지적 영역뿐만 아니라 정의적 · 사회적 · 미적 영역을 모두 포함한다. 영재들에게는 공통적으로 확산적 사고와 감수성, 민감성, 통찰력 등에서 잠재적 가능성이 나타나므로 영재교육과정은 영재의 인지적 능력뿐만 아니라 사회적 · 정서적 측면까지 고려해야 한다.
- 영재들에게 교육과정을 제공하는 방법은 통합적 접근방법이 바람직하다. 즉, 동일 연령의 학생들보다 학습내용을 미리 배우게 하는 속진(acceleration)과 다양하고 풍부한 경험을 제공하는 심화(enrichment)를 적절하게 통합하는 접근을 통하여 적절한 교육과정을 구성하여야 한다.
- 영재들에게 제공되는 교육과정은 그들의 잠재력을 극대화하기 위해 조심스럽게 계획되고 적용되어야 한다.

• 교육과정의 개발은 교육과정의 계획, 수행, 평가, 수정의 단계를 계속적으로 반복하는 순환적 과정이어야 한다.

영재들을 가르치는 교사들이나 영재들에 대한 연구를 주도하는 연구학자들은 영재교육과정을 구성하는 철학적 입장에 다양한 영향을 미치고 있다. 예를 들면, 최근 지능에 대한 새롭고 다양한 이론인 가드너(Gardner)의 다중지능이론, 스턴버그(Sternberg)의 삼원지능이론 등이 등장하면서 영재들에게 어떤 능력을 길러 주는 것이 바람직할 것인지에 대한 논란이 새롭게 제기되고 있다. 또한 학교에서 영재들을 가르치는 방법에 대한 새로운 접근이 제시되어 영재교육방법에 변화가 일고 있다.

아이스너와 밸런스(Eisner & Vallance, 1974)는 영재교육과정의 구성과 운영에 대한 5가지의 철학적인 입장을 다음과 같이 제시하였다.

1) 인지기술에 초점을 둔 영재교육과정

이 접근은 교육과정이 인지기술을 발달시키는 데 우선적인 목표를 두어야 한다는 것이다. 다시 말하면, 영재교육과정은 우선적으로 사고기술(thinking skill)을 길러 줄 수 있는 내용으로 조직되어야 하는데, 그 이유는 모든 학습 활동이 인지기술(cognitive skill)과 초인지 기술(meta-cognitive skill)을 원활히 사용함으로써 촉진될 수 있기 때문이다. 이러한 기술을 잘 발달시키게 되면 후에 학습자가 직면하게 될 여러 가지 문제상황에 그 기술을 적용함으로써 문제를 원활히 해결할 수 있게 된다. 즉, 이 입장은 인간의 정보처리과정을 영재교육과정의 근간으로 삼자는 견해이다. 이러한 인지적 입장을 반영하는 영재교육과정은 비판적 사고(critical thinking), 창의적 사고(creative thinking), 문제해결력(problem solving) 등을 교육과정의 핵심적인 내용으로 선택한다.

2) 공학적 접근에 초점을 둔 영재교육과정

이 접근 역시 학습의 과정을 강조한다. 그러나 학생자원의 투입과 산출에 근거하여 교육과정을 조직하는 측면에 더욱 큰 관심을 갖는다. 이러한 영재교육과정은 우선 행동목표나 수행목표를 진술하고, 그에 따른 교육적 성취를 결정하기 위한 검사를 수행한다. 개인적인 학업성취와 국가적 수준에서의 학업성취를 결정하는 것이 교육과정의 중심적인 과제이다. 따라서 표준교육과정이 제시되고, 학교에서는 그 교육과정에 의해 학생들을 가르치게 된다.

만일 새로운 학습 이론이나 방법이 학교에 도입될 경우 그 학습의 효과와 효율성을 확인하고자 한다면 이러한 접근이 상당히 용이할 것이다. 그러므로 현존하는 교육체제의 전면적인 개혁이 요구될 때 필요한 접근방법이다.

3) 개인에 초점을 둔 영재교육과정

이 접근은 개인의 요구에 맞추어진 영재교육과정으로, 아동 중심 교육과정이라 할 수 있다. 구체적인 영역에 대한 아동의 관심이 영재교육과정을 구성하는 핵심이 된다. 이 교육과정의 목표는 개별 학생의 이해수준을 높이는 경험을 제공하는 것과 개인적인 참여를 높이는 것이다. 현재 적용되고 있는 영재교육과정들은 이 접근을 선호하고 있다. 예를 들면, 렌줄리(Renzulli)의 학교전체 심화학습모형(Schoolwide Enrichment Model: SEM), 펠듀슨의 퍼듀 3단계 심화학습모형, 베츠의 자율학습자모형 등은 학생의 경험을 토대로 개인적인 참여를 높이는 방향을 중시하므로 이러한 접근에 포함된다고 할 수 있다.

4) 사회개혁에 초점을 둔 영재교육과정

이 접근은 교육기관의 주요한 목적이 사회를 변화시키고 개혁하는 데 있다고 본다. 그렇기에 영재교육과정은 사회적이며 문화적인 거시적 안목에서 구성되어야 한다고 주장한다. 뱅크스(Banks, 1999)는 교육과정이 사회개혁을 위해 구성되기 위해서는 다음과 같은 4단계로 구성해야 한다고 제안하였다.

첫째, 교사는 현재의 사회와 관련 있는 구체적인 학습자료를 학생들에게 제공한다. 둘째, 교사는 학생들이 다양한 문화를 스스로 이해할 수 있도록 다양한 기회를 제공한다. 또한 문화와 관련 있는 자료를 학생들이 직접 탐구하도록 유도해야 한다. 셋째, 학생들은 다양한 문화에 대한 여러 가지 관점에 근거하여 자신의 문화에 대한 이해를 변화시킨다. 넷째, 학생들이 사회적 행동에 직접 참여한 내용을 교육과정으로 구성한다. 예를 들면, 새로운 법률에 대한 입안이나 핵발전소 건설에 대한 주민들의 의견수렴, 환경 파괴 반대 등과 같은 사회적 행동에 관한 내용을 교육과정에 포함시킬 수 있다.

5) 학문적 합리주의에 초점을 둔 영재교육과정

이 접근은 서양의 인본주의 전통에 뿌리를 두고 있다. 구체적으로 말하면, 이상적인 교육은 학생들에게 위대한 철학적 사상을 이해시키고, 과거의 성취를 분석하고 종합하는 능력을 갖게 하는 것이다. 이와 같은 접근은 지식의 구조를 강조하는데, 학생들이 이런 지식의 구조를 갖게 하기 위해서는 학문적 합리주의의 교육과정이 필요하다는 것이다. 영재 프로그램에서 지속적으로 사용되는 교육과정의 대부분은 이러한 입장을 취하고 있다. AP(Advanced Program)와 IB(International Baccalaureate) 등이 여기에 속하는데, 이와 같은 교육과정은 학문 중심적이거나 내용 중심적이다. 다중지능에 기초한 교육과정은 여러 가지 측면에서 이와 같은 철학적 접근에 기초를 두고 있다.

앞에서 제시한 교육과정에 대한 5가지 철학적 입장 중에서 어떤 것을 선택하느냐 하는 것은 전적으로 교사 개인의 선택이다. 하지만 이런 다양한 접근 중 어느 하나만을 고수하는 것보다는 어느 정도 통합적으로 다루는 것이 효과적일 것이다. 학문적 합리주의 접근은 현행 학교의 교육과정에 가장 부합되지만, 이러한 접근에 대한 비판과 도전이 나타나고 있다. 이런 도전은 영재교육과정에 대한 개별 학생 측면의 접근으로 영재들 각각에 대한 교육과정, 즉 개별 교육과정을 강조하는 입장이다. 최근 영재들에 대한 차별화 교육과정(differentiated curriculum)이 강조되고 있는데, 이것은 영재학생들이 지니는 우수성을 인정함과 동시에 정규학교 교육과정만으로는 그들의 욕구를 모두 충족시킬 수 없다는 점을 인정했다는 것을 시사한다. 그러므로 영재들에게는 그들 각각의 특성에 맞는 교육과정이 요구된다.

3. 영재교육과정 설계를 위한 기준

영재들을 위한 개인적 · 국가적 수준의 교육과정을 설계하기 위해서는 적절한 교육과정의 수준과 근거를 이해하는 것이 필요하다. 영재교육과정을 설계하는 과정에서 요구되는 기준은 다음과 같다.

1) 의미 중심으로 구성되어야 한다

영재교육과정은 넓이보다는 깊이를 강조하고, 개념보다는 실제 사실을 강조한다는 점에서 의미 중심(meaning-based)으로 구성되어야 한다. 영재교육과정은 영재들이 관심을 갖고 있거나 알고 싶어 하는 실제적인 문제에 뿌리를 두어야 한다. 예를 들면, 과학 수업에서 영재들은 자동차 매연이 도시의 공기를 심각하게 오염시키고 있다는 현실적인 문제를 인식하고, 이런 문제를 해결할 수 있는 방안에 대해 스스로 탐구한다. 언어과 수업의 경우에도 방언이나 인터넷에서 사용되는 새로운 언어의 변형이 언어의 발전에 유익한지, 그렇지 못한지에 대해 탐구하고 새로운 대안을 찾는 것이 중요하다.

2) 고차원적 사고기술을 강조해야 한다

영재교육과정은 모든 내용에서 공통적으로 고차원의 사고기술을 강조하여야 한다. 영재교육에서는 비판적 사고, 창의적 사고, 문제해결력 등을 다양하게 추구하는 복잡한 사고력이 길러져야 하는데, 그러기 위해서는 무엇보다 고차원적 사고가 필요하다. 교과의 각 단원들은 개념지도(concepts mapping) 그리기, 광고 카피 쓰기, 실험설계 작성하기 등과 같은 다양한 내용과 방법을 사용하여 고차원적 사고를 깊이 있게 적용하고, 통합된 아이디어를 개발할 수 있는 기회를 제공해야 한다.

3) 학내 · 학제 간 통합을 강조해야 한다

영재교육과정은 고차원의 개념과 실제로 발생하고 있는 사회문제의 학내 간(intra-disciplinary) 및 학제 간(inter-disciplinary) 통합을 강조해야 한다. 예를 들면, 학생들은 도시체제, 정부체제, 경제체제, 언어체제, 화학 및 생물체제 등을 독립적인 학문 내에서 이해하고 분석할 뿐만 아니라 각 영역이 갖는 공통 부분을 중심으로 통합할 수 있는 방법을 모색하고, 통합되어 나타나는 새로운 아이디어를 탐색할 수 있다.

4) 초인지능력을 기르는 기회를 제공해야 한다

영재교육과정은 학생들 자신이 학습한 학습과정에 대해 반성적으로 사고하는 초인지(meta-cognition)능력을 기를 수 있는 기회를 제공해야 한다. 학생들이 의식적으로 자신의 학습을 계획하고, 점검하고, 평가하는 과정에 참여할 수 있는 기회를 제공해야 한다. 즉, 학습하고 있는 내용에 대해 학생들로 하여금 적극적인 인지적 참여를 유도하여 학습의 질적 수준을 높이게 해야 한다.

5) 전문가적 기술과 태도를 갖게 해야 한다

영재교육과정은 다양한 분야의 전문가들이 가지고 있는 기술, 성격, 태도 등을 이해하고, 그것들을 학생 자신의 것으로 체득하게 하여야 한다. 전문가들이 갖는 사고 방법과 태도를 영재들이 갖게 함으로써 전문가의 사고방식(habit of mind)을 습득하도록 해야 한다. 영재학생에게는 독립성을 강조하는 교수전략인 독자적 연구 및 토론 수업이 적합한데, 이러한 방법은 특정 학문 분야의 전문가가 수행하는 연구과정과 비슷하다.

6) 능동적 참여와 문제해결능력을 강조해야 한다

영재교육과정은 학습에 대한 책임을 학생 스스로 갖게 함으로써 능동적인 학습 참여와 문제해결능력을 기르게 해야 한다. 영재학생에게 스스로 학습하는 방법을 알도록 하는 것은 중요하므로 독립적 연구와 객관적 연구능력을 신장시키는 데 중점을 두어야 한다. 예를 들어, 문제중심학습을 통해 과학교과를 공부할 때, 학생들은 그들이 현재 알고 있는 것이 무엇이고, 알 필요가 있는 것이 무엇이며, 실제적 문제를 해결하기 위해 중요한 지식이 무엇인지를 배우게 해야 한다. 또한 사회수업의 경우, 학생들은 문화의 다양한 측면을 탐구하기 위해 소그룹으로 프로젝트를 수행하고, 그 결과에 대해 토의한 후 최종적으로 취합된 결과를 서로가 공유할 수 있게 해야 한다.

7) 교육공학적 방법을 활용해야 한다

영재교육과정은 학습을 위한 도구로서 다양하고 새로운 공학적 기술을 사용한다는 점에서 교육공학과 관련이 높다. 영재학생들은 인터넷의 광범위한 정보를 통해 연구를 수행하고, 컴퓨터와 미디어를 통해 작곡과 즉흥연주를 하며, 이메일을 통해 세계에 널리 퍼져 있는 친구들과 실시간 대화를 하는 등 현시대의 빠른 정보화 기술을 사용한 다양한 공학적 접근이 가능하다.

8) 학습결과를 미리 설정해야 한다

영재교육과정은 의미 있는 학습의 결과를 미리 설정한다. 학습의 결과는 교육과정의 범위를 확장하여 실제의 세계와 연결 지어 주는 중요한 역할을 한다. 각 단원에서 학생들의 학습목표는 내용, 과정, 개념 등을 반영한다.

9) 진평가를 실시해야 한다

영재교육과정은 의미 있는 수업의 결과로 학습하게 된 성취를 밝힘으로써 진평가(authentic assessment)를 실시한다. 즉, 각 단원에 대한 학습과정의 일부분으로서 평가를 실시하고, 이 과정에 학습자를 직접 참여시킨다. 적합한 학습환경에 대한 계획이 수립되었다면 학습 프로그램을 차별화하기 위한 평가자료도 필요하게 된다. 영재학생의 산출물을 정리한 포트폴리오 및 학습과정에서 꾸준히 이루어진 수행평가 등은 사실적 평가에 있어 효과적이다.

다음의 7가지 영재교육과정 설계를 위한 기본 요소는 교육과정을 개발하는 시작 단계에서부터 지켜져야 할 기준이다. 또한 영재들에게 적합한 교육과정을 효과적으로 제공하기 위해서 교사는 다음과 같은 사항을 반드시 준수하여야 한다.

- 속진학습과 내용 압축을 위한 준비
- 고차원의 사고기술 사용(분석, 종합, 평가)
- 중요한 아이디어, 사회문제, 중요한 주제를 중심으로 한 내용의 통합
- 높은 읽기 수준의 고려
- 창의적인 산출물을 생산해 낼 수 있는 기회 제공
- 학생들의 능력과 흥미에 기초한 개별학습의 기회 제공
- 탐구 중심의 수업방법

4. 차별화 교육과정의 개념과 적용

1) 차별화 교육과정의 개념

영재들을 위한 교육과정은 일반학생을 대상으로 하는 것과는 차별화되어야 한다. 영재교육과정은 일반교육과정을 구성하는 방법과 목표, 그리고 기본 가정부터 다르다. 교육과정을 경험하게 되는 대상이 일반학생들과 달라 영재들의 특성에 적합하도록 해야 하기 때문이다. 예를 들어, 초등학교 저학년 언어학습의 경우 일반학생들은 기능적 읽기에 초점을 맞추어 교육과정을 구성하겠지만, 영재교육과정은 이런 기능적 읽기수준보다 높은 수준의 도전적인 책들을 통해 조금 더 깊은 의미를 파악하는 목표를 달성하도록 교육과정을 구성해야 할 것이다. 차별화 교육과정은 상위의 지적 수준을 가진 학생들을 대상으로 하는 조금 더 높은 수준의 학습을 기대하게 한다.

차별화 교육과정은 차별화된 교수-학습과 연계된다. 여러 면에서 영재들만을 위한 차별화 교수-학습 전략은 없다. 그러나 학생에 대한 진단을 통한 교수적 처방은 영재들에게 꼭 필요한 전략이다. 왜냐하면 학생의 능력을 진단하고 그에 맞는 교수적 처방을 내리는 것은 영재교육의 효과를 극대화하는 방법이기 때문이다. 이런 진단 · 교수적 처방은 교육과정과 조화를 잘 이룰 때 효과적이다. 교사가 학생들에게 질문하는 내용이 영재학생들에게 도전적일 때, 이것이 그들에게서 진지한 토론이나 참여를 끌어내는 도구가 될 것이다.

2) 차별화 교육과정의 적용

영재교육과정은 수업의 목표, 학업성취, 학생 참여 프로젝트, 교사들이 이용하는 전략, 사용된 자료, 학습 진전의 정도를 측정하기 위한 평가 등 모든 수준의 설계에서 차별화가 필요하다. 교사들은 내용을 구성할 때 속진, 복잡성, 깊이, 도전성, 창의적 산출, 추상성 등과 같은 부분에서 차별화하여야 한다(강현석 외, 2007).

(1) 학습의 속진

영재들은 일반학생들보다 적은 학습시간을 가지고도 더 많은 양의 학습을 할 수 있다. 학습내용을 완전히 숙달하는 데 상대적으로 적은 학습시간이 필요하므로 일반학생들보다 한 차원 높은 내용을 학습하게 할 수 있다. 교육과정을 효과적으로 속진하기 위해서는 진단과 교수적 처방이 필요하다. 달리 말하자면, 학생이 이미 알고 있는 기술이나 개념을 확인하기 위해 사전평가가 실시되어야 하며, 이에 근거하여 속진이 이루어져야 한다.

(2) 복잡성

과제의 복잡성(complexity)은 학생의 고차원적 사고기술에 의해 결정된다. 즉, 과제가 단순하게 제시되기보다는 복잡하게 제시되어야 하며, 어려운 질문들이 부과되어야 한다. 그러나 이것은 학생들이 동일한 유형의 활동을 반복하도록 하는 것이 아니라 과제의 내용을 더 추상화하는 방향으로 이루어져야 한다.

(3) 깊이

과제에 깊이(depth)를 부여한다는 의미는 영재들이 부여된 과제에 대해 질문하고, 다양한 자원을 통해 자료를 수집하며, 차트나 그래프 혹은 컴퓨터 프로그래밍과 같은 매체를 통해 데이터를 표현하는 연구과정을 이용하여 개별적 연구를 수행하는 것을 말한다. 개별적 연구의 수행은 영재들이 수행할 과제의 개념을 확실하게 이해하게 하고, 논쟁을 통해 찬성과 반대에 대한 의견을 생각하게 하며, 수집된 자료(설문조사, 인터뷰)를 활용하여 자신의 답변을 지지해 줄 것을 요구함으로써 심도 있는 과제를 해결할 수 있게 한다.

(4) 도전성

영재들은 단순 반복적인 내용에 대해 지루해하고 흥미를 가지지 못하기 때문에 도전적인 과제를 요구한다. 영재학생에게 제시된 과제는 일반학생의 과제에 비하여 추론의 양이 많아야 하고, 구두 및 서술 형식으로 자신의 추론을 설명할 것을 요구해야 하는데, 이것은 과제에 대한 도전성의 수준을 높여 줄 수 있다.

(5) 창의적 산출

창의적 산출은 영재교육과정의 활동 결과물로서, 유형적인 것(보고서, 포트폴리오 등)과 무형적인 것(발표회, 정의적 태도 등) 모두를 포함한다. 창의성을 교육과정에 도입하기 위해서 학생들은 자신에게 주어진 대안적 과제나 산출물을 완성할 기회를 가져야 하는데, 이 산출물은 어떤 방식으로든 학습이나 상황을 새롭게 향상시켜야 한다. 따라서 창의적 산출을 유도하는 내용은 영재들을 위한 교육과정에 반드시 포함되어야 한다.

(6) 내용의 추상성

추상성(abstractness) 차별화란 학문 내 혹은 학문 간 개념적 사고에 초점을 두는 것이다. 예를 들면, 학생들이 복잡한 개념을 일반화하거나 자신이 발견한 새로운 현상을 구체화함으로써 개념이나 지식체계가 추상적인 사고방식으로 전이되는 것을 말한다.

5. 반타셀-바스카의 통합교육과정 모형

1) 개념모형

반타셀-바스카(VanTassel-Baska, 2003)가 개발한 통합교육과정 모형(integrated curriculum model)은 우수한 능력을 가진 영재들을 대상으로 한 것이다. 이 모형은 다양한 특성을 가진 영재들의 욕구를 충족시켜 주기 위해 상호 관련을 갖는 다음의 3가지 차원으로 구성되어 있다.

- 학문을 구성하는 고차원의 내용 차원
- 높은 수준의 사고과정과 산출 차원
- 학문과 관련되는 문제, 주제, 아이디어 차원

통합교육과정 모형을 구성하는 내용(advanced content) 차원, 과정-산출(higher level processes-product development) 차원, 문제-주제-아이디어 차원은 영재들에게 필요한 지식의 속진과 심화, 과학적 과정 기술의 습득, 사회문제에 대한 관심을 길러 줄 수 있다는 점에서 효과적인 교육과정 모형이다. 이 모형은 언어과, 과학과, 사회과 영재 프로그램에 대한 구체적인 틀과 기초를 마련하였다.

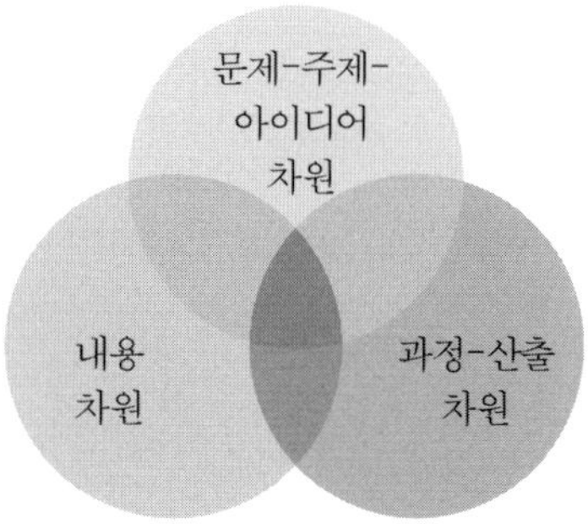

[그림 5-1] 통합교육과정 모형

출처: VanTassel-Baska (2003).

각 차원에 대해 자세히 살펴보면 다음과 같다.

첫째, 내용 차원은 영재들의 고차원적 내용에 대한 욕구를 충족시키기 위한 것이다. 이 차원에서는 교육 내용을 2~3년 앞당겨 가르친다. 그리고 각 교과의 기술들을 포함하여 깊이 있는 내용을 제공하며 한 영역 내에서 전문성을 증진시키기 위해 노력한다. 또한 다양한 정보자원을 확대하여 제공한다. 예를 들어, 국어 혹은 외국어(언어) 교과의 교육과정은 학생 자신의 학년보다 2년 이상 높은 문학작품과 어려운 개념을 선택하여 사용한다. 글짓기의 경우 자신의 주장을 펼쳐서 상대방을 설득하는 능력을 계발하는 설득문(persuasive essay)과 고차원의 언어와 문맥에 대한 숙달이 강조된다.

둘째, 과정-산출 차원에서는 학생들이 분석, 종합, 평가, 창조 등과 같은 비판적 · 창의적 사고능력을 신장시킬 수 있도록 독려한다. 이를 위해 여러 모형과 전략을 이용하여 교육하며 탐구와 개별조사를 지도한다. 또한 실제 세계와의 연관성 증진을 중시하며 독창적인 산출물을 생산할 수 있도록 도와준다. 산출물은 문서나 구두로 발표된다.

셋째, 문제-주제-아이디어 차원은 폭넓은 중요 개념체계를 구성한다. 이를 위해 핵심 질문 및 일반화에 중점을 두고 지식체계를 통합한다. 문학작품, 글짓기 과정, 언어학습을 통해서 영재들의 반성적 사고를 촉진하고, 그 결과로 어떤 변화가 일어나는지에 관심을 갖는다. 이 차원은 여러 학문을 아우르는 연결고리가 되어, 학생들이 학습의 연결성을 이해할 수 있는 보편적인 방법임을 알 수 있도록 한다.

2) 적용절차

통합교육과정 모형이 과학과에 적용되는 과정을 살펴보자. 과학에서 '체제'라는 주제를 다루는 경우, 이 주제는 7개의 단원으로 구성되며, 각각의 단원은 서로 연결되어 있다. 우선 영재들은 단원의 범위, 투입, 산출, 그리고 이 요소들 간의 상호작용을 배운다. 그 후 문제중심학습을 통하여 과학체제가 실제 세계의 사회적 · 정치적 · 경제적 체제와 상호작용하는 과정을 배우고, 실제 연구과정에 참여함으로써 학생들 스스로 자신의 실험을 설계하며, 그 단원의 중심문제에 대한 해결방법을 모색하게 된다. 이러한 절차를 통해 영재들은 각 단원의 고차원적 과학내용을 선정할 수 있게 되며, 단원의 중심문제를 파악하여 선택된 내용에 깊게 몰두할 수 있게 된다. 이렇게 적용된 모형은 영재들이 새로운 과학적 지식에 관심을 갖고 창의적인 산출물을 만들어 내게 함으로써 학습의 질을 높인다.

3) 학습자 변인

통합교육과정 모형을 현장에 효율적으로 적용하기 위하여 반드시 고려해야 할 사항들이 있다면, 그것은 바로 영재들의 특성이다. 영재들의 특성은 여러 가지가 있을 수 있지만, 교육과정의 계획과 개발에서 필수적으로 고려해야 할 3가지 요소를 살펴보면 다음과 같다.

- 학습자의 조숙성(precocity): 영재교육 프로그램에 참여할 자격을 얻은 학생들은 수학과 언어 영역에서 2년 정도 앞서 있다. 그들은 빠르게 학습하고 앞서 나가려는 강한 동기를 가지고 있다.
- 정서적 강렬함(intensity): 이는 정서적인 반응의 정도에 따라 나타나는 것으로, 자신이 좋아하던 반려동물이 죽었을 때나 부당한 일이 발생했을 때 나타나는 반응을 말한다. 이러한 특성은 인지적인 측면에서도 나타나는데, 매력적인 주제에 대해 오랫동안 집중하는 모습으로 나타난다.
- 복잡성(complexity): 이 특성은 고차원의 추상적 사고로 몰입하는 능력을 말한다. 영재들은 힘들고 도전적인 과제를 선호하는데, 때로는 자신의 능력 이상의 것을 추구하기도 한다. 또한 동시에 여러 가지 일을 하고 다양한 관점에서 과제를 수행하는 것을 좋아한다. 이러한 복잡성을 즐기는 영재들을 이해하여 교육과정을 개발하는 일은 무엇보다도 중요한 일이다.

영재들을 위한 교육과정 모형은 영재들이 가지고 있는 다양하고 독특한 특성에 민감해야 한다. 이런 측면에서 통합교육과정 모형은 교육과정의 계획과 개발을 하는 데 적절한 모형이라고 할 수 있다.

4) 상황변인

영재성과 교육방법 간의 조화는 무엇보다도 중요하며, 특히 상황변인은 교육과정 적용의 성패를 좌우한다. 상황변인으로 고려해야 할 4가지 변인이 있다.

(1) 학생 배치와 진급의 융통성

영재들을 위해 세심하게 개발된 심화 속진 교육과정일지라도 진급, 학습속도, 특별한 흥미나 요구 등에 대한 고려 없이 사용될 수 없다. 무학년의 이질집단으로 학급을 구성하는 것은 교육과정을 적용하는 데 있어서 대단히 중요하다. 특히 특별한 준비나 발달적 문제를 진단하는 사전검사는 새로운 교육과정 개발에서 우선되어야 한다. 이뿐만 아니라 교육과정을 전개하는 과정에서 특별한 단원을 가르치는 데 이런 자료를 수집해서 활용하는 일은 대단히 중요하다.

(2) 집단화

수업을 진행하기 위해서 반드시 고려해야 할 것 중 하나는 영재들을 어떻게 집단화하느냐 하는 것이다. 이런 집단화는 차별화 교육과정을 효율적으로 적용하기 위한 방법이다. 영재학급 또는 정규학급에서 이런 집단화의 효율성은 앞으로 많은 연구를 필요로 한다.

(3) 자격 있는 교사

영재들은 적어도 60시간 이상의 전문적인 교육을 받은 교사가 가르쳐야 한다. 차별화 교육과정은 영재들의 흥미와 욕구에 민감한 교사에 의해 지도될 때 최고의 효과를 거둘 수 있을 것으로 보인다.

(4) 수월성에 대한 분위기

영재들의 능력이 최대한 발휘되게 하기 위한 교실의 분위기는 도전적인 학생들을 수용할 수 있고, 그들에게 다양한 기회를 제공할 수 있어야 한다. 또한 영재교육 담당 교사들은 높은 수준의 수월성을 추구해야 한다. 만일 영재교육 담당 교사가 학생의 성취수준을 높게 설정한다면 도전 의욕이 높아져 수업에 대한 참여도가 높아질 것이다. 영재에게 이런 분위기는 최적의 발달과 학습에 대한 긍정적인 태도 및 적극적인 참여를 보장할 것이다. 이런 분위기는 성취에 대한 낮은 기대 때문에 흥미를 잃고 있는 영재들에게 필요하다.

6. 언어과 영재교육과정의 개발

1) 언어과 영재교육의 목적

언어교육의 목적은 아동들에게 언어사용의 기술과 문학 등의 언어 관련 지식을 심어 주는 것이다. 언어사용기술이란 읽기, 쓰기, 말하기, 듣기를 말한다. 이러한 언어사용기술을 통하여 언어사용능력이 향상되고, 언어사용능력의 향상은 학습능력의 향상으로 이어진다. 영재들은 대체로 이러한 언어사용능력이 뛰어나다는 특성을 갖고 있다. 특히 영재들의 언어교육은 단순한 기본적 언어사용능력에 멈춰서는 안 된다(이해명, 2006).

영재들을 위한 언어교육은 언어를 통한 수용능력과 표현능력, 그리고 통합능력 등으로 고급화되어야 한다. 수용능력이란 주어지는 정보를 단순히 수용하는 것이 아니라 그 가치를 정확하게 판단하여 수용하는 것이다. 또한 영재는 기존의 정보를 수용할 뿐만 아니라 새로운 정보를 만들어 내야 한다. 따라서 영재는 창의적인 작품을 만들어 낼 수 있는 표현능력을 갖추도록 훈련되어야 한다. 마지막으로 영재들은 다양한 분야의 지식을 통합적으로 이해할 수 있는 능력을 갖추어야 한다. 정보를 이해하고, 분석하고, 판단하는 통합적인 사고능력이 발달해야 하는 것이다. 언어는 사고의 수단이다. 즉, 언어를 통하여 사고능력이 발달하게 된다(이해명, 2006).

2) 언어과 영재교육과정의 기준

언어과 영재교육과정이 제시된 기준에 따라 영재성의 본질과 수준에 맞게 수정되지 않으면 언어적으로 조숙한 학생들의 성장을 저해할 수 있다. 〈표 5-2〉는 일반학급과 영재학급의 언어 교육과정에서의 강조점을 비교한 것이다.

일반학급과 영재학급 간의 주요 차이점은 고급 내용과 다양한 교구, 활동의 자율성, 학생 창작의 기회 제공, 고급 읽기와 어휘학습, 다양한 쓰기활동과 조사기회, 학제 간 학습이다. 이러한 교육과정상의 차이점은 언어 분야에 재능이 있는 학생들을 위한 총체적인 영재교육과정의 특징이다.

〈표 5-2〉 언어에 대한 일반학급과 영재학급의 강조점 비교

일반학급	영재학급
• 기본적 읽기기술과 음성에 초점 • 줄거리, 인물 등 기본적 이야기 요소에 초점 • 질문의 터득과 이해 • 이야기 또는 소설의 중심 생각 파악	• 고도의 읽기능력 수준에 맞는 이야기 정선 • 동기화, 주제 등 추상적 문학요소에 초점 • 암시, 결과, 문학적 정서 등 종합적 · 평가적 질문 • 장르 안팎으로의 개념과 주제 학습

출처: 강현석 외(2007).

〈표 5-3〉 영재학생과 일반학생의 언어교육 목적 비교

영재학생의 언어교육 목적	일반학생의 언어교육 목적
• 아동 문학서와 고전을 읽고 분석하는 능력 • 읽은 내용을 다양한 장르로 해석하는 능력 • 작자의 의도와 시각을 판단할 수 있는 능력 • 독서를 통한 추론능력 • 연역적 사고를 통하여 책의 내용을 깊이 이해하는 능력 • 독서를 통한 분석적 사고능력	• 읽기능력 • 어휘능력 • 이해력 • 다양한 종류의 책 읽기능력 • 참고문헌 사용능력 • 독서를 통한 분석 및 해석

출처: 이해명(2006).

3) 언어과 영재교육과정의 내용

(1) 읽기와 쓰기

읽기와 쓰기의 통합은 학생들의 학습에 유익함을 준다(Henry & Roseberry, 1996). 특히 학생이 문학작품을 쓰거나 수준 높은 질문을 통해 의사소통하기, 분석하기,

응답하기와 같은 구체화된 탐구활동을 종합적으로 수행하는 것은 높은 성취를 가져오는 효과적인 전략이라는 것을 발견하게 되었다(Sadoski, Willson, & Norton, 1997). 또한 쓰기기반 피드백은 교육목표가 명백하다면 보다 높은 성취를 가져온다(Appleman & Applebee, 2000). 그래픽 조직, 쓰기모형, 평가척도를 통한 교수, 동료 및 교사의 피드백이 통합될 때, 영재들의 쓰기능력은 의미 있게 향상되었다(VanTassel-Baska, Zuo, Avery, & Little, 2002).

영재들의 쓰기 기회는 조기에 시작되어야 하며, 풍부하고 다양하게 제공되어야 한다. 쓰기는 생각하는 과정이므로, 영재들은 쓰기경험을 통해 쓰기능력뿐만 아니라 사고능력의 우수성도 발달시킬 수 있다.

(2) 말하기

영재들은 아이디어를 토론할 기회가 필요하다. 언어 프로그램에서 영재들은 대부분 개별발표와 패널발표를 하고 있지만, 적극적이며 개인의 표현력을 많이 요구하는 논쟁, 연기, 설명 활동은 거의 하지 않는다. 기초 및 초등 단계에서 영재들은 구연동화나 창의적 연기를 통한 아이디어 발표, 보고서 발표를 도입할 수 있다. 그들이 4~5학년이 되면 더욱 지적으로 논쟁하고, 연기하고, 연구보고에 참여할 수도 있다. 중학교와 고등학교의 토론수업은 한층 분석적이고, 이론적이며, 추상적으로 진행될 수 있으며, 가치와 판단의 다양성이 존중된다. 계획된 논쟁뿐만 아니라 즉흥적 논쟁과 발표가 영재들에게 높은 수준의 표현 기회를 제공할 수 있다(강현석 외, 2007).

4) 언어과 영재교육과정의 개발 사례

영재들을 위한 언어과 교육과정은 고등수준의 언어기능 학습내용, 바람직한 가치관 형성의 학습내용, 과정 중심의 학습내용, 학생의 활동 중심 내용, 개방적인 학습내용, 학습자의 자율적 선택을 중시하는 내용, 고등수준의 사고를 요하는 복잡한 내용 등을 유의하여 개발되어야 한다.

〈표 5-4〉 언어과 영재 교수-학습 지도안

성공한 광고! 실패한 광고?

세상에는 무수히 많은 광고가 있다. 그러나 그 광고가 모두 성공하는 것은 아니다. 어떤 광고는 널리 알려져 유행하기도 하고, 어떤 광고는 사람들에게 기억되지도 못한다. 그렇다면 성공한 광고의 비결은 무엇일까? 또 실패한 광고는 무엇 때문에 실패한 것일까? 광고의 성패를 좌우하는 요인을 분석하고, 성공하는 광고를 만드는 비결을 알아보자.

❐ 학습목표
- 광고의 성패를 좌우하는 요인을 분석할 수 있다.
- 광고를 분석하는 틀을 만들 수 있다.
- 광고를 평가할 수 있다.

❐ 준비물
- 광고 모음, 연습장

❐ 주요 활동 순서
- 광고를 보는 눈
- 광고를 심사해 볼까?
- 더 해 볼까요?

<table>
<tr><td>학습 주제</td><td colspan="4">성공한 광고! 실패한 광고?</td></tr>
<tr><td>학습 목표</td><td colspan="2">• 광고의 성패를 좌우하는 요인을 분석할 수 있다.
• 광고를 분석하는 틀을 만들 수 있다.
• 광고를 평가할 수 있다.</td><td>학습자 준비도</td><td>• 광고의 목적을 안다.
• 광고를 이루는 요소를 안다.</td></tr>
<tr><td rowspan="2">학습 내용</td><td>주 활동</td><td colspan="3">1. 광고평가의 틀 만들기
2. 기존 광고 평가하기</td></tr>
<tr><td>심화활동(더 해 볼까요?)</td><td colspan="3">다른 모둠의 광고평가와 비교하기</td></tr>
<tr><td rowspan="2">준비물</td><td>교사용</td><td colspan="3">광고 심사표 · 공익광고(확대하여 교구로 제작)</td></tr>
<tr><td>학생용</td><td colspan="3">필기도구</td></tr>
<tr><td>학습 단계</td><td colspan="2">교수-학습 활동</td><td>시간</td><td>지도 초점 및 유의점</td></tr>
<tr><td>도입</td><td colspan="2">1. 동기부여(요즘 유행하는 광고 말하기)
2. 오늘의 학습 목표와 활동 안내</td><td>5분</td><td>• 재미있는 광고를 소개하여 학생들의 흥미를 유발한다.</td></tr>
</table>

본활동	1. 광고 평가표 만들기 - 좋은 광고가 갖추어야 할 요건 찾기/좋은 광고 요건을 항목별로 묶기/광고 평가표 작성하기 2. 기존 광고 평가하기 - 광고 평가하기/광고의 평가와 현실에서의 성공 여부를 비교하기 3. 심화활동: 다른 모둠과 평가결과 비교하기 - 공익광고 평가하기/다른 모둠의 평가와 비교하기	40분	• 좋은 광고가 갖추어야 할 요건을 학생들이 스스로 찾게 한다. • 광고평가가 모둠에 따라 다를 경우, 그 이유를 찾게 한다.
마무리	• '확인해 볼까요?'의 문항에 맞춰 활동목표의 성취 정도를 평가하기 • 과제 및 다음 시간을 위한 준비사항 안내하기	5분	• 학생들이 수업내용을 되새겨 스스로 평가한다.

출처: 강숙희, 장영숙, 박숙희, 정태희, 임희준(2000).

7. 수학과 영재교육과정의 개발

1) 수학과 영재교육의 목적

수학은 단순히 계산하거나 측정하거나 혹은 공식을 푸는 것이 아니다. 수학의 본질은 연역적 · 귀납적 사고를 하는 것이다. 그것은 또한 새로운 발견과 변화를 의미하는 것이다. 수학과 영재교육과정의 목적을 달성하기 위해서는 [그림 5-2]와 같이 내용, 과정/결과, 개념의 3가지가 적절하게 혼합되어야 한다. 그 관계를 도식화하면 [그림 5-2]와 같다.

2) 수학과 영재교육과정의 기준

수학과 영재교육과정의 내용기준은 다음과 같다(이해명, 2006).

첫째, 수학영재들이 수학의 개념과 이론 그리고 기능을 충분히 학습할 수 있는 조건이 제공되어야 한다. 영재들은 능력이 있기 때문에 일반교육과정에서 다루는

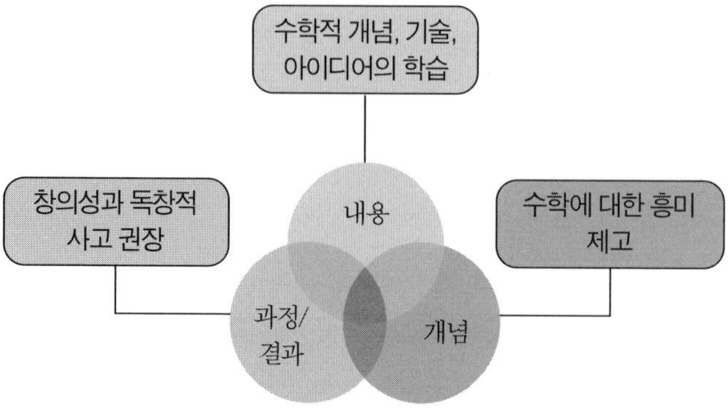

[그림 5-2] 수학과 영재교육과정의 목적과 영재교육과정의 관계
출처: 이해명(2006).

것 이상의 학습과제가 주어져야 한다.

둘째, 수학영재들은 창의적이고 독립적으로 사고할 수 있게 훈련되어야 한다. 수학은 영재들이 창의적인 사고를 할 수 있는 기회를 제공하는 과목이고, 아울러 어려운 문제를 해결할 수 있는 능력을 계발할 수 있게 하는 과목이다.

셋째, 수학영재들이 수학의 아름다움을 맛볼 수 있는 기회를 제공해야 한다. 수학공부를 통해서 영재들은 수학이 형식을 공부하는 과목이고, 인류 공통의 언어라는 것을 깨닫고 그 가치를 이해하게 될 것이다.

뛰어난 수학능력을 보이는 학생들은 엄격한 교육과정, 속진, 개념적 수학 이해력의 확대 등을 통해 그들의 능력을 키워 주어야 한다. 영재들은 배우는 속도, 이해의 깊이, 흥미에 따라 개개인의 수학적 능력이 다르다. 영재들은 빠른 문제 파악, 융통성 있는 자료처리, 유창한 아이디어, 자료 조직력, 독창적 해석, 아이디어 전이력, 일반화 능력 등에서 일반학생과 다르다(Johnson, 2000).

3) 수학과 영재교육과정의 운영방법

(1) 진단평가와 교육과정의 압축

영재들은 교육과정의 내용을 미리 알고 있거나 아주 빠르게 배운다. 따라서 수업 전에 학생들이 얼마나 알고 있는지 진단평가를 해야 한다. 그 후 평가결과를 바탕으로 교수-학습 계획을 짜야 한다. 이것은 영재들이 이미 알고 있는 것의 반복을 피하고 도전적으로 수업시간을 활용할 수 있도록 하는 요소가 된다(Reis et al., 1993).

(2) 개념적 사고를 강조한 상위수준의 교과서 사용하기

틀에 박힌 알고리즘 외우기를 강조하는 교재는 영재에게 적절하지 않고, 문제해결, 실생활 적용, 개념적 사고와 관련된 교재가 적절하다. 문항의 예를 들면, 왜 2+2=4인가, 2+2가 4가 되지 않는 경우는 없을까, 모양이 어떻게 무게로 전이될 수 있는가, 피타고라스 정리는 어떻게 가능한가 등이다(강현석 외, 2007).

(3) 복수정답, 문제해결 기술 및 개방형 문제 권장하기

복수정답, 문제해결 기술, 개방형 문제를 지원하기 위해 셰필드(Sheffield, 2003)는 학생들이 관련짓고, 창조하고, 탐구하고, 평가하고, 의사소통하도록 하는 모델을 추천하고 있다. 사고와 추론 능력을 길러 주는 추가 질문은 개방형 문제들이어야 하며, 학생들이 좀 더 복잡한 방법으로 수학적 사고를 할 수 있도록 해야 한다.

(4) 공간관계 강조하기

기술의 발달로 인해 대부분의 과학, 의학, 기술 분야에서는 많은 공간적 지식이 필요하다. 인체를 찍어 복사하는 기술, 레이저 시술, 3차원 컴퓨터 디자인은 과학과 기술의 통합이며, 특별한 공간지각 능력을 요구한다. 영재들에게는 특별히 공간과 관련된 수학적 기술이 필요하다. 칠교(tangram)를 이용하기, 차트나 그래프 읽기, 다양한 시각의 척도 항목을 그려 내기, 블록구성 등의 내용은 전 학년에 확대되어야 한다(강현석 외, 2007).

(5) 수학경시대회 참여하기

미국의 수학경시대회에는 'Math League' 'AMC(American Mathematics Competitions)'

'HMMT(Harvard-MIT Mathematics Tournament)' 등이 있다. 이런 대회의 참여는 영재들에게 특별한 의미를 지닌다. 첫째, 영재에게는 색다른 수학적 의사소통과 즐거움의 장이 필요하다. 둘째, 영재들은 자신의 수학적 능력에 대해 확인하고 격려받을 기회가 필요하다. 셋째, 학교를 벗어난 활동으로 학생들은 국내·외로 우수한 학생들과 경쟁할 기회를 얻는다.

(6) 아이디어를 숙고, 증명, 발전시킬 기회를 제공하기

수학일지는 학생들이 스스로 어떻게 문제를 풀었고, 어떤 생각을 하며 문제를 풀었는지를 기록하는 훌륭한 수단이다. 이 과정에서는 초인지능력과 독립성이 강조된다. 영재들은 주로 문제풀이과정을 뛰어넘어 머릿속으로 문제를 풀어 버리기 때문이다. 다음은 '학교 놀이터 기구 선택하기'라는 프로젝트의 예이다(강현석 외, 2007).

우리 학교 운동장에 28피트에서 35피트의 빈 공간이 있다고 교장선생님은 말씀하셨다. 학생들은 이 공간을 학교 구성원 전체가 즐겁게 어울릴 수 있는 장소로 꾸며야 한다. 예산은 1,100달러 정도로 하여 3주 내에 다음과 같은 것을 포함시켜 교장선생님께 계획서를 제출해야 한다.

- 학생들의 제안이 이 공간에 적합한 것인가에 대한 가치평가서
- 적절한 그래프, 표, 계산이 그려진 보고서
- 예산 제시
- 다른 학생들이 이 아이디어를 선호한다는 증명서

4) 수학과 영재교육과정 개발 시 유의점

수학과 영재교육과정 개발에는 다음과 같은 유의점이 있다. 첫째, 수하내용 설명 시 학생들의 충실한 이해를 돕기 위해 다양한 소재와 방법을 사용해야 한다. 둘째, 실생활과 관련된 문제상황과 과제를 학생들이 협동하여 창의적으로 해결하도록 해야 한다. 셋째, 학생들의 개인차를 반영한 수업방법을 택해야 한다. 넷째, 수

학의 적용범위, 타 분야와의 관련성, 가치(성)에 대하여 생각하는 기회를 가지게 한다. 다섯째, 수학지도 시 내용과 과정에 따라 컴퓨터와 계산기를 적극적으로 활용하도록 지도한다. 여섯째, 생활 주변의 많은 정보를 수학적으로 해석하고, 자료를 분류 · 조직 · 정리하여 처리할 수 있도록 다양한 분야에서 흥미를 유발하며, 구체적인 교구를 이용하는 것이 좋다.

5) 수학과 영재교육과정의 개발 사례

〈표 5-5〉 수학과 영재 교수-학습 지도안

❒ 주제 설정의 취지 및 목적

세상의 여러 수학적 현상에 숨어 있는 규칙성, 특히 생활현장에서 수학적 규칙성이 어떻게 활용되고 있는지를 탐색해 보는 활동과 수열 속의 규칙성, 도형 속의 규칙성을 찾아보게 하여 문제해결력 신장을 위한 호기심을 자극하고 흥미를 유발한다. 이를 통하여 규칙 찾기 활동에 관심과 자신감을 갖게 한다.

❒ 학습목표

- 생활 속의 여러 장면에서 규칙성을 발견하고 말이나 글로 표현할 수 있다.
- 수열 속의 규칙성을 찾아 설명할 수 있다.
- 자연에 적용된 여러 가지 규칙성을 찾아 설명할 수 있다.
- 규칙을 바꾸어 만들 수 있는 편리한 세상을 설계할 수 있다.

❒ 개념 모형도

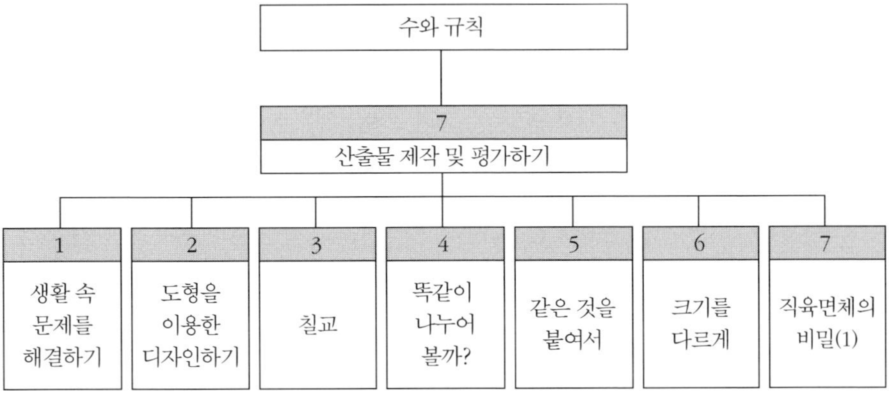

학습 단계	교수-학습 활동	시간	지도 초점 및 유의점
도입	• 전체 주제에 대해 소개하고 동기를 유발한다. - '옛날에도 지구의 하루가 24시간이었을까?' 들려주기 • 활동안내와 학습목표를 이해시킨다. • 학습준비물을 확인한다.	5~10분	• 전체 과정에 대해서 설명하고 이를 이해하도록 돕는다.
본활동	• 시계 속에 존재하는 규칙성을 찾아 문제를 해결한다. - 활동지 1 [시계 속의 규칙성] • 달력 속의 규칙성을 찾아 문제를 해결한다. - 활동지 2 [달력 속의 규칙성]	40~50분	• 시계와 달력 속의 규칙성을 찾아보고 새로운 규칙이 부여된 편리한 시계와 달력을 만들 수 있는 능력을 기른다. • 규칙 발견과정에서 개방형 질문으로 학생들의 다양한 사고활동을 유도한다. • 규칙 찾기에 즐거움을 느낄 수 있도록 유도한다.
	• 계획된 작품과 관련된 자료수집 방법 안내, 전 차시 계획 검토	10~20분	• 자신에게 흥미 있는 주제를 정하고 어떤 규칙성을 어떻게 부여할 것인지 생각해 보고 참고자료를 찾아보게 한다.
정리	• '우주에서는 어느 나라 시간을 사용할까?' 이야기를 듣고 자신의 생각을 이야기해 본다. • 차시 예고 - 자연 속의 규칙성 찾기	10분	• 학생들이 다양하고 적극적으로 자신의 생각을 말할 수 있도록 유도한다.

출처: 김홍원, 조석희, 정현철, 최규홍, 박윤미(2002).

8. 과학과 영재교육과정의 개발

1) 과학과 영재교육의 목적

과학 분야 정보의 폭발적인 증가와 기술의 발달, 그리고 과학과 사회의 긴밀한 관계에 의해서 과학교육에 대한 변화가 요구되고 있다. 미국의 과학발전위원회에서는 「프로젝트 2006 보고서」에서 과학교육의 미래를 ① 자연에 대해서 친숙해지고 자연의 다양성과 일관성 이해하기, ② 자연과학의 기본 개념과 원리 이해하기, ③ 과학, 수학, 기술의 상호 의존관계 이해하기, ④ 과학, 수학, 기술은 모두 인간이 만들어 놓은 것이므로 그것이 갖는 장 · 단점 이해하기, ⑤ 과학적 사고방법 이해하기, ⑥ 과학적 지식과 과학적 방법을 개인적 · 사회적으로 이용하기 등으로 제시하였다.

이렇게 보아 과학적 연구방법, 과학지식, 과학적 사고방법 등이 영재교육과정으로 구체화되어야 한다. 과학과 영재교육과정은 기본적으로 과학자들의 과학에 대한 연구방법인 관찰, 측정, 설명, 확인을 구체화하는 것이다(이해명, 2006).

2) 과학과 영재교육과정의 기준

영재들의 특별한 학습 요구에 대한 과학교육의 기준은 '① 어떻게 하면 적절한 내용과 방법으로 과학과 영재교육과정을 구성할 것인가? ② 어떻게 하면 높은 성취 능력을 가진 학생들의 과학 기술적 소양에 긍정적인 영향을 줄 것인가? ③ 어떻게 하면 학생들로 하여금 과학탐구에 종사하는 일의 즐거움을 알 수 있도록 동기부여를 할 것인가?'와 같다(강현석 외, 2007).

3) 과학과 영재교육과정의 내용

(1) 과학 개념의 이해능력 계발

현재는 단편적인 정보와 지식이 폭발하는 시대이기 때문에 교과의 내용을 보다 효과적으로 체계화할 필요가 있다. 그것은 주요 개념의 인식을 통해 이루어진다(Kwon & Lawson, 2000). 개념을 가르치는 것은 학생들에게 과학적 사실을 확장된 지식, 과학적 원리로 설명하고 이를 다른 교과들과 연결시킬 수 있게 해 준다. 이는 학생들이 지식과 새로운 과학적 발견에 열정적으로 접근할 수 있도록 기여하여 그

능력을 배양하는 중요한 기능이다. 정보를 주요 개념으로 조직하는 것은 학생들이 과학적 사고를 보다 상위의 개념으로 이해하는 데 도움을 주며, 추가적인 과학탐색을 위해 필요한 것을 갖추도록 해 준다(강현석 외, 2007).

(2) 과학탐구능력의 계발

개념적 발달에 더하여 과학적 과정과 탐구에 대해서도 그 중요성은 강조된다. 과학자들이 연구를 수행하는 것과 같이, 영재학생들도 과학자처럼 탐구하고 자신의 역할에 몰두할 시간이 있어야 한다. 이런 역할에는 다음과 같은 목표가 포함되어 있다(강현석 외, 2007).

- 과학 영역 탐색하기
- 조사를 위해 의미 있는 문제 밝히기
- 가설 세우기
- 미리 계획되어 있는 실험이나 시범을 통해 연구하거나 실험개발에 협조하기
- 적절하게 관찰하기
- 간단한 그래프나 차트 만들기, 다이어그램에 알맞게 이름 붙이기
- 자료를 적절한 형식으로 기록하기
- 표나 그래프를 통해 실험자료를 분석하기
- 근본적인 문제(original problem)의 관점에서 실험결과를 평가하기
- 유사한 문제에 대해 예측해 보기
- 포스터, 구술과 간단한 실험 보고서 발표하기

학생들은 과학자들이 사고하는 과정처럼 질문하고, 실험하고, 문제를 풀고 답을 찾으며 숙고하고, 재검사하고 입증하는 일련의 과학적 과정을 거쳐야 한다.

(3) 과학 영역에서 지식기반의 계발

영재들이 과학 영역의 중요한 개념을 학습하는 것은 중요하다. 생물학, 물리학,

지질학에서의 내용을 대등하게 강조함으로써 학문 간의 이해능력이 계발된다. 교사들도 문제가 된다. 교과내용 분야에서의 교사의 전문성은 그 분야에서 학생들의 잠재성 발달에 매우 중요하고(Wenglingsky, 2000), 학생들의 어떤 복잡하고 과학적인 주제에 대한 사전 경험이 없는 생각과 오개념을 없애는 데도 중요하다.

(4) 실생활 문제들의 연구개발

문제중심 교육과정(problem-based curriculum)은 과학적인 생각, 조사 그리고 결과라는 전체적인 과정을 포함한다. 게다가 문제중심 교육과정은 정치나 경제 같은 사회구조와 과학 사이의 상호관련성에 대한 토론과 통합적인 학습에 유리한 점을 가진다(VanTassel-Baska, Bass, Reis, Poland, & Avery, 1998).

학생에게는 과학의 특수한 분야(예: 산과 염기, 핵에너지, 전기, 생태계, 오염 혹은 고고학)에 기초하여 비구조화된 문제들이 주어진다. 그러면 학생들은 1가지 가설을 설정한 후 문제를 이해하고 해결책을 얻기 위해 과학적 과정을 이용하여 실험과 조사를 시작한다. 실생활에서처럼 장애물들이 그 과정 내내 학생들에게 주어지고, 다양한 이슈에 대하여 행동하고 반응하도록 한다. 학생들은 이 과정을 통해 과학적 기준, 내용 혹은 과학적 개념(예: 시스템)에 관련된 활동을 경험한다(강현석 외, 2007).

(5) 과학적 사고습관의 계발

대부분의 과학자는 우주 물리법칙의 존재, 코페르니쿠스 이론, 생물이 오랜 기간에 걸쳐 단순한 것에서 좀 더 복잡한 것으로 진화해 나간다는 것 등을 믿는다. 그래서 과학은 오직 실험과 연구에만 의존한다. 그러므로 학생들에게 과학적 사고방법과 실험·연구하는 방법 모두를 가르쳐 주는 것이 아주 중요하다. 학생들에게 필요한 과학적인 사고 습관은 강한 호기심과 창의성, 객관성, 새로운 생각에 대한 개방성, 회의론, 불명료한 것들에 대한 인내력 등이다.

4) 과학과 영재교육과정 개발 시 유의점

과학과 영재교육과정 개발 시 다음과 같은 사항을 유의해야 한다. 첫째, 학생들의 창의력과 문제해결력을 신장시키는 방향으로 내용이 조직되어야 한다. 둘째, 과정 중심의 교육과정으로 개발하여야 한다. 셋째, 활동 중심의 교육과정이어야 한다. 넷째, 자기주도적 학습능력을 배양할 수 있도록 해야 한다. 다섯째, 학습자의 적성에 따라 자율적으로 선택할 수 있도록 개발하여야 한다. 여섯째, 인지적 · 정의적 · 사회적 측면을 균형 있게 개발할 수 있도록 구성하여야 한다.

5) 과학과 영재교육과정의 개발 사례

〈표 5-6〉 과학과 영재 교수-학습 지도안

주제: 2+3=7

지금까지 우리는 액체에 가루를 녹여 보았다. 그리고 여러 가지 액체를 섞어 보고 가열해 본 결과, 각 액체의 밀도가 다르며, 액체에 녹인 가루의 양이나 액체의 온도에 따라서도 밀도가 달라질 수 있음을 확인하였다. 이 차시에서는 지금까지의 학습내용을 토대로 액체의 밀도를 이용한 간단하지만 흥미로운 현상을 관찰하게 된다. 이 실험을 통하여 밀도가 다르고 서로 섞이는 두 액체의 농도를 달리하게 되면 밀도가 달라짐을 확인할 수 있다. 또한 다양한 액체와 가루를 이용해 서로 밀도가 다른 7가지 액체를 만들어 액체 탑을 쌓아 보면서 액체의 밀도를 조절하는 방법이 다양함을 경험할 수 있게 한다. 다음 차시에서는 처음에 제시되었던 과제를 해결해야 한다. 이 차시는 지금까지 배웠던 밀도에 대한 학습을 종합하고 정리하는 시간이며, 주어진 문제의 해결에 응용할 수 있는 가장 실제적인 활동으로 구성되어 있다.

학습 목표	• 알코올과 물의 성질을 이용하여 식용유 방울을 뜨거나 가라앉게 할 수 있다. • 주어진 가루와 액체를 이용해 밀도가 다른 다양한 액체를 만들 수 있다. • 액체의 밀도차를 이용하여 액체 탑을 쌓을 수 있다.	
준비물	교사용	• OHP
	학생용	• 물, 알코올, 비커, 스포이트, 식용유, 색소 • 소금, 설탕, 물, 식용유, 알코올, 눈금실린더 • 학습지, 필기구

학습 단계	교수-학습 활동	시간	지도 초점 및 유의점
도입	• 전 차시에서 학습한 내용 확인 • 활동안내 및 학습목표 확인 • 학습준비물 확인	10분	
본활동	[활동 1] 오르락내리락 〈활동지 4-1〉 • 비커에 물과 알코올을 섞는다. • 두 액체와 섞이지 않는 다른 액체방울(식용유)을 넣는다. • 비커에 물(알코올)을 넣어 보고 식용유 방울의 움직임을 관찰한다. • 액체방울이 뜨거나 가라앉는 이유에 대하여 토의한다.	20분	• 물과 알코올을 30ml씩 같은 양으로 섞는다.
	[활동 2] 공든 탑이 무너지랴! 〈활동지 4-2〉 • 가루 2가지(소금, 설탕), 액체 3가지(물, 식용유, 알코올)를 제시한다. • 밀도를 달리하여 7가지 용액을 만든다. • 액체마다 식용색소를 넣어서 색깔을 달리해 본다. • 7층으로 이루어진 액체 탑을 쌓는다.	20분	• 액체에 가루를 넣는 양을 달리하여 밀도가 다른 액체를 만든다. • 맞닿는 두 층의 색은 밝은색과 어두운색이 되도록 한다.
과제 학습	• 문헌조사 결과 및 관련 변인 동정 - 문제해결을 위해 필요한 재료는 무엇이 있을지 조사하기 - 필요한 액체, 둘러싸게 될 재료 등	20분	
정리	• 액체방울이 떴다 가라앉는 이유 알기 • 액체에 7층이 생기도록 할 수 있는 방법 말하기	10분	

출처: 조석희, 정현철, 표성수, 박윤미(2004).

9. 예술과 영재교육과정의 개발

1) 예술과 영재교육의 목적

예술과 영재교육의 목적은 영재들이 교육을 통해 얻는 지식, 경험, 가치 등을 깊이 이해하고, 그것을 자신의 존재를 설명하는 수단으로 이용하게 하는 것이다. 이를 달성하기 위한 예술과 영재교육의 목적은 다음과 같다(이해명, 2006). 첫째, 예술 분야에 대한 이해와 감상 능력을 기른다. 둘째, 다양한 민족이 자신의 감성을 표현하기 위해 예술을 어떻게 이용하였는지 이해한다. 셋째, 다양한 문화와 오랜 역사를 통해 형성된 다양한 예술의 형태를 이해한다. 넷째, 예술에 영향을 미치는 사회적 · 지적 요소를 이해한다. 다섯째, 감성을 표현하는 데 필요한 기술, 도구, 과정을 이해한다.

이러한 예술교육을 통해서 영재들에게 문명에 대한 이해를 심어 주고, 창의성을 기르며, 효과적인 의사소통능력과 비판적 분석능력을 길러 줄 수 있다.

2) 예술과 영재교육과정의 기준

예술과 영재교육과정을 개발하기 위해서 반드시 고려해야 할 기준은 다음과 같다. 첫째, 초등영재에게 중 · 고등학교 수준의 예술지도를 받게 한다. 예를 들어, 연극과목에서 5학년 학생에게 고등학생들과 함께 수업에 참여할 기회를 주는 것이다. 둘째, 예술영재를 위해 특별한 영역별 마스터 과정이나 개별화 수업과 같은 심화과정을 운영한다. 시각예술의 개별 지도라든지 소그룹으로 이루어진 스튜디오 예능과정(art course)에 학생을 배치한다. 셋째, 개별적으로 공부하는 영재들을 위해 이미 운영되고 있는 지역사회의 예술 프로그램을 활용한다. 대부분의 영재는 학교에서 운영되는 예술 프로그램의 수준과 잘 맞지 않을 수 있으므로, 수준 높은 학습을 위해서 다양한 프로그램을 도입한다. 넷째, 예술영재들을 위해 재택 예술가(artist-in-residence) 프로그램을 활용한다(강현석 외, 2007).

3) 예술과 영재교육과정의 내용

이해명(2006)은 시각예술 분야의 영재교육과정 내용은 ① 시대별 시각예술 형태를 이해하고 설명할 수 있는 능력, ② 시각예술작품을 분석할 수 있는 능력, ③ 시각예술작품을 평가할 수 있는 능력, ④ 자신의 감정을 스케치, 회화, 사진, 조각 등으로 표현할 수 있는 능력 등으로 이루어진다고 했다.

무대예술 분야의 영재교육과정 내용은 ① 시대별 연극의 구분과 설명의 능력, ② 극(희곡과 연극)의 구성, 인물, 용어 등을 분석할 수 있는 능력, ③ 연극에 대한 평가능력, ④ 자신의 감정을 연극 출연이나 희곡으로 표현할 수 있는 능력 등이다.

음악 분야의 영재교육과정 내용은 ① 시대별 음악 형식에 대해 이해하고 설명하는 능력, ② 음악을 들으면서 음의 고저, 리듬, 음색, 역동성을 이해하는 능력, ③ 악보 독해능력, ④ 음악작품이나 연주를 평가할 수 있는 능력, ⑤ 악기 연주나 합창, 독창, 작곡을 통하여 자신의 감정을 표현하는 능력 등이다.

무용 분야의 영재교육과정 내용은 ① 다양한 문화와 시대별 무용형식을 이해하고 설명할 수 있는 능력, ② 무용의 기술과 스타일을 분석할 수 있는 능력, ③ 무용공연을 평가할 수 있는 능력, ④ 무용을 통하여 자신의 감정을 표현할 수 있는 능력 등이다.

4) 예술과 영재교육과정 개발 시 유의점

예술 분야의 영재교육과정을 개발하기 위해서는 다음의 몇 가지 유의사항을 지켜야 한다. 첫째, 뛰어난 학생들을 위해 연령에 상관없는 능력별 마스터 과정을 운영한다. 둘째, 재능발달을 위해 개별적·지속적으로 지역의 멘토 및 예술가들과 교류한다. 셋째, 시각, 음악, 연극이 결합된 협동작업을 하고, 각 예술 영역과 연계된 아이디어와 주요 기술을 배우게 한다. 넷째, 각 예술 영역에서 작곡, 지휘, 연출, 감독, 비연극적 미디어의 사용, 소설 쓰기, 안무와 같은 교육과정 외의 활동을 한다. 다섯째, 솔로나 앙상블 무용, 음악 혹은 연극과 같은 학생들의 작품을 상연할 무대와 청중들을 마련하고, 글로 쓴 작품은 출판사에 보낸다(강현석 외, 2007).

5) 예술과 영재교육과정의 개발 사례

〈표 5-7〉 예술과 영재 교수-학습 지도안

주제: 악보를 통한 곡의 첫인상 읽기

악보는 음악을 이해하는 데 유용한 기본 지침서라 할 수 있다. 악곡을 이해하고 설득력 있는 연주를 할 수 있도록 악보에는 중요한 음악적 정보가 담겨 있다. 그럼에도 불구하고 많은 학생에게 악보는 그저 악기 작동을 위한 손가락 움직임의 지시사항 정도로 받아들여진다. 이 수업은 학생들이 연습 혹은 연주하기에 앞서 악보를 통해 작품을 이해하는 길을 찾도록 유도하는 것을 목적으로 한다. 이를 위해서 곡의 전반적 흐름을 개관하고 양식사적 특성을 파악하는 연습을 해 본다.

❐ 학습목표

- 악보를 통해 알 수 있는 음악과 관련된 정보를 파악하는 능력을 키운다.
- 악보에서 나타나는 여러 정보 중에서 우선순위를 판단하고 단계적으로 접근할 수 있는 능력을 키운다.
- 작품을 이해하기 위해 미리 알아 두어야 할 기본적인 지식(작곡가, 작품의 배경 등)을 스스로 공부할 수 있는 방법과 능력을 습득할 수 있게 한다.
- 제시된 악곡의 연주나 감상을 통해서 구분되는 모든 것에 대해 이야기할 수 있게 한다.

❐ 학습자료

- 학생용: 오선지, 필기도구(특히 연필과 지우개는 필수), 자신의 생각을 정리할 수 있는 메모 노트
- 교사용: 제시(참고)할 작품의 악보와 음반(혹은 VTR, DVD)

단계	교수-학습 활동	지도 초점 (자료 및 지도상 유의점)
도입	• 악보를 보자. - 악보에서 읽을 수 있는 것들에 대해 이야기하도록 하고, 학생들끼리 토론할 수 있도록 유도한다.	• 이 과정은 교사의 설명이 우선되어서는 안 된다. 먼저 악보부터 제시하고, 그 악보를 통해서 학생들의 의견을 이끌어 내는 방법이어야 한다.
전개	• 작곡가가 누구인가, 곡이 어떤 목적으로 쓰였는가를 생각해 본다. • 음악을 체험해 본다.	• 악보에서 작곡가는 어디에, 어떻게 표시되는가를 찾아본다. 작곡가의 생몰일을 찾아 역사적인 위치를 가늠해 본다.

전개	• 체험의 결과로 알게 된 느낌과 구분, 판단에 대해 생각하고 이야기하도록 한다.	• 음악을 경험하는 방법은 직접 연주해 보는 것이 제일 좋다. 그럴 조건이 되지 않으면 감상의 방법이 있다. • 1차시 수업은 물론, 이어지는 2차시와 3차시 수업 동안 가장 중요하고 기본적인 활동이 될 것이다. 학생들이 자신의 의견을 충분히 이야기할 수 있도록 유도한다.
정리/평가	• 작곡가가 누군지 그리고 그 작품을 왜 작곡했는지를 알고 연주하는 것과 모르고 연주하는 경우의 차이점에 대해 이야기하도록 한다. • 느낌에 따른 구분을 구체화한 후 연주하는 경우와 그렇지 않은 경우를 비교하여 이야기하도록 한다.	

출처: 정현철, 서혜애, 강민희(2006).

요약정리

1. 영재교육과정은 역사적으로 과정-산출 접근에 근거하고 있다. 이 접근은 수업의 과정이 직접 산출에 영향을 주어 그 수준을 결정한다는 것이다.
2. 영재교육과정의 6가지 기본 가정은 다음과 같다. 첫째, 모든 영재는 자신의 능력과 학습을 극대화할 수 있는 교육과정을 제공받아야 한다. 둘째, 영재들은 일반 학습자와는 달리 그들만의 독특한 학습욕구를 가지고 있으므로 교육과정은 그들의 다양한 욕구에 맞추어 설계되어야 한다. 셋째, 영재들의 학습욕구는 인지적 영역뿐만 아니라 정의적 · 사회적 · 미적 영역을 모두 포함한다. 넷째, 영재들에게 교육과정을 제공하는 방법은 통합적 접근방법이 바람직하다. 다섯째, 영재들에게 제공되는 교육과정은 그들의 잠재력을 극대화하기 위해 조심스럽게 계획되고 적용되어야 한다. 여섯째, 교육과정의 개발은 교육과정의 계획, 수행, 평가, 수정의 단계를 계속적으로 반복하는 순환적 과정이어야 한다.

3. 아이스너와 밸런스(1974)의 영재교육과정의 구성과 운영에 대한 5가지의 철학적인 입장은 ① 인지기술에 초점을 둔 영재교육과정, ② 공학적 접근에 초점을 둔 영재교육과정, ③ 개인에 초점을 둔 영재교육과정, ④ 사회개혁에 초점을 둔 영재교육과정, ⑤ 학문적 합리주의에 초점을 둔 교육과정이다.
4. 영재교육과정 설계를 위한 핵심적인 9가지 기준은 다음과 같다. 첫째, 의미 중심으로 구성되어야 한다. 둘째, 고차원적 사고기술을 강조해야 한다. 셋째, 학내 · 학제 간 통합을 강조해야 한다. 넷째, 초인지능력을 기르는 기회를 제공해야 한다. 다섯째, 전문가적 기술과 태도를 갖게 해야 한다. 여섯째, 능동적 참여와 문제해결능력을 강조해야 한다. 일곱째, 교육공학적 방법을 활용해야 한다. 여덟째, 학습결과를 미리 설정해야 한다. 아홉째, 진평가를 실시해야 한다.
5. 영재교육과정은 일반교육과정과 차별화되어야 하는데, 대체로 학습의 속진, 복잡성, 깊이, 도전성, 창의적 산출, 내용의 추상성의 6가지 측면에서 차별성을 가져야 한다.
6. 반타셀-바스카의 통합교육과정 모형은 상호 관련을 갖는 3가지 차원, 즉 ① 학문을 구성하는 고차원의 내용 차원, ② 높은 수준의 사고과정과 산출 차원, ③ 학문과 관련되는 문제, 주제, 아이디어 차원으로 구성되어 있다.
7. 영재교육과정의 실제적 개발 부분에서는 언어과, 수학과, 과학과, 예술과에 대해 각 교과의 영재교육의 목적, 영재교육과정의 기준, 영재교육과정의 내용, 개발 사례 등 4가지 교과의 영재교육과정 개발의 방법과 사례가 제시되었다.

연구문제

1. 영재교육과정의 접근방법을 간략하게 설명하시오.
2. 영재교육과정의 기본 가정을 설명하시오.
3. 아이스너와 밸런스의 영재교육과정의 구성과 운영에 대한 철학적 입장을 설명하시오.
4. 영재교육과정 설계를 위한 기준을 설명하시오.
5. 차별화 교육과정의 적용방법에 대해 설명하시오.
6. 반타셀-바스카의 통합교육과정 모형의 3가지 차원에 대해 설명하시오.
7. 언어과 영재교육과정의 기준과 내용에 대해 설명하시오.

8. 수학과 영재교육과정의 기준과 내용에 대해 설명하시오.
9. 과학과 영재교육과정의 기준과 내용에 대해 설명하시오.
10. 예술과 영재교육과정의 기준과 내용에 대해 설명하시오.

제6장
영재 교수-학습 모형

학습목표

1. 재능탐색모형의 배경과 주요 원리를 설명할 수 있다.
2. 렌줄리의 3단계 심화학습모형, 학교전체 심화학습모형, 다중메뉴모형의 배경과 특징을 설명하고 적용할 수 있다.
3. 퍼듀 3단계 심화학습모형, 자율학습자모형, 다중지능모형, 피라미드 프로젝트 모형의 배경과 특징을 설명하고 적용할 수 있다.
4. 자기주도학습 모형, 인지적 사고과정-정의적 감각과정의 상호작용모형, 무한재능모형의 배경과 특징을 설명하고 적용할 수 있다.

영재들을 위한 교수-학습 모형이 최대의 학습효과를 얻기 위해서는 무엇보다 그것이 영재들의 교육적 욕구에 맞추어져야 한다. 영재 교수-학습 모형은 영재교육을 효과적으로 이끌어 갈 수 있는 다양한 활동을 체계적으로 설계하도록 도와준다. 그러므로 이 장은 이미 소개된 여러 영재 교수-학습 모형에 근거하여 그 특징을 살펴보고 적용기술을 설명할 것이다.

영재 교수-학습 모형은 영재교육 프로그램에 참가하는 학생들에게 차별화된 경험을 제공하는 데 도움이 될 것이다. 여기서 살펴볼 모형들은 대부분 독립적이면서도 상호보완적이기 때문에 교사 혹은 영재 프로그램 설계자들이 한두 개의 교육과정 모형을 통합적으로 적용하고 고려한다면 하나의 모형에서 얻을 수 있는 것보다 더 많은 아이디어를 얻을 수 있을 것이다. 영재교육 현장에서 주로 사용하고 있는

11가지 중요한 영재 교수-학습 모형은 다음과 같다.

1. 재능탐색모형

재능탐색모형(talent search model)은 1971년에 미국 존스홉킨스 대학교의 스탠리(Stanley) 교수에 의해 처음으로 주창된 것으로, SMPY(Study of Mathematically Precocious Youth)라고 불린다. 이 모형은 수학에 뛰어난 능력을 가진 학생들을 판별하여 그 재능을 개발하는 영재교육모형의 대명사로 꼽힌다. 1980년 이후에는 언어 영역에서 재능을 보이는 학생들도 포함하게 되었다. 재능탐색모형은 학생들을 속진시키거나, 융통성 있는 교육과정을 활용하여 학습의 수월성을 촉진하거나, 속진학습을 할 수 있는 프로그램을 개발하여 영재들의 욕구에 맞는 교육을 실시한다. 이 모형의 목적은 일생에 걸쳐 개인의 발달을 촉진하는 것이며, 주요한 원리는 다음과 같다.

- 영재들의 높은 언어능력과 수 추리능력을 확인할 수 있는 타당한 도구를 사용한다.
- 진단검사 및 처방적 교수접근(Diagnostic Testing-Prescriptive Instructional Approach: DT-PI)을 활용한다.
- 핵심적인 학문 영역에서는 교과의 속진을 실시한다.
- 모든 수업에서 교육과정을 융통성 있게 적용한다.

이 모형은 주로 초등학교 3학년에서 고등학교 3학년까지의 학생들을 대상으로 하고 있으며, 미국의 SAT(Scholastic Aptitude Test)를 통해 영재를 판별한다. 매년 15,000명의 학생이 재능탐색 프로그램에 참여하고 있으며, 언어와 수학 영재를 중심으로 운영된다. 이 모형은 지금까지 30년 동안 부모들과 학생들에게 많은 찬사를 받아 오고 있다. 이 모형을 학교에 성공적으로 적용할 수 있는 방법으로는 방과 후 프로그램과 여름캠프를 들 수 있다.

2. 렌줄리 3단계 심화학습모형

렌줄리(Renzulli)가 창안한 3단계 심화학습모형(enrichment triad model)은 영재들을 위해 '무엇을 해야 할 것인가'를 안내해 주는 데 가장 폭넓게 사용되는 모형이다. 이 모형은 주로 초등학생에게 실시되어 왔으나 중등학생에게도 효과적으로 사용할 수 있다.

1) 초등학교 3단계 심화학습모형

이 모형은 연속적이지만 질적으로 다른 세 단계가 포함되어 있다. 1단계 심화학습은 일반적인 탐색활동(general exploratory activities)으로 정규 수업에서 다루지 않는 다양한 주제와 영역을 경험할 수 있도록 설계되었으며, 2단계 심화학습은 소집단 학습활동(group training activities)으로 연구를 위한 기술이나 창의성과 같은 인지적 · 정의적 과정의 발달을 다루고 있다. 3단계 심화학습은 개인 또는 소집단 단위의 문제해결 및 연구활동(individual & small group investigations of real problems)으로 자신이 습득한 기능을 적용하여 일상생활 또는 주변에서 발견되는 문제나 관심사를 주도적으로 정하고 이를 해결하는 실질적인 연구자나 예술가처럼 탐구활동을 다룬다.

(1) 1단계 심화학습

1단계 심화학습활동에서는 학생들이 자신의 관심 분야를 파악하고, 직접 경험하고 적극 체험할 수 있도록 '내용' 위주의 심화학습이 진행된다. 따라서 전문서적, 잡지, 비디오 등 여러 학습자료를 통해 광범위하고 다양한 주제를 접할 수 있도록 해야 한다. 또한 견학, 전문가 초청 강연, 비디오 상영, 조사, 토론 등 다양한 활동을 통해 진행된다. 이러한 일반적인 탐색활동을 통해 영재들은 자신이 더 깊이 있게 공부할 아이디어를 확인할 수 있다. 어떤 학생들은 사진기술이나 희곡, 서예 등과

사진 6-1 영재성 탐색을 위한 수업 장면
(순천향대학교 영재교육원)

같이 3단계 심화학습활동에 적합한 관심사나 취미를 오래전부터 가지고 있을 수도 있다.

(2) 2단계 심화학습

소집단학습활동인 2단계 심화학습의 목적은 사고와 감정의 폭넓은 발달을 촉진하는 것이다. 영재 프로그램은 영재아들의 기술, 능력, 태도, 전략의 발달을 촉진하는 데 초점을 두어야 하기 때문이다.

2단계 심화학습은 연극대본 쓰기 방법이나 실험도구 사용법과 같은 영재의 독립적인 프로젝트 수행과 직접적으로 관련된 기술을 다루는 내용을 포함한다. 즉, '방법'을 중요시하는 심화학습이 진행된다. 렌줄리와 리스(Renzulli & Reis, 1991)는 이 단계에서 다음과 같은 능력을 발달시켜야 한다고 제안하였다.

- 창의적 사고, 문제해결력, 비판적 사고, 의사결정, 정의적(지각, 판단, 가치화) 활동
- 듣기, 관찰, 노트 정리, 요약, 조사와 면접, 분류, 자료분석과 조직, 결론 추출 등과 같은 학습방법의 학습
- 목록집, 요약, 정보검색 시스템과 같은 참고문헌이나 자료 사용
- 자신의 연구 결과를 감상하게 될 잠재적인 청중들을 감동시킬 수 있는 작문실력, 언어적 · 시각적 의사소통 기술

이 단계에서 습득된 능력과 기능들은 연구를 촉진하기 위한 수단으로 작용해야 하며, 그 자체가 목적이 되어서는 안 된다.

(3) 3단계 심화학습

1단계와 2단계 심화학습은 일반 학생도 가능하나, 3단계 심화학습은 소수 영재 학생만을 대상으로 진행된다. 영재학생들은 3단계 심화학습활동과정에서 실제 문제를 조사하는 연구자나 독창적인 산출물을 창조해 내는 예술가가 되어야 한다. 이 단계의 학생들은 정보의 단순한 소비자가 아니라 지식과 예술의 생산자로서의 역할을 해야 한다. 예를 들면, 이 단계에서는 학생들에게 백과사전, 교과서, 또는 이미 요약된 자료를 참고하도록 요구하기보다는 원자료를 활용해 스스로 결론을 도출해 내도록 해야 한다.

학생들은 문제를 형성하고, 연구방법을 설계하고, 최종 산출물을 계획하는 활동에 적극 참여해야 한다. 교사는 학생들이 문제를 명확히 인식하고, 프로젝트를 설계하며, 자료나 장비를 설치하는 데 도움을 주고, 전문가나 정보원을 추천하는 안내자의 역할을 해야 한다. 〈표 6-1〉에는 영재학생들에게 제시된 3단계 심화학습 프로젝트 수행의 10단계가 제시되어 있다(송인섭, 이신동, 이경화, 최병연, 박숙희 편역, 2001).

〈표 6-1〉 3단계 심화학습 프로젝트 수행 10단계

1. 여러분의 관심사가 무엇인가를 발견하라.
2. 여러분의 관심사에 대해 공부한 후에 그와 관련된 의문점을 찾아보라.
3. 선생님과 함께 계획을 세워라.
4. 다양한 자원을 활용해서 선택한 연구주제에 대하여 공부하라.
5. 연구과정에서 반드시 선생님과 함께 다루어야 할 문제를 결정하라.
6. 연구에 도움이 되는 기술(2단계 심화학습)이 무엇인지를 결정하라(예: 면접, 자료 기록).
7. 과제를 수행하라. 그리고 매주 해야 할 일의 개요와 아이디어를 기록해 두어라.
8. 브레인스토밍을 통하여 어떤 방법으로 최종 산출물을 완성할 것인가를 결정하라(이야기, 논문, 책, 연극 등).
9. 최선을 다하라.
10. 학생 산출물 평정양식과 같은 평가도구를 사용하여 최종 산출물을 평가하라.

2) 중등학교 3단계 심화학습모형

중등학교의 3단계 심화학습모형은 초등 심화학습모형과 동일하게 3단계로 구성되어 있다. 그러나 고등학교에서 이 모형을 적용하기 위해서는 수학, 과학, 국어 등의 교과별로 모형을 다시 조직해야 한다. 학생들은 능력, 성취, 창의성 점수는 물론 동료, 부모, 교사, 자기 지명에 근거한 재능자원(talent pool) 판별계획에 의하여 선발된다. 이뿐만 아니라 영어, 수학, 미술과 같은 교과목에서 3단계 프로젝트를 수행하는 데 관심을 보이는 학생들 역시 참여한다. 재능자원 학급의 학생들은 개별적으로 또는 집단적으로 3단계 심화학습모형과 과목별 특별학급의 운영방법에 대해 철저한 사전교육을 받는다.

과목별 특별학급에서는 1단계와 2단계 심화학습활동과 열성적이고 창의적인 지원자들이 참여하는 3단계 프로젝트 활동을 수행할 수 있도록 정규학교 교육과정을 압축해서 운영한다. 1단계 심화학습활동에서는 3단계 프로젝트 선정에 도움이 될 수 있도록 특정 교과목에 대한 경험을 폭넓게 하도록 한다. 2단계 심화학습에서는 초등학교 심화학습모형에서처럼 특정 교과목과 관련된 기술뿐만 아니라 창의성, 문제해결, 자기주도적이고 독립적인 연구기술과 사고기술을 습득하도록 한다. 3단계 프로젝트의 경우, 수준이 높아서 외부 전문가의 자문이 필요할 수도 있다.

3. 학교전체 심화학습모형

학교전체 심화학습모형(Schoolwide Enrichment Model: SEM)은 영재 프로그램이 학교 전체에 초점을 맞추고 있다는 점을 강조하고 있는 새로운 접근이다. 학교전체 심화학습모형은 렌줄리의 3단계 심화학습모형을 기초로 하고 있으며, 전 세계적으로 가장 널리 활용되고 있다.

이 모형은 다음의 3가지 두드러진 특징을 가지고 있다. 첫째, 판별과 선발 과정에서 렌줄리의 재능자원(talent pool)접근을 선택하고 있다. 일반적인 영재판별이 학생 모집단의 3~5%를 선발하는 것에 비해, 재능자원접근은 약 15~20%의 학생을 1년 동안 지속적으로 선발하여 많은 학생이 프로그램의 혜택을 받음으로써 엘리트주의를 추구한다든지 교육의 기회가 불공평하다는 비판을 거의 받지 않는다. 판별방법으로는 성취검사, 교사 지명, 창의성과 과제 집착력 평가, 자기 지명 및 부모 지명과 같은 대안적인 방법 등이 있으며, 성취검사 점수나 지능검사 점수에 비해 학교성적이 낮은 학생들도 재능자원에 포함될 수 있다. 일단 학생들이 재능자원에 포함되면, 다음과 같은 다양한 교육적 서비스를 받게 된다. ① 흥미검사와 학습양식 검사가 그들에게 실시된다. ② 그들에게는 정규학교 교육과정에서 영재들이 이미 배운 내용이 생략된 압축 교육과정이 제공된다. ③ 3단계의 심화학습 경험이 제공된다.

재능자원을 폭넓게 설정한 이유는 선발절차에서 영재인지 아닌지 의심될 경우에도 프로그램에 참여할 수 있도록 학생들에게 기회를 주려고 하는 것이다. 또한 처음부터 독립적인 프로젝트를 수행할 수 있는 학생을 선발하는 것이 아니기 때문에 학생들이 점차 독립적인 프로젝트를 수행하도록 해야 할 것이며, 이러한 과정에서 학생들은 자동적으로 재능자원의 일부가 된다.

둘째, 학교 전체를 대상으로 하고 있다. 1단계와 2단계 심화학습활동은 모든 학급에서 실시하고 재능자원 학생들은 여러 가지 심화학습 유형과 관련된 서비스를 받으며, 다른 학생들과 마찬가지로 일반적인 심화학습활동을 할 뿐만 아니라 특정 프로젝트 수행에 필요한 지식과 관련된 심화학습활동을 진행한다. 3단계 심화학습활동에 참여하고 싶은 학생은 간단한 지원서를 제출하고 그 프로젝트가 승인받으면 독자적으로 자신의 관심 분야를 전문가적인 방법을 적용해 탐구하게 된다.

학교전체 심화학습모형의 마지막 특징은 교육과정의 압축(curriculum compacting)이다. 교육과정의 압축이란 일반교육과정을 조절하여 학습활동을 속진하거나 학생 능력에 맞는 보다 도전적인 환경을 제공하는 것이다. 교사는 재능자원 학생들에게 좀 더 도전적인 교육과정을 제공하고, 프로젝트 수행과 심화학습활동을 할 수 있는 시간을 확보하기 위해 교육과정을 압축해서 운영한다. 일반적으로 수학과 같은 기초기술을 가르치는 교과목을 압축하지만, 국어, 예술, 과학, 사회 등의 과목도 압축해서 운영한다. 우수한 능력을 가진 초등학생을 대상으로 한 연구는 학습내용과 수업을 총 40~50% 정도로 압축시켜도 성취도가 저하되지 않았으며, 과학 점수는 오히려 향상되었다고 하였다(송인섭 외 편역, 2001).

학교전체 심화학습모형을 운영함에 있어 고정된 1가지 방식만을 고수할 수는 없다. 렌줄리는 3단계 심화학습모형이나 학교전체 심화학습모형이 아무런 수정을 거치지 않고 그대로 적용될 수는 없을 것이라고 지적하면서, 각 학교와 교육청에서는 그 지역의 교육철학, 자원, 경영구조를 검토해서 지역 특성에 맞게 프로그램을 운영할 것을 제안하였다.

4. 다중메뉴모형

렌줄리(Renzulli)의 다중메뉴모형(multiple menu model)은 효과적이고 흥미로운 방법으로 내용 지식을 가르치는 데 초점을 둔다. 다시 말해, 이 모형은 교육과정 개발자들이 적합한 내용을 선별하고, 다양한 교수전략과 학습활동 영역을 검토하며, 내용과 방법론적인 면을 조화롭고 효율적으로 결합시킬 수 있도록 일련의 영재교육과정 계획 수립의 기반을 제공한다. 다음의 5가지 메뉴는 영재교육의 목적에 일치하는 교육과정 설계를 위한 좋은 지침이 되고 있다.

1) 지식 메뉴

이 메뉴는 특정 영역의 지식을 가르치는 데 있어 바람직한 계열성을 제시해 주며, 4개의 하위범주로 구성되어 있다. 처음의 3가지 범주는 수단적인 기능들이며, 마지막 범주는 그 수단적인 기능들이 적용될 수 있는 다양하고 구체적인 내용에 관한 것이다. 지식 메뉴의 4가지 하위범주는 다음과 같다. 첫째, '위치(location), 정의(definition), 구조(organization)에 관한 지식'은 학습자가 특정한 영역의 일반적 특성과 구체적인 특성을 파악할 수 있도록 안내하는 지식을 말한다. 둘째, '기본 원리

(basic principle) 및 기능적 개념들(functional concepts)에 관한 지식'은 해당 영역에서 보편적으로 합의된 진리이며, 기능적 개념이란 해당 분야와 관련된 어휘 목록, 전문용어 등을 의미한다. 셋째, '방법론에 관한 지식(knowledge about methodology)'은 문제를 발견하는 방법, 가설 진술, 자료의 확인, 자료수집, 도구의 구성, 자료의 분석과 요약, 결론 도출, 결과 보고서 작성 등을 포함한 특정 영역에서의 표준적인 연구 절차와 관련된 지식을 의미한다. 넷째, '세부적인 지식(knowledge about specifics)'은 광대한 정보의 창고 같은 역할을 하며, 앞에서 언급된 지식 메뉴의 도구적인 기능들이 적용될 수 있는 장이기도 하다. 세부적인 지식은 몇 가지 하위범주를 가지고 있는데, 이는 블룸(Bloom)의 Taxonomy의 첫 단계에 기초하고 있으며, 학습 분야의 주요 사실, 관습, 경향, 분류, 준거, 원리와 일반화, 이론, 구조와 관련된 지식을 말한다.

2) 교수목적과 학생활동 메뉴

교수목적과 학생활동 메뉴는 다양한 교수-학습에 대한 일반적인 진술과 구체적인 행동 영역으로, 지식 메뉴와 마찬가지로 4개의 하위범주로 구성되어 있다.

첫째는 동화 및 파지(assimilation and retention)로 듣기, 관찰하기, 만지기, 읽기, 조작하기, 노트 정리하기, 지명하기, 정보의 타입, 출처 및 검색 확인하기 등과 같은 정보투입과정이 속한다. 둘째는 정보분석(information analysis)으로 분류(구성요소로 분류, 특성별 배합, 편성과 재편성, 구분과 비교), 서열화(순서화, 도표 작성, 그래프와 차트 작성, 측량), 자료수집(인터뷰, 도구 사용, 실험), 대안검색(추정, 브레인스토밍, 창의적 문제해결, 문제 발견), 해석(질문, 토론, 논쟁, 추론, 변형, 삽입, 연계, 재진술, 사색), 결론도출 및 설명(비판, 요약, 변호, 가정, 일반화, 실습, 시범, 제시) 등과 같은 상위수준의 이해를 말한다. 셋째는 정보 종합과 적용으로 사고과정의 산출물, 즉 쓰기, 발표하기, 그림 그리기 및 디자인, 수행하기, 만들기, 공연하기 등과 같은 사고과정의 산출물을 말한다. 마지막 범주인 평가의 단계에서는 개인적 가치관과 전통적 준거에 따라서 정보를 재고하고 판단한다.

3) 교수전략 메뉴

교수전략 메뉴는 교사들에게 친숙한 교수학습 전략으로 교수 중심의 교수법부터 학생 중심의 교수법까지 그 범주가 넓으며, 여러 가지 전략이 주로 복합적으로 사용된다. 교수전략 메뉴는 연습과 암기, 동료지도, 강의 및 토의, 지도된 자율학습, 학습센터 활용, 역할놀이, 게임, 복제 프로젝트, 탐구 프로젝트, 안내 없는 자율학습, 인턴십 등의 교수전략을 제시한다.

4) 교수계열 메뉴

교수계열 메뉴는 계획한 학습활동의 결과를 극대화하기 위한 수업의 조직 및 계열성으로 가네(Gagné)의 학습의 외적 조건(conditions of learning)을 근거로 하고 있다. 교수계열 메뉴는 주의집중 유도, 목표 제시, 선수학습과 관련시키기, 자료 제시, 수행평가, 피드백 제공, 전이와 적용을 위한 기회 제공 등이 있다.

5) 교수내용에 대한 교사의 예술적 수정 메뉴

교수내용에 대한 교사의 예술적 수정 메뉴는 교사들이 이전에 개발된 학습자료들을 스스로의 감각과 필요에 맞게 수정하거나 교수내용을 창의적으로 재편성함으로써 수업의 흥미를 증진하는 것을 목적으로 한다. 렌줄리는 교사들이 창의적인 수업을 통해서 학생들의 관심과 흥미를 유발해야 한다고 주장하였다. 그는 교수내용과 직접적·간접적으로 연관된 교사 개인적 지식, 경험, 신념, 학생의 정보, 해석, 논쟁, 편견 등을 내용에 따라 수정하여 사용하기를 제안하였다.

다중메뉴모형은 교수학습활동에 있어 다양한 기회를 부여하고 각 메뉴의 상호보완을 통해 폭넓고 조화로운 교육과정의 개발을 도모한다. 또한 영재 담당 교사들이 기존 학교 프로그램과 구별되는 특수한 교육과정을 창의적으로 개발할 수 있는 조직적 틀을 제공한다.

5. 퍼듀 3단계 심화학습모형

퍼듀 3단계 심화학습모형(Purdue three-stage enrichment model)은 펠듀슨(Feldhusen)에 의해 개발되었다. 처음 개발될 당시인 1973년에는 대학생들을 위한 학과과정 설계로 소개되었다가, 1979년에 지금과 같은 3단계 모형으로 그 틀을 갖추게 되었다. 이 모형은 초등학생들이 어떤 문제를 해결하기 위해 단순하게 사고하는 단계에서부터 복잡한 독립적 활동을 할 수 있는 단계까지 순차적으로 발달하도록 하는 심화학습모형이다. 펠듀슨은 핵심내용을 습득하고 실제 문제에 적용하여 실제 청중과 공유하는 실제 산출물을 개발하고자 하였다. 따라서 퍼듀 3단계 심화학습모형은 3단계 수준의 기술개발을 목적으로 한다. 창의성 신장에 초점을 두면서 다양한 사고기술, 수렴적 문제해결 능력, 연구기술, 독립적 학습능력의 증진을 목표로 한다.

1) 1단계: 수렴적 · 발산적 사고력 개발

이 단계는 기본적인 수렴적 · 발산적 사고력 개발에 중점을 둔다. 주로 창의성과 언어적 · 비언어적 분야의 사고기술을 향상시키기 위한 수업이 단기간 동안 이루어지고, 교사가 주도하는 수업과 워크북 활동으로 진행된다. 과학, 수학, 언어 기술 교과목의 내용 및 기초 기술이 창의성과 다른 사고기술과 함께 포함될 수도 있다. 1단계 활동들은 학생들이 2단계와 3단계의 활동을 탐구하기를 원하도록 동기화한다.

2) 2단계: 창의적 문제해결력 개발

이 단계는 브레인스토밍, 시네틱스와 같은 창의적 사고기법, 창의적 문제해결(creative problem solving)모형, 미래문제해결, 정신 오디세이 모형 등 창의적 문제해결력을 증진시킬 수 있는 복합적이고 실질적인 전략과 체제의 개발에 중점을 둔다.

3) 3단계: 독립 연구기술의 개발

이 단계는 영재가 도전감을 가지고 과제에 참여할 수 있도록 독립적인 연구기술의 개발에 목표를 둔다. 영재들은 연구 프로젝트를 수행하면서 문제의 명확한 정의와 발견, 자료수집, 결과해석, 창의적인 발표기술, 창의적인 결과 전달법 고안 등을 숙달한다. 3단계 프로젝트에는 짧은 글쓰기, 연극 연출, 쓰레기 재활용 처리 시스템 연구하기 등의 활동이 있다. 퍼듀 3단계 모형은 풀아웃 방식으로 운영된다. 처음 몇 주 동안은 1단계, 그다음 12주 또는 16주 정도는 2단계를 실시하고, 그 이후에는 독립연구와 프로젝트를 수행하도록 되어 있다. 3단계에서 학생들은 1단계 혹은 2단계에서 학습한 지식이나 기술을 실제 문제에 적용하고 관심 있는 영역의 전문가로서 실제 청중과 공유하는 산출물을 개발한다.

중등학생을 대상으로 하는 퍼듀 중등모형(Purdue secondary model)도 있다. 이 모형은 중등학교 수준의 영재들에게 제공할 프로그램의 종합적인 체계를 담고 있으며, 심화학습과 속진학습을 지원하는 9개의 요소로 구성되어 있다. 이 요소들은 영재교육 프로그램을 조직하고 구성하는 데 필요한 안내지침으로, 상담서비스, 세미나, 고급 교과과정, 우등생 과정, 수학-과학 속진과정, 외국어 과정, 예술, 문화 프로그램, 특별과정 등이다.

초등학교 수준 및 중등학교 수준의 퍼듀 3단계 심화학습모형은 모든 영역의 교육과정, 모든 형태의 영재, 모든 발달단계에 적용할 수 있는 종합적인 모형이라 할 수 있다.

6. 자율학습자모형

베츠(Betts)의 자율학습자모형(Autonomous Learner Model: ALM)은 영재들의 다양한 인지적 · 정서적 · 사회적 욕구에 맞추기 위해 개발되었다. 이 모형은 영재들을 독립적이고 자율적인 학습자로 키우는 것을 목표로 하며, 유아부터 고등학교 3학년까지의 전 학년을 대상으로 한다. 초등학교 과정은 약 2시간 30분씩 주 2회 정도의 풀아웃 방식으로 운영될 수 있으며, 중등학교에서는 선택과목으로 운영될 수도 있다.

자율학습자모형은 영재들의 긍정적인 자아개념을 발달시키고, 자신의 영재성을 이해하며, 사회적 기술을 발달시키는 것을 돕는 데 목적이 있다. 또한 다양한 교육의 기회와 경험을 제공하여 영재들이 다양한 영역에서의 지식을 증대시키고 사고력을 개발할 뿐만 아니라, 학습에 대한 책임감을 형성하고 창의적이고 독립적인 학습자가 되도록 하는 데 있다. 이러한 목적은 영재교육 프로그램의 목적과 매우 유사하다. 자율학습자모형은 [그림 6-1]과 같이 5가지 주요 차원으로 나누어진다.

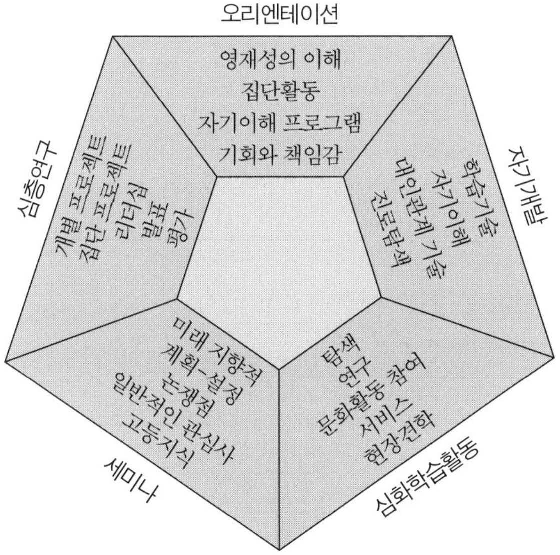

[그림 6-1] 자율학습자모형

출처: Betts (1986).

1) 오리엔테이션 차원

이 차원은 학생, 교사, 학교 행정가와 부모 등에게 영재 및 영재교육의 주요 개념과 자율학습자모형의 특수성을 알리는 것을 목적으로 한다. 집단활동과 자기이해에 대한 연습은 영재들에게 자신과 타인을 이해할 수 있는 기회를 제공하며, 학생들은 이 프로그램을 통해서 무엇을 얻을 수 있는지에 대해 배운다.

2) 자기개발 차원

이 차원은 독립적이고 자율적인 학습을 촉진하는 인지적, 정서적, 사회적 기술, 개념, 태도를 개발하는 데 중점을 둔다. 즉, 학습기술(예: 문제해결력, 판단력, 조직력, 창의성, 사고기술과 연구기술 등), 자기이해(예: 긍정적 자아개념, 장점 및 단점, 바람직한 행동, 책임의식, 건전한 정신 등), 대인관계 기술(예: 의사소통과 리더십, 인터뷰 및 토의 기술 등), 진로탐색(다양한 직업에 대한 탐색 및 이해, 진로 계획 및 경험 생각하기 등) 등을 다룬다.

3) 심화학습활동 차원

이 차원은 학생들이 스스로 연구하기를 원하는 영역을 결정하는 '학생 중심 교육과정'과 관계가 있다. 영재들은 자신이 열정을 갖고 연구하게 될 주제를 발견하고, 주제와 관련된 영역을 탐색하여 그 결과를 집단활동을 통해 동료들에게 발표한다. 또한 박물관, 연극, 콘서트, 전시회 관람 등의 문화활동에 참여하거나 국토의 지질, 역사 및 고고학 연구와 같은 모험적인 계획을 세울 수도 있다. 심화학습활동 차원에서 학생들은 자신의 관심 분야를 알고 더 깊게 학습할 수 있는 기회를 얻는다.

4) 세미나 차원

이 차원은 아이디어와 연구과제 산출물에 중점을 두고 3~5명의 소집단활동을 통하여 하나의 주제에 대한 연구를 진행한다. 소집단 학생들은 그동안 연구한 주제를 세미나 형식으로 동료들에게 발표하고 집단 및 자신이 정한 기준에 따라 세미나 결과를 평가하기도 한다. 학생들은 일반적인 정보를 발표하고, 청중들의 토론 참여를 촉진하여 학생의 입장에서 학습자의 관점으로 변화한다.

5) 심층연구 차원

이 차원은 자율적인 학습기술 달성에 그 목적이 있다. 앞의 4가지 차원은 심화학습을 하기 전에 필수적으로 거쳐야 하는 것으로, 학습자는 학습의 범위를 정하고 행동 계획을 개발하고 실제 학습에 참여하고 수행한 후 평가해야 한다. 학생들은 개별적 혹은 소집단 활동을 통해 관심 영역을 심도 있게 연구하는데, 이는 렌줄리의 심화학습모형 중 3단계 프로젝트와 유사하다.

자율학습자모형은 독립적으로 자발적인 학습자가 될 수 있도록 지적 능력의 개발과 더불어 정서 및 사회적인 영역의 균등한 성장을 도모한다. 학생들은 스스로 주제를 선택할 수 있으며, 행동에 대한 계획, 실행, 평가를 위한 결정을 내릴 수 있다. 이 모형은 현재 미국과 캐나다의 여러 교육청에서 설치 및 운영되고 있다.

7. 다중지능모형

다중지능모형(multiple intelligence model)은 지능의 다차원적 접근으로 교육과정을 구성하고 그에 맞게 교수를 하는 것이다. 가드너(Gardner)는 1983년 초에 자신의 저서에서 지능을 7개의 독립된 영역으로 구분하였으나, 그 후 1개의 지능을 추가하여

8개의 지능을 주장하고 있다. 그가 주장하는 지능 영역은 다음과 같다(Gardner, 1983).

- 언어지능(verbal/linguistic intelligence): 언어 이해, 구문, 의미, 문체 등의 표현과 관련되어 있으며, 소설가나 변호사, 교수 등에게 필요한 지능이다.
- 논리-수학지능(logical/mathematical intelligence): 귀납적 · 연역적 추론을 하는 능력과 관련된 것으로, 수학자나 물리학자 등에게 필요한 지능이다.
- 시각-공간지능(visual/spatial intelligence): 3차원의 도형을 표상하거나 조작할 수 있는 능력을 의미하며, 건축가, 공학자, 조각가 등에게 필요한 지능이다.
- 음악지능(music/rhythmic intelligence): 음의 고조 변별, 리듬이나 음색에 대한 민감성, 음악감상, 작곡 등과 관련된 지능이다. 연주자, 작곡가 등에게 필요한 지능이다.
- 운동지능(bodily/kinesthetic intelligence): 과제 수행이나 산출을 목적으로 신체의 전부 혹은 일부를 사용할 수 있는 능력이며, 무용수, 운동선수 등에게 필요한 지능이다.
- 대인관계지능(interpersonal intelligence): 타인의 행동과 동기를 이해하고 타인에 대한 지식을 바탕으로 합리적이고 생산적으로 행동할 수 있는 능력이며, 상담가, 교사, 정치가 등에게 필요한 지능이다.
- 개인내적지능(intrapersonal intelligence): 자신의 강점과 약점, 사고유형, 감정, 정서상태 등에 대한 이해를 바탕으로 자신의 행동을 수행하는 과정에서 이런 자신의 조건을 적절히 사용하는 지능이다.
- 자연탐구지능(naturalistic intelligence): 자연과 환경의 조건을 잘 이해하고 이를 자신의 삶 속에서 활용하는 지능이다.

다중지능모형은 새로운 교육과정의 개발과 교수를 설계하는 기반으로 사용되어 왔다. 이 모형은 개인차를 확인하고, 그에 근거하여 교육과정을 계획하고 개발하며, 교육과정을 전달하는 수업의 전략을 구축하는 발판이 된다. 이런 입장에 근거하여 다양한 교육과정자료가 개발되었으며, 그것이 상업적으로 이용되는 경우도 많았다. 이 모형은 어떤 학습자들에게도 적용 가능하며, 어떤 교과나 학년에서도 필요한 교육과정을 개발할 수 있어 많은 교사에게 큰 호응을 받고 있다.

이 모형을 적용한 가장 좋은 사례는 미국 인디애나주 인디애나폴리스에 있는 키 스쿨(Key School)과 뉴욕 시에서 적용한 아틀라스 프로젝트(Atlas Project)이다.

8. 피라미드 프로젝트 모형

피라미드 프로젝트 모형(pyramid project model)은 기존의 영재교육 프로그램에 대한 고찰(Cox, Daniel, & Boston, 1985)을 기반으로 개발되었다. 즉, 기존의 영재교육 프로그램들은 창의적이고 우수한 아동들의 욕구를 충족시켜 주지 못할 뿐만 아니라 엄격한 커트라인을 적용하여 잠재력을 가진 학습자들을 프로그램에서 배제하고 있었다. 또한 여러 프로그램은 단편적이고, 비연속적이며, 대부분 풀아웃 형태로 운영되기 때문에 학생들이 참여하고 싶을 때 수업 받을 수 없다는 문제점을 가지고 있다.

[그림 6-2]를 보면, 피라미드 모형의 가장 아래층이 넓은 것은 우수한 학습자들이 학습센터 이용, 융통성 있는 집단 편성, 개별화 수업, 학년 혼합 집단 편성, 교육과정 압축, 자료실 심화학습과 프로젝트 등으로 정규학급에서 다양한 심화학습활동을 하게 된다는 것을 의미한다. 피라미드의 중간층인 특수학급으로 올라가면서 점차 그 폭이 좁아지는데, 이것은 우수한 학생들이 전일제 특수학급에 배정되기 때문이다. 이 층에서 학생들은 자신이 잘하는 과목을 이중으로 등록할 수 있다. 예를 들어, 초등학생은 자신이 잘하는 과목을 중학교에서 이수할 수 있고, 중학생은 고등학교에, 고등학생은 대학에 등록해서 이수할 수 있다. 피라미드의 가장 상층에서는 특수한 욕구를 가진 좀 더 특별한 소수학생들이 마그넷 스쿨(magnet school)과 같은 특수학교에 편성된다. 상층 학생들을 위해서는 수학 · 과학 및 언어, 국제 학사 프로그램, 사회 및 역사, 음악 및 미술, AP과정이나 대학 학점 이수제 등을 운영할 수 있다.

피라미드 모형은 하층에서 상층에 이르기까지 융통성 있는 학습속도의 개념이 적용되는데, 이를 기반으로 교사는 모든 영재가 동일한 속도로 학습하는 것이 아니라는 것을 반드시 인식해야 한다. 피라미드 프로젝트 모형의 기본 개념은 영재들이 숙달한 내용, 개념, 기술에 따라 특정한 영역에서 보다 높은 수준으로 속진하거나, 심화학습의 기회를 제공하여 우수한 학생들의 교수-학습 과정을 가속화시켜야 한다는 것이다. 또한 피라미드 프로젝트 모형에서는 조기입학, 심화학습, 이중등록, 교육과정 압축, 월반, 시험을 통한 학점 취득 등의 형태로 학습속도를 융통성 있게 조절할 수 있다.

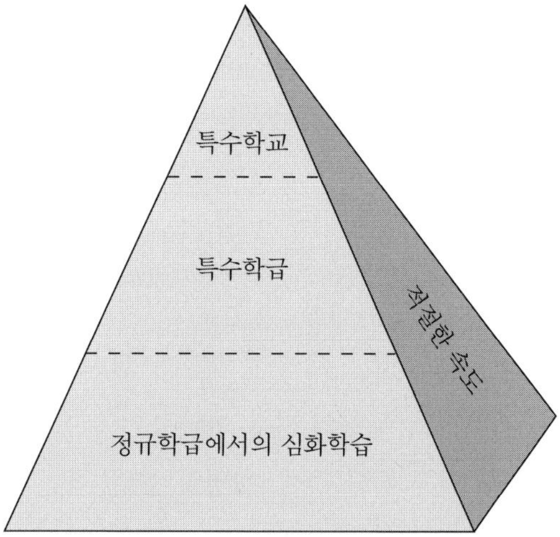

[그림 6-2] 피라미드의 개념

출처: Cox et al. (1985).

9. 자기주도학습 모형

일반적으로 영재들은 본래 타고난 자발적인 학습능력을 갖고 있으며 스스로 독립적인 학습을 할 수 있다고 생각한다. 더욱이 자기주도학습 능력은 영재성과 동일한 것으로 여겨져 영재교육의 주된 관심을 받지 못하였다. 그러나 영재 역시 보다 효율적인 자기주도적인 학습자가 되기 위해서는 그들의 능력과 특성에 맞는 교수와 훈련이 필요하다.

트레핑거(Treffinger, 1978)는 학생들이 독립적이고 자기주도적인 학습자가 되기 위해 필요한 기능과 능력을 개발시켜 주는 프로그램을 제안하였다. 이 모형은 학생들이 자신들의 관심 분야를 직접 계획하고, 수행하고, 평가할 때 교육의 효과와 효율성이 극대화될 수 있다는 전제하에 개발되었다. 모형의 각 단계는 학습의 목표와 목적 선정, 학습준비도 평가, 교육과정 개발과 이행, 성취도평가 등이 어느 정도 교사 의존적이고 혹은 학생 주도인가에 따라 구분된다. 첫째, 교사주도 단계(command style)는 전형적인 교사수업방식으로, 사전에 교사가 학급 학생들이나 개별 영재들이 무엇을, 언제, 어디서, 어떻게 해야 할 것인가를 결정한다. 둘째, 자기주도학습 1단계(task style)에서는 교사가 학생들을 위해서 다양한 학습활동이나 프로젝트 등을 개발하고, 학생들에게 자신의 능력과 학습속도에 맞추어 학습활동을 선택할 수 있는 기회를 제공한다. 셋째, 자기주도학습 2단계(peer-partner style)에서는 교사와 학생이 공통적으로 교육 프로그램을 개발하지만 학생들 스스로 학습활동이나 목표에 좀 더 적극적으로 참여하고 의사결정한다. 넷째, 자기주도학습 3단계(self-directed style)에서는 학생이 스스로 학습할 내용과 목표를 정하고 평가하며, 교사는 필요한 자료나 정보를 제공해 주는 보조적 역할을 담당한다.

학생들은 자신의 학습활동을 주도함에 있어서 능력과 경험 면에서 차이가 있다. 그러므로 교사는 학생의 자기주도성 수준을 먼저 확인해야 한다. 이에 트레핑거는 학생의 자기주도성 수준을 확인할 수 있는 체크리스트를 고안하였다. 만일 학생이 교사의 조언 없이도 자신의 향상 정도를 평가할 수 있고, 다른 사람들이 사용하는 것과 같은 준거를 적용하여 자신의 과제나 산출물의 강점과 약점을 확인할 수 있다면, 앞의 4단계의 자기주도적 학습활동을 할 준비가 되었다고 본다.

트레핑거는 자기주도적 학습능력을 신장시키기 위해 일반적으로 고려해야 할 사항을 다음과 같이 제안하였다.

- 영재들이 스스로 할 수 있는 일을 도와주거나 대신해 주지 말아야 한다. 학생들의 자기주도능력이나 하고자 하는 동기를 저하시켜서는 안 된다.
- 자기주도적 학습에 개방적인 태도를 갖고 자기주도적 학습을 지원해야 한다.

- 학생들이 다양한 주제와 문제를 관련시키고 종합할 수 있도록 지식의 연속성과 관계성을 강조해야 한다.
- 문제해결력, 창의성, 연구기술 향상을 위한 프로그램을 제공해야 한다.
- 학교나 가정에서 도전적인 상황을 만들어 독립적인 문제해결의 기회를 제공해야 한다.

10. 인지적 사고과정-정의적 감각과정의 상호작용모형

윌리엄스(Williams, 1986)가 개발한 이 모형은 영재들을 위해 특별히 고안된 것은 아니지만 흔히 영재교육 프로그램에 활용된다. 이 모형은 인지적 측면과 정의적 측면을 개발하는 데 목표를 두고 있으며, [그림 6-3]에 제시된 바와 같이 교과목, 교수방법, 인지적·정의적 학습내용의 삼차원으로 구성되어 있다. '차원 1'은 교과목 내용에 관한 것으로 언어, 수학, 사회, 과학, 음악, 미술의 6개 과목으로 분류되어 있으며, '차원 2'는 교수전략과 교수모형에 관한 것으로 18가지의 활동과 기술을 포함하는 교수방법들로 구성되어 있다. 이러한 교수방법에는 역설, 속성, 유추, 불일치, 도전적 질문, 변화의 예, 습관의 예, 무작위 탐색, 탐구기술, 애매모호함 수용, 직관적 표현, 발달에 대한 조절, 창의적 인물 및 창의적 과정에 대한 연구, 상황평가, 창의적 읽기 기술, 창의적 듣기 기술, 창의적 쓰기 기술, 시각화 기술 등이 포함된다. '차원 3'은 인지적·정의적 학습과정에 관한 것으로 인지적 사고과정인 유창성, 융통성, 독창성, 정교성과 정의적 과정인 호기심, 용기, 도전, 상상력으로 구성된 8가지 과정으로 구분된다. [그림 6-3]에 있는 'D 공식'은 교과목 내용(D1)이 교수방법(D2)과 상호작용하여 인지적·정의적 학습내용(D3)을 산출한다는 것을 의미한다.

이 모형은 차원 1의 6개의 교과목과 차원 2의 18개의 교수방법 그리고 차원 3의 8개 인지적·정의적 학습과정으로 구성되어 있기 때문에 전체 864개(6×18×8)의 교실활동이 가능하다. 윌리엄스는 특정 교과목에 대해 하나의 교수방법을 사용하여 인지 및 정의적 기술을 강화시킬 수 있는 수많은 활동과 과제를 설계하였다.

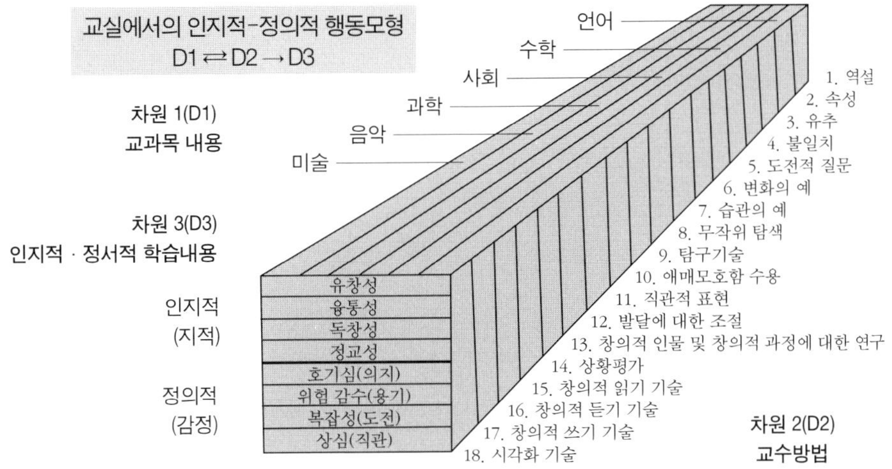

[그림 6-3] 윌리엄스의 상호작용모형

출처: Williams (1986).

〈표 6-2〉 윌리엄스의 교수전략

교수방법	설명
역설	자기모순적 진술 또는 관찰
속성	고유한 특성 및 특질
유추	유사한 상황이나 유사점
불일치	알 수 없는 요소나 빠진 점
도전적 질문	탐색이나 발견을 유도하는 질문
변화의 예	변화, 수정, 하위 상황에 의한 역동성 탐색
습관의 예	고정관념이나 경직성 감지
무작위 탐색	무작위적으로 결과를 이끌어 냄
탐구기술	역사적, 기술적, 혹은 실험적 탐색
애매모호함 수용	개방적인 상황에 대해 인내하기
직관적 표현	육감적으로 느끼기와 정서적 느낌 표현하기
발달에 대한 조절	경험이나 상황에 순응하기보다는 적응하기
창의적 인물 및 창의적 과정에 대한 연구	특정인의 행동에 대한 연구와 분석
상황평가	준거 설정, 의사결정, 비판적 사고
창의적 읽기 기술	독서를 통한 아이디어 산출
창의적 듣기 기술	청취를 통한 아이디어 산출
창의적 쓰기 기술	작문을 통한 자기표현
시각화 기술	시각적인 형태로 아이디어 표현하기

11. 무한재능모형

쉴리처(Schlichter)가 제안한 무한재능(Talents Unlimited: TU)모형은 테일러(Talyor)가 제안한 9가지 재능 영역인 학업적 재능, 생산적 사고 재능, 의사소통재능, 예측재능, 의사결정재능, 계획재능, 실행재능, 인간관계재능, 기회분별재능을 기초로 학생들의 잠재력을 인식하고 이를 양성해야 할 교사들을 훈련시키기 위한 것이다. 훈련과정에는 다음과 같은 4가지 주요 활동이 포함된다.

- 테일러의 9가지 재능과 사고기술
- 재능수업 모델링과 시연
- 교실에서의 실제 수업
- 일대일 또는 소집단 수업

교사가 학생들의 무한한 재능을 계발하기 위해 수업에서 사용하는 전략의 예는 다음과 같다. 첫째는 생산적 사고 재능으로, 다양하고 특이한 생각을 하게 함으로써 생산적 사고를 강화한다. 둘째는 의사결정재능으로, 학생들에게 문제를 개괄하고 심사숙고하도록 하며, 최종판단을 내리게 한다. 셋째는 계획재능으로, 아이디어를 실행하는 방법을 설계하고, 필요한 자원을 확인하며, 일의 단계를 계획하는 활동을 시킨다. 또한 여기에는 실행 가능한 문제를 정확히 파악하고 계획을 개선하는 활동이 포함된다. 넷째는 예측재능으로, 학생들에게 가능한 원인이나 다양한 현상의 원인과 결과를 예언하게 하는 활동이 포함된다. 다섯째는 의사소통재능으로, 아이디어, 감정, 요구 등을 표현하기 위해 언어적・비언어적 형태의 의사소통을 사용하고 해석하는 데 중점을 둔다. 여섯째는 학업적 재능으로, 특정 주제와 관련된 지식기반을 형성하는 데 필요한 지식과 개념을 습득하게 한다.

쉴리처는 학생들이 자신의 사고기술을 향상시키기 위해 적극적으로 노력해야 한다는 것을 스스로 깨달아야 한다고 주장하였다. [그림 6-4]의 재능기차는 초등학생에게 무한재능모형을 설명하는 데 사용할 수 있다.

[그림 6-4] 재능기차

출처: 송인섭 외 편역(2001).

[그림 6-5]의 맥탤런트 버거는 중등학생에게 무한재능모형을 설명하기 위한 것으로서, 맨 아래의 학문적 재능이라는 빵은 5가지의 창의적이고 비판적인 사고 재능이라는 좋은 재료로 맛을 증대시킬 수 있는 지식기반이다.

[그림 6-5] 맥탤런트 버거

출처: 송인섭 외 편역(2001).

요약정리

1. 재능탐색모형은 스탠리 교수가 처음으로 주창한 것으로 SMPY라고도 불린다. 수학에 뛰어난 능력을 가진 학생들을 판별하여 그 재능을 개발하는 영재교육모형의 대명사로 꼽힌다.
2. 렌줄리의 3단계 심화학습모형에서 1단계 심화학습(일반적 탐색활동)은 학생들이 다양한 주제에 대해 탐색하게 한다. 2단계 심화학습(집단훈련활동)은 창의적 사고, 학습방법의 학습, 의사소통 기술 등의 습득에 초점을 맞추고 있다. 그리고 3단계 심화학습은 실제 문제를 연구하는 단계이다. 중등학교의 3단계 심화학습모형은 우수 학급과 유사한 형태의 과목별 재능자원 학급이 필요하다.
3. 학교전체 심화학습모형은 모든 학생을 대상으로 하며, 일반학급에서 1단계와 2단계 심화학습을 하도록 한다. 창의성과 열성이 있는 재능자원 집단은 3단계인 프로젝트를 수행하기 위하여 자발적으로 지원한 학생들이다. 학생들의 흥미를 확인하고 교육과정을 압축하는 것이 중요하다.
4. 렌줄리의 다중메뉴모형은 효과적인 교수방법을 위한 절차를 제안하고 있는 일련의 메뉴 또는 설계 지침이다. 여기에는 지식 메뉴, 수업목표 메뉴, 수업전략 메뉴, 수업계열 메뉴, 예술적 수정 메뉴가 포함된다.
5. 퍼듀 3단계 심화학습모형은 주로 창의적 사고의 육성에 중점을 두며, 연구기술과 독립적인 학습능력, 긍정적인 자아개념의 육성에 관심을 둔다. 1단계는 기초적인 수렴적 · 발산적 사고력 계발에 중점을 둔다. 2단계는 좀 더 복잡한 창의적 문제해결력을 다룬다. 3단계는 독립적인 연구기술의 개발에 중점을 둔다.
6. 자율학습자모형은 ① 오리엔테이션 차원, ② 자기개발 차원, ③ 심화학습활동 차원, ④ 세미나 차원, ⑤ 심층연구 차원으로 구성되며, 영재들의 다양한 인지적 · 정서적 · 사회적 욕구에 맞추기 위해 유아부터 고등학교 3학년까지의 전 학년을 대상으로 한다.
7. 다중지능모형은 지능의 다차원적 접근을 중심으로 교육과정을 구성하고 그에 맞게 교수를 하는 것이다. 가드너는 1983년 초에 자신의 저서에서 지능을 7개의 독립된 영역으로 구분하였으나, 그 후 1개의 지능을 추가하여 8개의 지능을 주장하고 있다.
8. 피라미드 프로젝트 모형은 영재교육 프로그램, 특히 풀아웃 방식의 비판점을 극복하기 위한 3가지 수준의 교육과정 설계이다. 평균 이상의 학생들은 정규학급에 통합하고, 유능한 학생들은 전일제 특수학급에 배치하며, 가장 유능한 학생들은 마그넷 스쿨이나

기숙학교에 다니게 하는 것이다.

9. 자기주도학습 모형은 ① 교사지시 단계, ② 교사 중심 과제 단계, ③ 학생 중심 과제 단계, ④ 자기주도학습 단계 등 독립성을 증가시키고 자기주도적인 학습자가 되는 데 도움을 줄 수 있는 4단계를 제안하였다.
10. 인지적 사고과정-정의적 감각과정의 상호작용모형은 교과목, 교수방법, 인지적 · 정의적 학습내용의 3차원으로 구성되어 있다.
11. 무한재능모형은 테일러가 제안한 9가지 재능 영역인 학업적 재능, 생산적 사고 재능, 의사소통재능, 예측재능, 의사결정재능, 계획재능, 실행재능, 인간관계재능, 기회분별재능을 기초로 학생들의 잠재력을 인식하고 이를 양성해야 할 교사들을 훈련시키기 위한 것이다.

연구문제

1. 재능탐색모형의 주요 원리를 설명하시오.
2. 렌줄리의 3단계 심화학습모형을 단계별로 간략히 설명하시오.
3. 학교전체 심화학습모형의 특징을 설명하시오.
4. 다중메뉴모형에 사용된 5가지 메뉴를 간략히 설명하고, 그것이 교육과정 개발에 어떻게 적용되는지 설명하시오.
5. 퍼듀 3단계 심화학습모형의 각 단계를 설명하시오.
6. 피라미드 프로젝트 모형의 특징에 대해 설명하시오.
7. 자율학습자모형과 자기주도학습 모형을 비교하여 설명하시오.
8. 다중지능모형의 8가지 지능의 유형을 설명하시오.
9. 자기주도학습 모형의 4가지 단계를 설명하시오.
10. 인지적 사고과정-정의적 감각과정의 상호작용모형의 3가지 차원을 설명하시오.
11. 무한재능모형에서 설명된 9가지의 재능 영역을 설명하시오.

제7장
속진학습의 개념과 유형

학습목표

1. 속진학습의 개념과 정의를 설명할 수 있다.
2. 속진학습의 필요성을 설명할 수 있다.
3. 9가지 속진학습방법을 이해하고, 각각의 목적을 설명할 수 있다.

1. 속진학습의 개념

영재교육에서 빈번하게 사용되는 중요한 3가지 용어는 속진(acceleration), 심화(enrichment), 집단화(ability grouping)이다. 이 3가지는 분명한 관련이 있다. 예를 들어, 수학이나 언어 교과 속진을 위해 시간제 혹은 전일제 영재학급에서 공부하는 어떤 학생이 역사나 사회 교과의 심화수업에도 참여할 수 있다. 규모가 작은 학교에서는 종종 속진과 집단화가 동시에 이루어지기도 한다. 이런 일련의 교육방법은 동일 연령의 학생들 간에 존재하는 개인적 차이를 해결하기 위해 필요하다.

1978년 이전에 속진 프로그램은 매우 드물었다. 이는 어린 영재학생들을 나이가 많은 학생들과 같은 교실에 배치하는 것이 영재들의 사회적 · 정서적 발달을 저해할 것이라는 부정적인 생각 때문이었다. 또한 교사들은 영재들이 스스로 학습하기 때문에 교사의 도움이 필요 없을 것이라 생각했고, 오히려 학습이 느린 학생들을 영재들이 도와줄 것이라 믿으며 학습에 어려움을 겪는 학생들에게만 집중했다.

미국의 「낙제학생방지법(No Child Left Behind Act)」 제정은 영재학생들을 위한 속진과 심화학습에 부정적 영향을 주었다. 이 법률의 교육적 초점은 주로 빈곤층 학생들, 소수민족 학생들, 장애학생이나 영어 표현에 어려움이 있는 학생들에게 맞추어졌다. 또한 2년 혹은 3년마다 시행되는 능력평가에 의해 모든 학생이 교육적 최저기준에 도달해야 하기 때문에 학생들은 지속적으로 학습에 압박감을 느끼고 낙오될 가능성이 높다.

속진이란 영재학생들이 동일 연령의 또래들보다 조기에 상위학습을 하게 되는 것을 의미한다. 즉, 상급학생들에게 배정된 교과내용을 나이 어린 영재학생들에게도 허용하는 것이다. 심화는 영재학생들을 좀 더 풍부하고 다양한 교육적 경험에 노출시키는 것이며, 일반학급보다 더 넓고 깊게 가르치는 것이다. 속진과 심화 모두 영재학생들의 교육적 욕구와 능력을 수용하고, 더불어 창의적 사고 및 고차원적 사고 기술을 발달시키는 데 도움을 줄 수 있다.

그러나 자세히 살펴보면, 속진과 심화는 다른 교육적 전략을 가진다. 속진은 상위 교과과정 배치 혹은 학점을 얻는 결과를 가져오는 전략인 반면, 심화는 영재학생들을 위한 다른 교육적 조정, 즉 상급과정 배치나 학점 획득이 아닌 표준학년 수준의 활동을 넘어서는 다른 교수전략을 말한다. 마지막으로 집단화는 영재학생들을 모으는 방법이다.

2. 속진은 필요한가

아이오와 대학교에 위치한 벨린-블랭크 영재교육 및 재능개발 국제센터(Belin-Blank International Center for Gifted Education and Talent Development)의 수년간의 경험에 근거하여 콜란젤로(Nicholas Colangelo)는 속진의 장점과 문제점을 요약하였다. 속진을 비판하는 교육학자들은 속진이 학생들에게 교육적, 정신적, 사회적으로 많은 피해를 준다고 하지만, 분명 이는 잘못된 주장이다. 영재학생들의 속진에 대한 오해는 다음과 같다.

- 지식의 차이를 지나치게 유도한다.
- 나이 많은 학생들과 함께 있게 함으로써 어린 학생들에게 사회적·정서적 부적응을 유발한다.
- 어린 학생들을 재촉하고 부담을 준다.
- 속진하지 않은 학생들에 대한 교육적 형평성에 맞지 않는다.
- 속진을 해도 별 차이가 없기 때문에 불필요하다.

로저스(Rogers)는 학급 친구들이 속진한 학생을 이상하게 취급해서 자존감이 낮아질 수 있고, 학업에 부정적인 영향을 줄 수 있다고 하였다. 그러나 이후 속진학생들에 대한 314개의 연구 결과들을 검토하여 대다수의 유형이 긍정적이고 통계적으로 유의미한 효과를 보인다는 것을 발견하였고, 속진을 선택하는 것은 정신적 건강, 사회적 적응, 학업적 자존감, 혹은 학업적 성취에 결코 부정적 영향을 미치지 않는다는 결론을 내렸다.

또한 콜란젤로는 속진에 대한 거부감은 교육감, 교장, 교사의 개인적 선호와 평등에 대한 정치적 편견에서 비롯될 수 있다고 지적하면서, 속진은 학생들이 아직 알지 못하는 것만을 학습하게 도와주어야 하고, 적어도 지능지수 150 이상의 상위 영재학생들에게 필요하다고 주장하였다.

속진할 학생들의 선정과 속진의 성공을 위해서는 여러 가지 능력이 필요하다. 수업을 이해하는 능력을 포함하여 성공적 속진을 예견할 수 있게 하는 능력은 특별한 상징체계(예: 수학, 언어)에 대한 지식, 기술, 추론능력, 스스로 학습하는 능력, 높은 흥미, 끈기, 낮은 불안 등이다. 속진에 관한 결정은 아이오와 속진척도(Iowa acceleration scale)와 같은 평정척도를 통해 판단할 수 있다.

현재 우리나라에서는 수월성 교육을 위해 영재뿐만 아니라 일반학생에게도 이러한 속진 교육과정을 제도적으로 시행하고 있거나(예: 일반고등학교의 조기졸업반 운영) 그 영역을 확대하고 있다.

3. 유치원과 초등학교에서의 속진

1) 조기입학

유치원이나 초등학교 조기입학은 아동의 요구와 능력에 맞게 학습활동을 맞추는 속진학습 전략이다. 즉, 조기입학은 영재학생의 관찰하고 탐구하려는 의욕, 상상력, 호기심, 욕구를 충족시키는 것이다. 일부 교육자들은 조기입학에 대해 다음과 같은 우려를 나타낸다.

첫째, 조기입학한 아동들은 나이가 많은 학생들과 잘 지내지 못하기 때문에 학교 내에 친구가 없고, 이로 인해 학교생활에 적응하지 못하게 될 것이다. 둘째, 어린 시절의 중요한 경험을 잃게 될 것이다. 셋째, 학업적 부담은 반항심이나 극심한 피로와 같은 스트레스를 유발할 것이다. 넷째, 학업적 경쟁으로 인해 그들의 성취는 좋지 못할 것이다. 다섯째, 리더십 기술을 개발하지 못할 것이다. 여섯째, 거만하고 교만해질 것이다. 일곱째, 어떤 부모는 자녀의 준비 정도에 관계없이 조기입학을 시키려고 재촉할 것이다. 여덟째, 어떤 부모는 자녀를 유치원에 조기입학시키기 위해 생일을 고치기도 하고, 추천서를 위조하기도 할 것이다.

사진 7-1 유치원 학생의 속진수업 모습
(순천향대학교 영재교육원)

유치원 혹은 초등학교에 조기입학하려는 후보 아동의 인지적 · 정서적 · 사회적 성숙도와 신체적 준비성은 신중하게 평가되어야 한다. 만일 아동들이 조기입학을 할 정도로 준비되지 않았다면, 어린 아동들은 심각한 사회적 · 정서적 문제를 경험하게 될 것이다. 그러나 조기입학자들의 학업성취는 자신보다 나이 많은 친구들과 비교하여 오히려 더 높다는 연구가 있으며, 이러한 높은 학업성취는 고등학교까지 지속되고, 대학 입학시험에서도 우수한 성적을 얻는다는 연구도 있다.

퍼듀 대학교의 펠듀슨은 유치원이나 초등학교 조기입학을 위해 다음과 같은 기준을 제시하였다(송인섭, 이신동, 이경화, 최병연, 박숙희 편역, 2001).

- 지적 우수성: 지능지수가 130 이상이어야 한다.
- 눈-손 협응능력: 눈-손 협응(eye-hand coordination)능력은 아동의 최소한의 운동-인지 능력을 나타내므로, 이 신체조절 능력에 문제가 있으면 글씨를 쓰거나 종이를 자르는 데 문제가 생길 수 있다.
- 높은 독해력과 수 추리력: 학교생활에서 가장 중요한 능력으로, 초등학교에 조기입학하려는 아동은 책을 읽고 내용을 이해하는 능력이나 수학적 추리능력이 1학년 2학기 수준은 되어야 한다.
- 적절한 사회적 · 정서적 적응력: 조기입학을 하기 위해서는 적응력에 문제가 없어야 한다. 특히 단체활동에 적응하는 능력 및 다른 아동들과 어울리는 능력이 필수적이다.
- 학교와 교사들의 조기입학에 대한 우호적 자세: 학교와 교사가 조기입학에 부정적 입장을 보이면 아동은 학교적응에 많은 어려움을 가지게 된다. 따라서 학교, 교사, 학부모, 상담교사는 항상 협조해야 한다.
- 가족의 적극적인 지원: 조기입학에 성공하려면 가족 모두가 조기입학에 대해서 긍정적이어야 한다.

2) 학년월반

영재학생의 학년월반은 여러 장점을 가진다. 대표적으로 학년월반은 큰 비용이 들지 않는다. 즉, 영재교사가 필요하지 않고, 특별한 책, 과제, 프로젝트 혹은 장비가 없어도 가능하기 때문에 학교의 교육적 비용을 줄일 수 있다. 하지만 대부분의 학교들은 학년월반을 부정적으로 생각하는 경우가 많다.

학년월반에는 2가지 전략이 사용된다. 첫째, 속진은 학년(academic year) 동안에 이루어진다. 예를 들어, 경수라는 2학년 학생이 2학년 교과를 거의 숙달하였다고 판단되면, 학기 중에 3학년으로 진급하여 나머지 학년을 마칠 수 있다. 이와 같은 결정은 보통 부모를 포함한 2학년 담임교사, 새롭게 경수를 맡을 3학년 교사, 교장, 상담교사 등의 회의를 거쳐 이루어진다. 미국의 경우 이런 학년월반은 쉽게 이루어지지만, 우리나라는 아직 이런 제도적 장치가 마련되어 있지 않다. 둘째, 영재학생은 한 학년 전체를 월반할 수도 있다. 경수가 2학년을 마치고 3학년으로 진급하는 것이 아니라 4학년으로 바로 진급하는 것이다. 이 역시 부모와 학교 관계자가 회의를 거쳐 결정하게 된다.

학년월반은 대체로 초등학교 저학년에서 이루어지지만, 때로는 고학년에서도 가능하다. 이것은 또래의 다른 아동들보다 학습수준이 1~2년 정도 앞서가고, 학교 수업에 심하게 지루함을 느끼며, 학습수준이 낮은 또래 아이들을 참지 못하는 일이 자주 발생할 때 가능하다. 또한 교사들의 관찰이나 부모의 요구에 의해 시작될 수도 있다. 또 다른 견해는 사회적 적응이다. 어떤 아동이 나이가 많은 학생들과 같은 학급에 배치되는 것을 원하고, 자신보다 나이가 많은 정신적 동료들과 편안함을 느끼며, 사회적 · 정서적 문제를 거의 보이지 않는 경우에 가능하다.

학년월반에 대한 여러 선행연구에서 나타나듯이, 월반된 학생들의 학업동기는 매우 높다. 속진되지 않은 영재학생들은 너무 쉬운 학습활동에 쉽게 지루함을 보이는 반면, 월반된 학생들은 도전감을 가지고 학업에서 지루함을 느끼지 않는다. 학교가 그들의 능력을 인정하고 관심을 가지기 때문에 월반된 아동들의 자존감은 높아지고, 잘 알지 못하는 과제를 부여받더라도 해결하려고 노력한다. 또한 좀 더 높은 수준의 과제를 원하고 대학에 진학하기를 희망하며 치열하게 노력한다.

학년월반에 관한 기준 역시 유치원 혹은 초등학교 조기입학과 유사하다. 어떤 학생이 학년월반을 하려면 다음과 같은 조건을 만족해야 한다.

- 지능지수 130 이상
- 한 번에 한 학년만 월반
- 기초 기능 차이에서 발생할 수 있는 문제에 대한 적절한 진단
- 담당 교사의 지원
- 학업성취 이상의 운동능력 중시
- 성숙함
- 동기화
- 지적 도전감

3) 과목월반

과목월반이란 학년월반의 전체적 속진과 비교하여 부분적 속진이라 할 수 있다. 이것은 특정 과목만을 상급생들과 공부하는 것으로, 언어와 수학 등의 교과에서 이루어진다. 이는 한 분야에 특별한 능력을 가진 학생들에게 적합하고, 초등학교에서 시작하여 고등학교까지 이어질 수도 있다. 즉, 과목월반은 학생이 특별히 잘하는 과목은 상급학년에 가서 수업받고, 나머지 과목은 자신과 같은 학년에서 공부하는 것을 말한다.

그러나 이러한 과목월반에서는 연속성의 문제가 나타날 수 있다. 한 학년 위의 수학을 1년 동안 학습한 학생이 다음 해에 같은 내용을 반복해야 할지도 모른다. 반복되지 않는 연속적인 과목월반을 위해서는 신중하게 계획을 세워야 한다. 한 과목만을 월반하는 것은 영재학생이 상위 학년 수준에 학문적, 사회·정서적으로 잘 적응할 수 있는지를 확인하기 위한 실험으로 이루어지기도 한다. 만일 학문적, 사회·정서적 적응에 별다른 문제가 발생하지 않는다면, 교사는 그 영재학생의 과목월반을 학년월반으로 바꿀 수 있다.

4. 압축 프로그램

자신의 학년에 해당하는 교과를 충분히 이해할 수 있는 능력을 가진 학생들은 중학교 3년 과정의 수학 혹은 과학 교육과정을 2년 과정으로 압축하거나, 고등학교 과정을 3년에서 2년 혹은 2년 반으로 압축할 수 있다. 예를 들면, 우리나라의 과학고등학교는 3년 동안 배울 교육과정을 2년에 마칠 수 있도록 압축해서 운영하고 있으며, 이러한 교육과정을 통해 1년을 단축하여 대학에 진학할 수 있다. 현재 우리나라에서는 한국과학기술대학교(KAIST)에서만 이런 압축교육과정을 인정하고 있는 실정이다.

수(Hsu)는 12~17세의 128명 영재학생들을 대상으로, 미네소타에서 3주간 열린 8개의 집중 물리 교육과정에 대한 결과를 연구하였다. 각각의 물리학급은 여름학기를 수강한 적이 없는 8~19명의 학생들로 구성되었다. 이 과정은 강의와 시연을 통해 진행되었고, 고등학교에서 1년 동안 배우는 정규과정의 내용과 동일했다. 3주간의 집중교육과정 결과, 이 연구에 참여한 영재학생들의 학업성취는 정규과정에서 획득한 학업성취와 대등하였다.

5. 시험을 통한 학점 부여

미국에서는 보통 언어 혹은 수학 등 특정 과목에 탁월한 능력을 가지고 있다고 판단될 경우, 수업에 참여하지 않고도 시험만으로 학점을 얻을 수 있다. 이와 같은 방법은 이미 잘 알고 있는 학습내용의 반복에서 오는 지루함을 방지할 수 있으며, 능력 있는 우수한 학생들이 스스로 자신의 학습목표를 설정하여 그 목표를 향해 개별적으로 학습을 진행하도록 한다. 영재학생은 교사가 제공하는 개별 수업계획서를 받아서 스스로 학습진도를 나간 후 평가하여 달성하지 못한 목표내용을 개별적으로 학습할 수 있다.

대학교의 경우, 대학학점 취득시험(College Level Examination Program: CLEP)을 통해 강의를 수강하지 않고도 대학학점을 이수할 수 있다. CLEP는 수학, 영작문, 영문학, 경영학, 컴퓨터과학, 간호학, 교육학, 심리학, 외국어 등 30개 영역의 과목에서 가능하다. 그러나 현재 미국의 모든 대학이 CLEP 학점을 인정하는 것은 아니다. 우리나라에서도 여러 대학이 특별시험제도를 시행하고 있다. 이 시험은 대학 신입생들 중 영어나 외국어 능력이 탁월한 경우 교양영어나 교양외국어 과목을 수강하지 않고 학기 초에 실시되는 특별시험을 통해 학점을 받는 제도이다. 이 시험을 통과하면 해당 교양과목의 학점을 받은 것으로 인정된다.

6. 고교-대학의 이중등록

고등학교 학생들이 대학교 과정을 수강할 수 있는 방법은 다음과 같다.

첫째, 고교-대학 이중등록제이다. 이것은 고등학교 학생이 하나 혹은 그 이상의 과정을 지역 대학에서 수강할 수 있도록 하루 중 일부의 시간을 허용하는 것으로, 대개 다른 대학에서도 이 학점을 인정해 준다.

둘째, AP(Advanced Placement) 프로그램이다. 콜란젤로는 AP 프로그램이 영재고등학생들의 능력을 신장시키기 위한 가장 규모가 큰 최고의 프로그램이라고 했다. 미국의 많은 고등학교는 대학 수준의 AP 프로그램을 제공하고 있다. 이 프로그램은 정부가 제시하는 AP 프로그램의 규정을 따르고 있고, 정해진 교수자료와 교수방법을 사용하는 강사에 의해 진행된다. AP 프로그램에는 많은 과목이 포함되어 있다. 영작문, 영문학, 컴퓨터과학, 심리학, 불어, 독일어, 스페인어, 라틴어, 음악이론, 미국사, 유럽사, 예술사, 생물학, 경제, 미적분학, 화학 등이다. AP 프로그램을 마친 학생들은 대학교에 진학할 때 1년 혹은 그 이상의 대학교에서 이수해야 할 학점을 이미 가지고 진학하게 된다. 따라서 우수한 학생들은 AP 프로그램을 통해 대학교 재학 기간을 1년 이상 단축할 수 있다.

AP 프로그램을 통해 높은 성취를 보이는 우수한 학생들을 모집하여 그들이 대학교에 입학하기 전에 대학교 학점을 획득하는 것은 매우 긍정적인 일이지만, 프로그램은 때때로 많은 양의 과제를 요구하기 때문에 학생들이 매우 힘들어하기도 한다. 가끔 아주 의욕적인 부모들이 자신의 자녀를 AP 과정에 넣기를 원하지만, 우수하지 않은 학생이 AP 프로그램에 참여하게 될 경우 AP 프로그램을 마치기까지 여러 가지 어려움에 직면하게 된다.

미국에서는 AP 프로그램에 대한 학점인정시험이 매년 5월 초에 고등학교에서 실시된다. AP 프로그램에 참여하지 않았더라도 누구나 개인적으로 준비하여 AP 학점인정 시험을 치를 수 있다.

셋째, 고등학생을 위한 대학통신과목(university correspondence courses)이다. 이 과정은 모든 주요 대학에서 제공되는데, 대부분 대학교 신입생과 2학년 수준이며, 고등학생들은 미리 대학 학점을 이수할 수 있다. 또한 학생-교사 상호작용(예: 연설) 혹은 실험(예: 화학, 물리)이 요구되는 과목을 제외한 대부분의 교과목에서 가능하고, 필기시험은 이 과정을 제공하는 대학교에서 실시된다.

우리나라의 경우 AP 프로그램이 인정되고는 있지만 극히 제한적이다. 모든 고등학교에서 AP 프로그램을 개설할 수 있는 것이 아니라 특정 학교인 부산과학영재학교에서만 가능하다. 부산과학영재학교에서는 고등학교 3학년 과정에서 AP 과목을 수강한 후 KAIST에 진학한 경우에는 학점으로 인정받을 수 있지만, 아직 기타 대학에서는 이런 과목을 인정받을 수 없다. 우리나라에서는 2004년 말에 발표된 수월성교육종합대책에서 정식으로 이 제도가 발표되었으나, 현재까지 활성화되지 못하고 있는 실정이다. 2007년에 '대학과목이수제' 추진계획안에 따라 수학, 화학, 물리, 생물 등의 표준교육과정 및 운영체계가 제안되었고, 이공계 우수인재의 조기발굴과 육성, 수시합격 또는 수능 이후에 학생들의 교육적 제고 및 수월성 제고를 위해 2008년부터 시행되고 있다. 다음은 우리나라 「영재교육 진흥법」 중의 일부분이다.

「영재교육진흥법 시행령」 제35조의2 「고등교육법」 제2조에 따른 학교 및 다른 법률에 따라 설치된 이에 준하는 학교(이하 '대학 등'이라 한다)의 장은 영재교육과정을 이수한 학생이 동일 계열로 진학하는 경우 학칙이 정하는 바에 따라 영재교육기관에서 이수한 대학교육과정에 상당하는 교과목을 해당 학교에서 취득한 학점으로 인정할 수 있다.

「고등교육법」 제23조(학점의 인정 등) ① 학교는 학생이 다음 각 호의 어느 하나에 해당하는 경우(해당 학교에 입학하기 전의 경우를 포함한다)에 대통령령으로 정하는 범위에서 학칙으로 정하는 바에 따라 이를 해당 학교에서 학점을 취득한 것으로 인정할 수 있다.

3. 국내외의 고등학교와 국내의 제2조 각 호의 학교(다른 법률에 따라 설립된 고등교육기관을 포함한다)에서 대학교육과정에 상당하는 교과목을 이수한 경우

7. 대학 조기입학

일부 영재 중학생 혹은 고등학생들에게는 대학교 조기입학이 허용된다. 우수한 고등학생들은 고등학교 과정을 단축하여 조기졸업하거나 졸업 없이 학교를 중단할 수도 있다. 둘 중 한 조건을 충족시키기 위해 ① 학교는 조기졸업을 허가하는 속진 프로그램의 기준을 가르쳐 주어야 하고, ② 학생이 진학하려는 대학교가 고등학교 조기졸업을 허용해야 한다.

대학에 조기입학한 학생들에 관한 연구를 보면, 이전에 학술캠프(academic camp)에 참가한 경험이 있었던 학생들은 집을 떠나 기숙사에서 생활하는 것이 수월하여 대학생활에 잘 적응하였지만, 한 번도 집을 떠나 보거나 친구를 잃어 본 적이 없었던 소수의 학생들은 대학생활이 매우 힘들다고 하였다. 대부분의 학생은 캠퍼스에서 원활한 교우관계를 형성하였지만, 연구에 참여한 3명의 학생은 향수병으로 힘든 시간을 보냈다. 아이오와 대학교에서의 긍정적 경험에도 불구하고, 지속적으로 향수병을 앓았던 한 여학생은 대학교를 포기하고 고등학교로 되돌아갔다. 이 학생들의 첫 학기 평균 평점은 3.18이었는데, 이는 다른 신입생들의 평균 평점보다 높았다.

10명 중 4명의 학생들이 대학 조기입학에 대해 매우 복잡한 반응을 보였고, 그 중 2명은 분명하게 자신의 선택을 후회했다. 그들은 교수 혹은 기숙사 룸메이트가 마음에 들지 않고, 소중한 고등학교 경험을 잃었으며, 고향을 떠나야 한다는 점 등을 후회의 이유로 들었다. 반면, 대학교 친구들과의 강한 유대관계는 그들의 대학 생활에 대한 만족을 높여 주었다.

8. 국제 고교학위 프로그램

세계적으로 110개 국가에서 인증된 1,310개의 국제 고교학위(International Baccalaureate: IB) 프로그램이 있다. 이 중 정확히 1,000개의 프로그램이 16~19세의 학생들을 위한 2년제 고등학교 학위 프로그램이다. 이 프로그램은 원래 고등학생을 위한 것이었으나 중학생 프로그램과 초등학생 프로그램까지 확대되었다. IB는 매우 선택적이어서 학생들을 고급 교과학습, 외국어, 세계적 관점과 문제에 노출시킨다.

학생선발은 학업수행, 동기화 수준, 과외활동, 학생들이 제출한 학업계획서 등을 교사, 카운슬러, 행정가로 구성된 운영회가 평가하여 결정한다. 모든 IB에 참여하는 학생은 학업에서 상위 10% 내에 든다.

IB에서 개설하고 있는 과정에는 2년제 상위과정(high level)과 1년제 기본과정(standard level)이 있다. 이 과정은 6가지 영역, 즉 ① 국어(모국어), 세계문학, ② 제2언어(외국어), ③ 개인과 사회: 경영학, 지리학, 심리학, 인류학, ④ 과학: 생물, 물리, 환경시스템, 디자인공학, ⑤ 수학, ⑥ 예술과 교양: 미술, 음악 공연을 포함한다.

대부분의 미국 대학은 1년제 기본과정이 아닌 2년제 상위과정에서 얻은 학점을 인정하고 있다. 그러나 대학들이 IB의 2년제 상위과정보다 훨씬 수월한 1년제 AP 프로그램에서 얻은 학점을 인정하고 있지 않다는 것은 상당한 모순이다. 대학 학점을 취득하려고 많은 IB 과정에 참여하는 학생들은 반드시 IB 학점취득 시험 외에 추가적으로 AP 학점취득 시험도 치러야 한다. 한 IB 학교의 행정가는 이런 시험이 치러지는 매년 5월을 '시험지옥(testing zoo)'이라고 불렀다. 이때 고등학교 학생들은 532개의 IB 학점취득 시험과 961개의 AP 학점취득 시험을 치러야 하기 때문이다. 이러한 시험은 대개 1개월 내에 진행된다.

9. 재능탐색 프로그램

1971년에 스탠리(Stanley)는 존스홉킨스 대학교에서 수학적 발달이 빠른 학생에 대한 연구를 시작했다. 그는 반드시 틀에 박힌 방법으로 학습해야 한다고 생각하는 수학교사들 때문에 오히려 학생들의 수학적 재능이 퇴보한다고 예견하면서, 학문적성검사-수학(Scholastic Aptitude Test-Mathematics: SAT-M) 시험성적이 51%를 넘는 7학년 학생들(그리고 약간의 8학년 학생)을 선발하였다. 대학 인근의 고등학교 11, 12학년 학생들과 그들을 비교해 본 결과, 그들의 지능지수 범위는 135~200에 해당하였고, 1년 내지 2년이 걸리는 고등학교 대수학과 미적분 과정을 3주 내에 완벽하게 학습했다. 스탠리 교수는 대부분의 학생이 거의 잠을 자지도 않고 학습에 몰두했다고 하면서, 이 학생들에게 ① 비정규 학생으로 대학수업에 참여할 것, ② 2년 내지 3년 동안 배우는 수학학습의 과정을 1년으로 줄일 것, ③ CLEP이나 AP 프로그램을 통해 대학 학점을 취득할 것, ④ 학년월반, ⑤ 대학 조기입학 권고 등의 제안을 하였다.

존스홉킨스 대학교에 있는 SMPY는 '13세 전에 SAT-M의 성적이 700~800점인 집단'과 '13세 전에 SAT-V의 성적이 630~800점인 집단'을 위한 국가적 연구를 수행하고 있다. 이 두 집단에 속한 학생들은 대학 입학 전 여름캠프 무상 참가와 재능탐색 프로그램 참가 등의 전문적인 도움을 받는다.

여러 대학의 재능탐색 프로그램들은 존스홉킨스 대학교의 SMPY의 방법을 모방하였다. 우수한 7학년 학생들은 학업적성검사-I(Scholastic Aptitude Test-I)로 판별되었는데, 수학과 언어 능력 모두가 평가되었다. 대부분의 재능탐색 활동은 SMPY와 같이 여름캠프를 통해 이루어지며, AP 학점이 활용되기도 한다.

사진 7-2 재능탐색 프로그램의 수업 모습

최근 재능탐색 프로그램은 미적분(AP과정), 고급 언어와 작문(AP과정), 실험과학, 경제학, 사회과학 연구, 발표와 토론, 그리스어, 라틴어, 신화 등의 14개 과정을 제공한다.

듀크 대학교의 이색적인 재능탐색 프로그램은 과학, 수학, 인문학 분야에서 99개의 과정을 2,300명의 학생들에게 6개의 캠퍼스에서 제공하였다. 또한 성인 전문가들과 함께 학생들을 코스타리카, 영국, 이탈리아, 그리스, 독일로 수학여행을 데리고 가기도 했다.

SMPY가 주로 중학생을 대상으로 하고 있기 때문에 초등학생을 위한 재능탐색 프로그램은 매우 새롭다. 재능탐색 프로그램은 2, 3학년부터 시작하며 5, 6학년까지 확대되었다. 재능탐색 프로그램을 제공하는 대학교에 따라 대상 학년은 다양하고, 학생들은 독립학습, 연구 프로젝트, 경연대회, 멘토십, 소규모 학급, 차별화된 학습 기회 등에 참여하게 된다. 재능탐색 및 초등 재능탐색 프로그램을 제공하는 대학교는 〈표 7-1〉에 제시되어 있다.

〈표 7-1〉 재능탐색 프로그램을 제공하는 대학교

1. California State University, Sacramento, CA 95819
   http://csus.edu/coe/ats
   elementary and middle school

2. Duke University, Durham, NC 27708
   www.tip.duke.edu
   upper elementary and middle school
3. Iowa State University, Ames, IA 50011
   www.opptag.iastate.edu
   elementary and middle school, grades 2 through 8
4. Johns Hopkins University, Evanston, IL 60208
   www.jhu.edu/~gifted/index.html
   elementary and middle school, grades 2 through 8
5. University of Washington, Seattle, WA 98195
   http://robinsoncenter.uw.edu
   elementary and middle school, grades 5 through 9
6. Western Carolina University, Cullowhee, NC 28723
   www.wcu.edu/about-wcu/center-institutes-affilates/project-discovery/index.asp
   elementary, middle, and high school

❐ 미국 이외의 지역

1. Dublin City University, Dublin 9, Ireland
   www.dcu.ie/ctyi
   middle school, ages 12 to 16
2. University of New South Wales, Sydney 2052, Australia
   http://education.arts.unsw.edu.au/about-us/gerric
   elementary school

현재 우리나라에서도 분야별 영재교육 프로그램은 점차 다양화되고 있다. 이 프로그램들은 영재교육기관과 지방자치단체, 대학, 연구소, 학회 등과 연계하여 긴밀한 교류를 통해 운영되고 있다(〈표 7-2〉 참조).

〈표 7-2〉 우리나라 영재캠프 운영 사례

1. 삼성과 정보통신대학교(Information Communication University)에서 과학고등학교를 대상으로 방학 중 영재 캠프
2. KEDI 영재교육원의 영재 리더십 캠프
3. 한국예술영재교육원의 예술영재 캠프
4. 대학 부설 과학영재교육원의 과학영재 캠프
5. 한국과학영재학교의 APEC 캠프
6. KAIST의 See KAIST 캠프

요약정리

1. 속진은 상급학년에 배치하거나 학점을 이수하는 학습방법이며, 집단화는 영재학생들을 모아 학문적, 사회 · 정서적 지지를 얻게 하는 것이다. 속진과 심화는 종종 집단화를 필요로 한다.
2. 학업적 장점으로, 속진의 경우 사회적 혹은 정신적 문제를 동반하지 않는다는 것이 여러 연구에서 발견되었다. 지능지수 150 이상의 모든 학생은 속진이 필요하고, 130~150의 지능범위에 있는 많은 학생 역시 속진을 필요로 한다.
3. 유치원 혹은 초등학교 조기입학은 속진의 한 형태로, 어린 아동들이 정신적, 정서적, 사회적, 신체적 준비성이 갖추어진다면 속진은 성공적일 것이다. 속진이 이루어지기 전에 고려해야 할 점은 지능지수 130 이상, 평균 수준의 눈-손 협응능력, 상급 수준의 읽기와 계산 기술, 정서적 혹은 사회적 문제의 부재, 지지적인 교사, 성취를 더 소중하게 여기는 가족 등이다.
4. 학년월반은 비용 효율이 높고 조기 대학입학을 유도한다. 학년월반을 한 학생들은 대체로 지적 동료들과의 사이에서 편안함을 느낀다. 이는 유치원 혹은 초등학교 조기입학의 내용과 비슷하다.
5. 과목월반(부분 속진)은 수학 혹은 언어와 같은 과목에서 우수한 능력을 보이는 학생들의 편의를 도모한다. 과목월반은 과정 반복을 피하기 위해 반드시 잘 계획되어야 한다.
6. 압축은 단축을 의미하는데, 예를 들어 3년 과정의 수학 혹은 과학을 2년으로 줄이는 것이다. 3주간의 집중 물리 여름과정은 1년의 고등학교 과정 혹은 대학의 한 학기 과정과 동등하다.
7. 시험을 통한 학점취득은 준비된 학생들이 중학교 혹은 고등학교 과정의 시험을 치러 학점을 취득하는 제도이다. CLEP 과정은 30개의 분야에서 대학 학점을 이수한다.
8. 고교-대학 이중등록제는 능력 있는 학생들이 지역의 대학에 시간제로 참여하는 것이다. AP 과정은 대학 학점을 동반하며, 대학들은 통신과정을 제공한다.
9. 대학 조기입학은 고등학교 과정 속진과 조기졸업에 의해서나 고등학교를 졸업하지 않고도 가능하다. 어떤 방법이든 학생은 카운슬러와 함께 준비하는 것이 바람직하다.
10. 국제 고교학위 프로그램(IB)에서 고등학교 프로그램은 2년제 상위과정과 1년제 기본과정을 6개 학문 분야에서 제공한다.
11. 재능탐색 프로그램은 상급 여름과정을 위해 우수한 7학년 학생들에게 SAT를 실시하

여 선발한다. 일부는 AP 학점을 동반하며, 학생들은 교육 및 진로 상담을 받는다. 재능탐색 프로그램은 전형적으로 2학년부터 6학년까지에 해당된다.

연구문제

1. 속진학습의 개념을 설명하시오.
2. 속진학습의 필요성을 설명하시오.
3. 유치원이나 초등학교 조기입학을 위한 기준을 설명하시오.
4. 학년월반에 쓰이는 2가지 전략을 제시하고, 학년월반의 장점을 설명하시오.
5. 과목월반의 특징과 문제점에 대해 설명하시오.
6. 압축 프로그램의 효과에 대해 설명하시오.
7. 고교-대학 이중등록의 효과에 대해 설명하시오.
8. 대학 조기입학의 효과에 대해 설명하시오.
9. AP 프로그램과 IB 프로그램의 특징을 비교하여 정리해 보시오.
10. 재능탐색 프로그램의 특징과 방법에 대해 설명하시오.

제8장
심화학습의 개념과 유형

학습목표

1. 심화학습의 내용, 과정, 목표를 설명할 수 있다.
2. 20가지 심화학습의 유형을 이해하고, 방법을 설명할 수 있다.
3. 심화학습의 유형에 따른 효과를 설명할 수 있다.

1. 심화학습의 내용, 과정 및 목표

영재학생을 위한 심화학습에는 내용과 과정이 있다. 내용이란 고급 또는 심화된 교육내용을 말하며, 과정은 문제해결, 창의적 사고, 과학적 사고, 비판적 사고, 추론, 계획, 분석, 평가와 같은 사고기술이다.

영재학생들을 위한 심화학습의 가장 큰 비판점은 '심화학습은 영재학생들뿐만 아니라 일반학생들에게도 도움이 될 수 있다는 것'이다. 이러한 비판은 심화학습에서 가르치는 가치체계와 가치관의 확립, 현장학습, 대학과 직업에 관한 정보 제공, 다양한 사고기술이 일반학생들에게도 똑같이 유용하기 때문이다. 그러나 영재학생들을 위한 심화학습의 목표는 다음과 같다.

- 영재학생의 능력과 요구에 부응하는 교육 내용과 활동, 즉 일반학생들을 위한 교육과정에서는 찾아보기 어려운 학습경험의 제공과 높은 학습의욕 고취
- 학습내용의 복잡성, 일반화 적용 강조
- 높은 학문적 동기의 고취
- 다양한 학습과 진로에 대한 노출
- 영재학생들의 개인적 흥미 자극
- 학생이 선택한 내용을 포함한 개인적 심층연구
- 영재학생의 긍정적 자아개념 발달을 돕는 교육적 · 사회적 · 심리적 욕구에 대한 부응
- 고차원적 사고기술 개발
- 학습과 개인적 발달의 극대화 및 지루함과 좌절감의 최소화

캐플란(Kaplan)은 영재학생들을 위한 심화학습의 목표와 교수전략을 제안하면서, 교사들이 다음과 같이 학생의 능력과 특성의 계발을 도와야 한다고 하였다(Davis, 2006).

첫째는 책무성으로, 교사는 학생에 대한 학습, 성취, 생활에 대한 책임을 져야 한다. 둘째는 호기심으로, 교사는 올바른 질문을 통하여 학생들을 가르쳐야 한다. 예를 들면, "이런 판단의 배경은 무엇일까?" "다른 의도를 가진 사람은 누구일까?" "더 좋은 방법은 없었을까?" 등이다. 셋째는 인내심과 기다림으로, 교사는 학생을 잘 이해하고, 존중해야 하며, 학생들에게 사건의 결과를 알게 해야 한다. 예를 들면, "미국 남북전쟁 이전의 북부와 남부의 상황과 가치에 대한 인식은 어떠한가?" "앞서 와야 할 것과 뒤에 와야 할 것이 무엇일까?" "같은 시기에 어떤 일이 발생했을까?" 등이다. 넷째는 위험감수 태도로, 교사는 학생들이 실수하거나 틀리는 것에 대해 걱정하지 않도록 격려해야 한다. 다섯째는 지식에 대한 열망으로, 교사는 학생들의 학습능력에 직접적인 영향을 미쳐야 한다. 예를 들면, "2004년 대통령 선거에서 무슨 일이 발생했을까?" "어떻게 이것을 확인할 수 있었을까?" 등이다. 여섯째는 능동적 참여이다. 일곱째는 반성적 사고 혹은 숙고이다. 예를 들면, "요점이 무엇일까?"

"우리가 노력해야 할 것은 무엇일까?" 등이다.

2. 학교 프로젝트

1) 도서관과 인터넷 조사 프로젝트

도서관과 인터넷 조사 프로젝트는 일반적인 질문으로 시작되는데, 그것은 프로젝트에 따라 바뀔 수 있다. 예를 들어, "미국 인디언이 아시아에서 이주한 증거는 무엇일까?" "그리스, 로마, 북유럽, 아즈텍 사람들이 섬기는 신들 간에 연계성이나 유사한 점들이 있을까?" "FBI는 어떻게 활동할까?" 등이다. 프로젝트의 최종 단계에서는 산출물이나 보고서가 만들어져야 하고, 그 보고서는 학급 혹은 외부 집단에게 발표되는 것이 중요하다.

2) 창의적 글쓰기, 미술, 드라마 프로젝트

영재학생들은 글이나 시를 출판하기 위해 지도를 받는다. 영재교육 담당 교사는 학생들과 함께 학생들의 원고를 출판하는 잡지와 신문을 조사할 수 있다. 미술과 수공예 분야의 가능성도 무궁무진하다. 학생 예술가들은 그림작업을 할 수 있다. 점토, 나무조각, 금속조각 등을 활용해 수채화, 유화, 아크릴화를 그릴 수 있고, 도예와 도자기, 사진, 설계와 건축 등을 할 수 있다.

사진 8-1 아시아태평양 영재학생 발표 장면
(2008년 여름 싱가포르)

연극을 좋아하는 학생들은 여러 종류의 희곡이 어떻게 쓰였는지를 분석하고(긴장감, 갈등, 감정, 극대화를 도출하는 줄거리로), 그들 자신만의 작품을 쓰고, 감독하고, 공연을 할 수도 있다.

3) 과학 프로젝트

과학 프로젝트에서 교사의 역할은 '옆에서 조언을 해 주는 것'이다. 즉, 교사는 학생의 문제점을 찾고 프로젝트 계획을 도와주며, 인터넷이나 도서관 혹은 인적자원을 사용하도록 가르쳐 주고, 필요한 장비 혹은 자료를 배치하는 것을 도와줄 수 있다. 대부분의 초·중등학생은 과학 프로젝트를 전시하고 과학박람회를 개최한다. 많은 어린이 박물관은 높은 수준의 학생 과학 프로젝트를 전시하곤 한다.

4) 독립(발명) 프로젝트

신문창작은 열성적인 영재학생 집단을 위한 훌륭한 프로젝트이다. 이 프로젝트는 주제 탐구하기, 인터뷰하기, 사진 찍기, 기사 쓰기, 신문 디자인과 인쇄 등을 포함한다. 한 초등학생 집단에서는 노인 전용 아파트에 거주하는 사람들을 인터뷰하고 사진을 찍었다. 학생들은 그 지역의 역사, 시간을 보내는 방법, 의사소통하는 방법 등을 조사하는 과정에서 노인에 대한 존경심이 상당히 높아졌다.

대부분의 어린 학생은 신기한 발명품에 그다지 관심이 높지 않다. 그러나 여러 발명 영재 프로그램에서는 어린 학생들이 제출한 흥미로운 발명품들을 시상한다. 한 초등학생은 야광페인트를 사용하여 '어둠에서 빛나는 변기시트'를 만들었다. 그의 간단한 발명품은 이후 나중에 미국의 스미소니언박물관에 전시되었다.

〈표 8-1〉에는 200여 가지에 가까운 심화활동과 독립적 프로젝트를 위한 아이디어가 제시되어 있다.

〈표 8-1〉 심화활동과 독립 프로젝트 주제

수학	• 대수학 • 공학 • 기하학	• 수학퍼즐 • 측량 • 금전관리	• 확률 • 통계
과학	• 항공학 • 농학 • 해부학 • 천연자원 • 수족관 디자인 • 고고학 • 천문학, 우주 • 우주여행 • 생물학, 동물, 조류, 곤충 • 멸종한 동물 • 식물학 • 뇌과학 • 화학 • 보존, 천연자원 • 질병 • 약물(남용)	• 생태학 • 전자공학 • 에너지(태양, 지열, 조수, 바람) • 동물 행동양식 • 진화 • 어류, 해산 생물학 • 임학 • 화석 • 지질학 • 건강, 영양 • 원예학 • 약 • 금속 • 기상학 • 미생물학	• 현미경 • 광물학 • 핵에너지 • 광학, 검안 • 물리 • 생리학 • 공해 • 유전학 • 파충류 • 로봇 • 로켓공학 • 과학자 • 태양열 • 수의학
문학, 작문, 커뮤니케이션	• 방송 • 신화 • 고전문학 • 저널리즘	• 시, 단편, 미스터리, 희곡, 사설, '어떻게 하는가?'에 관한 방송 에세이 쓰기 • 연설 • 속독	
컴퓨터와 인터넷	• 컴퓨터 제작 • 워드프로세싱 • 컴퓨터로 음악 작곡하기 • 컴퓨터 탐색과 자료(지도, 날씨, 역사, 여행, 인물찾기, 주제탐색 등)	• 주식시장 정보와 운영, 주식가격, 주식거래 • 컴퓨터 수리	
시각 및 공연 예술	• 연기 • 건축 • 예술사 • 예술가 • 발레 • 납염법 • 서예 • 양초 제작	• 민속예술 • 민속음악 • 그래픽 • 보석제작 • 가죽공예 • 매듭 • 영화제작 • 음악작곡	• 요업, 도자기 • 제작술 • 인형극 • 라디오 방송 • 깔개 뜨기 • 조각(점토, 나무, 금속) • 셰익스피어 • 실크스크린

	• 만화	• 음악사	• 슬라이드 쇼 제작
	• 시대의상 디자인	• 악기	• 부드러운 조각
	• 춤, 안무	• 오페라	• 텔레비전
	• 디자인	• 연극(팬터마임, 조명, 분장)	
	• 그림	• 사진, 카메라	• 정치적 풍자
언어, 문화, 사회과학	• 미국 흑인 역사	• 민속학	• 정치적 만화
	• 알코올중독	• 외국어	• 정치, 정치학
	• 고대 중국, 이집트, 영국, 그리스, 독일, 로마 등		• 미래적 사고
	• 인구문제	• 지리학	• 유사 이전 생활
	• 지질학	• 대통령	• 인류학
	• 정부(미국, 외국)	• 심리학, 정신병	• 고고학
	• 장애인, 역사적 인물	• 대중 여론조사	• 진로
	• 역사(지역, 주, 미국, 종교, 군대 등)		• 사회문제
	• 시민권리	• 공휴일	• 사회학
	• 공산주의	• 지도제작	• 여행
	• 범죄학, 교도소	• 마야, 아즈텍, 잉카	• 투표, 선거
	• 문화(현대, 고대 등)	• 소수 집단	• 여성의 권리
	• 현재의 이벤트	• 신문	• 논쟁
	• 이혼	• 초심리학, 오컬트(초자연적)	
	• 노인, 유명인의 문제	• 철학	
경제, 사업	• 회계학	• 진로	• 법률
	• 광고	• 경제	• 주식시장
	• 은행업	• 재정	• 트럭 수송, 운송
	• 사업소유권	• 보험	
인터넷, 취미, 기타	• 자전거	• 미식축구 역사	• 달리기
	• 브리지(카드놀이)	• 조경	• 항해
	• 체스	• 말	• 우표
	• 동전	• 인테리어 디자인	• 시험 응시
	• 대학준비	• 마술	• 나무
	• 창의성	• 무술	• 실로폰
	• FBI, 첩보부	• 럭비	

3. 학습센터

학습센터는 개별작업을 위한 작업실로, 심화학습을 위한 자료들을 구비하고 있다. 학습센터는 학급 내 혹은 학교의 교수-학습 자료 센터에 있을 수 있다. 상업적 학습센터들은 필요한 자료를 구입하거나 교사들이 직접 디자인하여 만들 수 있다. 학습센터는 일반학급에서 특별교육을 받지 못하는 영재학생들과 학급 내에서 과제를 일찍 끝낸 영재학생들이 사용할 수 있다. 또한 학습센터는 특별 영재학급 내에 설치되어 운영될 수도 있다.

학습센터에서는 역사, 지리, 외국어, 상급수학, 상급과학, 음악이해, 수공예 등을 배울 수 있다. 이뿐만 아니라 과학 프로젝트 산출물이나 학생 미술작품과 같은 것들을 전시할 수도 있다. 영재와 다른 일반학생들은 관심 있는 학습센터를 스스로 선택할 수 있으며, 교사와 학생이 함께 재미있는 학습목표를 수립하여 수행할 수 있다.

4. 현장체험학습

현장체험학습은 학생들에게 문화적, 신체적 혹은 과학적 분야에 대해 특별한 기회를 제공한다. 대도시에서 현장체험학습이 가능한 장소로는 박물관, 미술관, 천체투영관, 보험회사, 신문사, 연구소, 병원, 호텔, 은행, 소방서, 심포니 리허설, 외국음식점 등이 있다. 현장체험학습은 전체 학급 또는 관심 있는 학생들로 구성된 소집단으로 이루어지거나 보호자를 동반하여 개인적으로도 할 수 있다. 현장체험학습에 참가하는 영재학생들은 현장학습을 통해 해결해야 할 문제와 질문을 사전에 준비하는 것이 좋다. 교사와 안내자는 광범위한 학생의 관심과 질문에 적합한 융통성 있는 강화 프로그램을 계획해야 한다. 현장체험학습은 영재학생들의 보고서 작성과 프로젝트에 대비하여 그들의 사고기술과 지식을 연마하는 데 도움이 될 것이다.

5. 봉사학습과 세계인식

학생들은 공손함과 타인에 대한 배려, 정의에 대한 인식과 환경에 대한 관심, 다른 국가와 문화에 대해 배운다. 이런 분야들은 오늘날의 봉사학습과 세계인식을 표현하는 것으로, 모두 타인을 위한 세계적인 관심을 포함하는 교수목표와 관련이 있다. 특히 영재학생들에게 봉사학습과 세계인식은 점차 깊은 관심을 받고 있다.

2004년 솔트레이크시에서 열린 미국영재학회(National Association for Gifted Children: NAGC)에서 눈에 띄는 많은 프레젠테이션이 봉사학습과 세계인식을 다루었는데, 특히 세계인식은 15개의 광범위한 학회 주제 중 하나였다.

봉사학습은 정부 차원에서 권장되었는데, 조지 부시(George Bush) 대통령은 1990년에 「국가 및 지역사회 봉사법(National and Community Service Act)」을 제정하였다. 빌 클린턴(Bill Clinton) 대통령도 1993년에 전과 유사한 「국가 및 지역사회 서비스 신탁법(National and Community Service Trust Act)」을 제정하고, 국가와 지역사회 봉사기관을 만들었다.

봉사학습 프로젝트는 다른 사람을 돕는 것과 지역사회의 실제 문제를 해결하는 것으로, 예를 들어 노인 돕기, 입원 중인 아동 돕기, 거리의 쓰레기 줍기, 학교 시설물의 절도와 공공시설물 파괴 줄이기, 위험한 사거리에 신호등 설치 요청하기나 동식물의 서식지 보호에 대한 건의하기 등이다.

봉사학습 프로젝트에 참여함으로써 어린 학생들은 지역사회 문제에 민감해지고 시민으로서의 책임감을 얻게 된다. 그들은 타인의 복지와 문제점을 알게 되고, 긍정적인 사회적 행동을 해야 하는 이유를 깨닫게 된다. 예를 들어, 어린 학생들은 강바닥에서 쓰레기를 주운 뒤 자연보호론자가 될 수 있다. 또한 학생들은 봉사학습 프로젝트를 통해 그들의 자기평가와 인생에 대한 철학이 바뀔 수 있다. 다시 말해, 높은 수준의 도덕적 발달, 자아실현, 책임감, 리더십, 반성적 사고, 타인을 위한 감정이입을 얻게 된다. 봉사학습은 복지에 대한 새로운 세대와 시민들의 참여를 촉진한다.

렌줄리(Renzulli)는 영재교육 프로그램의 목표에 대해 영재교육 프로그램은 학문적 능력 및 좋은 학습습관의 양성과 더불어 사회적 자본(social capital)도 촉진해야 한다고 했다. 이는 학생들을 타인의 문제에 관해 인식하도록 가르쳐야 한다는 것이다. 렌줄리에 의해 진행된 코네티컷 대학교의 한 프로젝트는 도덕적 용기, 정직, 인간애(공감, 이타주의), 학문에 대한 열정에 중점을 두고 있다. 이러한 덕목들은 이기심과 소비자 중심주의를 사회적 양심으로 돌려놓을 수 있게 한다. 유치원부터 12학년까지 세계인식교육은 '공감, 유대관계, 인간적 동일시, 그리고 과제에 대한 헌신'과 같은 자아실현의 면모를 촉진한다. 프리먼(Freeman)과 윌리엄스(Williams)의 프로젝트인 REACH(Respecting Ethnic And Cultural Heritage)는 초등학교 학생들을 다른 나라에 거주하는 아이들과 연결시켜 주었다. 예를 들면, 어떤 프로젝트에서 초등학교 2학년생은 '내 인생의 특별한 날'에 관한 글을 쓴 후 그것을 인터넷에 올리고 서로 의견을 나누었다. 또한 '북, 용, 그리고 춤'이라는 프로젝트에서 학생들은 중국 민속학에 관해 학습했다.

6. 토요 프로그램

몇몇 대학과 영재교육기관은 영재학생들을 위한 토요 프로그램을 제공한다. 이러한 토요 프로그램은 대부분 대학 교수진, 대학원생, 혹은 지역사회 전문가들(종종 영재학생의 부모들)에 의해서 제공된다.

퍼듀 대학교의 슈퍼토요일(Super Saturday) 프로그램은 다양한 내용의 프로그램을 제공하고 있다. 유치원과 초등학교 저학년을 위한 프로그램으로는 창의적 사고, 마임, 우주 탐험, 중국어 프로그램이 있고, 초등학교 고학년을 위한 프로그램에는 예술, 불어, 확률과 통계, 곤충 프로그램이 있다. 그리고 중학교 학생을 위한 프로그램에는 TV 프로그램 제작, 컴퓨터, 미국 인디언 문화, 화학 프로그램 등이 있고, 고등학교 학생을 위한 프로그램에는 경제, 전자공학, 컴퓨터, 승마, 그리고 대학 학점을 위한 심리학, 불어, 영작문, 정치학 등의 프로그램이 있다.

대학교 캠퍼스에서 열리는 토요일 프로그램의 방법과 효과를 살펴보면 다음과 같다.

- 영재학생들은 빠른 속도로 배우기 때문에 내용을 복잡한 수준으로 가르쳐야 한다.
- 프로그램에서 받는 도전은 영재학생들의 나쁜 학습습관을 개선하고 미성취를 보완한다.
- 영재학생들은 일반학교 수업에서 다루어 보지 못한 주제를 경험한다.
- 영재학생들은 때때로 심도 있는 창의적 조사, 문제를 발견하는 기회, 연구의 계획과 조사, 결과를 평가하고 발표한다. 이로 인해 학생들은 창의적 사고, 문제해결, 여러 사고기술을 배운다.
- 영재학생들은 우수하고 재능 있는 다른 학생들과 상호작용하고 우정을 형성한다.
- 영재학생들은 자신의 특별한 재능과 능력을 좀 더 깊이 있게 이해한다.
- 다른 유능한 영재학생들과의 작업이 미치는 약간의 좋지 않은 영향에도 불구하고, 영재학생들의 자신감과 자아개념은 대체로 상승한다.
- 영재학생들은 학업적 · 사회적 위험을 감수하는 것을 배운다.
- 영재학생들은 대학생활과 상급교육의 가치에 관해 배운다. 교육과 진로에 관한 포부 수준도 높아진다.
- 높은 수준의 강사들은 훌륭한 전문적 모델이 된다.

퍼듀 대학교 슈퍼토요일 프로그램을 기반으로 순천향대학교 영재교육원에서는 SCH-Super Saturday라는 프로그램을 운영하고 있다. 이 프로그램에서는 초등학교 4학년~중학교 2학년을 대상으로 언어와 사고, 문학과 창작을 근간으로 하는 프로그램을 운영하고 있으며, 주로 문학, 언어학, 법학, 정치학, 경제학 등의 내용을 다루고 있다.

7. 여름캠프

미국영재학회에서는 웹사이트(http://www.nagc.org)를 통해 많은 여름 프로그램을 제공하고 있다. 이 웹사이트에서는 다양한 프로그램을 미국 북동부, 대서양 중부, 남부, 중서부, 서부, 그리고 '해외'까지 각각 구분하여 제시하였고, 인터넷과 이메일 주소까지 게시해 놓았다. 또한 대부분의 도시에서는 모든 학생에게 여름 프로그램을 제공한다. 교사, 상담사, 부모들은 미국영재학회에서 운영하는 프로그램들과 지역에서 운영하는 프로그램들을 이용하여 우수하고 의욕적인 아동을 위해 의미 있는 심화학습을 제공할 수 있을 것이다.

8. 창의적 학습을 위한 로건학교

덴버에 위치한 창의적 학습을 위한 로건학교(Logan School)는 창의적 학습 캠프와 여름 뮤지컬 워크숍을 제공한다. 창의적 학습 캠프에는 발견집단(6~8세)과 탐험집단(9~12세)이 있다. 2004년 발견집단은 새와 동물을 추적하였고, 그림(그리기)과 공예(장신구 만들기) 활동을 하였으며, 볼링, 수영, 스케이팅도 경험했다. 탐험집단은 콜로라도 스프링스에 있는 북미 인디언의 암굴주거지(cliff dwellings)를 방문하였고, 덴버의 자연사 박물관에서 인류학에 관해 학습하였다. 그들은 등산, 암벽등반, 자동차 레이스, 볼링, 수영, 축구경기를 관전했다(Davis, 2006).

2004년 로건학교 여름 뮤지컬 워크숍 프로그램은 '웨슬랜디아(Weslandia)'의 이야기를 바탕으로 하였는데, 이는 한 소년이 '자신만의 언어, 의복, 수 체계, 농경, 게임'으로 창조한 문명에 관한 이야기이다. 이 이야기를 바탕으로 6~8세의 학생들은 독창적 노래, 게임, 음악, 동작, 종이세트 등으로 그들만의 연극을 창작하였다. 자세한 정보를 원한다면 로건학교 홈페이지(http://theloganschool.org)를 방문해 보기 바란다.

9. 주지사학교

주지사학교(Governor's School)는 미국 주의 지원을 받는 영재 고등학생들을 위한 여름 기숙형 프로그램이다. 최소 32개 주가 적어도 43개의 여름 주지사학교를 지원하는데, 사실상 모든 주지사학교는 대학 캠퍼스에서 열린다. 43개 학교 중 24개 학교는 학비, 기숙사비, 식비를 받지 않으며, 나머지 19개 학교는 학생들이 일부 비용을 부담하여야 한다.

주지사학교 여름 프로그램의 내용은 대부분 ① 수학, 과학, 과학기술, ② 예술과 연예(entertainment), ③ 인문학과 사회과학으로 진행된다. 학생과 교육자 모두 이 프로그램 참가에 대해 만족해하였다. 프로그램에 참가했던 한 학생은 "지금과 같은 내 모습은 내 인생에 처음이에요. 나는 오페라나 헤비메탈 음악에 관해 이야기할 수 있었고, 아무도 나를 이상하다고 생각하지 않을 거예요!" 또 다른 학생은 "근사해요. 이건 제 인생에서 최고의 경험 중 하나였어요!"라고 말했다.

1960년대 후반 펜실베이니아에서 예술적 재능을 가진 고등학생들이 3년의 시험 프로젝트를 시작했고, 이것이 성공하자 1973년에 펜실베이니아 주지사학교가 공식적으로 이 프로젝트를 시작했다. 1980년대에 이르러 이 프로그램은 그 범위를 확장하여, 현재 5주간의 기숙형 프로그램은 농업과학(환경적 연구, 유전공학, 수질, 로봇공학), 예술(시각예술, 창의적 작문, 무용, 음악, 연극), 기업가정신(entrepreneurship), 건강관리(의약, 사회적, 심리학, 전문적 이슈들), 정보공학(네트워크와 전자통신, 시스템 분석과 디자인, 소프트웨어 개발, 전자상거래), 국제관계학(외국어, 지리, 역사, 경제, 협상, 문화와 사회), 과학(현대물리, 유기화학, 인간공학, 분리수학), 교수학(교육심리, 학습양식, 교육의 사회적 기초, 학교디자인, 교수전략) 등으로 구성되어 있다.

10~11학년에 재학 중인 영재학생들은 농업과학, 예술, 기업가정신 프로그램에 지원할 수 있다. 단, 11학년 학생들만이 건강관리, 정보공학, 국제관계학, 과학, 교수학 프로그램에 지원이 가능하다. 모든 펜실베이니아 프로그램은 리더십 개발을 강조한다. 예를 들어, 학생들이 지역단체 봉사 프로젝트에 관여하도록 장려한다.

10. 대학 영재교육 프로그램

여러 대학은 영재학생들을 위한 다양한 여름 프로그램을 제공한다. 버클리 학업 재능 개발 프로그램(Berkeley Academic Talent Development Program: ATDP)은 1,000여 명의 11~17세 학생들을 대상으로 하는 6주간의 프로그램이다. 학생들은 한 과정만을 수강하고, 주당 3~5시간만 프로그램에 참여한다. 이를 통해 단문 혹은 시 쓰기, 연극 상연, 컴퓨터 프로그램 작성, 러시아어나 일본어 말하기, 화학, 고고학 혹은 생물에 관한 학습, 고고학자와 채굴하기나 해양생물학자와 샘플 수집하기를 학습할 수 있다.

학생들은 학급에서 함께 작업하며, 학생과 교사는 과목에 관해 서로 전화상으로 의견을 교환할 수 있다. 또한 학생들이 자신의 관심 분야 전문가들과 만날 수 있도록 버클리 대학교의 과학자들, 뛰어난 시인들, 무용 안무가들이 이 수업에 참여한다.

위스콘신 대학교 매디슨캠퍼스(University of Wisconsin-Madison)에서는 반일제 '어린이 대학(College for Kids)' 프로그램이 3주에 걸쳐 진행된다. 이 프로그램은 지역 영재 프로그램에 지원한 5학년 학생 250명을 대상으로 한다. 그들은 오전에 진행되는 영재 세미나에 이어 한 시간 정도의 브레인스토밍, 문제해결, 분석, 평가, 그리고 다른 사고능력을 연습한다. 또한 자기이해를 돕기 위해 자신이 영재라는 사실에 대한 장 · 단점을 고민한다.

이 프로그램은 40여 개 분야(예: TV 제작, 사진, 무용, 대학역사, 화학)에 걸쳐 2회의 워크숍으로 이루어지는데, 워크숍 후에 가족이 지질학 박물관, 아트 박물관, 농경 캠퍼스, 우주과학관, 공과대학 내 혹은 로봇시연장과 같은 곳을 방문하는 것이 특징적이다.

퍼듀 대학교는 4가지 연령별 여름 프로그램을 제공한다. 초등학교 3~4학년을 위한 유성(meteor) 프로그램은 3주 프로그램으로, 일주일 단위로 수업이 진행되며, 만화영화 스튜디오, 예술수학(artistic math), 경이로운 물리(phenomenal physics) 등으로 구성되어 있다. 5~6학년을 위한 기숙형 혜성(comet) 프로그램 역시 일주일

단위로 수업이 진행되며, 수상세계(aquatic underworld), 남북전쟁 모험, 건축기하학, 웹디자인 등의 프로그램을 제공한다. 7~8학년을 위한 별(star) 프로그램은 2주의 기숙형 프로그램을 일주일 단위로 가르치며, 항공물리학, 기초의학(premed), 광고, 선사생물학(prehistoric biology), 기계와 교량, 흥미진진한 스페인어(suspenseful Spanish) 등이 있다. 고등학생을 위한 펄서(pulsar) 프로그램은 2주의 기숙형 프로그램이며, 세계적 기업가 정신, 수의학, 대중미술, 전기공학, '영화와 정신병' 같은 프로그램을 제공한다.

아이오와 대학교에 있는 벨린-블랭크(Belin-Blank) 센터에서는 다양한 여름 프로그램이 진행되고 있다. 그 예로 2006년에는 초등학생을 위한 12일의 도전(12-Day Challenges for Elementary Students: CHESS) 프로그램을 개최하였는데, 초등학교 3~6학년생들이 자신의 세계관 작문(writing your world) 혹은 체스 게임하기와 같은 과정을 수강할 수 있었다. 4~6학년 학생들은 수학 문제 해결, 사진, 컴퓨터 프로그래밍과 같은 프로그램을 수강할 수 있다. 6~8학년 학생을 위한 여름 프로그램은 어린이 학자 아카데미(Junior Scholars Academy), 아이오와 주지사연구소(Iowa Governor's Institute), 블랭크 여름 연구소(Blank Summer Institute) 등을 포함하고 있다. 9~11학년을 위한 여름 프로그램은 아시아와 대서양 연구소(Asian and Pacific Studies Institute), 환경건강과학 연구소(Environmental Health Sciences Institute), 그리고 여름 외국어 연구소(Foreign Language Summer Institute)를 포함하고 있었다.

사진 8-2 심화학습활동 모습
(순천향대학교 영재교육원)

우리나라의 경우, 초기에는 수학과 과학을 중심으로 운영되다가 최근 39개 대학교에 영재교육원이 설치되어 과학, 수학, 인문사회, 예술 등 다양한 프로그램을 제공하고 있다.

11. 발명캠프

발명캠프(camp invention)는 미국 발명가 명예의 전당(National Inventors Hall of Fame)과 미국 특허청(U. S. Patent Office)이 후원한다. 미국의 많은 주에서는 중학생을 위한 이와 같은 1주간의 여름 프로그램을 제공한다. 2003년에 위스콘신주에서는 14개의 발명캠프를 개최했는데, 대부분은 위스콘신 근처의 중학교에서 열렸다. 이 프로그램은 창의적 사고와 발명적 사고의 조화를 촉진하는 캠프이다. 한국에서도 발명 영재학급을 운영하고 있으며, 특허청의 지원으로 발명영재 교사연수를 실시하고 있다.

2003년도의 발명캠프는 라이트형제의 비행 100주년을 기념하는 의미에서 비행에 초점을 두었다. 위스콘신주에서 열린 7월 발명캠프에서 70명 이상의 학생들은 부품을 가지고 여러 비행장치를 만들었다. 학생들은 그 밖의 다른 발명품도 창작했다. 캠프에 참여한 한 교사는 "우리는 아이들에게 그들을 불편하게 하는 물건이나 그들이 하기 싫은 집안일을 편하게 해 줄 수 있는 것을 생각해 보라고 하였습니다." 라고 말했다. 발명에 재미를 느낀 학생들은 자동 침대 정리기, 김이 서리지 않는 수경, 가족이 방에 들어오지 못하게 하는 코드조합형 자물쇠 등을 발명하였다.

12. 해외연수

해외연수는 비용이 많이 드는 여름 프로그램이다. 이런 프로그램은 대체로 여행과 동시에 그 나라의 언어와 문화를 학습하는 것이다. 해외에서 공부하는 프로그램은 다른 가족과 함께 거주하며 특별한 외국어 수업에 참여할 수 있는 지역의 학교에 출석하는 것이다. 해외연수의 한 예로, 학생들이 봄방학을 이용하여 유럽, 멕시코, 혹은 캐나다로 가서 다른 문화 속에 몰입하여 국제적 경험과 수업을 연계한다.

13. 멘토십

1) 중등학생을 위한 멘토십

멘토십(mentorship)이란 영재학생이 관심 있는 분야의 성인 전문가와 일주일에 한 번 정도 만나 심도 있는 자극을 받는 것이다. 보통 성인 멘토의 역할은 역할모델, 가이드, 교사, 그리고 친구가 된다. 학생은 멘토의 특정한 분야(전문직, 직업, 예술)에 동반되는 활동, 책임감, 혜택, 문제점, 필요한 연수, 생활방식을 배운다. 멘토십을 통해 영재학생은 멘토의 성격과 직업에 관한 의욕까지 알 수 있다.

열의 있는 멘토들은 영재학생을 가르치는 것을 즐거워한다. 그들은 사고와 문제해결을 강화하는 도전적인 학습경험을 제공하고, 학생들이 자신의 능력을 볼 수 있도록 돕는다. 특히 영재학생들을 위해 훌륭한 멘토는 지역 내에서 유명한 사람이어야 하고, '창의적 제작자'이어야 한다.

멘토와 학생은 성별, 사회계급, 민족성, 환경, 가치관이 맞아야 한다. 멘토십은 여학생, 경제적으로 어려운 학생, 소수민족 학생, 혹은 미성취 학생을 위해 그 학생과 비슷한 특성이나 환경을 가진 멘토를 선택해 주는 것이 특히 중요하다(Davis, 2006).

전형적 멘토십의 한 사례를 살펴보면, 대학생들이 고등학생들과 12주 동안 방과후와 주말에 만난다. 고등학생들은 자신의 관심 분야(예: 고고학, 지질학, 사진, 해양과학, 드라마, 혹은 프랑스 문화)에 따라 대학생 전문가들과 짝을 이루어 상당한 도움을 받았다.

텍사스 댈러스에 있는 도제 프로그램과 미술작품 프로그램은 멘토십, 도제제도, 인턴십과 비슷하다. 학생들은 비즈니스 관련(예: Neiman Marcus에서 부사장과 일하기) 프로그램 혹은 예술 분야(무용, 악기, 성악, 조각, 혹은 미술)에 참여하기 위해서는 자신의 학급에서 학업성취가 상위 20%에 들고 '뛰어난 의사전달과 컴퓨터 기술, 독창력과 리더십, 성숙함, 신뢰성, 창의성'을 갖추어야 한다.

한 학기 동안 학생들은 반일 동안 수업에 참가하고 나머지 반일은 그들의 멘토, 즉 회사의 중역, 예술가, 다른 '노련한 교사들'과 같이 작업하며, 금요일에는 세미나에 참석한다. 만약 학생들이 원한다면 학기 동안 풀타임으로 비즈니스나 예술 관련 분야에서 일할 수도 있다.

2) 초등학생을 위한 멘토십

멘토십은 때때로 초등학생들을 위해 사용되기도 한다. 멘토십의 기간은 전문가의 한 번의 방문에서 정기적인 만남까지 매우 다양하다. 그중 하나는 교육학 전공의 대학생들이 초등학생의 멘토 역할을 하는 것이다. 멘토는 초등학생들의 학습방법 개발, 프로젝트 및 새로운 관심 분야의 탐구협력, 과외지도, 개인적·사회적 문제의 고민을 도와준다. 이러한 멘토들은 학생들의 훌륭한 역할모델이 된다. 또 다른 예로 멘토십에 관심 있는 소규모 초등학생 집단이 의사, 엔지니어, 변호사, 판사, 교수, 사업가, 요리사, TV 기상 캐스터, 예술가나 무용가 혹은 다른 전문가들과 만나기도 한다.

3) 온라인 멘토

학생들은 이메일로 세계 어느 곳의 전문가들과도 접촉할 수 있다. 여자대학교인 어설린 아카데미(Ursuline Academy)는 9~12학년의 여고생들의 멘토를 그 학교 졸업생들로 채용하여 매주 이메일을 주고받으며 학생들에게 특정 진로와 필요한 교과목에 관해 알려 주었다. 멘토십을 통해 학생들은 상위 교과목을 선택하고, 대학 진학의 계획을 세우는 데 많은 도움을 받았다. 친절한 멘토들은 학생들의 고민과 해결책까지 공유한다.

14. 미래문제해결

미래문제해결(Future Problem Solving: FPS)은 학생들의 사고, 상상력, 문제해결력을 기르는 세계적인 프로그램이다. 참가자들은 팀으로 같이 작업하고, 수개월 동안 훈련한다.

미래문제해결 프로그램은 영재학생들의 능력을 계발하기 위해 제작되었는데, 특히 ① 미래에 대해 보다 잘 인식하고, ② 더 창의적으로 사고하고, ③ 보다 설득력 있게 말하고 쓰며, ④ 팀워크와 리더십 기술을 배우고, ⑤ FPS의 7단계 문제해결 과정을 배우고, ⑥ 정보종합과 연구기술을 개발하기 위함이다.

학생들은 1년 과정의 초급(4~6학년), 중급(7~9학년), 상급(10~12학년)의 3가지 프로그램 중 하나에 등록한다. 학생들은 자신에게 주어진 5개의 연습문제를 해결하는 데 다음의 7단계 FPS 모형을 사용한다.

- 1단계: 주제 연구
- 2단계: '애매한' 상황과 관련된 문제를 브레인스토밍하기
- 3단계: 중요한 근본적 문제 선정
- 4단계: 선정된 문제의 해결방법 브레인스토밍하기
- 5단계: 가능한 해결책의 평가를 위한 5가지 항목을 선정하기
- 6단계: 선정한 항목에 따라 10가지의 최고의 해결책 평가하기
- 7단계: 최고의 해결책을 상세히 설명한 성과와 결론을 함께 에세이 형식으로 작성하여 설명하기

매년 미래문제해결협회는 공식적인 경시대회에서 사용될 3가지 문제점을 선정한다. 과거에 사용되었던 문제점으로는 쓰레기 분해, 학교 중퇴자, 빈곤, 범죄, 테러리즘, 물 부족, 에너지 부족, 스포츠 도덕성, 새로운 교육방법, 장기(organs) 부족, 열대 다우림 고갈, 동식물 서식지 파괴 등 다수가 있다. 완성되는 즉시 각 문제는

평가와 피드백을 위해 미래문제해결협회로 보내진다(송인섭 외 편역, 2001).

경시대회를 위해 각 팀은 사전에 주제를 받고 연구한다. 경시대회가 시작되면 참가팀은 그 주제에 관련된 구체적인 문제를 받는다. 각 팀은 2시간 동안 한 장소에서 문제를 보고 7단계에 따라 해결책을 만든다. 경시대회에서 승리한 각 영역별 1개 팀은 국제 미래문제해결 경시대회에 참가한다. 국제 미래문제해결 경시대회는 항상 미국에서 열리는데, 이에 관한 추가 정보는 국제 미래문제해결 프로그램 홈페이지(https://www.fpspi.org)에서 찾을 수 있다.

사진 8-3 영재학생들의 미래문제해결을 위한 토론회 모습(순천향대학교 영재교육원)

15. 세계 창의력 올림피아드

세계 창의력 올림피아드(Odyssey of the Mind: OM)는 유치원생부터 대학생을 위해 창의적 문제해결 기회를 제공하는 또 하나의 국제적 프로그램이다. 학생들은 그들의 창의성을 광범위한 주제에 관한 문제해결에 적용하고, 그들의 해결책을 지역, 주, 국제 수준의 경시대회에 사용한다. 세계 창의력 올림피아드는 연습을 통해 정신과 신체 모두 강해질 수 있다는 가정에서 출발한다.

세계 창의력 올림피아드는 연령을 기준으로 네 집단으로 나누어진다. 집단 1은 12세 이하 혹은 유치원에서 5학년까지, 집단 2는 15세 이하 혹은 6학년에서 8학년까지, 집단 3은 9학년에서 12학년까지, 집단 4는 대학생으로 구성된다. 세계 창의력 올림피아드 홈페이지(http://www.odysseyofthemind.co.kr)에서는 등록 과정과 전형료, 현재 OM의 문제, 연습문제, 학급활동 등과 관련된 구체적인 설명이 제시되어 있다. 또한 지도, 팀 구성원 선정, 연수, 브레인스토밍, 부모 참여, 긴 시간을 요하는 문제(그리고 어떻게 채점되는지), 스타일 점수(창의적 프레젠테이션을 위한), 자발적 문제(추후에 설명됨), 대회규칙, 규칙 위반 시 가해지는 페널티, 그 외 많은 정보가 있다.

참가팀의 인원은 7명으로 제한되며, 그중 5명만이 경기에 참여할 수 있다. 진행 시간은 8분이며, 각 문제에 드는 비용은 제한적이다(약 125달러). 2011~2012학년도의 실제 참가비는 145달러였다.

장기도전과제(long-term problem)는 실제로 준비하는 데 약 10개월 정도가 필요하다. 자세한 내용은 다음과 같다.

> 세계 창의력 올림피아드에서는 대회일 기준 약 10개월 전인 매년 8월에 장기도전과제 5가지, 즉 과학중심과제, 기술중심과제, 예술중심과제, 공학중심과제, 퍼포먼스중심과제를 발표한다. 세계 창의력 올림피아드에 참가하기 위해서는 5~7명으로 구성된 팀을 꾸려야 한다. 팀이 구성되면 5가지 과제를 해석하고 분석하여 팀에게 가장 적합한 과제를 선택하여야 한다. 과제를 선택하고 나면 한 달에 1~2번 또는 1주일에 1번 정도 모임을 갖고 과제를 분석하고 해결방법을 토의하며 준비하게 된다.

16. 어린이 고전 읽기

어린이 고전 읽기(Junior Great Books: JGB) 프로그램은 미국을 비롯한 많은 나라에서 사용된다. 교사들은 하루 혹은 이틀의 JGB 워크숍을 통해 학생들이 많은 것을 생각하게 하는 질문에 관해 배운다. 고전문학은 유치원부터 고등학교 학생들을 위해 신중하게 선정된다. 영재학생들은 책을 이해할 수 있어야 하고, 아이디어가 풍부해야 하고, 즐겁게 읽고 토론할 수 있어야 한다. 예를 들어, 동화와 전래동화는 유치원에서 초등학교 4학년 아동들에게 이용할 수 있다. 현대 단편과 아동 고전은 초등학교 4학년에서 중학교 3학년까지를 위한 것이다. 그리고 고등학생들은 소설, 철학, 경제, 정치 영역에서 선정된 도서를 읽는다.

일반적으로 교사와 학생들은 읽은 책에 관해 일주일에 3~5시간씩 깊이 있는 토론을 한다. 어린이 고전 읽기 프로그램은 듣기, 해석, 호기심과 관련된 어휘와 기술을 강화시킨다. 이에 더해 학생들은 확장된 자기인식을 갖고 심리적 · 사회적 문제에 관한 더 많은 이해를 할 수 있다. Great Books Foundation 홈페이지(http://www.greatbooks.org/progs/junior)를 방문하면 정보를 얻을 수 있다.

17. 학업 10종 경기

학업 10종 경기(Academic Decathlon: AD)는 우수한 학생들과 함께 평범한 고등학생들도 대상으로 한다. 6명으로 구성된 고등학교 팀은 11학년과 12학년 학생으로 'A' 학생 2명, 'B' 학생 2명, 'C' 학생 2명으로 구성된다. 이 경기는 지역, 주, 국가적 차원의 경연대회로 진행되고 있으며, 학교는 학교 규모에 따라 세 범주 중 하나를 할당받는다.

학생들은 대화기술, 공식연설, 에세이 작문, 언어와 문학, 경제, 예술, 사회학, 수학, 체육과학, 그리고 사전에 주제가 주어지는 비행기의 역사(history of flight)와 같은 슈퍼 퀴즈를 통해 경쟁한다. 이에 관한 정보는 USAD Academic Decathlon 홈페이지(http://www.usad.org)를 방문하면 알 수 있다.

18. 경시대회

칸스와 라일리(Karnes & Riley)의 저서 『경쟁: 잠재력 최대화하기(Maximizing Your Potential)』는 2~12학년 학생들을 위한 275개가 넘는 훌륭한 경시대회에 관한 소개를 담고 있다. 경시대회의 4가지 범주는 학업능력, 미술과 공연 예술, 리더십, 봉사학습(예: 지역사회 봉사)이다. 각 경시대회를 위해 경시대회 이름, 스폰서, 목적, 설명, 필요 자격, 지원 날짜, 접수 방법, 항목 판정, 시상 날짜, 시상 내역(자격증, 리본,

메달, 상품, 장학금, 그리고/혹은 현금)과 같은 정보는 책자로 제공된다.

다음의 여러 경시대회는 학생들의 창의성을 길러 줄 수 있다.

- 어린 발명가들과 창조자 프로그램은 건강, 비즈니스/사무, 가사/음식, 농경, 과학기술, 여가시간/예능, 환경, 단편소설, 시, 작곡(클래식과 팝), 드라마/비디오, 회화/그래픽 영역에서 발명이나 창작을 하여야 한다.
- 비즈니스 경시대회는 학생들에게 사업계획을 10장 혹은 그 이하로 작성할 것을 요구한다.
- 음주운전을 반대하는 엄마들의 모임은 에세이 작문과 포스터 디자인을 내용으로 하는 대회를 후원한다.
- 영어교사협의회는 창의적 글쓰기(시, 단편소설) 대회를 후원한다.
- 듀라셀(Duracell®)사는 학생들에게 듀라셀 건전지를 사용하여 작동하는 장치를 디자인하고 제작할 것을 요구하며, 학생들은 사용설명서, 사진, 그리고 다이어그램/배선도를 그려 제출한다.
- 화재진압용 로봇 콘테스트에서 학생들은 가정에서 화재가 났을 때 이를 감지하고 화재를 진압하는 컴퓨터로 조종되는 로봇을 디자인하고 제작한다.
- 어린 게임 발명가 콘테스트는 보드게임 발명을 요구한다.
- 슈퍼사이언스 블루(SuperScience Blue)는 학생들에게 장난감을 이용하여 그것이 다양한 기능을 갖게 만들도록 요구한다.
- 미국 어류와 야생 동물보호단체는 북아메리카 오리, 백조, 혹은 거위의 그림을 사용하여 오리우표를 만들도록 요구한다.
- 미국자동차협회는 학생들에게 삽화가 든 포스터에 교통안전 슬로건을 창작할 것을 요구한다.

19. 홈스쿨링

리사 리베로(Lisa Rivero)는 자신의 영재 아들과의 경험에 기초하여 영재들의 홈스쿨링에 관해 사람들이 알고 싶어 하는 책을 출판하였다. 그녀는 "홈스쿨링은 인생을 채울 수 있는 지적, 사회적, 정서적 지원을 할 수 있는 교육의 지름길이다."라며 "홈스쿨링은 단순히 성공을 위한 교육이 아닌 인생을 위한 교육을 한다."라고 애니마리 로퍼(Anemarie Roeper)의 말을 인용했다.

리베로의 8세 된 아들의 일주일 생활은 집에서 운동을 하고, 모든 연령의 아이들과 만나며, 독서토론 집단에 참석하고, 어린이 토요대학 프로그램에 참가하고, 일요일에는 다른 아이들과 서점에 가고, 체스게임을 하고, 홈스쿨링을 하는 다른 아이들(그들 역시 영리하고, 집중력 있고, 민감하다)과 주간모임을 갖는 것이다.

물론 부모의 지도는 현저하게 많은 시간과 노력을 필요로 한다. 그럼에도 불구하고 홈스쿨링은 자녀의 교육에 있어 융통성을 허용하기 때문에 홈스쿨링을 하는 영재학생들의 부모들(대개 엄마들)은 높은 관심을 보이고 헌신적이다. 홈스쿨링의 장점은 다음과 같다.

- 아동의 나이, 학년, 학교생활에 초점을 맞추어 바라보는 관점에서 벗어날 수 있다.
- 우수한 아동에게 맞는 상급 교육과정에 안성맞춤이다.
- 일반학급에서의 굉장한 시간 낭비와 분주함을 피할 수 있다.
- 아동의 독특한 학습유형, 흥미, 추상적으로 질문하고 생각하는 능력에 적합하다.
- 학급동료들과 '조화되지 않는' 것과 타인과 다르다는 느낌에서 벗어나게 한다.
- 아동에게 성취하는 만족을 느끼게 하여 내부지향적(inner-directed)이 된다.
- 아동이 우수함을 보이는 분야에서 빠르게 진전할 수 있게 한다.
- 자기 속도에 맞는 교육 내에서 따뜻하고, 교육적이고, 수용적인 환경조성을 허

용한다.

- 학습에서 아동의 자신감과 자기지향성을 지원한다.
- 아동의 민감성, 이상주의, 완벽주의, 과대한 동기부여는 고쳐야 할 결점이 아닌 소중한 장점이라는 것에 대한 이해를 도울 수 있다.
- 실수를 저지르는 것과 관련된 아동의 공포를 줄이거나 제거한다.
- 확산적 · 창의적 사고를 제한하기보다는 지원한다.
- 아동이 자신을 이해하고 자신이 무엇이 되고 싶은지에 대해 발견하는 것을 돕는다.

여기서 리베로는 개인적 선호와 편리함에 근거하여 2가지 이유를 더했다. 즉, 홈스쿨링은 가족과 함께하는 시간을 더 만들며, 이것이 가족 여행을 갈 수 있는 자유를 제공한다는 것이다.

요약정리

1. 심화활동은 확장된 학문적 내용과 강화된 사고과정을 가르치는 것이다. 심화는 단지 영재들만을 위한 것이 아니라 모든 학생에게 유용하다.
2. 학교 프로젝트는 도서관과 인터넷 조사 프로젝트, 창의적 글쓰기, 미술, 드라마 프로젝트, 과학 프로젝트, 독립(발명) 프로젝트를 포함한다.
3. 학습센터는 독서, 수학, 과학, 외국어, 미술, 음악, 창의적 글쓰기 등과 같은 개인적 활동을 허용한다.
4. 현장체험학습은 박물관, 미술관, 식물 제조업, 신문사, 연구소 혹은 외국 음식점과 같은 곳에서 할 수 있다.
5. 봉사학습과 세계인식은 타인을 돕고 지역의 실제 문제를 해결하는 것을 포함하는데, 이것은 사회적 책임감, 공감, 정의감, 환경에 대한 우려, 자아실현, 리더십 잠재력, 그 외의 것들을 강하게 한다. 세계적 인식은 타인을 위한 세계적인 배려를 강조한다.

6. 토요 프로그램은 전형적으로 대학 교수나 대학생 또는 지역 전문가들에 의해 교수되는 미니코스로, 퍼듀 대학교의 슈퍼토요일 프로그램, 순천향대학교 영재교육원의 SCH-Super Saturday가 그 좋은 예이다.
7. 미국영재학회(NAGC)는 여름캠프에 관한 정보를 웹사이트에 게시해 놓았다. 대부분의 도시는 모든 학생이 참여할 수 있는 여름캠프를 제공한다.
8. 창의적 학습을 위한 로건학교는 6~12세를 위한 여름 뮤지컬 워크숍과 창의적 학습 캠프를 제공한다.
9. 주지사학교는 영재 고등학생을 위해 주에서 지원하는 여름 기숙형 프로그램이다. 이 프로그램의 내용은 수학, 과학, 예술, 사회과학, 인문학에 초점을 둔다.
10. 대학 영재교육 프로그램으로는 버클리 대학교의 학업재능 개발 프로그램, 위스콘신 대학교의 어린이 대학 프로그램, 연령별로 이루어지는 퍼듀 대학교 프로그램, 초등학생 · 중학생 · 고등학생을 위한 아이오와 대학교의 프로그램 등이 있다.
11. 발명캠프는 비행장치를 만들거나 침대를 정리하는 장치 등을 발명함으로써 창의적 사고와 팀워크를 촉진한다.
12. 해외연수는 여행과 적어도 한 나라의 언어와 문화를 학습하는 것을 접목한 것이다.
13. 멘토십은 역할모델 멘토의 활동, 문제점, 연수, 생활방식에 관해 학생들에게 도움이 된다.
14. 미래문제해결 프로그램은 영재학생들의 능력을 계발하기 위해 제작되었는데, 특히 ① 미래에 대해 보다 잘 인식하고, ② 더 창의적으로 사고하고, ③ 보다 설득력 있게 말하고 쓰며, ④ 팀워크와 리더십 기술을 배우고, ⑤ FPS의 7단계 문제해결 과정을 배우며, ⑥ 정보종합과 연구기술을 개발하기 위함이다.
15. 학업 10종 경기에서는 대화기술, 공식연설, 에세이 작문, 언어와 문학, 경제, 예술, 사회학, 수학, 체육과학, 그리고 사전에 주제가 주어지는 '비행기의 역사'에 대한 슈퍼퀴즈를 통해 경쟁한다.
16. 경시대회의 4가지 범주는 학업능력, 미술과 공연 예술, 리더십, 봉사학습이다.
17. 홈스쿨링은 지적 · 사회적 · 정서적 지원을 가정에서 할 수 있는 교육방법이다.

연구문제

1. 심화학습의 내용과 과정을 설명하시오.
2. 학교 프로젝트의 내용을 설명하시오.
3. 학습센터의 내용을 설명하시오.
4. 봉사학습에 포함된 내용을 설명하시오.
5. 퍼듀 대학교의 슈퍼토요일 프로그램에 대하여 설명하시오.
6. 로건학교의 심화학습활동을 설명하시오.
7. 주지사학교의 내용을 설명하시오.
8. 멘토십의 효과를 설명하시오.
9. 미래문제해결의 7가지 단계를 설명하시오.
10. 학업 10종 경기의 내용을 설명하시오.
11. 경시대회의 범주를 설명하시오.
12. 홈스쿨링의 장점에 대해 설명하시오.

제3부

영재상담과 교사, 부모교육

제9장
영재의 잠재능력: 지능과 창의성

학습목표

1. 지능의 개념 및 정의와 최근의 연구 동향에 대해 설명할 수 있다.
2. 창의성의 개념 및 정의와 최근의 연구 동향에 대해 설명할 수 있다.
3. 지능과 창의성의 상호관계에 대해 설명할 수 있다.

영재가 지닌 심리적 특성 중에서 가장 오랫동안 연구자들의 관심을 받고 있는 연구주제는 '지능(intelligence)'이다. 비단 영재뿐 아니라 인간에 대해 연구하는 많은 학문 분야에서 인간의 인지적 능력에 대해 다양한 관점에서 연구하여 왔다. 그리스와 로마 시대부터 오늘날까지 서구에서는 합리적이고, 지적이며, 환경에 잘 적응할 수 있는 능력을 지닌 인간상을 이상적인 인간상으로 추구하여 왔다. 그리고 이러한 인간상을 갖춘 사람을 양성하기 위하여 교육해 왔다고 해도 과언이 아니다. 이러한 이상적인 인간상 추구와 교육의 경향을 '주지주의(主知主義)'라고 한다. 그러나 지적인 사람에 대한 패러다임도 시대와 문화에 따라 변화하여 왔다.

특히 '영재란 누구인가?'에서 비롯된 영재성 연구는 다른 어떤 심리적 특성과 달리 전통적으로 '지능'이 높은 사람을 영재라고 하였다. 타고난 고지능의 영재를 판별하고 선발하여 영재교육 프로그램을 통해 영재성을 발현시켜 주려는 경향은 지금도 크게 변하지 않고 있다.

심리학의 오랜 연구사를 통해 지능 다음으로 연구자들의 관심을 많이 받고 있는 심리학적 개념은 '창의성'이다. 1950년에 미국심리학회(American Psychological Association: APA)의 회장이 된 길포드(Guilford)는 기조연설에서 "이제는 무오류성, 하나의 정답만을 요구하는 지능의 시대는 갔다."라고 하면서 그 대안으로 '창의성'을 제안하였다. 그의 기조연설 이후로 창의성은 연구자들의 관심 속에서 연구가 진행되었는데, 이런 창의성이 결정적으로 사회적인 관심을 받은 사건이 발발하게 되었다. 민주주의와 공산주의의 이념 대결로 냉전체제가 고조되었던 시절, 구소련이 우주에 쏘아올린 스푸트니크 인공위성은 당시 정치, 경제, 과학, 사회, 문화 면에서 우월주의에 빠져 있던 미국 사회에 큰 충격을 안겨 주었다. 첨단과학 분야에서 구소련에게 진 이유를 찾던 미국은 다양한 이유 중 하나로 교육 분야의 실패를 들었다. 이것이 창의성 계발을 위한 교육의 강화와 영재교육을 꽃피우는 도화선이 되었다. 한편, 창의성 계발 기법과 교육 프로그램의 실질적인 적용은 교육 분야보다는 최대 이익 추구를 우선으로 하는 기업에서부터 시작되었고, 다양한 창의성 계발 기법이 적용·발전되기도 하였다.

이 장에서는 영재들이 갖는 심리적 특성에 대한 연구인 영재성 연구에서 연구자들의 관심을 가장 많이 받고 있으며 지금도 연구가 활발한 지능과 창의성에 대해 살펴볼 것이다. 그리고 지능과 창의성의 관계에 대해서도 살펴볼 것이다.

1. 지능

영재의 지능은 과연 높을까? 일찍이 개인 지능검사를 통해 지적 우수아를 선발하여 종단연구를 실시한 터먼과 오든(Terman & Oden, 1947, 1959)은 "영재들의 인지적 특성은 날카로운 관찰력, 끊임없는 질문, 모든 것에 대한 흥미, 유창한 언어 사용, 뛰어난 읽기 능력, 독립적인 판단, 독창적인 생각, 언제나 요점을 잘 이야기하는 것이다."라고 하였다. 지능을 영재성의 한 요인으로 간주하여 초등학교 영재의 인지적 · 정의적 특성을 연구한 김홍원, 윤초희, 윤여홍, 김현철(2003)의 연구에서도 "지능이 높으면서도 체계적인 영재교육기관에서 교육적 서비스를 받고 있는 집단이 그렇지 못한 집단보다 영재성이 높게 발현될 수 있다."라고 하였다. 초등 언어영재와 수학영재를 대상으로 한 윤초희와 강승희(2005)의 연구에서도 영재집단이 일반집단에 비해 지능이 높다는 것이 확인되었다.

이 장에서는 먼저 지능연구의 역사를 간략히 살펴보고, 지능연구에 영향을 미친 주요 이론에 대해 살펴본다. 다음으로 최근 지능연구의 패러다임인 가드너(Gardner)의 다중지능이론과 스턴버그(Sternberg)의 성공지능 이론에 대해 살펴볼 것이다.

1) 지능연구의 역사

지능에 대해 실증적인 자료를 가지고 과학적으로 연구하기 시작한 사람은 영국의 골턴(Galton)이라고 할 수 있다. 진화론을 주장한 다윈(Darwin)의 사촌이기도 한 그는 지능의 진화에 특별한 관심을 가지고 인간의 능력을 실제로 측정하고자 많은 측정도구를 개발하였고, 영국의 실험심리학을 주도하였다. 그는 1869년에 『천재의 유전: 그 법칙과 결과에 대한 연구(Heredity genius)』에서 당시의 유명한 과학자들의 계보를 고찰하고, 천재는 유전에 의해 결정되며, 뛰어난 남자는 뛰어난 아들을 낳을 확률이 높다는 것을 통계자료로 증명하였다. 그리고 지능의 핵심요소를 '감각변별력'이라고 하였다.

골턴의 연구에 영향을 받은 미국의 카텔(Cattell)은 지능의 개인차에 대해 연구하였는데, 1890년에 「정신검사와 측정(Mental test & assessment)」이라는 유명한 논문을 통해 지능연구와 심리검사 연구를 촉발하는 계기를 마련하였다. 실험심리학자들의 축적된 연구 결과는 마침내 1904년에 현대판 지능검사의 시초라고 할 수 있는 프랑스의 비네-시몬(Binet-Simon) 지능검사가 개발되는 데 영향을 주었다. 당시 프랑스 정부가 정규학교 교육과정을 받지 못하는 학생들에게 별도의 특수교육을 제공하기 위해서 '정신지체아를 위한 교육과정연구위원회'의 비네(Binet)에게 요청하여 실질적인 지능검사가 개발된 것이다. 비네는 지능의 핵심요소를 '잘 판단하고, 잘 이해하고, 잘 추리할 수 있는 능력'이라고 하였다.

1916년에 비네-시몬 지능검사는 스탠퍼드 대학교의 터먼 교수에 의해 미국판 표준화검사인 스탠퍼드-비네(Stanford-Binet) 지능검사로 개발되었다. 이 표준화 지능검사는 미국 국민의 지능검사가 되었다. 이때 IQ 135 이상인 1,500여 명의 고지능 학생들을 영재로 선발하여 정부의 지원하에 영재에 대한 종단연구가 실시되었다. 축적된 종단연구의 결과는 그동안 영재에 대한 잘못된 신화를 깨는 실증적인 증거가 되었다(제2장 '영재성의 개념과 정의' 참조).

그러던 중 1917년에 발발한 제1차 세계대전은 심리학자들에게 지능연구와 지능검사 개발에 박차를 가하는 중요한 계기가 되었다. 전장에 보낼 수많은 신병을 갑자기 필요로 하는 상황에서 미 국방부는 당시 심리학회 회장인 여키스(Yerkes)에게 한꺼번에 많은 신병의 지적 능력을 측정할 수 있는 지능검사를 개발하도록 요청하였고, 이때 탄생하게 된 최초의 집단 지능검사가 육군 알파와 베타 검사(Army α, β)이다.

지능의 패러다임은 계속 진화하여 왔다. 지금까지 지능 연구자들의 지능에 대한 다양한 개념과 정의를 간략히 살펴보면, 크게 다음의 3가지로 정리할 수 있다.

- 지능을 추상적으로 사고하는 능력으로 보는 견해이다. 이는 인간의 고등 정신능력을 강조하는 입장이다.
- 지능을 학습능력으로 보는 견해이다. 지능을 학습하는 능력, 경험에 의해 얻어지는 능력이라고 보는 입장으로, 지능이 높은 사람일수록 학습능력이 높다.
- 지능을 새로운 환경에의 적응능력이라고 보는 견해이다. 인간은 환경과의 적극적인 상호작용을 통하여 환경에 적응하고자 하는 능력이 있는데, 이러한 능력을 지능이라고 보는 입장이다.

이 3가지 개념을 포괄한 웩슬러(Wechsler)의 지능의 정의는 미국심리학회(APA)에서 내린 정의와 함께 학자들 간에 가장 많이 인정받는 정의로 활용되고 있다. 웩슬러는 지능을 "합목적적으로 행동하고, 합리적으로 사고하며, 환경을 효과적으로 처리하는 종합적이고 전체적인 능력"이라고 정의하였다. 그리고 이러한 지능의 정의에 기초하여 1939년에 웩슬러 지능검사를 최초로 개발하였고, 50여 년이 넘게 계속 발전시켜 왔다. 웩슬러 지능검사는 현재도 많은 나라와 문화에서 개인 지능검사도구로 활용되고 있다.

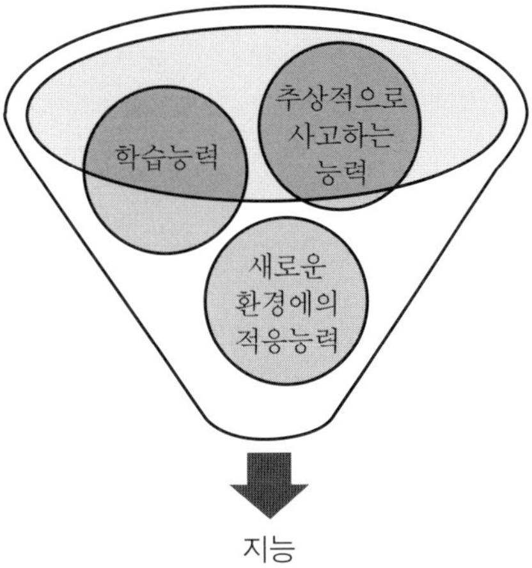

[그림 9-1] 지능의 3가지 주요 개념

그리고 최근에 미국심리학회(APA)에서는 지능을 '학습하는 능력이자 학습에 의하여 획득된 지식 및 기술을 새로운 장면에 적용하는 능력이며, 획득된 지식에 의하여 선택적으로 적응을 하는 것'이라고 정의하였다. 결국 지능은 '개인의 총체적인 능력(total power)'이라고 할 수 있다.

2) 주요 지능이론

(1) 스피어먼의 2요인 지능

스피어먼(Spearman, 1904)은 인간의 지능은 일반요인(general: 'g' 요인)과 특수요인(special: 's' 요인)의 2요인으로 구성되어 있다고 하였다. 일반요인은 모든 사람이 가지고 있지만 개인차가 있으며, 과제를 해결하는 데 필수적으로 요구되는 능력으로 경험을 통한 이해력, 관계추출능력, 상관추출능력으로 구성된다. 이에 비해 특수요인은 특정 영역의 과제를 해결할 때 선별적으로 사용되는 능력을 말한다.

(2) 서스톤의 다요인 지능

서스톤(Thurston, 1938)은 스피어먼의 2요인 지능이론의 일반요인을 7개 요인으로 확장시켰다. 그는 인간의 기본 정신능력인 지능이 7개 요인(언어요인, 수요인, 공간요인, 지각요인, 기억요인, 추리요인, 언어유창성 요인)으로 구성되어 있다고 하였다. 현대의 지능검사들은 서스톤의 다요인 지능이론에 영향을 받아 인간의 다요인 지능을 더욱 정교화하고 세분화하여 측정하려고 하였다.

(3) 길포드의 지능구조이론

길포드(Guilford, 1956)는 지금까지의 지능이론으로는 인간의 지적 능력을 설명하는 데 한계가 있으며 1차원적으로 설명하기 어렵다고 하면서, 지능은 많은 요인의 다차원적 모형이라고 하였다. 그는 3차원적인 지능구조이론(Structure of Intelligence: SI)을 통해 지능은 사고과정으로서의 작용 차원(인지, 기호부호화, 기억파지, 확산적 사고, 수렴적 사고, 평가), 무엇에 대해 생각하는가의 내용 차원(시각적 · 청각적 · 상징적 · 의미론적 · 행동적), 사고의 결과인 산출 차원(단위, 유목, 관계, 체계, 변환, 함축)으로 구성된다고 하였다. 지능구조이론은 이러한 3가지 차원의 하위요소의 결합인 180개(6×5×6)의 상이한 능력으로 구성된 복합적인 모형이다.

(4) 카텔의 유동성 지능과 결정성 지능

카텔(1963)은 인간이 지능을 유동성 지능과 결정성 지능으로 구분하였다. 유동성(fluid) 지능은 새로운 장면에서의 적응이 요구되는 과제해결과 관계가 깊으며, 선천적인 생리학적 뇌기능인 유전과 성숙에 의해 나타난다. 그리고 결정성(crystallized) 지능이란 학습된 지식이며 전 생애에 걸쳐, 특히 성인 초기와 중기에 발전한다(한국교육심리학회, 2001).

(5) 가드너의 다중지능이론

가드너(1983, 1993)는 인간이 모두 똑같은 능력을 지니고 태어나지 않았으며, 지능이 높은 사람이 모든 영역에서 우수할 것이라는 영역-일반성의 지능이론에 문제를 제기하였다.

그는 기존의 지능이론이 2가지 가설에 기초하여 연구되어 왔다고 하였다. 즉, ① 인지는 단일성이며, ② 개인은 단일하고 정량화된 지능을 가진 것이라는 이론적 가설에 기초하고 있다는 것이다. 그는 지능을 '학습, 문제해결, 인생을 창조하기 위한 도구'라고 하였다.

다중지능이론에서 가드너가 제시한 8가지 지능은 다음과 같다(이신동, 이정규, 정종진, 이화진, 김태은, 2006).

- 언어지능(verbal linguistic intelligence): 사고하고 복잡한 의미를 표현하는 언어를 사용하는 능력으로 구성되어 있다. 작가, 시인, 저널리스트, 연사, 뉴스 진행자가 언어지능이 높다.
- 논리-수학지능(logical mathematical intelligence): 계산과 정량화를 가능하도록 하고, 명제와 가설을 생각하고, 복잡한 수학적 기능을 수행한다. 과학자, 회계사, 엔지니어, 컴퓨터 프로그래머가 이 지능이 높다.
- 시각-공간지능(visual spatial intelligence): 항해사, 조종사, 조각가, 화가, 건축가들이 하는 것처럼 3차원적 방법으로 생각하는 능력이다. 이 지능은 내외적 이미지의 지각 재창조, 변형, 또는 수정이 가능하도록 하며, 자신이나 사물을 공간적으로 조정하고 그래픽 정보로 생산하거나 해석이 가능하도록 한다.
- 운동지능(bodily/kinesthetic intelligence): 대상을 잘 다루고 신체적 기술을 잘 조정하는 지능이다. 운동선수, 무용수, 외과의사들이 뛰어나다. 신체적 능력은 인지적인 것에 비하여 서양 사회에서는 높게 평가받지 못하였다. 그러나 다른 곳에서는 신체를 사용하는 능력은 생존의 필수이며, 사회적으로 존경받는 중요한 능력으로 인정된다.
- 음악지능(music/rhythmic intelligence): 음의 리듬, 음높이, 음색에 대한 민감성을 보이는 사람들이 갖는 지능으로, 작곡가, 지휘자, 음악가, 비평가, 악기 제작자, 훌륭한 음악 감상가에게서 두드러진다.
- 대인관계지능(interpersonal intelligence): 타인을 이해하고 타인과 효과적인 상호작용을 하는 능력이다. 이러한 지능은 교사, 사회사업가, 배우, 정치가들에게서 두드러진다. 최근 서양 사회에서는 마음과 신체의 결합을 인식하기 시작하였기에 능숙한 대인관계 행동기술의 중요성을 인정하게 되었다.
- 개인내적지능(intrapersonal intelligence): 자신에 대한 정확한 지각과 자신의 인생을 계획하고 조절하는 지식을 사용할 수 있는 능력을 말한다. 개인내적지능

이 뛰어난 사람은 신학자, 심리학자, 철학자이다.

- 자연탐구지능(naturalistic intelligence): 자연의 패턴을 관찰하고, 대상을 정의 · 분류하며, 자연과 인공적인 체계를 이해하는 능력이다. 숙련된 자연주의자에는 농부, 식물학자, 사냥꾼, 생태학자, 정원사가 포함된다.

[그림 9-2] 가드너의 다중지능이론

가드너의 다중지능이론은 과거의 지능이론보다 인간의 지능을 더욱 확장시켰으며, 지능의 정의를 새롭게 하는 데 기여하였다. 대다수의 사람은 8가지의 다양한 지능[1]을 소유하고 있으며, 그것들을 매우 개인적인 방식으로 조합하여 사용하였다. 그러나 기존의 언어와 논리-수학 지능만을 중시하는 제한된 학교교육은 다른 지능의 중요성을 상대적으로 경시하는 경향이 있었다. 따라서 전통적으로 중시되는 학업적 지능에서 실패한 많은 학생은 낮은 자아존중감에 사로잡혀 있으며, 그들의 장점은 실현되지 못한 채 대부분 학교나 사회에서 소멸되고 말았다고 하였다.

(6) 스턴버그의 성공지능

가드너의 다중지능이론과 함께 세계적으로 지능이론에 영향력을 많이 미치고 있는 이론은 스턴버그의 성공지능이다. 1985년에 스턴버그는 최초로 삼원지능이론(triarchic theory of intelligence)을 제안하였으며, 1996년에 성공지능(successful intelligence)으로 발전시켰다. 그의 초기의 삼원지능이론은 다음의 3가지 하위요소로 구성되었다.

---

1) 가드너는 기존의 지능(intelligence)을 자신의 다중지능이론에서는 지능의 복수형으로 만들어 지능들(intelligences)이라고 하였다.

- 성분적 요소: 지능을 수행하는 데 기초가 되는 기본적인 정보처리 과정과 요인을 다룬다. 성분적 요소는 어떤 과제를 해결하려고 할 때 모든 것을 관찰 · 조정 · 통제하는 메타요소, 과제를 수행할 때 과제를 입력하고 관계를 추리하고 가능한 해결방안을 찾으려는 수행요소, 새로운 것을 학습하고 기존의 지식과 연관시키려는 지식-획득 요소의 3가지 하위과정으로 이루어진다.
- 경험적 요소: 경험적 요소는 과제에 대해 사람들이 가지는 경험수준에 따라 다르게 응용될 수 있다. 새로운 자극과 장면에 대처하는 능력이 지능의 중요한 측면이다.
- 맥락적 요소: 실제 생활 속의 환경과 만나는 3가지 기본 과정이 있다. 지능적인 사람들은 자신의 장점과 환경 간의 균형을 유지하기 위해 적응, 조성, 선택의 과정을 효과적으로 사용한다.

스턴버그는 IQ 점수와 학교 성적 등으로 인간의 능력을 설명하기는 부족하며, 특히 성공적인 삶의 방향으로 나아가기 위해 갖추어야 할 능력을 언급하기 위해서는 더 중요한 설명력이 필요하다고 하였다. 이에 '삼원지능이론'을 더욱 발전시켜 '성공지능'이라는 개념을 만들었다. 성공지능은 성공할 수 있는 인간 능력의 총합으로, 중요한 목표를 달성하기 위해 사용되는 다음의 3가지 지능으로 구성되어 있다.

- 분석적 지능: 성분적 요소로서 개인 내부에서 지적 행동이 어떻게 발생하는가에 초점을 둔다. 분석력이 뛰어난 학생은 분석, 평가, 비판에 강점을 보인다.
- 창의적 지능: 경험적 요소로서 새롭고 흥미로운 아이디어를 창안해 내는 능력이다. 창의력이 뛰어난 학생은 발견, 창조, 발명에 두각을 나타낸다.
- 실천적 지능: 맥락적 요소로서 실제 생활에서 경험으로 습득될 수 있는 지식을 인생의 성공을 위하여 활용하는 능력으로, 외부상황과 관련해서 환경에 적응하고 변화하며 선택한다. 실용능력에 뛰어난 재능을 보이는 학생은 활용, 적용, 실천하는 데 그 강점이 두드러진다.

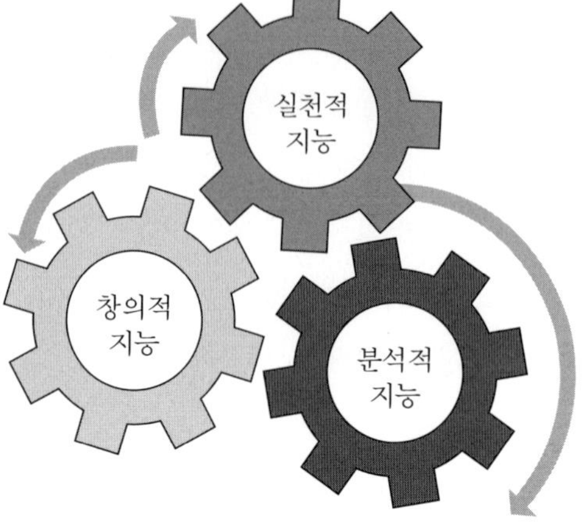

[그림 9-3] 스턴버그의 성공지능

스턴버그는 지금까지 사회를 주도하는 사람이 분석적 지능이 우수한 사람이었다고 한다면, 미래사회는 창의적 지능이 탁월한 사람의 시대가 될 것이라고 하였다.

3) 지능에 대한 유전과 환경

지능은 태어날 때부터 이미 결정된다고 보는 '유전설'과 교육과 환경에 따라 변한다는 '환경설'이 있다. 만약 지능이 유전된다면, 최근에 '인간 게놈 프로젝트(human genome project)'[2]를 통해 인간의 유전자 지도가 완성되었는데, 지능을 결정하는 유전자 정보를 발견하고 이를 개량화한다면 세상은 어떻게 바뀔까? 그리고 지능이 유전으로 이미 결정되어 태어난다면 더 이상 힘들게 공부하고 노력할 필요가 없지 않을까? 한편, 환경설을 지지한다면, 지능은 유전과 관계없이 환경(교육)에 따라 얼마든지 변할 수 있을까? 지능을 발달시키기 위해서는 어떤 가정, 학교의 환경이 만들어지는 것이 바람직한가? 두 학설과 관련해서 이와 같은 의문들이 생길 수 있다.

2) '인간 게놈 프로젝트'에 의해 인간 유전자 정보에 대한 초안이 2003년에 완성되었다. 인간의 모든 세포는 DNA(디옥시리보핵산)를 함유하고 있으며, 여기에 몸 전체를 만드는 모든 정보가 저장되어 있다. 인간의 세포 DNA는 약 10만 개의 유전자 정보를 포함하고 있음이 밝혀졌다.

(1) 지능의 유전설

심리학자들은 지능의 유전설을 쌍생아에 대한 연구 등을 통해 증명하려고 하였다. 전혀 다른 개인 간의 지능의 상관관계보다 쌍생아의 상관관계가 훨씬 높다는 것은 이미 잘 알려져 있는 사실이다. 가족연구는 지능발달의 개인차가 유전적 소인이 있음을 보여 주고 있다. 지능의 상관관계는 일란성 쌍생아 간은 .82, 이란성 쌍생아 간은 .59, 형제간은 .55, 부모와 자녀 간은 .50, 조부모와 손자 간은 .27, 사촌 간은 .26인 것으로 보고되고 있다(Nichols, 1978). 이처럼 혈통이 가까울수록 지능의 상관이 높은 것은 지능발달이 유전적 요인에 의해 영향받고 있음을 보여 주는 것이다.

또 다른 연구 결과에서 같은 환경에서 자란 일란성 쌍생아 간의 지능의 상관은 .85이나, 그들을 출생 직후부터 다른 환경에서 양육시켰을 때의 상관은 .74이고, 같은 환경에서 자란 형제간의 지능상관은 .54인 것도 유전적 영향력을 확인시켜 준다(Loehlin, Horn, & Willerman, 1989).

(2) 지능의 환경설

환경설이란 지능은 개인이 처한 환경에 의해 결정된다는 것이다. 환경에는 가정, 학교, 사회적 · 생태학적 환경 등의 다양한 환경변인이 있다. 교육에 많은 영향을 미친 행동주의 심리학의 대가인 왓슨(Watson)은 "나에게 12명의 아이가 맡겨지고 내가 원하는 환경을 마련해 주면 그들의 재능이나 특성과 관계없이 어떤 유형의 인간이라도 만들 수 있다."라고 주장하였다. 이는 유전과 관계없이 원하는 반응(행동의 변화)을 형성하기 위해 적절한 자극(교육적 처치)을 가하면 어떤 유형의 인간이든 가능하다는 견해이다.

환경설의 대표적인 예로서 맹모의 삼천지교(三遷之敎)를 들 수 있다. 맹자의 어머니는 아들의 교육을 위해 세 차례 이사(공동묘지 근처, 시장 근처, 서당 근처)를 하였다. 결국 서당과 가까운 곳에 이사하니 아들인 맹자가 예법에 관한 놀이를 하고, 책과 붓을 가까이하여 오늘의 위대한 사상가가 되었다는 이야기이다. 이는 자녀가 처한 환경이 얼마나 중요한 것임을 잘 일깨워 준다.

(3) 유전과 환경의 상호작용

오늘날 지능을 연구하는 많은 학자는 유전설과 환경설의 상호작용으로 지능이 발달한다고 인식하고 있다. 지능은 유전과 환경의 역동적인 상호작용으로 성장·발전하며, 지적 능력은 불변이 아닌 장래의 교육경험과 환경에 의해 더욱 발달한다고 보는 입장이 주류를 이루고 있다.

(4) 지능과 학업성취의 관계

지능은 학생의 학업성취도와 어떤 상관관계가 있으며, 학업성취도를 얼마나 예측할 수 있을까? 김아영과 조영미(2001)의 「학업성취도에 대한 지능과 동기변인들의 상대적 예측력」에서는 학업성취도에 대하여 지능과 학습동기의 상관과 설명력이 높음이 검증되었다. 즉, 연구 결과에서 학업성취를 예측하는 가장 강력한 변인으로서 지능은 학업성취도와의 상관이 .62～.63이었고, 지능이 학업성취도 분산을 설명하는 정도는 38～39%였다.

2. 우리나라 영재의 지능에 대한 연구

우리나라에서 학문적·사회적으로 성공한 영재 110명(인문사회, 과학기술, 문화예술 분야)을 대상으로 2년간 실증적 연구를 실시한 결과(이정규, 김현철, 이윤옥, 2005)를 살펴보면, 영재학생이 초등학교 시절부터 지능지수가 높게 나타났다. 그리고 인문사회, 과학기술, 문화예술의 영역별 영재집단 간에도 유의한 지능의 차이가 발견되었다. 영재의 지능지수가 일반학생보다 우수하다는 것은 이미 알려진 교육심리학적인 견해로, 우리나라의 성인영재를 대상으로 한 이 연구에서도 확인되었다. 여기서 영역별 영재집단 간에 지능지수의 차이가 나타난 것은 흥미로운 발견이다.

이러한 현상에 대해 송인섭(2005)은 "이는 지능지수의 측정 범위가 극도로 제한되어 있기에 발생한 현상으로 해석된다. 한 예로 미술영재는 IQ가 79～133의 범위이고 평균 107이다. 음악영재는 IQ가 95～139의 범위이고 평균 121이다. 예술 분야의 영재집단은 IQ가 높지는 않으나, 지능의 다른 지표에서 그들이 우수한 영재의 고유한 특성을 갖고 있음을 간과해서는 안 될 것이다."라고 하였다. 또한 가드너(1999)는 다중지능이론을 통해 "그동안 서양 사회에서는 논리-수학지능에 높은 가치를 두었으며, 인류 역사를 이끌어 가는 것으로 믿어 왔다. 이로 인해 다른 지능들은 상대적으로 낮은 자존감을 느껴야만 했으며, 심지어 자신의 잠재적인 지능을 계발할 기회조차 잃어버렸다. 논리-수학지능은 다른 지능보다 월등한 것이 아니며 높은 자긍심이 있는 것도 아니다."라고 밝혔다.

3. 창의성

21세기 고도의 지식정보화 사회를 추구해 가는 시대적 상황에서는 기존의 지식과 이론으로는 해결할 수 없는 복잡 다양한 딜레마를 발견하고 해결할 수 있는 창의적인 인재의 육성이 매우 중요한 과제이다. 우리나라 '제7차 교육과정'(2000)에서는 '미래 사회에 능동적으로 대처할 수 있는 창의적인 한국인 육성'을 주된 목표로 하고 있다. 또한 「영재교육 진흥법」에 의한 영재학생의 선발에서도 '서류전형, 창의적 문제해결력 검사, 과학캠프 등 다단계 절차를 통해 학과 성적이 아닌 창의성에 중점을 두고 선발'한다고 명시하고 있다(교육인적자원부, 2003). 이와 같이 국가교육의 정책적 차원에서 창의적인 인재 육성을 위해 정책적 역량을 집중하고 있다. 미국도 21세기를 앞둔 1999년에 대통령 직속의 '미래문제위원회'에서 학자들은 과거의 그 어느 때보다 미래 사회에는 해결해야 할 문제가 확대될 것이며, 그것을 해결하기 위한 창의적이고 생산적인 인재의 육성이 시급하다고 하였다.

한 예로 세계 10대 우수 대학 중 하나인 영국의 옥스퍼드 대학교의 신입생 면접시험에는 개인의 지적 잠재력과 창의성을 평가하는 문제들이 출제되었다. 창의성 계발이 절대적인 시대적 변화에 부응하여 여기서는 창의성 연구의 역사와 창의성의 개념과 정의에 대해 살펴본 다음, 다양한 창의성 연구기법에 대해 살펴본다(창의성의 측정은 제4장 참조).

2008년 옥스퍼드 대학교 신입생 면접시험

① 빈 방에 냉장고가 있다. 물을 마시려고 냉장고를 열면 방의 온도는 어떻게 변할까? (물리학과 면접시험 문제)

② 손에 모래를 쥐고 있다가 조금씩 떨어뜨리기 시작했다. 땅에 쌓이려면 모래 알갱이 몇 개가 필요할까? (경제학과 면접시험 문제)

③ (동물 뼈 모형을 보여 주며) 이것은 어느 동물의 어느 부위의 뼈일까? 이 동물이 죽은 원인은 무엇이라고 추정할 수 있는가? 죽은 지 얼마나 시간이 지났을까? (의학과 면접시험 문제)

1) 창의성 연구의 역사

앞서 언급한 바 있듯이, 창의성 연구가 많은 학자의 관심 속에 학문적 체계를 갖추어 연구되기 시작한 것은 1950년에 미국심리학회(APA)의 회장이 된 길포드의 창의성에 대한 기조연설부터이다. 트레핑거, 소토어와 크로스(Treffinger, Sortore, & Cross, 1993)는 창의성 연구의 역사를 〈표 9-1〉과 같이 구분하였다.

〈표 9-1〉 창의성 연구의 역사

제1기	1950~1960년대	I	창의성의 '확산적 사고'가 지배하는 시기
		II	창의적 문제해결 과정 모델을 개발하고, 훈련하는 것에 초점을 두고 과정 중심에 접근
제2기	1970~1980년대	I	'창의성 교육 프로그램' 개발을 주로 연구하는 시기
		II	개인과 과정 간의 상호작용을 강조
제3기	1990년대 이후	I	'창의성의 생태학적인 측면'을 강조하는 시기
		II	환경적인 입장을 추가하여 상호작용적인 면을 강조

한편, 이정규(2005)는 지난 창의성 연구의 역사 개관을 통해 2차에 걸친 연구의 한계가 있었다고 하였다. 이와 같은 한계를 극복하기 위한 연구자들 간의 반증과

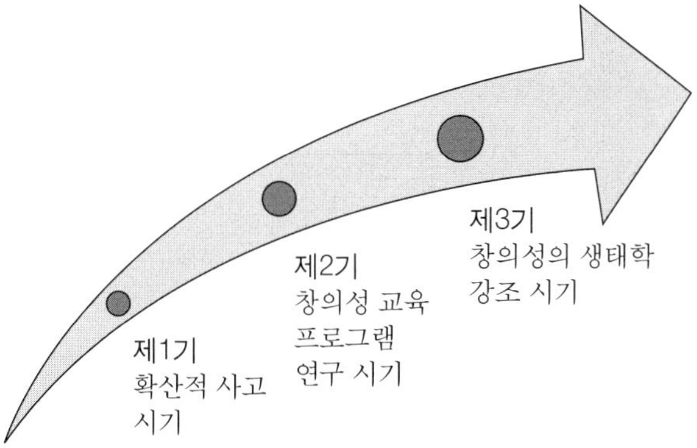

[그림 9-4] 창의성 연구의 시대적 구분

논쟁을 통해 대안이 탐색되고, 이러한 탐색과정이 창의성을 더욱 과학적 이론으로 발전시켜 왔다고 하였다.

먼저 1차적으로 창의성 연구의 한계를 인식하고 대안을 모색하고자 한 것은 1980년대 후반이었다(〈표 9-1〉의 제2기 이후에 해당됨). 길포드의 창의성 연구에 대한 필요성을 역설한 기조연설 이후에 창의성에 관심을 둔 많은 연구자는 확산적 사고의 계발을 위한 프로그램의 개발과 그 효과를 측정하기 위한 측정도구의 개발, 창의적 인물이 갖는 특성 등에 주로 초점을 두고 연구하였다.

그러나 1980년대 후반에 연구자들은 이러한 창의성의 연구 경향에 대해 문제가 많다고 지적하였다. 예를 들어, 브라운(Brown, 1989)은 "창의성 연구에 있어 많은 심리학자가 '근본적 귀인오류'를 하고 있다. 지금까지의 창의성 연구는 창의적 산출물을 설명하기 위한 확산적 사고 모델과 개인적 특성 이론이 주류를 이루었으나, 이러한 연구들은 복잡한 창의성을 설명하는 데 실패하였다."라고 지적하였다. 또한 스턴버그와 루바트(Sternberg & Lubart, 1995)는 지난 창의성의 연구를 '장님과 코끼리의 이야기'에 비유하면서 "창의성의 복잡한 현상을 종합적으로 이해하지 않고 일부 현상만을 중시하였기에 불완전한 연구가 이루어졌으며, 인지적 기술과 성격 특성에 대한 연구가 주류를 이루었다."라고 밝혔다.

이러한 창의성 연구의 한계를 극복하고자 1980년대 말부터 창의성은 단일요인에 의한 접근이 아닌 다원적 · 통합적 · 생태학적 접근이어야 한다는 창의성 이론들이 등장하게 되었다. 여러 연구자의 창의성 이론들을 고찰해 보면 다음의 2가지 중요 사항을 발견할 수 있다. 첫째, 창의성 연구의 '근본적 귀인오류'를 극복하기 위해 개인과 개인을 둘러싼 환경 간의 복합적이면서 역동적인 상호작용을 중시하고 있다. 둘째, 많은 연구자가 창의적 산출물과 과정, 창의적인 인물을 설명하는 주요 공통변인으로서 정의적 변인인 '동기'를 강조하고 있다.

다음으로 창의성 연구의 2차적인 한계는 창의성의 '영역성'과 '측정'에 관한 논쟁이라 할 수 있다(〈표 9-1〉의 제3기 이후에 해당됨). 김아영(2005)은 "영역-특수성에 대한 논의는 최근 이 분야의 연구자들에게 가장 큰 주목을 받고 있는 주제라고 생각된다. 지능의 측정과 창의성의 측정 모두에서 나타난 영역-일반성과 영역-특수성에 대한 관심은 그 결과가 교육현장에 미치는 영향이 매우 크기 때문일 것이다. 이에 대한 논의는 앞으로도 계속되리라고 생각된다."라고 하였다. 이정규(2003)는 "최근 10여 년간 상반된 입장의 창의성 연구자들에 의한 '영역성'과 '측정'에 대한 반증과 논쟁은 창의성 이론의 과학적 발전을 꾀하고자 하는 과정으로 해석할 수 있다. 그러나 한편으로 이러한 논쟁의 가열은 연구자들 간에 많은 혼선을 초래할 수 있다."라고 밝혔다.

2) 창의성의 주요 이론

창의성에 대한 수많은 학자의 다양한 개념과 정의 중에서 공통적인 2가지 요인은 '새롭다(novel)'는 것과 '적절하다(appropriate)'는 것이다. '새롭다'는 것은 개인적으로나 사회적으로 새롭고 진기하며, 남과 달리 독창적이어야 한다는 것이고, '적절하다'는 것은 가치, 유용성, 경제성 등과 같은 의미로 쓰인다. 즉, 창의적인 산물은 새로우면서도 가치를 창출하고, 유용해야 하며, 경제적이어야 한다는 것이다.

더불어 길포드(1967)가 창의성 연구에서 확산적 사고와 수렴적 사고가 모두 중요하다고 하였음에도 불구하고, 지난 50여 년간의 창의성 연구는 확산적 사고의 변인을 중심으로 많은 연구가 이루어져 왔으며, 동기를 비롯한 정의적 특성이 중요함에도 불구하고 이를 간과해 왔다는 비판이 연구자들에 의해 제기되어 왔다(김아영, 2005; 이정규, 2005). 따라서 최근에는 창의성 패러다임의 진화에 따라 창의성의 인지적 능력과 정의적 특성의 변인을 함께 고려하고, 개인의 인지적·정의적 특성이 잘 발현될 수 있는 창의적 환경에 대한 연구가 활발하다. 창의성의 인지적 능력과 정의적 특성은 다음과 같다. 여기서 인지적 능력의 경우 확산적 사고의 변인이 주로 많이 연구되어 왔다.

① **인지적 능력**(확산적 사고의 변인)

- 유창성: 특정한 문제상황에서 주어진 시간 안에 문제를 발견하고 정의하여 얼마나 적절한 아이디어를 많이 산출하였는가?
- 독창성: 제시된 문제에 대해서 비교집단과 비교하여 얼마나 상대적으로 독창적인 아이디어를 산출하였는가?
- 융통성: 제시된 문제에 대해서 얼마나 다양한 관점, 차원, 종류의 아이디어를 산출하였는가?
- 정교성: 주어진 문제에 대해 산출한 아이디어의 가치를 높이기 위해 얼마나 체계적이고 정교하게 아이디어를 전개했는가?

② **정의적 특성**

- 개방성: 자신의 경험에 제한받지 않고 모든 가능성을 수용하려는 성향. 주어진 문제에 대한 아이디어나 문제해결에 얼마나 많은 가능성을 열어 놓고 있는가?
- 민감성: 주변의 환경에 예민한 관심을 보이고 새로운 탐색을 하려는 성향. 익숙한 것을 낯설게 보고 낯선 것을 익숙하게 보려고 시도하였는가?
- 도전성: 쉽게 해결하기 어려운 과제임에도 불구하고 끝까지 도전하여 성취하려고 하였는가?

다음에서는 창의성의 주요 이론에 대해 살펴보기로 한다.

(1) 길포드의 창의성 이론

길포드의 창의성 연구는 다음의 6가지로 요약할 수 있다. 그의 연구는 창의성의 확산적 사고와 창의적인 사람의 특성에 대한 연구, 확산적 사고를 측정할 수 있는 다양한 측정도구를 개발하는 연구에 봇물을 트는 중요한 계기를 마련하였다.

- 창의성은 특성의 집합이다. 창의성은 창의적인 인물을 특징짓는 특성의 패턴이다.
- 창의성은 안정적[3]이어야 한다. 창의적 잠재력은 아동기에 발견되고, 강조되는 특성은 어느 정도 장기적으로 안정된다.
- 창의성검사의 신뢰성은 낮을 것이다. 실제적인 창의적 산출물에 영향을 미치는 변인은 신뢰성이 낮다. 따라서 창의성 측정에 있어 완벽한 검사가 요구된다. 창의성검사는 최소한 부분적인 개방형으로 정답을 식별하기보다 고유한 대답을 할 수 있어야 한다.
- 창의성검사의 점수는 지능검사 점수와 낮은 상관관계를 보일 것이다. 표준화된 지능검사에 의해 측정되는 능력은 창의적 행동에는 비교적 중요하지 않다. 창의성은 지능검사로 나타나지 않는다.
- 창의적 성취는 창의성보다는 더 많은 것에 의해서 이루어진다. 동기와 기질적 특성, 창의적 능력을 갖춘 개인의 창의적인 행동이 창의적 성취를 이루게 한다.
- 창의적 능력은 연속성의 분포이다.

(2) 메드닉의 연합이론

메드닉(Mednick, 1962)은 창의적인 아이디어는 일반적인 상관에서 벗어난 둘 이상의 새로운 결합에서 나온다는 '연합이론(association theory)'을 제시하였다. 새로운 결합이 상호 간에 더 많이 떨어져 있을수록 보다 창의적인 과정 혹은 해결

3) 안정성(stability)은 시간의 경과와 과제의 난이도에 크게 영향을 받지 않는 안정된 성향을 말한다.

법이라고 하였다. 그리고 연합과 적절성을 평가하기 위한 원격연합검사(Remote Associates Test: RAT)를 개발하였는데, 높은 타당도와 신뢰도의 결과가 보고되었다. RAT는 총 30문항으로, 각 문항은 달, 잔디, 치즈와 같이 좀처럼 관련이 없을 것 같은 서로 다른 단어로 구성되어 있다. 과제는 이러한 단어들과 관련된 네 번째 단어를 찾아내는 것이다. 이 과제를 잘 수행하기 위해서는 최소한 하나의 단어와 원격연합을 만들어 내야 하며, 원격연합시켜 제시한 단어의 수를 채점한다.

(3) 로즈의 창의성의 4P이론

로즈(Rhodes, 1961)는 길포드 이후의 활발한 창의성 연구들을 정리 · 요약하여 창의성의 개념과 정의를 4P(Product, Process, Personality, Press)로 구분하였다.

- 창의적 산출물(product): 창의성 연구의 기본으로, 무엇이 창의적 산출물인가에 대한 연구이다.
- 창의적 과정(process): 창의적인 과정은 어떻게 이루어지는가에 대한 연구이다. 일반적으로 창의적 과정은 준비기, 부화기, 조명기, 검증기의 4단계를 포함하고 있다.
- 창의적 성격(personality): 창의적인 사람의 인성, 특성, 태도, 가치 등에 대한 연구이다. 이러한 창의적 성격을 통해 창의적 문제해결이나 창의적 사고를 지향하는 사람의 스타일이나 접근방법 등을 연구한다.
- 창의적 환경(press): 창의성을 극대화할 수 있는 환경조건(가정, 학교, 사회, 문화 등)에 대해 연구하는 영역이다.

로즈는 4P가 서로 밀접하게 연결되어 있어 창의적인 산물이란 창의적인 사람이 창의적인 과정을 통해 얻은 결과이며, 이는 창의적인 환경에 의해 지원을 받을 때 가능하다고 하였다. 이러한 분류방법은 특정한 학파나 연구자의 학문적 특성과는 관계없이 창의성을 연구 영역에 두고 분류할 수 있기 때문에 지금도 많이 연구되고 있다.

(4) 다원적 · 통합적 · 생태학적 접근의 창의성 이론[4)]

애머바일(Amabile, 1983)은 창의성의 '요소모델(component model)'에서 3가지 요소인 ① 영역 관련 기술(수학, 음악 등의 특정 영역과 관련된 기술), ② 창의성 관련 기술(어느 영역에서나 필요한 것으로, 창의적 성격, 고도의 에너지 수준, 문제에 대한 새로운 견해를 생각해 내는 방법 등), ③ 과제 관련 동기유발(내적 동기유발이 외적 동기유발보다 창의성에 더 많이 도움이 됨)이 상호작용하며, 이 영역들 간의 교차 부분이 최대화되는 지점에서 창의성이 극대화된다고 하였다.

스턴버그와 루바트(Sternberg & Lubart, 1996)는 창의성의 '투자이론(investment theory)'에서 좋은 투자가들은 대중의 의견에 개의치 않고 잠재력을 보고 투자가치가 있다고 판단되면 과감히 투자한다고 하였다. 사람들은 6가지 자원(지적 능력, 지식, 사고방식, 인성, 동기, 환경)을 누구나 어느 정도 가지고 있는데, 이러한 자원들이 복합적으로 상호작용할 때 창의성이 극대화된다고 강조하고 있다.

칙센트미하이(Csikszentmihalyi, 1988)의 창의성의 '체계이론(system theory)'은 창의성이 어느 곳에 존재하는가에 중점을 두었다. 체계이론에서 제시한 창의성의 3가지 체계를 살펴보면, 첫째 개인(individual)체계이다. 어떤 영역에서 창의적이라고 보는 변화를 야기하는 체계인 개인체계는 정보를 한 영역으로 이끌어야 하고, 인지적 과정 및 성격적 특징, 동기유발에 의해 정보를 변형 · 확장시키는 역할을 한다. 둘째, 영역(domain)체계이다. 이 체계는 새롭게 선택된 창의적인 지식을 축적물로 보전하여 이를 다음 세대로 전달하는 것을 의미한다. 이 영역체계에서 창의적인 사람이란 현재의 정보를 변형시켜 이를 다음 세대에 전달하기 위해 끊임없이 노력하는 사람이다. 셋째, 분야(field)체계이다. 이 체계는 개인의 창의적 아이디어를 평가하고 선택하는 사람들의 집합체이다. 창의성은 이러한 개인, 영역, 분야의 3가지 체계가 상호작용할 때 비로소 발휘된다고 하였다. 이처럼 체계이론은 창의성에 있어 개인적인 요소만이 아니라 개인을 둘러싼 복합적인 사회와 체계를 중시한다.

우드먼과 쇼엔펠트(Woodman & Schoenfeldt, 1989)의 창의성의 '상호작용모델

4) 참조: 전경원(2000a). 창의학. 서울: 학문사.

(interaction model)'은 창의성을 주어진 상황에서 나타나는 개인 행동의 복잡한 산출물로 본다. 개인은 다양한 선행조건에 의해 영향을 받으며, 여러 종류의 인지능력과 성격적인 특성에 의해 창의적인 행동이 나타난다. 이 모델은 창의성의 인지, 인성, 환경적 요소를 잘 통합하고 있다.

〈표 9-2〉 다원적 · 통합적 · 생태학적 접근의 창의성 이론

연구자	이론	내용
애머바일	창의성의 요소모델	영역 관련 기술, 창의성 관련 기술, 과제 관련 동기유발
스턴버그와 루바트	창의성의 투자이론	지적 능력, 지식, 사고방식, 인성, 동기, 환경
칙센트미하이	체계이론	개인-영역-분야 체계
우드먼과 쇼엔펠트	상호작용모델	개인 행동(인지+성격)과 상황의 상호작용

3) 학교교육과 창의성

(1) 학교교육과 창의성

전통적으로 학교가 창의성을 신장시키고 있는가? 많은 연구는 그렇지 못하다는 결과를 제시하고 있다. 스턴버그와 루바트(Sternberg & Lubart, 1995)는 학교교육이 너무 경직되어 아이들의 창의성을 억제하고 있다고 주장하였다.

> 학교는 학생들에게 위험스러운 일은 회피하는 것이 바람직하다고 가르치고 있다. 학교에서 어떤 일을 할 때, 실패는 어떠한 방법으로든 처벌을 받게 되고 잘한 일은 보상을 받는다. 학생들이 낮은 성적을 받아 보충수업에 참여하는 일은 어리석어 보이며, 그들에게 새로운 도전을 주저하게 한다. 학교에서의 도전은 명백하게 방해를 받는다. 대학에서 학생들은 도전적인 과목보다는 안전한 과목을 골라 신청한다(Sternberg & Lubart, 1995).

스턴버그와 루바트는 "학교문화의 문제점 중 하나는 학생들이 느낄 만한 위험을

배우지 못한다는 것이다. 즉, 그들은 창의적인 일을 할 때 꼭 필요한 기술을 배우지 못한다."라고 주장하였다. 홀먼(Hallman, 1967)은 창의성을 방해하는 학교의 여러 가지 장애물을 발견하였다. 그것은 학생과 교사 모두가 학교에 잘 순응하도록 압력(규칙, 관례)을 받고, 독특한 아이디어와 유머가 무시되고, 외적 보상을 지나치게 중시하는 것 등이었다.

한편, 친구는 창의성을 계발하는 데 어떤 영향을 줄까? 토랜스(Torrance, 1968)는 학생들이 4학년 이후에 창의성 점수가 떨어지기 시작한다고 했다. 그는 이를 '4학년 슬럼프'라 부르면서 다른 친구들에게 적응해야 하는 압박감이 이 시기에 시작된다고 밝혔다.

(2) 교사와 창의성

무엇이 교사로 하여금 학생의 창의성을 제한하는가? 아도르노(Adorno)와 그의 동료들은 교사의 권위에 대한 실험을 했다. 권위적인 사람들은 아랫사람들이 제대로 일을 하지 못하면 쉽게 화를 내고, 그들로부터 즉시 복종받기를 원한다. 권위적인 사람은 '지위 서열'에 따른 위계적 위치에 민감하다. 실험은 거의 400종에 이르는 직업에 종사하는 수백 명의 사람들에게 실행되었다. 예상했던 대로 경찰이 가장 높은 점수를 받았고, 다음은 군 장교, 교사 순이었다. 학생과 교사에게는 신분의 표시가 없으나, 그들 간에는 차이가 있다. 거의 모든 교사는 학교의 중요한 사건과 관련하여 교장이나 재단 이사장에 대해 공공연한 불만이나 반대를 하지 못하지만, 학생들에게는 완벽한 복종을 기대한다. 교사들이 교실에 들어갔을 때 그들은 최고의 권위를 갖는다. 지금도 예상치 못한 질문이나 엉뚱한 질문을 하는 학생들은 권위적인 교사에게 지적당하거나 문제아로 낙인찍힐 가능성이 높다(Sternberg & Grigorenko, 1997).

토랜스(Torrance, 1995)는 학생들의 창의성을 격려하거나 인식하지 못하는 교사들이 늘어 가는 이유가 있다고 하였다. 뛰어난 교사가 되는 과정에는 새로운 발견, 위험 감수, 집착력, 미지의 세계에 대한 도전 등이 있어야 하는데, 이것들은 중대하면서도 위험스러운 일이다. 그런데 교사들은 학생들의 창의적 능력을 가르치려고 하면 학생들의 통제권을 잃기 쉽다고 생각하는 경향이 높다는 것이다.

한편, 토랜스는 미 교육부의 정책으로 학교가 학생의 창의성을 억압하고 있다는 문제를 해결하기 위해 교사들을 위한 프로그램을 개발하여 다년간 실제 교사연수를 실시하였다. 그러나 기대와는 달리 교사연수의 결과는 성공적이지 않았는데, 그 실패의 원인으로 다음과 같은 것이 제시되었다.

- 교사들의 성격과 신념이 교수방법의 변화를 거부했다.
- 교사들은 학생들의 특별한 아이디어를 수용하기보다 학생들의 잘못을 고쳐주고 비판하는 것에 익숙해져 있기 때문에 변화가 힘들었다.
- 교사들은 학생들의 흥미 있고 독특한 대답에 대해 적절한 보상을 주지 못했다.
- 교사들은 집단의 성공을 중시하는 분위기에서 독창적인 생각을 가진 학생들을 격려하지 못했다.
- 학생들은 학급문집이나 잡지 등 창의성 계발에 도움이 되는 활동이 필요한데, 이런 활동은 가끔씩 제공되었고, 많은 시간을 소비하게 하였다.
- 창의적인 학생이 수업시간에 엉뚱한 질문을 하면 부담스럽다.
- 창의적인 문제해결능력은 몇몇 학생만 가지고 있는 선천적인 능력이기 때문에 학생들의 창의성을 발달시키기 위한 노력은 결과를 얻기 어려울 것이다.
- 창의적인 학생은 대체로 비협조적이다.
- 만약 학생들의 창의성이 높아지면 그들은 정상적인 사회생활을 하기 어렵고, 비협조적이 될 위험이 있다.

4) 우리나라 영재들의 창의성

우리나라에서 학문적 · 사회적으로 성공한 영재 110명(인문사회, 과학기술, 문화예술 분야)을 대상으로 2년간 실증적 연구를 실시한 결과(이정규 외, 2005), 자신이 인식한 창의적 특성과 부모가 인식한 자녀의 창의적 특성과의 상관관계를 살펴보면,

영재는 일반학생 집단에 비해 창의적 특성이 높고, 통계적으로 유의미한 차이를 나타냈음을 알 수 있다. 그러나 3개 영역별(문과, 이과, 예술) 영재집단 간에는 유의미한 차이가 나타나지 않았다.

이러한 연구 결과는 영재들의 실제적 성취와 관련된 연구들(윤초희, 강승희, 2005; Terman & Oden, 1947, 1959; Renzulli & Reis, 1997)에 의하면, 지적 능력 이외에 창의성도 많은 영향을 주고 있다는 연구 결과와 일치하는 것이다. 터먼과 오든(1947, 1959)의 높은 지능지수를 가지고 있는 아동들에 관한 종단연구에 의하면, 탁월한 인생의 성취를 위해서는 어느 정도까지의 높은 지능이 반드시 필요하나, 그 정도 이상이 되면 지능 외에 창의성, 성취동기와 같은 변인들이 중요한 역할을 한다고 하였다.

4. 지능과 창의성의 관계

많은 심리학자는 인지적 변인 중에서도 중요한 지능과 창의성의 관계에 대해 연구하였다. 지능과 창의성의 관계에 대한 많은 연구를 종합분석한 박병기와 유경순(2000)의 연구에 따르면 다음과 같다. 창의성과 지능의 관계는 그 구체적인 모습을 파악하기가 매우 어려운 주제이다. 창의성과 지능은 서로 다른 정신적 실체인가, 아니면 동일한 정신적 실체의 다른 표현일 뿐인가? 창의성과 지능이 고유한 정신적 실체로 인정된다면 그들 간의 관계는 어떠한 양상을 띠고 있는가? 창의성은 지능의 한 하위요소인가, 아니면 지능이 창의성의 한 하위요소인가? 창의성과 지능은 도대체 어떤 관련을 맺고 있기나 한 것인가, 아니면 그들 간에는 실질적인 관련성이 존재하지 않는 것인가?

이러한 관계모형에 따르면, 지능과 창의성의 관계는 크게 독립적, 중립적, 포섭적 관계로 구분할 수 있다.

이와 같이 다양한 관계를 가정할 수 있으나, 일반적으로 많은 연구 결과는 상호 동등한 중첩관계를 지지하고 있다. 이를 창의성의 '식역이론(threshold theory, 또는 역치이론)'이라고 한다. 식역이론의 요점은 창의성이 어느 정도까지는 지능에 근거하지만, 지능지수가 일단 어느 수준, 즉 식역 수준을 넘어서면 창의성과 지능 간에는 거의 상관이 없어진다는 것이다. 건축가, 발명가, 과학자, 작가 등에서 창의적인 집단과 덜 창의적인 집단을 선별하여 비교한 맥키넌(MacKinnon, 1961)의 연구에 의하면, 식역 수준은 IQ 120 정도이다. 식역이 120이라는 것을 시사하는 다른 연구는 터먼과 오든(1947)의 연구이다. 이 연구에서는 예술 및 과학 분야에서 현저하게 창의적인 사람의 경우 지능지수가 120 이하인 경우가 드물다는 것을 보여 주었다. 그러나 식역이 '120'과 같이 특정한 숫자에 고정된 것은 아니라는 점에 유의할 필요가 있다. 그보다 식역은 창의성과 지능 간의 관계양상이 변화하는 지능지수 120 근처의 대략적인 지점이라고 이해하는 것이 타당할 것이다.

요약정리

1. 인간에 대해 과학적으로 탐구하고자 하는 심리학에서는 인간의 인지적 변인 중에서도 '지능'과 '창의성'에 대해 많은 연구자가 관심을 가지고 오랫동안 연구해 왔으며 지금도 활발히 연구하고 있다. 현대적 개념의 지능이론으로는 인간의 지능이 8가지로 구성되어 있다는 가드너의 '다중지능이론'과 스턴버그의 '성공지능이론' 등이 있다.
2. 지능에 대한 연구에서 영국 실험심리학의 선구자인 골턴, 골턴의 영향을 받은 미국의 카텔, 프랑스의 비네와 같은 연구자들은 실증적인 자료를 가지고 인간이 지닌 지적 능력에 대해 연구하고 측정하여 오늘날의 지능연구에 지대한 영향을 미쳤다.
3. 고도의 지식정보화 사회를 추구해 가는 시대적 상황에서는 기존의 지식과 이론으로는 해결할 수 없는 복잡다양한 문제를 발견하고 해결할 수 있는 창의성 계발과 창의적인 인재의 육성이 매우 중요한 과제이다.
4. 창의성에 대한 수많은 학자의 다양한 개념과 정의 중에서 공통적인 2가지 요인은 '새롭다(novel)'는 것과 '적절하다(appropriate)'는 것이다.
5. 창의성의 인지적 능력에는 유창성, 융통성, 독창성, 정교성 등의 변인이 있으며, 정의적 특성에는 개방성, 민감성, 도전성 등의 변인이 있다.

6. 우리나라 영재들은 일반 사람들에 비해 지능과 창의성이 높은 것으로 나타났으며, 인문사회/과학기술/문화예술 영역별로 지능은 영역별 차이가 나타났으나, 창의성은 나타나지 않았다.
7. 지능과 창의성에 대해 일반적으로 많은 연구 결과는 상호 동등한 중첩관계를 지지하고 있다. 이를 창의성의 '식역이론'이라고 한다. 식역 수준은 통상 IQ 120 내외를 말한다.

연구문제

1. 지능연구의 역사 중에서 주요 지능 연구자들의 이론에 대해 설명하시오.
2. 기존의 지능이론에서 중요한 3가지 개념에 대해 설명하시오.
3. 가드너의 다중지능이론의 전제와 8가지 지능의 개념에 대해 설명하시오.
4. 스턴버그의 삼원지능이론이 성공지능이론으로부터 발전한 이유와 3가지 구성요인에 대해 설명하시오.
5. 21세기에서 창의적 인재 육성이 중요한 이유를 설명하시오.
6. 창의성의 인지적 능력, 정의적 특성에 대해 구분하여 설명하시오.
7. 오늘날의 창의성 연구에 지대한 영향을 미친 길포드의 창의성 이론의 6가지 요지에 대해 설명하시오.
8. 로즈의 창의성의 4P 이론과 4P 간의 상호관계에 대해 설명하시오.
9. 다원적 · 통합적 · 생태학적 접근의 창의성 이론이 등장하게 된 배경과 주요 이론에 대해 설명하시오.
10. 지능과 창의성의 관계와 식역이론에 대해 설명하시오.

제10장
영재의 사회 · 정서적 문제와 상담

학습목표

1. 영재들의 사회적 문제를 이해하고 해결방안을 제시할 수 있다.
2. 영재들의 정서적 문제를 이해하고 해결방안을 제시할 수 있다.
3. 영재상담을 이해하고 적용할 수 있다.
4. 영재부모의 상담을 이해할 수 있다.

이 책의 제3장에서 영재들이 지닌 다양한 문제가 영재들의 영재성을 저하시킬 수 있음을 알 수 있었다. 영재들의 정의적 특성에 대한 외국의 연구에서는 전혀 상반된 2가지 관점이 드러나고 있다. 첫 번째 관점은 터먼(Terman) 등의 연구에서 나타나는 것으로, 영재아동들은 신체적 · 심리적 · 사회적 측면에서 매우 우수하여 적응에 어려움이 없으므로 특별한 문제나 그에 대한 조처가 필요하지 않다는 것이다(Dirkes, 1983; Shore et al., 1991). 이러한 관점의 연장선에서 올스제프스키-쿠빌리우스와 쿨리케(Olszewski-Kubilius & Kulieke, 1989)는 영재와 일반학생의 성격 차이에 대한 문헌을 검토한 결과, 영재가 일반학생보다 낮은 불안수준을 보이고 잘 적응하는 것으로 나타났다고 밝혔다.

이와 상반된 두 번째 관점은 홀링워스(Hollingworth) 등의 관점으로, 영재아동에게는 특별한 욕구와 문제가 있어서 특별한 교육이나 조처가 필요하다는 것이다(Altman, 1983; Hayes & Sloat, 1989; Silverman, 1993). 이 두 번째 관점의 연구자들은 터먼 연구의 표본이 환경적으로 유리하고 교육적인 혜택을 받은 영재아동으로 한정되었기 때문에 영재학생들이 겪고 있는 사회 · 정서적 문제들이 드러나지 않았다고 비판하면서 영재아동의 학습부진 및 미성취, 부적응의 문제에 대한 연구들을 활발하게 수행하고 있다(Rimm, 1995; Whitmore, 1980).

샤도위스키(Sadowski, 1987)는 고등학교를 중퇴한 영재들은 가정이 불안정하고, 음주와 마약을 하고, 학교에 대한 동기가 낮으며, 학교와 권위에 대해 반항적임을 지적하였다. 그리고 이러한 문제가 야기된 근본 원인을 상담을 제대로 받지 못하고 부모와의 의사소통도 부적절했기 때문으로 파악하였다.

영재들은 근본적으로 지능이 우수하기 때문에 사회 · 정서적 발달도 우수하고 스스로 살아갈 수 있다고 생각하는 경향이 있지만, 영재의 높은 인지적 요소와 사회 · 정서적, 신체적 발달의 불균형, 즉 비동시적 발달(Silverman, 1993; Terrassier, 1985)에서 오는 어려움은 여러 가지 형태의 부적응을 일으킬 수 있다. 웹, 맥스트로스, 톨런(Webb, Meckstroth, & Tolan, 1982)은 모든 영재아동이 상당한 정도의 스트레스를 받게 된다고 하였다.

그런데 영재들의 특수성을 고려하지 못하는 심리학과 정신의학 분야의 임상가 또는 전문가들은 오진단을 하기 때문에 결과적으로 영재성보다는 심리사회적인 통상적인 문제로 다루는 경향이 있다(Webb et al., 2005). 이렇게 오진단된 결과는 영재성의 상실로 이어지는 것이다.

영재가 현실에서 좌절을 겪는 경우도 의외로 많다. 진부한 수업내용 때문에 지적 욕구가 충족되지 못하거나, 다른 사람들이 전혀 이해하지 못하거나, 학교에 적응하지 못하기도 한다. 그러나 그들은 좌절감을 극복할 방법을 특별히 배우거나 터득할 기회가 적어 부적응 문제를 일으킬 수 있다. 이러한 부적응을 줄이고 정서적으로 안정을 찾아야만 영재가 지닌 잠재성이 최대한 발휘될 수 있을 것이다.

영재의 사회 · 정서적 특성을 이해하며, 그들의 학교 및 사회에의 적응을 도와주고, 나아가 그들의 정신건강을 도모하는 일은 영재교육을 담당하고 있는 사람들이 특별히 관심을 가져야 할 부분이다. 그 이유는 영재의 사회 · 정서적 특성이 지적 성취에 영향을 끼치기 때문이고, 장차 그들이 잠재력을 실현해야 할 사회 적응에 영향을 끼치기 때문이다. 영재가 사회에 부적응하면 정서장애나 대인관계에 어려움을 겪게 되고 사회적 고립이나 우울증, 자살과 같은 병리현상으로 발전될 가능성이 있다. 영재의 부적응은 개인적으로는 고통과 불행이 되고, 사회적으로는 중요한 인재를 상실하게 된다(윤여홍, 2003). 이러한 측면에서 영재학생의 사회 · 정서적 문제와 그 대처방안에 대하여 논의하고자 한다.

1. 영재의 사회적 문제

1) 스트레스

사회적 문제가 있는 영재학생들은 부적절한 행동 또는 감정을 나타내거나, 신체적인 증상이나 공포로 발전되는 경향을 보인다. 예를 들면, 그들은 점심식사를 기다리는 동안 침착하지 않고 불안해할 수 있다. 불안, 적대적 행동, 짜증은 행동장애 아동에게서 흔히 발견되는 정서적 문제이다. 영재성의 또 다른 특성 중의 하나는 과도한 스트레스이다. 적절한 스트레스는 학습능률을 높일 수 있지만, 과도한 스트레스는 학습능률을 떨어뜨릴 수 있다. 따라서 영재들이 느끼는 스트레스의 수준이 과도할 때는 그에 대한 대처가 필수적이다. 톨런(1987)은 영재들에게 도움이 되는 스트레스 대처전략을 다음과 같이 제시하였다.

- 스스로 해소(타인으로부터 발생하는 스트레스 요인을 무시하거나 좋았던 기억으로 대처)
- 혼잣말(긍정적인 혼잣말 인식, 자신의 성취나 능력에 대한 언어적 보상)
- 비합리적 신념에 대한 인식(예: '나는 모든 일을 완벽하게 수행해야만 한다.')
- 기타 스트레스 관리법

한편, 교육심리학에서 제시하는 일반적인 방법 중에는 스트레스를 유발하는 문제를 덮어 버리고 부인하거나 혹은 실패 원인의 일부를 타인에게 전가함으로써 스트레스로부터 자유로울 수 있는 방법이 있다. 두려움이나 걱정은 낯설고 새로운 상황이나 사물에 대한 자연스러운 반응이다. 그러나 비현실적이고 때로는 비합리적인 두려움을 불안으로 볼 수 있는데, 이는 행동장애 아동에게서 흔히 발견되는 특성이다.

자기행동의 결과를 두려워하거나 일상생활에서 겪게 되는 일을 걱정하는 것, 학교생활에 대하여 불평하거나 신체적 증상을 보이는 것, 말더듬과 같이 언어패턴이 변하는 것은 불안을 드러내는 방식이다.

초 · 중 · 고등학교 학생에게서 그들을 괴롭히는 것이 무엇인지를 아는 것은 학습행동에 영향을 미치는 스트레스 상황을 다루는 첫걸음이 될 수 있다. 따라서 각급 학교 학생별로 스트레스 대응전략을 확인하여 대처하는 것이 중요하다.

2) 자아개념과 자기통제

영재들은 학업적 자아개념이 높은 반면에, 사회적 자아개념은 낮은 편이다. 영재들은 교사나 일반아동들이 자신을 부정적으로 생각할 것이라고 믿는 경향이 있다(Colangelo & Kelly, 1983). 영재 청소년들은 특히 사회적인 배척을 받을 위험이 있다. 많은 영재 청소년은 또래들에게 받아들여질 수 있는 방식으로 순응해 가기보다는 자기 자신의 내적인 비전을 따라가는 데 더 관심이 많다. 그러나 그들이 그 결과에 대해 항상 행복해하는 것은 아니다. 따라서 또래들과의 집단활동을 하지 않는 것과 같은 의사결정을 제대로 하도록 가르쳐 줄 필요도 있다. 그렇게 함으로써 또래들의 생활에 참여하지 않을 때 어떤 결과가 올 것인지 이해하는 한편, 그런 결정을 내린 것에 대해서 지지받는다는 느낌도 얻을 수 있다.

영재는 사회적 고립감, 독특성, 이질감, 자기분석적 능력으로 인하여 자신이 누구이며, 어떠한 인간이 되어야 할 것인가와 같은 정체성 문제를 심각하게 경험하게 된다.

영재들이 자신의 지능과 능력을 가치 있게 인정해 주는 영재학교나 영재학급 혹은 영재 프로그램에 참여하도록 했을 때, 그들의 지적인 자아개념과 사회적 자아개념은 모두 높아지고 사회성도 발달되었다.

영재들의 사회적 · 개인적 부적응은 선행 적응경험과 가족관계와 관련이 있다는 것이 발견되었다(Cornell, Callahan, & Lloyd, 1991). 많은 영재아동은 자신이 주변 사람들을 불편하게 만든다는 것 때문에 낮은 자존감을 가지고 있으며, 이로 인해 감정적인 철회와 회피가 일어날 수 있다.

자기통제의 문제가 있는 영재들은 종종 다른 사람과의 관계에서도 어려움이 있다. 매우 불편한 신체적 상태가 된 것 같은 아동의 느낌과 아동의 행동에 대해 부정적으로 대하는 것처럼 보이는 다른 사람들의 비공감적인 반응 모두를 이해할 필요가 있다. 만일 이런 영재들이 통제력을 잃어버리게 될 시점에 나타나는 단서들(짜증, 눈물, 공포심이나 절망감, 뛰쳐나가고 싶은 마음)을 인식하고, 그런 느낌을 경감시킬 수 있는 전략(이완, 다른 과제나 환경으로 가기, 진정시키기 위해 혼자 있어 보기, 보다 즐거운 생각으로 관심을 옮겨 가기)을 사용할 수 있다면, 갈등상황은 그들이 그 문제를 다루는 방법이 어떤 것이냐에 따라 해결될 수 있다.

영재에게는 다른 사람이 그들의 행동에 대해 어떻게 느끼는지, 다른 사람들과의 관계를 재형성하기 위해 무엇을 할 수 있는지(흥분 가라앉히기, 장소나 과제를 바꾸어 달라고 요청하기, 적절한 관심을 기울여 주도록 요청하기, 자기칭찬과 자기교정 방법을 사용하기, 다른 사람의 감정에 대해 공감하기, 사과하기 등)를 가르쳐 주어야 한다.

3) 진로지도

장래 진로는 영재의 정체성이자 자기표현의 수단이 될 것이다. 따라서 영재의 진로지도는 영재성의 계속적인 발달을 위해 반드시 필요한 것이다.

영재들의 진로교육은 영재의 특성을 반영하기 때문에 다양한 요인을 고려하여야 하는데, 진로교육과 관련하여 고려되어야 할 요인으로 실버만(Silverman, 1993)은 영재들의 다재다능함, 부모교육, 진로 의사결정, 실제 진로경험, 면밀한 관찰, 인턴십, 멘토링, 자원봉사, 직업탐구, 아르바이트, 인생목표설정 등이 중요하다고 지적하였다.

그러나 실버만(1993)의 지적은 영재들의 인지 · 정의적인 특성을 반영하였다기보다는 영재 진로교육과 관련된 변인을 탐색하였다는 한계가 있다.

영재의 특성과 관련하여 진로교육에 반영해야 할 내용으로 지적되는 것은 학자와 기관들마다 각기 다른데, 그린(Green, 2002)은 다재다능함, 성차, 완벽주의, 조숙함이 중요하다고 하였고, 이러한 특성은 영재들의 인지적 · 정의적 특성이 일반학생과 다르기 때문에 일반학생에게는 고려되지 않는 특성이 영재들에게는 고려되어야 할 것을 지적하고 있다. 이러한 지적은 영재학생의 진로지도는 영재학생의 특성을 반영하여야 함을 의미한다.

한편, 영국의 국립영재아카데미(The National Academy for Gifted and Talented Youth: 이하 NAGTY)에서는 다재다능함에 따른 선택, 조기 스타트, 전문화, 전환 및 진로지도, 실패 및 조숙성, 압력, 지연, 전문가 명망, 시간과 돈, 학교 등을 고려할 것을 주장하고 있다. 또한 영재학생의 진로지도에 있어서 주의할 것을 다음과 같이 요구하고 있다.

첫째, 스스로 선택할 수 있는 각 연령별 특성을 반영한 진로지도와 효과적 전환을 위한 기술의 발달

둘째, 부모에게 핵심에 대한 정보전달 및 효율적 조력을 위한 정보 제공

셋째, 교사에게 영재에게 특화된 정보 제공 및 교육적 방법 제공

넷째, 영재의 필요를 반영한 정보를 포함하여 실제 진로 사례 및 자료들

다섯째, 고등교육과 직업시장에 대한 데이터베이스 등

NAGTY에서는 그린(2002)과 마찬가지로 영재학생들의 특성을 고려하여 진로지도를 할 것을 지적하고 있다.

영재의 진로선택의 특징으로는 다음을 들 수 있다(유경훈, 박춘성, 이정규, 2014).

첫째, 영재들의 높은 지능과 관련된 고려점이 있을 수 있다(김동일, 박춘성, 2007;

Green, 2002, 2006; Kelly & Colangelo, 1990).

영재들은 지적으로 탁월하며, 따라서 지적 조숙성 때문에 이른 시기에 진로교육에 대한 안내를 해야 한다는 것이 여러 연구의 일관된 결론이다(이미순, 2012; Green, 2002, 2006; Silverman, 1993). 조숙한 인지발달과 관련하여 NAGTY에서는 조기 진로교육을 주장하면서 영재들의 조숙성에 기반하여 진로교육을 일찍 시작하되 진로교육을 강요해서는 안 됨을 밝히고 있다.

둘째, 다재다능함에 따른 특성을 진로교육에 반영하여야 할 것이다(Achter, Benbow, & Lubinski, 1997; Clark, 2002). 다재다능함이 영재학생의 진로교육에 약점으로 작용할 수 있으며, 무엇인가에 초점을 맞추어서 가르칠 수 없도록 하는 장애물이 되기 때문에 이에 대한 진로교육의 고려가 이루어져야 할 것이다.

한편, 다재다능함과 관련하여 영재학생의 다재다능함의 문제가 아니라 이에 따른 의사결정상의 혼동이 문제를 일으킨다는 견해도 있다(Berger, 1989). 이와 더불어 다재다능함이 다양한 기회, 동기, 흥미 등과 결합되면 의사결정 또한 문제가 되지 않는다는 견해(Rysiew, Shore, & Carson, 1994)에도 불구하고, 다재다능함이 영재들의 의사결정을 방해할 개연성은 충분하다. 따라서 영재 진로교육은 이러한 점을 고려하여야 할 것이다.

셋째, 완벽주의에 대한 고려를 하여야 할 것이다(이미순, 2012; Schuler, 1999). 영재들의 완벽주의는 일의 완결성에 대한 높은 기대를 반영한 것이다. 그러나 완벽주의가 미성취를 유발할 수 있다. 완벽주의는 자신의 성취를 향한 높은 표준이나 기대와 관련 있는 생각과 행동들의 복합물이다. 이러한 특성은 결과적으로 영재들에게 완벽한 진로를 선택하고 이를 발전시켜야 한다는 중압감으로 작용할 수 있으며, 이러한 중압감은 결과적으로 스스로를 실패자로 낙인찍게 할 수 있다. 이미순(2012)의 연구에 의하면, 완벽주의가 음악영재들의 진로결정에 긍정적인 영향을 미치는 것으로 나타났지만, 이와는 반대의 견해를 보이는 연구들도 존재한다는 점에서 영재대상의 진로교육에서는 이를 반영하여야 할 것이다.

넷째, 영재부모 교육이 진로교육과 관련되어야 할 것이다(양태연, 한기순, 2010; Bloom, 1982; Silverman, 1993). 양태연과 한기순(2010)은 대학생을 대상으로 진로발달 연구를 실시하였는데, 부모의 사회적 지지가 대학생의 진로성숙에 결정적인 영향을 미침을 밝혔으며, 실버만(1993)도 영재학생의 진로선택을 위해서는 부모교육이 선행되어야 함을 밝히고 있다. 블룸(Bloom, 1982)의 전기적 연구에 의하면, 직업세계에서의 높은 성공은 부모에 의해 가능한 경우가 많았음을 고려해 볼 때, 영재 진로교육에서 부모교육도 중요함을 알 수 있다.

다섯째, 성차에 따른 영재들의 진로지도를 고려하여야 할 것이다(김수겸, 유미현, 2012; Green, 2002, 2006; Kerr, 1994). 김수겸과 유미현(2012)의 연구에 의하면, 과학영재 중학생은 성별에 따라 진로가치관에 차이를 보이지 않았지만, 커(Kerr, 1994)에 의하면 학년수준이 높아질수록 남자영재들보다 여자영재들의 직업가치관이 현저하게 떨어짐을 보고하고 있다. 그린(2002, 2006)도 성차에 따른 직업가치관은 성별에 따라 다르기 때문에 이를 고려한 직업지도가 이루어져야 함을 강조하였다.

여섯째, 영재들의 정서문제를 고려한 진로지도가 이루어져야 할 것이다(Green, 2006). 그린(2006)은 영재 진로지도를 위해 상담가는 영재들의 예민한 지각능력, 정의감, 높은 감성, 높은 에너지 수준 및 창의성을 고려하여야 할 것을 지적하고 있다.

일곱째, 기타 영재특성을 고려한 진로교육이 이루어져야 할 것이다. 페론(Perrone, 1997)은 영재 진로교육에 있어서 자아개념이 중요하다고 하였는데, 자아개념 형성과 진로 선택을 결정짓는 것은 사회계층, 지능, 성요인이라고 하였다.

데이비스와 림(Davis & Rimm, 2004)은 다음의 특성을 고려한 영재 진로교육이 이루어져야 할 것을 주장하고 있다. 첫째는 심리적 요인으로, 사회에 기여하고자 하는 욕구가 강하며 평생 동안 직업을 바꾸지 않으려고 한다. 둘째는 심리-창의적 요인으로, 자신의 미래를 창조할 능력이 있고 위험을 기꺼이 수용하려고 한다. 셋째는 사회적 요인으로, 폭넓은 세계관을 가지고 사회에 대한 책임감이 강하다.

한편, 영재 교수-학습 모형을 분석하여 이 모형에서 제시하는 진로교육방법을 도출한 연구에 의하면, 영재교육에서 다양한 진로교육이 이루어지고 있으며, 영재 진로 교수-학습방법은 일반교육에도 활용이 가능하다.

2. 영재의 정서적 문제

영재와 관련하여 빈번하게 나타나는 특징적인 정서적 문제는 결국 영재성을 저해하는 기본 문제로 부각된다. 이러한 문제로는 과도한 완벽주의, 흥분하기 쉬운 성질(과흥분성), 지나친 민감성, 예민한 지각능력, 과도한 동기와 집착, 주의력결핍 과잉행동장애, 우울증 등이다(Lovecky, 1990; Silverman, 1993). 이와 더불어 비동시적 발달의 문제도 가지고 있다(Webb et al., 2005).

1) 과도한 완벽주의

미국의 경우 7~8학년 영재 중 87.5%가 완벽주의적 성향을 강하게 갖고 있는 것으로 나타났다. 영재들의 완벽주의는 그들이 어린 시절부터 우수한 성적만을 받아 왔다는 것과 교사나 부모로부터 뛰어나야 한다는 피드백을 끊임없이 받은 것에서 기인한다(Davis & Rimm, 2002; Silverman, 1993).

완벽주의는 나타나는 양태에 따라 3가지로 구분해 볼 수 있다(Hewitt & Flett, 1993). 첫째는 자기지향 완벽주의(self-oriented perfectionism)로, 자신을 위해서 개인적 표준을 높게 설정하고 그에 비추어 자신의 수행을 평가한다. 둘째는 타인지향 완벽주의(other-oriented perfectionism)로, 자신의 삶에서 타인을 위해 매우 높은 준거를 설정한다. 셋째는 사회적으로 규정된 완벽주의(socially prescribed perfectionism)로, 중요한 타인이 자신을 위해 과도하게 높은 표준을 설정하고 자신은 타인의 기쁨을 위해 그에 도달해야 한다고 생각한다.

완벽주의와 관련하여 특별히 알아야 할 것은 부분적 혹은 특정한 영역에서 완벽주의적 성향을 보이는 학생이 건전한 완벽주의자들이라는 점이다. 문제는 과도한 완벽주의적 성향은 성장·발달과 더불어 영재성의 상실로 이어질 수 있다는 것이다. 예를 들어, 초등학교 때까지는 완벽주의에 의하여 모든 과목에서 높은 성취를 유지할 수 있지만, 중등학교 이후에는 모든 과목에서의 높은 성취가 어려울 수도 있기 때문에 영재학생이 자포자기 상태가 될 수 있다. 따라서 이런 경우 완벽주의에 대한 대처가 필요할 것이다.

버핑턴(Buffington, 1987)은 건강하지 못한 완벽주의는 덜 생산적일뿐더러 고독, 인간관계 문제, 제한된 자기수용, 우울증을 야기한다는 점을 강조하고 있다. 그래서 과도한 완벽주의에 대하여 다음의 기회를 제공할 것을 주문한다.

- 정신적으로 사고를 여과하는 방법, 즉 실수 대신에 성공에 초점을 맞추는 방법을 학습하게 한다.
- 자신의 현재 표준을 타인의 표준에 비추어 재평가하게 한다.
- 자신의 성공을 스스로 축하하게 한다.
- 실수로부터 배우게 한다.
- 자신의 감정을 인식하고, 감정에 대처하는 방법을 학습하게 한다.
- 완벽주의자의 장점과 단점을 알게 한다.
- 현재의 자기수용 수준을 세심하게 관찰하게 한다.

슐러(Schuler, 1999)에 따르면, 상담가와 교사가 완벽주의 학생을 도울 수 있는 방법은 다음과 같다.

- 학생이 자신의 장단점을 인정하고 모든 영역에서 우수한 사람은 아무도 없다는 것을 깨닫도록 하라.
- 개인적 문제를 분석해 주라.
- 창의적 기술과 문제해결력을 계발시켜 주라.
- 자신과 타인에 대한 유머감각을 발달시키도록 하라.

2) 과흥분성

과흥분성을 가진 영재들은 오랫동안 자신이 관심을 가지고 있는 분야에 대해 주의를 기울일 수도 있고, 관심사를 매우 다양하게 넓힐 수도 있고, 또 그러면서 그 많은 것을 다 잘 해낼 수도 있다. 그리고 에너지 수준이 높기 때문에 스스로 관심이 가는 것들을 엄청나게 많이 만들어 내기도 하고, 자신의 혁신적인 생각을 보다 세련되게 만들어 다른 사람이 잘 따라올 수 있도록 만들기도 한다(Piechowiski, 1991).

과흥분성이 있는 영재아동들은 그런 특성을 가지고 살아가면서 종종 어려움을 경험한다(Webb & Latimer, 1993). 경우에 따라 에너지 수준이 너무 높아서 지나치게 활동적으로 보인다. 그럼에도 불구하고 도전적인 과제를 만나게 되면 집중을 잘할 수도 있고 조직적이 될 수도 있다. 이런 영재아동들은 환경을 탐색해 보고 싶어 하는 욕구가 매우 강하며, 새로운 경험을 열정적으로 찾는다. 그들은 흥미 있는 자료나 탐험할 공간이 주어지지 않으면 지루해하고 과잉활동적이 된다.

과흥분적인 영재들이 부딪히게 될 문제 중 하나는 자기조절과 자기통제에 있어 어려움이 있다는 것이다. 해결방법으로는 다른 사람들도 편안한 정도로 흥분의 수준을 유지하는 것, 신기한 일이나 불필요한 자극을 찾기보다는 창조적인 노력과 지적인 추구를 하는 데서 만족을 얻도록 하는 것 등을 들 수 있다.

주의력결핍 과잉행동장애가 있는 아동에게 사용되었던 많은 전략(긍정적 강화체계, 인지적 방법 및 자기통제 방법, 심상법, 문제해결 전략 및 이완전략)이 영재아동들에게 도움이 될 수 있지만, 구조화 정도가 높은 방법이나 성인이 설정한 보상을 주는 방법은 효과가 없다는 것을 알아 둘 필요가 있다(Neihart, 2004). 그들은 자기통제 기법에 대한 적절한 지원과 가르침이 주어진다면 자신에게 적절한 구조를 발견하게 될 것이다. 일정한 수준의 자극과 지적인 도전을 필요로 하는 독특한 필요성, 그리고 새로운 것을 추구하고자 하는 충동들로 인해 많은 학교에서 시행하고 있거나 부모들이 사용하고 있는 행동 프로그램에 대해서 반항하는 아동들도 있을 것이다. 높은 활동성을 지닌 아동은 낮은 수준의 구조화 활동이 도움이 되기도 한다. 예를 들면, 정해진 시간에 과제를 끝내도록 하고 그다음에 아동이 선택한 과제를 하도록 하는 것이다.

3) 지나친 민감성

영재들의 일반적인 특징으로 지적되는 것은 지나친 민감성(sensitivity)이다(Clark, 2002; Piechowiski, 1991; Silverman, 1993). 민감성은 특히 열정이나 동정과 관련되는데, 다른 대상(사람, 동물, 자연, 우주)에 대한 동일시가 그 특징이다. 열정과 동정은 각기 다른 2가지 측면이다(Lovecky, 1990). 열정은 삶의 경험에 색깔을 덧입히고, 영재 개인의 정서적인 삶의 강도를 높이고 복잡하게 해 줄 수 있는 감정이다. 열정은 창조적인 노력의 일부이기도 하다. 열정적인 사람은 깊은 애착관계를 형성하며, 같은 상황 속에서도 감정적인 색채를 가지고 반응을 한다. 민감성의 또 다른 측면은 동정과 관련된다. 모든 영재가 동정심을 보이는 것은 아니지만, 다른 사람을 돌보거나 다른 사람의 아픔을 줄이기 위해 다른 사람들이나 사회에 헌신을 하는 이들도 있다.

민감한 영재아동들은 국가적인 문제에서 개인적인 문제에 이르기까지 다양하게 그들의 열정을 쏟을 수 있다. 그들은 성공할 것이라는 단순한 믿음을 가지고 있다. 하나의 목적에 대한 헌신으로 인해 어른들과 갈등을 빚기도 한다. 그러나 그들은 목적에 대한 높은 열망을 가지고 있다. 이것은 강력한 보상이다. 그리고 그 목적이 달성되기 전에 발생하는 갈등의 아픔에 대해서는 오히려 더 가치를 부여한다. 민감하고 열정적인 영재아동들은 매우 공감적이다(Clark, 2002). 그들은 다른 사람이 무엇을 느끼는지를 알 뿐 아니라 다른 사람들 안에 있는 감정을 실제로 경험하기도 한다. 특히 강하고 부정적인 감정일 경우 더욱 뚜렷하게 나타난다.

민감한 영재아동을 대할 때는 영재아동의 필요를 주의 깊게 고려해야 하며, 다른 사람을 받아들임으로써 자신을 공유하는 기쁨을 그들 스스로 얻을 수 있도록 해야 한다. 그리고 동시에 너무 많이 주는 것이 대인관계에 미치는 영향도 알도록 할 필요가 있다.

4) 예민한 지각능력

영재성의 중요한 특징으로 지적되는 것이 예민한 지각능력인데(Davis & Rimm, 2002), 동시에 여러 가지 관점에서 보면서 다른 사람 안에도 그 자신에 대한 여러 모습이 있다는 것을 이해하고, 또 문제의 핵심에 재빨리 도달하는 것이 예민한 지각능력을 가진 영재들의 특징이다. 이러한 직관력이 개인적인 상징의 의미를 이해하고 피상적인 이해수준을 넘어서 그 이면의 세계를 볼 수 있도록 해 준다(Lovecky, 1990; Silverman, 1994).

진실에 대한 인식은 예민한 지각능력을 지닌 영재들에게 가장 중요하다. 정의와 공정성 또한 중요한 문제이다. 삶이 때로는 공정하지 않다는 것을 인식하고 있음에도 불구하고, 그들은 자신의 삶에서 공정하고 정당한 방식으로 다른 사람을 대하려고 한다. 예민한 지각능력을 지닌 아동에게 가장 중요한 문제는 언제 그리고 어떻게 자기 자신의 지각을 믿을 수 있는지, 다른 사람들이 자기 자신에 대해 이야기하는 것을 어떤 식으로 진단해 낼 수 있는지를 배우는 것이다.

5) 과도한 동기와 집착

동기는 자기결단을 필요로 하며, 삶을 이끌어 가고 자신의 가능한 잠재력을 모두 발휘할 수 있도록 해 주는 내적인 힘과 힘찬 에너지이다(Lovecky, 1990). 이런 특성을 지닌 영재들은 다른 사람들을 그들의 개방성과 꿈 또는 비전으로 이끌어 주기 때문에 매력적으로 보이는 경우가 많다. 이런 특성을 지닌 사람 옆에 있으면 자아실현을 성취해야겠다는 결심을 하게 된다. 이러한 측면에서 과도한 동기특성을 지닌 영재아동들은 동기수준이 매우 높고, 자신의 목적을 향하여 성실하게 나아가며, 믿을 수 없을 정도로 의지가 강하다. 그러나 과도한 동기의 영재들은 친구가 별로 없을 수 있다. 그들이 다른 사람에게서 특별한 것을 끌어내기 때문에 그들은 자신을 뭔가 다른 내적인 힘이 있는 존재로 볼 수 있다. 집단활동에서 또래들을 잘 이끌 수 있는 카리스마를 가지고 있는 사람들도 있다. 그들은 다른 사람들을 지지하고 격려할 수 있는 사람들이고, 다양한 사실을 하나의 과제로 모을 수 있도록 동기를 부여하는 사람들이다. 그들은 종종 사소한 질투와 경쟁심을 넘어설 수 있도록 다른 사람에게 도움을 줄 수 있다. 왜냐하면 그들은 일상적인 자신의 모습 이상의 존재가 될 수 있도록 영감을 불어넣어 주기 때문이다.

이러한 영재들은 의지력이 매우 강하기 때문에 이런 행동의 자기패배적 측면을 직접 다루어 주게 되면 매우 효과가 있을 것이다. 의지력이 강하기 때문에 다른 사람들과 부정적인 상호작용을 할 때 가끔씩은 공격을 피할 수 있도록 하고, 보다 긍정적으로 의지력을 사용하는 방법을 배울 수 있도록 도움이 필요하다. 의지력이 강한 사람은 세상을 이렇게 보아야 한다는 당위가 매우 강하다. 그렇기 때문에 자기가 결단한 방향으로 지나치게 힘 있게 끌고 간다.

이러한 영재에게 주어지는 또 다른 부정적인 인상은 반항적이고 고집이 센 것 등을 들 수 있다. 부정적인 측면은 전체 그림의 일부분일 뿐이라는 것을 인식하는 것이 중요하다. 의지가 강한 점 때문에 그들은 헌신할 수 있으며, 자신을 주장할 수 있으며, 자신이 옳다는 느낌을 가질 수가 있는 것이다. 영재들이 하나의 주제에 대해 왜 그토록 강하게 느끼며, 그것이 그들에게 무엇을 의미하는지 이해하기 위해서는 공감을 통하여 그들의 세계를 경험해 보아야 한다. 이런 방식으로 나갈 때 이런 영재아동들은 다른 사람들의 추론에 대해 타협하고 귀 기울일 수 있는 방법을 배울 수 있다. 또한 그들이 긍정적인 측면을 볼 수 있도록, 다른 사람과 상호작용할 때 긍정적인 영향을 줄 수 있는 방법을 알 수 있도록 하여야 한다. 마지막으로 변화될 수 없는 어른들도 있다는 것을 알도록 하는 것이 필요하다. 약자의 위치에 처했을 때 상황을 다루는 전략에 대해 아는 것도 도움이 될 것이다.

6) 주의력결핍 과잉행동장애

주의력결핍 과잉행동장애(Attention Deficit Hyperactivity Disorder: ADHD) 영재란 영재의 특성과 ADHD의 특성을 동시에 가진 집단을 의미한다.

ADHD 영재에 대한 교육에서는 성취한 다음 만족(예: 신기함)을 주는 활동들을 할 필요가 있을 것이다. 이런 아동들은 최소한 어떤 과제를 끝내는 것을 배울 필요가 있는 것이다. 구체적인 자기통제방법, 예를 들면 주의력이 요구되지 않는 상황에서 개인적으로 작업을 해 보는 것, 이완전략을 사용하는 것, 스트레스를 줄이기 위해 혼잣말을 하는 것, 갈등상황을 진정시키기 위해 유머를 사용하는 것, 과제를 완성하는 것과 아울러 보다 정확하게 과제의 질을 판단하는 방법을 배우는 것 등은 하나의 신기한 과제에서 또 다른 과제로 넘어가는 과정을 잘 다룰 수 있도록 하는 데 도움이 될 것이다.

자극을 피하는 영재아동은 높은 수준의 흥분을 관리할 수 있도록 치료적인 도움이 필요하다. 그들은 외부자극을 제거하고 일정한 유형의 자극경험을 피할 수 있도록 환경을 관리하는 방법을 배울 필요가 있다. 예를 들어, 그들은 자신이 보거나 들을 수 있는 TV 프로그램, 영화, 책, 음악 등을 선택하는 방법을 배울 수 있다. 또 다른 적응전략으로는 주어진 시간 안에 뭔가를 끝낼 수 있도록 자신을 조절하는 방법, 자기모니터링 기법, 체계적 감감법 등의 사용을 배우도록 하는 것이 도움이 될 것이다.

7) 우울증

영재들이 일반인에 비하여 더 우울증에 시달린다는 경험적인 증거는 없지만 (Webb et al., 2005), 영재들이 우울증 증상에 시달린다는 것이 일반적으로 알려져 있다(Delisle, 2006).

영재들의 우울증은 일반인의 증상과는 약간 다른 양상을 띤다. 영재들은 '실존적 우울증'에 빠지는 경우가 많은데, 그것은 자신의 실존에 관해 깊이 생각하는 개인의 능력에서 비롯되는 마음의 상태를 말한다. 몇몇 연구자는 영재아와 보통아 사이에 우울증적 경향에 있어 질적인 차이가 있다고 결론지었다. 비록 실험적으로 검증되지는 않았지만, 청년기의 영재들은 발달한 인식능력, 진전된 도덕성, 높아진 민감성 등의 결과로 실존적 우울증(삶의 의미에 관한 의문으로 고심하는 것)을 경험할 가능성이 동료들보다 크다. 우울증에 빠진 영재를 대할 때 다음을 알아 두는 것이 좋다(Delisle, 2006).

- 학생이 관심을 끌기 위하여 이야기하지 않는 것을 알아야 한다.
- 문제해결자는 이야기를 들어 줄 준비가 되어 있어야 한다.
- 문제해결자가 가지고 있는 비슷한 고민을 공유한다.
- 학생이 스스로 제안한 해결책을 허용한다.

영재아동이 감정적으로 행복하게 느끼는 것들은 우울증이나 자살의 위험성을 개선시키는 보호요소로서 중요하다는 것을 알아야 한다. 위험과 쾌활함 연구의 증거에서 보듯이, 위험을 높이는 영재아동의 특성이 있는 것처럼 스트레스를 감소시키는 특성도 있음을 알아야 할 것이다.

8) 비동시적 발달

비동시적 발달이라는 개념은 영재성의 현상을 설명하는 말이며, 일부 전문가들은 영재성의 특성을 규정짓는 것으로 보고 있다. 영재아동의 경우 내외적으로 비동시적 발달 간의 불일치 문제를 겪는 것으로 알려졌다(Webb et al., 2005).

내적인 비동시적 발달은 뛰어난 특정 능력에 비해 현저히 낮은 발달을 보이는 특정 능력을 의미하며, 외적인 비동시적 발달은 또래에 비해 특정 영역에서의 빠르거나 느린 발달을 의미한다. 예를 들면, 높은 지능에 비해 낮은 사회성이나 판단력은 내적인 특성을 의미하며, 또래에 비해 높은 지능을 가졌지만 낮은 판단을 보이는 것은 외적인 특성을 의미한다.

이러한 비동시적 발달은 영재들이 사회적인 문제를 일으키는 중요한 요인 중의 하나이다.

3. 영재상담

영재상담이란 영재의 특성으로 생활 속에서 생기는 문제와 과제를 해결하고, 영재의 사고 및 행동, 감정의 변화를 도모하여 그들이 정신적인 성숙과 발전을 이루고, 미래의 창의적인 문제해결자로 성장하도록 노력하는 과정을 의미한다(윤여홍, 2003).

1) 영재상담의 역사적 배경

홀링워스는 아동이 성인의 지적 능력과 아동의 정서를 동시에 갖고 있다면 분명 어려움에 직면하게 된다는 지적으로 영재상담의 필요성을 강조하였다. 홀링워스는 영재상담에 관심을 갖도록 한 초기 공헌자로, 터먼이 영재들은 장점만 지니고 단점은 없는 것처럼 묘사한 것과는 달리 영재들도 심리적, 사회적, 정서적으로 다양한 문제가 있을 수 있음을 밝혔다.

영재상담의 발전과정에 대하여 세인트 클레어(St. Clair, 1989)는 1900~1980년까지의 80년간을 5단계로 구분하였고, 콜란젤로(Colangelo, 2004)는 여기에 2단계를 추가하여 총 7단계의 영재상담 발전과정을 제시하였다. 1900년대 초기에는 터먼과 홀링워스의 연구에 초점을 맞추어 영재상담이 필요하다는 인식이 생겼으며, 1950년대에는 로저스(Carl Rogers)의 영향으로 비지시적 접근으로 영재상담이 시작되었다. 1960년대에는 학교에서 영재상담이 시작되었다. 학교상담가의 주된 역할은 전체 학생에 대한 것이었으며, 영재학생에게도 약간의 특별한 관심이 생겼다. 1970년대에는 상담 자체만이 아니라 상담 프로그램, 평가, 학교상담 관련 연구까지 강조하는 완전히 성숙된 상담 프로그램이 영재상담을 위해 개발되었다. 1980년대에는 미성취, 여성, 소수민족 등이 특별한 주제로 부각되어 영재상담의 다양화가 이루어졌기에 이 시기는 상담 모형과 접근의 다양화로 특징지어진다. 1990년대에는 특별한 요구를 가진 영재를 매우 강조하는 상담이 제시되었다. 그리고 2000년대와 그 이후에는 '정서지능'이 계속 각광을 받으면서 영재의 윤리나 도덕성이 부각되었다.

영재상담의 발달은 주로 서구사회에서의 발달을 중심으로 기술되었고, 특히 미국에 한정되었다. 우리나라의 경우는 영재상담에 대해 초보적인 관심만이 있을 뿐이다(윤여홍, 2003).

영재상담이 영재들이 지닌 교육적인 필요와 독특함에 기인하며 일반아동들에 대한 상담과 차이가 있음을 고려할 때, 영재상담가는 영재를 이해하고 발전을 지속시키기 위한 실제적인 노력을 해야 할 것이다.

2) 영재상담의 필요성

영재들은 지적으로 탁월한 특성 때문에 나름대로 독특한 도전과 곤란을 겪게 될 수 있다. 그들은 우수한 문제해결력을 지니고 높은 학업성취와 결과를 보이기 때문에 교사나 상담가들은 영재의 학습, 정서, 진로 등의 영역에서 다양한 요구가 있다는 것을 간과할 수 있다. 예를 들어, 높은 학업성취를 보이는 영재학생이라도 그 수준에 알맞은 정서적 안정성과 대처능력을 지니지 못하여 주위로부터 또는 스스로 설정한 목표와 기대에서 비롯되는 엄청난 압력을 견디지 못하고 결국 학업에서 부적응을 보이는 경우도 많다. 영재들이 느끼는 심적 고통에 대해 조사한 연구에서 다음과 같은 구체적인 영재들의 부담을 제시하였다(Radford, 1987).

- 누구도 영재라는 것이 무엇인지에 대하여 확실히 알려 주지 않는다. 나 혼자만의 문제이다.
- 학교수업이 너무 쉽거나 너무 지겹다.
- 부모, 교사, 심지어 친구들까지 모든 면에서 내가 완벽하기를 기대한다.
- 이해해 주고 이야기를 나눌 수 있는 친구가 거의 없다.
- 반에서나 학교에서 가끔 놀림감이 되기도 한다.
- 앞으로 해야 할 일이 너무 많은 것 같아 당혹스럽다.
- 다른 사람들과 다르다는 느낌이 있고, 소외될 때도 있다.
- 주위와 세상에서 일어나는 여러 가지 문제에 대하여 걱정을 많이 하지만, 실제로 무엇을 해야 할지 몰라서 무력감이 들 때도 있다.

이러한 특수한 상황으로 인하여 지적으로 우수한 영재들은 학교에서 제대로 적응하지 못할 수 있다. 학교에 입학하는 시기에 정서적 · 행동적 성숙이 뒤떨어져 과잉행동장애로 분류되거나 미성숙아로 낙인찍혀 어려움을 겪을 수 있다. 또한 입학 후에도 학교의 교육과정이 적절하지 못하여 공부에 흥미를 잃게 될 수도 있다. 이러한 어려움을 이기고 학교에서 탁월한 성취를 보이는 영재들도 학년이 올라갈수록 더욱 치열한 경쟁과 높은 기대감(완벽주의) 때문에 엄청난 압력을 받게 된다.

영재 중에는 자신에게 주어진 모든 문제를 혼자 해결해야 하는 것으로 착각하거나, 다른 사람에게 도움을 청하는 것에 익숙하지 않아서 큰 어려움에 직면하더라도 효과적으로 도움을 받지 못하는 경우도 있다(Mallis & Heinemann, 1979).

효과적인 의사소통 기술, 적절한 대처전략, 다른 사람의 정서적 반응을 공감하고 이해하는 것은 생산적이고 건설적인 삶을 영위하는 데 필수적인 기능이다. 영재를 위한 상담에서는 특히 그들이 지닌 인과관계의 문제를 효과적으로 다루어야 한다. 적절히 인정받지 못한다고 여기거나, '영재'라는 딱지 때문에 다른 사람과 다르다고 느끼거나, 성취할 수 없는 기대감 때문에 어려움을 지니는 영재들을 위하여 상담은 필수적이다.

영재상담은 다양한 방법을 통하여 그들의 특수한 요구를 충족시킬 수 있도록 하여야 한다. 물론 교사와 상담가가 영재들의 특수한 기능과 요구에 대한 지식을 지니는 것이 중요한 출발점이다.

3) 영재상담의 기본 원리

영재상담은 일반상담과 비교하여 공통점과 차이점이 있다. 여기서 차이가 발생하는 근본적인 이유는 영재들의 독특함에 기인한다. 영재아동에게는 잠재적인 대인 간의 그리고 개인내적인 갈등을 일으키는 여러 가지 특성이 존재한다(Whitmore, 1980). 이런 특성들은 개인 안에 공존한다. 그중 우세한 특성이 있거나 개인에 따라 징후가 더 긍정적 혹은 부정적일 수는 있지만, 그 특성 자체는 중립적인 것이다. 그러나 행동적 징후들로 인해 그 특성에 사회적 · 정서적 의미가 부여된다. 강점 혹은 약점으로 여겨지는 것은 이런 특성에 대한 다른 사람의 인식 때문이다. 예를 들어,

영재성과 ADHD가 개인 내에 공존할 경우, ADHD만 부각되어 보이거나 영재성만 부각되어 보일 수 있다. 강점이든 약점이든 더 부각되어 보이는 것이 문제를 일으킬 수 있는 가능성이 있기 때문에 영재상담은 필수적이다.

영재들은 하나 또는 그 이상의 이런 특징 때문에 어려움을 경험하고 있다. 상담에서 고려하여야 할 것은 그 행동의 강도와 구체적인 징후인데, 특히 그것을 자존감과 다른 사람들과의 관계와 함께 보아야 할 것이다. 각 특성으로부터 나온 문제를 명확하게 하기 위해 한 특성이 지배적인 것처럼 기술되기는 하지만, 각 특성들은 어느 정도는 다 중첩되어 있다. 랜드럼(Landrum, 1987)은 영재상담 프로그램의 분야를 개인-사회적 분야(영재 자신이 타인과의 유사점 및 차이점을 평가할 수 있도록 하며, 사회에 적응할 수 있는 기술을 개발함), 직업적 분야, 학업적 분야로 구분하였다.

랜드럼(1987)은 영재학생이 균형과 만족을 제공해 주는 교육활동이나 특별활동을 경험하며, 지적 욕구를 자극시켜 줄 수 있는 학업 프로그램에 참여하도록 하는 것이 중요함을 지적하였다.

한편, 반타셀-바스카(VanTassel-Baska) 교수는 영재상담을 위한 실제적 지침을 제시하였는데, 영재상담가는 영재의 지적 · 정의적 특성을 잘 이해해야 하며, 영재가 이질감, 열등감, 사회적 고립 등을 느끼지 않고 자신의 특수한 특성을 이해하도록 도움을 주어야 한다는 것이다.

영재들은 의미를 찾고자 하는 강한 열망을 가지고 있는 경우가 많다. 삶의 의미, 내면세계의 의미, 대인관계에서의 의미 등에서 강한 열망이 나타날 수 있다. 자신에 대한 이런 탐구는 영재학생이 자신의 독특성을 발견하고, 소중히 다루는 방법을 알고, 다른 사람과의 관계 속에서 어떤 의미를 찾을 수 있다면 정체감과 높은 자존감을 개발할 수 있는 기초가 될 것이다. 이런 영재아동들을 상담하는 상담가는 영재들의 특별한 문제를 인식하고, 그들이 자신의 특성을 긍정적인 방향으로 그리고 성장을 촉진하는 방향으로 이끌어 가는 방법을 배울 수 있도록 도와주어야 한다.

4) 영재상담가의 특성

영재상담가는 영재들이 안고 있는 문제를 잘 인식하고 해결하기 위하여 함께 노력하여야 할 것이다. 따라서 상담의 기법을 잘 알고 있어야 할 뿐만 아니라 영재와 영재의 특성을 알고 영재를 이해하고 도와줄 수 있는 사람이어야 한다.

윤여홍(2003)은 영재상담가에게 다음과 같은 자질, 자세와 태도 특성이 필요함을 지적하였다. 첫째, 전문성 자질이 필요하다. 전문성은 영재학생 및 상담에 관한 전문지식을 의미한다. 자질은 기본적으로 상담가로서의 성격과 영재학생에 대한 긍정적인 자세를 의미한다. 둘째, 자세와 태도이다. 영재상담가는 영재에 대해 긍정적으로 이해하려고 노력해야 하며, 융통적이고 개방적인 사고방식을 갖고 있어야 한다. 스스로 역할모델이 되려고 노력해야 하며, 평가에 있어 결과보다는 과정을 중심에 두어야 한다. 그리고 영재를 이해, 격려, 수용하는 태도를 지녀야 하며, 영재에 대하여 긍정적인 가치를 갖고 있어야 한다.

5) 영재부모 상담

데트만과 콜란젤로(Dettmann & Colangelo, 1980)는 상담가들과 관련된 논문에서 중요한 영재부모 상담 관련 내용을 다음과 같이 정리하였다.

첫째, 부모들은 영재를 판별할 때 자신의 역할에 대하여 혼란스러워한다. 일부 부모는 이것이 전적으로 학교의 책임이라고 생각하지만, 일부 부모는 판별과정에 능동적으로 참여하려고 한다. 그런데 많은 부모가 자녀에게서 기대하는 것이 무엇인지를 모르면서 참여하려고 한다. 둘째, 일반적인 문제는 영재들의 성취에 대하여 부모의 깊은 관심과 불안을 동시에 보여 주고 있다. 부모를 위한 전형적인 방법은 가정에서 자녀와 관계를 맺는 데 대한 매우 일반적인 조언 이외에 아동을 위한 폭넓은 독서와 과외활동(특별활동)을 포함하고 있다. 셋째, 논문의 많은 쟁점은 가족관계와 영재들에 대해 가지는 부모의 문제점과 관심을 중심으로 전개되었다. 자주 인용되는 분야는 훈육과 형제자매 사이의 경쟁 방지와 감소에 관한 것이었다. 넷째, 부모와 학교의 관계로 이것은 논문에서 종종 언급되는 쟁점이다. 데트먼과 콜란젤로(1980)는 영재의 부모가 다양한 쟁점에 직면해 있으므로 상담가들이 그 쟁점이 무엇인지를 파악하고 있어야 함을 지적하였다.

(1) 영재부모의 역할

영재의 부모는 영재의 심리적 · 정서적 발달을 위해 긍정적인 기대로 자녀를 대할 필요가 있다. 이는 다음과 같은 연구에 근거한다. 첫째, 블룸(1985)이 수행한 수학자, 신경학자, 조각가 등의 재능발달에 관한 연구에 의하면, 그들은 일찍부터 부모에게서 분명하고 일관적인 메시지들(성취, 성공, 항상 최선을 다하는 것 등)을 받았다. 둘째, 림(1995)의 연구에 의하면, 성공한 여성들의 경우 어린 시절에 부모에게 받은 높은 기대감이 담긴 메시지들을 통해 강한 직업윤리를 가지면서 부모를 판단자가 아닌 코치로 인식하게 된다. 셋째, 칙센트미하이(Csikszentmihalyi, 1996)가 수학, 과학, 음악, 미술, 스포츠 분야에서 재능이 있는 고교생 210명을 대상으로 한 연구에 의하면, 지원과 도전감을 제공받은 가정의 학생들이 학습에 대한 내적 흥미가 더 높고 주의집중도 더 잘한다.

효율적인 멘토로서의 부모가 되기 위해서는 학문의 중요성에 대해 강조하고, 연구 · 학습 · 놀이의 필요성에 대한 호응으로 긍정적이고 성취 지향적인 분위기를 촉진하여야 한다.

(2) 영재부모가 직면하는 문제

① 책임 소재에 관한 문제

언어능력이 높은 아동들은 부모의 성급한 기대와 책임감 부여로 부가적인 부담감을 가질 수 있다. 따라서 오히려 아동에게 지나친 자율권을 줄 수 있는 가능성이 높아진다. 하지만 부모와 교사는 능력이 뛰어난 아동들의 흥미와 관심은 고려하면서 안내와 보호에 대한 책임도 버려서는 안 된다.

세브링(Sebring, 1983)은 아동의 독립성을 유지하도록 하면서도 아동이 어른의 요구를 수용할 수 있게 도움을 줄 수 있는 중간 지점을 발견할 것을 주장하였다. 특히 볼드윈(Baldwin, 1987)의 '뿔난 아이'라는 연구 결과에 의하면, 지나치게 방임된 아동들은 힘에 대한 부적절한 관념을 가지게 된다. 즉, 방임에 의해 책임과 권한의 관계를 불분명하게 가지게 된다. 아동에게 너무나 일찍 적절한 수준 이상의 자율권을 주게 된다면 문제가 발생되었을 때 다시 회수하는 것이 어려워질 수 있음을 상담가와 부모는 명심하여야 한다.

② 가정에서의 형제자매 간의 압력

형제자매 간의 경쟁의 근본 원인은 아동이 부모의 주목을 받고자 하는 것임을 이해할 필요가 있다. 형제자매는 서로 다른 능력과 요구를 가지고 있으므로 가장 생산적이고 공정한 접근은 그러한 차이에 맞추어 조절하는 것이다(Davis & Rimm, 2002).

만약 재능이 부족한 형제자매가 있는 영재라면 주의를 기울일 필요가 있는데, 부모는 영재의 성공만 보상해 줄 것이 아니라 다른 형제자매의 능력과 노력도 보상해 주어야 한다. 일반적으로 영재가 아닌 형제자매는 불안수준이 높고 자아존중감이 낮다. 앨버트(Albert, 1980)는 종단연구를 통하여 영재아동이 가족 내에서 특별한 위치에 있으며, 다른 형제자매에 비하여 가족의 관심과 지원이 높은 비율과 강도로 나타남을 보고하였다(이신동, 박명순, 박춘성 공역, 2007).

형제자매가 모두 영재인 경우는 이와 다를 수 있다. 한 가족의 아동들이 모두 영재인 경우가 일반적인데, 이는 유전적인 요소, 좋은 환경, 긍정적인 부모와 교사의 기대 또는 이 모든 요인의 조합에 의해서 가능하다. 맏형이 영재였다면 동생들은 손위형제들만큼 해야 한다는 압력을 느끼게 된다. 이때 부모는 각각의 아동이 자신이 할 수 있는 최선의 노력을 기울이도록 기대해야 하며, 아동의 수행은 형제간의 비교가 아니라 개별적으로 평가되어야 할 것이다.

요약정리

1. 영재학생의 사회 · 정서적 문제는 영재성을 사장시킬 수 있기에 부모나 교사가 영재에게 나타나는 문제점을 알고 적절한 대비를 하여야 한다.
2. 영재학생의 사회적 문제는 스트레스나 활동을 처리하는 개인적인 대처방법이 적절하지 않기 때문에 발생한다. 그러므로 영재들이 겪는 스트레스의 양상과 적절한 대처방법을 알고 대비하여야 한다. 영재들에게 흔히 나타나는 문제로는 개인 및 사회적 문제, 진로지도 등이 있으며, 영재들의 일상적인 문제는 비교적 덜 심각하다.
3. 홀링워스는 영재상담에 관심을 갖도록 한 초기 공헌자로, 영재상담은 영재아동들이 우수한 문제해결력을 지니고 높은 학업성취와 결과를 보이기 때문에 교사나 상담가들이 영재의 학습, 정서, 진로 등의 영역에서 다양한 요구가 있다는 것을 간과할 수 있다는 점에서 그 중요성이 있다.
4. 영재들은 하나 또는 그 이상의 특징 때문에 어려움을 경험하고 있다. 상담에서 고려하여야 할 것은 그 행동의 강도와 구체적인 징후인데, 특히 그것을 자존감과 다른 사람들과의 관계와 함께 보아야 할 것이다. 각 특성으로부터 나온 문제를 명확하게 하기 위해 한 특성이 지배적인 것처럼 기술되기는 하지만, 각 특성들은 어느 정도는 다 중첩되어 있다.
5. 영재부모들은 영재를 판별할 때 자신의 역할에 대하여 혼란스러워하며, 일반적인 문제로 영재들의 성취에 대하여 깊은 관심과 불안을 동시에 보여 주고 있다. 논문의 많은 쟁점은 가족관계와 영재들에 대해 가지는 부모의 문제점과 관심을 중심으로 전개되었으며, 더불어 부모와 학교의 관계에 대한 문제이다.
6. 영재부모가 직면하는 문제로는 책임 소재에 관한 문제, 영재들이 직면하는 경쟁과 압력에 대한 부모의 이해, 가정에서의 형제자매 간의 압력 등이 있다.
7. 영재상담가는 상담의 기법을 잘 알고 있어야 할 뿐만 아니라 영재와 영재의 특성을 알고, 영재를 이해하고 도와줄 수 있어야 한다.

연구문제

1. 영재들의 사회 · 정서적 문제 중 하나를 선정하여 나타나는 현상과 그 대처방안에 대해 설명하시오.
2. 영재들의 정신 · 병리적 측면의 문제 중 하나를 선정하여 나타나는 현상과 그 대처방안에 대해 설명하시오.
3. 영재들의 행동장애를 학교급(초 · 중 · 고)별로 구분하고, 학교급별 해결방안을 설명하시오.
4. 영재들의 일상적인 문제에 대해 논의하고 해결방안을 설명하시오.
5. 영재상담의 역사 및 기본 원리에 관해 설명하시오.
6. 영재부모의 상담 및 영재부모의 역할에 대해 설명하시오.

제11장
영재교육 담당 교원[1)]과 부모교육

학습목표

1. 영재교육을 담당하는 교원들의 전문적 능력과 자질에 대해 설명할 수 있다.
2. 영재자녀를 둔 부모들에 대한 효과적인 교육과 상담에 대해 설명할 수 있다.

"교육의 질은 교원의 질을 넘지 못한다."라는 말이 있다. 이 말은 교육현장에서 교원의 역할이 얼마나 중요한지를 단적으로 표현하는 말이다. 교육에서 교원이 차지하는 역할과 비중은 거의 절대적이라고 할 수 있다. 우리나라도 영재 개인의 자아실현과 국가경쟁력 강화를 위한 영재교육에 국민의 관심이 한층 고조되고, 정부도 영재교육 강화를 위해 많은 예산과 인력을 투자하고 있는 실정이다.

일반교육과 마찬가지로 영재교육에서도 영재교육을 담당하는 교원의 질에 따라

1) 이 책에서 교원(유치원에서 대학에 이르기까지 각급 학교에서 아동·학생을 직접 지도하고 교육하는 자)이라 함은 「영재교육 진흥법」(2017. 12. 19. 개정) 제12조(교원의 임용·보수 등) "① 교원의 임용권자는 영재교육을 위하여 필요하다고 인정하는 경우 「초·중등교육법」 제21조에 따른 교원의 자격기준에도 불구하고 영재교육을 담당할 능력이 있다고 인정되는 사람으로서 대통령령으로 정하는 자격을 가진 사람을 영재교육기관의 교원으로 임용할 수 있다."에 따라 기술한 것임.

교육의 효과가 크게 달라지기 때문에 이를 담당할 역량 있는 교원을 양성하여 영재교육 현장에 배치하는 일은 영재교육의 성패를 좌우하는 중요한 과제 중 하나이다. 그러면 누가 영재학생들의 교육을 담당할 수 있는가? 영재교육을 담당할 교원들은 어떤 자격 조건과 전문성 및 자질을 갖추어야 하는가? 세계 각국은 영재교육을 담당할 전문적인 능력과 자질을 갖춘 교원을 어떻게 양성하여 임용하고 배치시키며 연수를 실시하고 있고, 우리나라는 이것이 어떻게 이루어지고 발전하고 있는가를 중심으로 살펴보겠다.

영재란 영어로 'the gifted and talented'로, 선천적으로 타고난 유전적 능력에 기반을 두고 있음을 의미한다. 그러나 그 잠재능력이 제대로 발현되기 위해서는 환경적 변인 또한 중요한 역할을 하고 있다는 것은 이미 잘 알려진 사실이다. 영재성은 타고났지만 그것을 조기에 발견하고 계발하기 위한 교육적 지원 및 노력이 이루어지지 않는다면 영재성은 소멸되고 말 것이라는 것이 일반적인 사실이며, 미국이나 우리나라에서도 법으로 이를 명시하고 있다. 영재들의 타고난 잠재능력에 대하여 특별한 교육서비스를 제공하기 위해 필요한 선결 조건은 영재들의 교육을 담당할 전문적인 능력과 자질을 갖춘 교원의 양성이다. 왜냐하면 교육과정이 현장에서 실천으로 옮겨지고 적용되는 데는 여러 가지 요인이 영향을 미치지만, 그 요인들 중에서 가장 중요한 것이 교원이라고 볼 수 있기 때문이다. 다시 말해, 교육과정은 교원에 의해서 실행되며, 교원의 문제에 따라 교육과정의 가치가 결정되기 때문에 교원은 교육과정의 핵심적 요인이다(강현석, 주동범, 2005, pp. 229-230).

특히 영재교육을 담당하는 교원의 중요성에 대하여 블룸(Bloom, 1985)은 초·중·고등학교 시절에는 학교나 지역사회에서 가장 훌륭한 스승을 찾고, 20세 이후에는 국내외의 권위자를 찾아 사사하면서 스승을 능가할 수 있을 정도의 기능을 배워야 할 뿐만 아니라 스승의 가치관과 정신세계를 몸소 터득해야 한다고 하였다. 렌줄리(Renzulli, 1968)는 영재교육 담당 교원은 영재학생들의 학습환경에 아주 중요한 영향을 미치며, 영재교육 프로그램의 성공에 결정적인 역할을 담당한다고 하였다. 따라서 유능한 영재교육 담당 교원의 양성은 영재들의 능력계발과 자아실현을 위해서 중요한 일이라고 하였다.

다음으로 영재를 둔 부모들은 어떤 점을 어려워하고 고민하고 있는가? 영재의 부모는 일반학생들과는 다른 영재학생들의 심리적 특성과 교육적 욕구로 인해 자녀 양육, 형제자매와의 관계, 진로, 환경적 지원 등 다방면에서 어려움을 호소하고 있다. 이러한 부모들에 대한 교육과 상담은 어떻게 이루어지고 있는가? 이러한 점에 착안하여 이 장에서는 크게 영재교육을 담당할 교원과 영재자녀를 둔 부모의 교육과 상담에 대해 살펴보겠다.

1. 영재교육 담당 교원

1) 국내외 영재교육 담당 교원의 양성, 임용, 배치 제도

세계 각국은 일반학생의 교육을 담당하고 있는 교원과는 별도로 영재학생들의 특수한 심리적 특성(영재성)의 이해와 교육적 욕구를 충족시킬 수 있으며, 해당 영역의 전문가적인 역량과 자질을 갖춘 우수한 교원을 양성・임용하여 영재교육 현장에 배치하고, 다양한 연수 등을 통해 핵심역량을 계발하는 데 많은 노력을 기울이고 있다.

먼저 각 주의 특성에 맞게 다양한 영재교육 담당 교원 제도를 운영하고 있는 미국, 국가적 차원에서 영재교육을 최우선 순위로 두고 교육부에 전담부서를 설치하고 체계적으로 영재교육을 실시하고 있는 싱가포르와 이스라엘의 영재교육 담당 교원의 양성 및 임용제도에 대해 살펴본다. 다음으로 우리나라 영재교육 담당 교원의 양성 및 임용에 대하여 교육부의 법령과 계획, 연구자료를 살펴보고자 한다.

(1) 미국

오래전부터 영재교육을 시작하였던 미국은 영재교육 담당 교원에 대한 자격증이나 인증제도가 주정부에 따라 다르게 이루어져 왔으나, 이에 대한 연방정부의 체계적인 요구와 연구는 1970년대 후반부터 시작되었다. 미국영재학회 전문성계발위원회의 교원자격위원회에서 제시한 영재교육 담당 교원의 자격조건에 따르면, 석

사진 11-1 **영재교육 수업 현장**

영재학급에서는 2명의 교원이 팀티칭하고 있다.

사학위 이상의 학력을 소지한 자로서 다음을 충족시켜야 한다(Karnes & Parker, 1983). 즉, ① 영재의 욕구와 심리, 영재학생의 측정, 영재학생의 상담, 영재교육과정 개발, 영재 교수법 및 교수자료, 창의적 연구, 프로그램의 개발과 평가, 학부모 교육과 홍보 훈련, 특수 집단/영재의 문제, 인지적 · 정의적 처리에 관한 내용으로 12학점(2학기제)을 이수한 자, ② 대학원에서 연구기법과 관련된 최소한 1강좌 이상을 수강한 자, ③ 학생을 지도할 교과내용 영역에서 최소한 9학점(2학기제)을 이수한 자, ④ 대학이 관리하는 영재학생 지도를 실습한 자가 해당된다.

칸스와 훠튼(Karnes & Whorton, 1991)의 「영재교육에서의 교원 자격증과 인증에 대한 연구(Teacher certification and endorsement in gifted education)」에 따르면, 미국에서는 영재교육 담당 교원을 임용하는 경우에 자격증이나 인정기준과 같은 소정의 자격을 요구하는 주가 있는가 하면, 요구하지 않는 주도 있는 것으로 나타났다. 1996년도에는 미국 전체 주 중 24개 주에서 소정의 자격을 요구하였으며, 점차 소정의 자격을 요구하는 경향이 강해진다는 것을 보여 주고 있다. 자격증을 요구하는 주 중 8개의 주가 1~2년의 일반학급에서의 교원경험을 요구하였고, 14개 주에서는 교원 자격기준의 일부로서 영재교육에서의 실습을 요구하였다.

최근에 영재교육 담당 교원의 자격에 대한 요구는 더욱 증가하고 있는 추세이다. 미국의 영재교육에 관한 지침과 영재교육 담당 교원 자격에 관해 규정해 놓은 33개 주의 영재교원 양성체제를 살펴본 류지영(2005)의 연구에 의하면, 영재교육 담당 교원이 되기 위해서는 크게 다음의 2가지 방법을 거친다.

첫 번째 방법은 대학원에서 영재교육과 관련된 과목을 수강하는 방법이다. 이는 다시 2가지 경우로 나눌 수가 있는데, ① 영재교육을 전공으로 석사과정에 등록하여 일정한 과목에 대한 수강과 현장실습을 거친 후 영재전공 교원 자격증을 취득

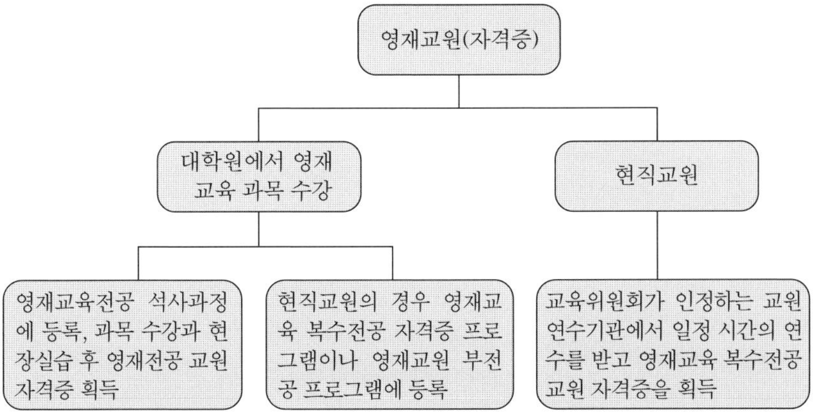

[그림 11-1] 미국의 영재교원 자격증 제도

한다. ② 현직교원의 경우 영재교육 복수전공 자격증 프로그램(certification in gifted education)이나 영재교원 부전공 프로그램(endorsement in gifted and talented)에 등록하는 경우이다. 현직교원을 위한 프로그램들의 경우, 이미 영재교육과 관련된 분야에 종사하고 있는 교원은 실습이 면제되기도 한다.

두 번째 방법은 영재아동의 교육에 관심이 있거나 영재아동들을 가르치거나 학교 내에서 영재 프로그램을 운영하는 프로그램 행정책임자로 일하기를 원하는 현직교원들이 교육위원회가 인정하는 교원 연수기관에서 일정 시간의 연수를 받고 영재교육 복수전공 교원 자격증을 획득하는 경우이다.

(2) 싱가포르

국가적 차원에서 체계적으로 영재교육을 실시하고 있는 싱가포르에서는 영재교육의 목표를 '전인으로 성장하고 자신의 잠재능력을 최대한 계발하여 가족, 사회, 국가에 대한 책임감을 지니는 건전한 시민의 육성'으로 설정하고, 일반학교 안에서의 상설 영재학급제도를 시행하고 있다. 구자억 등(2002)의 연구에 따르면, 교육부에서는 영재교육을 담당할 교원을 다음의 다양한 경로를 통한 엄격한 절차에 의해 선발한다고 하였다.

첫째, 모든 교원에 대한 상세한 정보로, 영재교육에 적합한 자질과 능력을 갖춘 교원의 목록을 작성한다. 둘째, 국립대학 및 여러 대학의 교수들에게서 우수한 자질을 갖춘 교원에 관한 정보를 수집한다. 셋째, 영재교육 실시 학교나 교육부의 영재교육과에서 정보를 수집한다. 넷째, 영재교육에 참여하고 싶은 교원에게서 직접 제공되는 정보를 수집하는 등 여러 가지 경로를 통해 영재교육을 담당할 예비교원을 선정하고 초빙해 인터뷰를 실시하여 영재교육 담당 교원으로서의 적합성을 평가한다.

예비교원을 선정한 다음, 평가에서 좋은 점수를 얻은 교원에 대해 수업하는 모습을 관찰하고, 영재를 지도하는 데 흥미, 자신감, 능력을 가지고 있는 교원을 선발한다. 또한 높은 학문적 자질 이외에 영재학생들과 좋은 관계를 맺을 수 있는 자질을 지닌 교원을 선발하고, 선발한 교원을 영재학급에 배치하여 최소 1년 동안 영재교육을 하도록 한다. 그러나 미국과 달리 영재교육 담당 교원 자격증이나 학점은 부여되지 않는다.

싱가포르 교육부의 영재교육과는 영재교육을 담당할 교원들을 선발하여 영재학생들을 가르치는 학교에 배치한다. 영재교육 프로그램의 교원들은 일반교원들 중에서도 모든 교육학 과목에서 A학점 이상을 받은 교원들 가운데 선발된다. 영재교육 담당 교원들은 능력과 열정, 지적인 호기심, 자신감, 성숙함, 유연성, 창의성, 열정 등을 갖추어야 하며, 여러 경로를 통해 후보자 명단에 오른 지원자들은 교육부로부터 인터뷰를 요청받는다. 인터뷰에서 지원자에 대한 평가는 영재교육에 대한 그들의 태도와 영재교육 프로그램을 통하여 잘 가르칠 수 있는지에 대한 적합성을 평가받는다.

다음으로 영재교육과의 담당자들이 후보자 명단에 오른 지원자들의 수업을 참관하고, 이러한 과정을 성공적으로 마친 후보자들에게 영재교육 프로그램에서 가르칠 수 있는 기회가 주어진다. 영재교육 프로그램을 담당하는 교원들의 훈련은 그들이 근무하는 학교에서 이루어진다. 영재교육과의 담당자들은 영재교육 프로그램의 교원들에게 영재교육의 교육과정 및 교수전략과 관련된 문제에 대하여 발전적인 지도와 정규모임을 통하여 도움을 주고 있다. 모든 영재교육 프로그램의 교원은 해마다 영재교육 프로그램의 콘퍼런스에 참여한다. 교원들은 영재교육과 관련된 분야의 해외 프로그램에 참가할 수도 있다.

싱가포르는 국가의 장래를 책임질 인재를 육성하는 데 영재교육의 궁극적인 목표를 두고, 국가에서 일괄적이고 조직적으로 영재교육을 담당할 우수한 교원을 예비교원 시절부터 관리하여 양성, 임용, 배치, 연수 및 관리하고 있음을 알 수 있다.

(3) 이스라엘

이스라엘은 이스라엘 사회의 평등성과 민주성의 가치를 유지하는 가운데 영재들의 재능과 자질에 적합한 최적의 교육환경을 제공하고자 문화교육부에 영재 및 과학청소년과를 별도로 설치 · 운영하고 있다. 영재교육 담당 교원은 보통 교원과는 다른 재능을 갖출 뿐만 아니라 훈련을 받아야 한다. 따라서 영재교육 담당 교원의 모집과 승인은 아주 엄격해서 전공 영역에서 뛰어날 뿐만 아니라 다양한 영역에 대하여 폭넓은 소양과 지식을 갖추고 있어야 하고, 나아가 영재들의 독특한 특성을 이해하고 있어야만 영재교육 담당 교원으로 선발될 수 있다(구자억 외, 2002, pp. 161-162).

교직경력이 있는 사람과 교원 심화연수회에 정기적으로 참가한 교원에게 연수 우선권이 주어지는데, 이 과정은 영재 및 과학청소년과가 조직 · 제공하며, 한 달에 한 번씩 특정 학년을 위한 특정 과목을 중심으로 이루어진다. 교원들은 그 과목을 전개해 나가는 방법과 학생들에게 전달하는 방법에 대해 지도받는다. 이 과정은 교원들을 위한 연수기능을 하여 교원들은 서로 지식과 경험을 교환할 수 있고, 수업에 적절한 프로그램을 구성할 수 있다. 또한 영재교육 담당 교원들이 갖추어야 할 특성과 함께 그들이 고등교육기관에서 우선적으로 발탁되는 것을 고려할 때 그들에게 지급되는 보수규정도 다르며, 문화교육부의 영재 및 과학청소년과 책임하에 임용센터를 두어 임용센터의 후보자들을 영재교육 담당 교원으로 임용하고 있다. 영재교육 담당 교원을 위한 계속적인 연수기회뿐만 아니라, 영재학생이 있는 일반학급의 교원을 위해 영재 및 과학청소년과는 특수한 교육적 필요에 적합한 연수기회를 마련하고 있다.

이스라엘의 영재 및 과학청소년과는 영재교육 담당 교원의 양성을 위해 5~18세의 학생 중 상위 3%에 해당되는 영재학생의 교육을 담당할 교원을 현직교원 가운데 탁월한 능력을 소지한 교원을 엄정하고 공정한 선발 절차에 의해 선발하는 시스템을 지속적으로 개발하고 있다. 그리고 대학의 영재교육전공 교수진과 협력하여 정부가 요구하는 우수한 교원의 양성을 위해 국가가 개발한 영재교육 담당 교원 양성 프로그램에 적합한 인재를 교육하고 있다. 정부 차원에서는 우수한 영재교육 담당 교원의 확충뿐만 아니라 지속적인 교육의 기회와 연봉, 보직, 주택 공급, 인사권에 이르기까지 전반적인 지원시스템을 확충하여 오직 영재교육에만 전념할 수 있는 교육환경을 제공하고자 적극 노력하고 있다.

이스라엘은 싱가포르와 같이 문화교육부에 영재 및 과학청소년과를 별도로 설치하여 일반교원과는 다른 전문적인 능력을 갖춘 교원을 양성하기 위해 영재교육 담당 교원 임용센터를 두고 특별한 교육을 실시하여 교원을 양성 · 임용하고 있다. 교육현장으로 배치된 이후에도 전문성 신장을 위해 연수기회와 인센티브를 지속적으로 제공하고 있음을 알 수 있다.

(4) 우리나라 영재교육 담당 교원의 양성 및 임용 제도

우리나라는 현직교원 중에서 영재교육을 담당할 수 있는 전문적인 역량과 자질을 갖춘 교원을 추천 · 선발하여 기초, 심화, 전문 및 관리자 연수 등을 통해 영재교육 담당 교원을 양성 · 배치하고 있다(〈표 11-1〉 참조). 그리고 다양한 교육 프로그램을 통해 영재교육 담당 교원의 전문성을 신장하고 있다.

〈표 11-1〉 영재교육 담당 교원의 연수 필수강좌 및 권장 시수

구분	시수	필수강좌	연수기관
기초연수	60시간	영재 및 영재교육의 이해, 선발을 위한 영재성 판단 등	교육청, 대학, 영재교육연구원*
심화연수	120시간	영재 및 영재교육의 심화된 이해, 검사도구 사용방법, 교과내용, 다양한 교수-학습 및 평가방법, 프로그램 개발	교육청, 영재교육연구원*
전문연수	90시간	영재교육 정책 방향, 영재교육과정 개발, 교수-학습 자료 개발 등	영재교육연구원*
관리자 연수	30시간	영재교육 및 정책 방향의 이해, 학생선발, 교원연수, 기관평가에 대한 이해	교육부, 교육청, 영재교육연구원*

* 영재교육연구원: KEDI 영재교육연구원, KAIST 과학영재교육연구원, 한국예술영재교육연구원

우리나라는 미국, 싱가포르, 이스라엘 등과 같은 '영재교육 담당 교원 자격증' 제도는 시행하고 있지 않으며, 2008년도부터 '영재교육 전담교원' 제도를 단계적으로 운영하고 있다. 그리고 「영재교육진흥법 시행령」에는 영재교육기관인 영재학교, 영재학급, 영재교육원에서 교육을 담당할 영재교육 담당 교원의 임용기준, 영재학교 및 영재학급에 두는 강사의 임용기준을 다음과 같이 제시하고 있다(〈표 11-2〉 참조).

〈표 11-2〉 영재학교 및 영재학급에 두는 교원의 임용기준(「영재교육진흥법 시행령」 제25조의 별표 1)

구분	임용기준
영재학교 교장	「초 · 중등교육법」 별표 1의 규정에 의한 중등학교 교장자격증을 가진 자로서 교육부장관 또는 교육감이 인정하는 소정의 연수과정을 이수한 자
영재학교 교감	「초 · 중등교육법」 별표 1의 규정에 의한 중등학교 교감자격증을 가진 자로서 교육부장관 또는 교육감이 인정하는 소정의 연수과정을 이수한 자
영재학교 교사	「초 · 중등교육법」 별표 2의 규정에 의한 중등학교 정교사 자격증을 가진 자로서 교육부장관 또는 교육감이 인정하는 소정의 연수과정을 이수한 자
영재학교 전문상담교사	「초 · 중등교육법」 별표 2의 규정에 의한 중등학교 전문상담교사 자격증을 가진 자로서 교육부장관 또는 교육감이 인정하는 소정의 연수과정을 이수한 자
영재학급 담당 교사	「초 · 중등교육법」 별표 2의 규정에 의한 초등학교 또는 중등학교 정교사 자격증을 가진 자로서 교육부장관 또는 교육감이 인정하는 소정의 연수과정을 이수한 자
영재학급 전문상담교사	「초 · 중등교육법」 별표 2의 규정에 의한 초등학교 또는 중등학교 전문상담교사 자격증을 가진 자로서 교육부장관 또는 교육감이 인정하는 소정의 연수과정을 이수한 자
사서교사	「초 · 중등교육법」 별표 2의 규정에 의한 사서교사 자격증을 가진 자로서 교육부장관 또는 교육감이 인정하는 소정의 연수과정을 이수한 자

〈표 11-3〉 영재교육원에 두는 교원의 임용기준(「영재교육진흥법 시행령」 제26조 제1항의 별표 2)

구분	임용기준
원장	1. 「초 · 중등교육법」의 규정에 의한 초등학교 또는 중등학교 교장 또는 교감 자격증을 가진 자 2. 「고등교육법」에 의한 학교의 교원자격이 있는 자 3. 교육부장관이 인정하는 영재교육 분야 또는 이와 관련 분야에서 연구 또는 교육 경력이 5년 이상인 자
강사	1. 「초 · 중등교육법」 별표 2의 규정에 의한 초등학교 또는 중등학교 정교사 자격증을 가진 자 2. 석사학위 이상의 학위를 가진 자 3. 영재교육원에서 담당 예정인 영재교육 분야 관련 학사학위를 가진 자

〈표 11-4〉 영재학교 및 영재학급에 두는 강사의 임용기준(「영재교육진흥법 시행령」 제27조 제1항의 별표 3)

구분	임용기준
교과 담당 강사	1. 「초 · 중등교육법」 별표 2의 규정에 의한 초등학교 또는 중등학교 정교사 자격증을 가진 자 2. 석사 이상의 학위를 가진 자 3. 영재학교 또는 영재학급에서 담당 예정인 영재교육 분야 관련 학사학위를 가진 자
상담 담당 강사	1. 「초 · 중등교육법」 별표 2의 규정에 의한 초등학교 또는 중등학교 전문상담교사 자격증을 가진 자 2. 상담과정의 석사 또는 박사학위를 가진 자
사서 담당 강사	「초 · 중등교육법」 별표 2의 규정에 의한 사서교사 자격증을 가진 자

영재교육 담당 교원 자격기준을 완화하여 학사학위가 없어도 해당 분야의 전문가 중 영재교육을 담당할 능력이 있는 자를 영재교원으로 임용할 수 있도록 2008년에 「영재교육진흥법 시행령」이 개정되었다.

첫째, 고등학교급인 영재학교 교원의 경우에는 '중등학교 정교사 자격증을 지닌 자로서 교육부장관이나 교육감이 인정하는 소정의 연수과정을 이수한 자'를 임용기준으로 제시하고 있다. 둘째, 초 · 중등학교에 설치되는 영재학급 교원은 초등 또는 중등학교 정교사 자격증을 지닌 자로서 소정의 연수과정을 이수한 자로 명시하고 있다. 셋째, 초 · 중등학교 수준에서 설치되는 영재교육원의 경우에는 「초 · 중등교육법」상의 교원이 아니기 때문에 그 임용기준이 보다 완화되어 있다. 강사의 경우에는 초등 또는 중등학교 정교사 자격이 있거나, 석사학위 이상의 학위를 지니고 있거나, 지도 영역에서 관련 학사학위를 지닌 자로 명시하고 있다. 넷째, 전문상담교사, 사서교사의 경우에는 초 · 중등학교 전문상담교사 자격증(또는 사서교사 자격증)을 가진 자로서 소정의 연수과정을 이수한 자로 명시하고 있다.

이상에서 살펴본 바와 같이, 영재학교와 영재학급에서 영재교육을 담당하는 교원은 「초 · 중등교육법」의 정교사 자격증을 지니고 소정의 연수과정을 이수한 자가 되며, 「초 · 중등교육법」이 아닌 「영재교육 진흥법」상의 교원인 영재교육원의 강사는 그 기준이 보다 완화되어 있음을 알 수 있다.

이와 같은 세계 각국의 영재교육 담당 교원의 양성 · 임용 및 후속지원에 대해 비교하여 살펴보면 〈표 11-5〉와 같다.

〈표 11-5〉 세계 각국의 영재교육 담당 교원의 양성 · 임용 및 후속지원 비교

국가	양성 · 임용	후속지원
미국	• (영재교육 담당 교원 자격증 有)대학원 학위과정/교원연수기관 연수 후 영재교육 교원 자격증(또는 인증제) 부여 • (운용유형)영재교육 코디네이터/영재교육 전담교원 • (중점)토론과 현장경험, 실습 중시	• (역량강화)학위과정 위탁 또는 직무연수 강화, 연수 이후에도 쌍방향 간 역량강화 기회 제공 • (연구회)예산사업으로 다양한 연구회 운용 지원 • (인센티브)전보우선권, 수업과 행정업무 경감, 연구활동 보장 등
영국	• (영재교육 담당 교원 자격증 無)특별한 영재교육 담당 교원 자격증 없음 • (운용유형)영재교육 코디네이터/영재교육 책임교원	• (역량강화)코디네이터(1년 정규교육과정), 책임교원(단기집중 연수) 등 연수기회 제공 • (인센티브)전일제 보조교원 및 기술적 · 행정적 보조교원 지원, 국내외 연수기회 확대 등
이스라엘	• (영재교육 담당 교원 자격증 有)교육부의 영재교육 담당 교원 임용센터에서 연수와 3단계 절차에 합격한 교원에게 자격증 부여	• (역량강화)다양한 주제별, 연령별, 활동 구성별로 연구회 구성 및 운영 지원 • (인센티브)차별화된 보수 규정, 보직 및 인사권, 주택 공급, 고등교육기관으로의 우선적 발탁 등 영재교육에만 전념토록 지원
싱가포르	• (영재교육 담당 교원 인증제 有)'영재교육 담당 교원 자격증' 제도는 없으나 교육부의 3단계 절차에 합격한 교원에게 공식적인 국가인증자격 부여	• (역량강화)교육부 영재교육과의 전문가 집단에 의한 2년간의 지도조언 • (인센티브)정부가 역량강화를 위한 교육기회 제공을 인센티브로 간주, 별도의 인센티브 없음
한국	• (영재교육 담당 교원 자격증 無)영재교육 담당 교원에 대한 자격증 제도는 없으며, '초 · 중등 교원 자격증'을 가진 현직 교원이 소정의 연수 이후에 영재교육 현장에 배치되도록 규정	• (역량강화)지역교육청별 직무연수기회 제공 • (인센티브)16개 교육청별로 전보유예, 전보가산점, 승진가산점, 연구비 지급, 업무경감, 해외연수 등 부분적으로 운영

출처: 류지춘, 이신동(2012).

2) 영재교육 담당 교원의 전문성과 자질

어떤 전문 영역이든 요구하는 기준이 존재하며, 그 기준은 전문성의 역량을 집대성하는 것으로 구성된다. 특히 영재교육을 담당하는 교원들은 일반학생들을 가르치는 교원보다 더 높은 전문성을 가져야 할 뿐만 아니라 더 높은 열정, 자신감, 창의성, 학생의 독특한 반응을 수용하고 인내할 수 있는 자질을 필요로 한다(이신동, 이정규, 박춘성, 이희권, 2007).

더불어 영재교육 담당 교원들은 일반교원과는 다른 능력을 지녀야 한다는 것이 여러 연구를 통하여 밝혀지고 있다. 영재교육 관련 연수를 받은 교원과 그렇지 않은 교원에 대한 비교연구에서 영재교육 관련 연수를 받은 교원들이 그렇지 않은 교원에 비하여 인지적 · 정의적 측면에서 더 깊이 있는 수업을 수행하고 있음이 밝혀졌다(Feldhusen, VanTassel-Baska, & Seeley, 1989).

영재교육 담당 교원은 일반교원과 차이점이 있다. 영재교육 담당 교원이 가르칠 학생이 일반교원이 가르칠 학생과 다르기 때문이다. 일반적으로 영재아동들은 일반아동들에 비하여 인지적 · 정서적으로 여러 가지 차이가 있다. 영재교육 담당 교원의 전문성과 자질에 대해 여러 연구자는 다음과 같은 준거를 제시하였다.

(1) 반타셀-바스카와 존슨의 영재교육 담당 교원의 10가지 능력기준

반타셀-바스카와 존슨(VanTassel-Baska & Johnson, 2007)은 여러 연구에서 합의 가능성, 다양성, 차별화, 관련 교육영역과의 연관성을 고려하여 영재교육 담당 교원의 10가지 능력기준을 제시하였다. 이 기준의 설정이 중요한 이유는 새로운 준거는 교원 양성과 영재교육 석사과정의 기준을 제시해 줄 수 있고, 영재교육 담당 교원 프로그램이 없는 대학의 교원교육을 위한 준비에 사용될 수 있기 때문이다.

- 기준 1. 기초: 영재학생을 지도하는 교원은 원리의 진보와 변화에 대한 이해가 있어야 한다.
- 기준 2. 학습자의 발달과 특징: 영재교육 담당 교원은 학생을 이해하고 존중감

을 보여 주어야 한다. 또한 특수한 욕구의 다양성을 이해하고 있어야 한다.

- 기준 3. 개인 학습의 차이: 영재교육 담당 교원은 영재가 학교와 일생 동안 학습하는 것에 대한 영향력을 이해하고 있어야 한다.
- 기준 4. 수업전략: 영재교육 담당 교원은 영재학생의 차별화를 위해 증거가 갖추어진 교육과정과 수업전략을 갖추어야 한다.
- 기준 5. 학습환경과 사회적 상호작용: 영재교육 담당 교원은 학습환경을 능동적으로 조성해 줌으로써 문화 맥락적 이해, 안정감, 정서적 건강성, 긍정적인 사회적 상호작용, 활동에 몰입할 수 있도록 해 줄 수 있다.
- 기준 6. 언어 및 의사소통: 영재교육 담당 교원은 재능발달에 영향을 미치는 언어 및 의사소통의 역할과 예외적 상황이 그러한 발달을 방해하거나 촉진할 수 있는 방식을 이해하고 있어야 한다.
- 기준 7. 수업계획: 교육과정과 수업계획은 영재교육의 중심이 되는 것이다. 그러므로 영재교육 담당 교원은 긴 안목을 가지고 일반교육과정 및 특별교육과정이 정착될 수 있도록 하여야 한다.

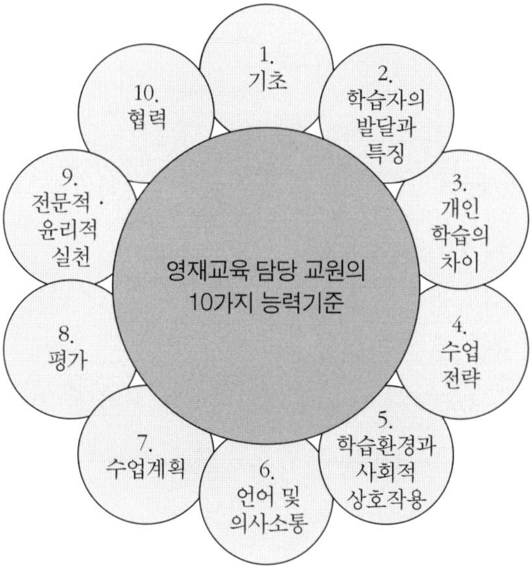

[그림 11-2] 영재교육 담당 교원의 10가지 능력기준

- 기준 8. 평가: 평가는 의사결정과 영재교육에서 빠질 수 없는 것으로, 다양한 형태의 평정정보가 판별과 학습진척의 결정에 요구된다.
- 기준 9. 전문적 · 윤리적 실천: 영재교육 담당 교원은 전문가 윤리와 전문가 실천준거를 따라야 한다.
- 기준 10. 협력: 영재교육 담당 교원은 다른 서비스 조력자들과 효과적으로 협조하여야 한다.

(2) 영재교육 담당 교원의 자질

이신동 등(2007)은 「영재교육 담당 교원의 양성, 연수, 배치제도 개선방안 연구」에서 영재교육 담당 교원의 자질을 영재교육에 대한 철저한 사명감, 전문적 자질, 인성적 자질의 세 영역으로 구분하여 제시하였다. 이를 자세히 살펴보면 다음과 같다.

- 영재를 판별할 수 있는 능력이 있어야 한다.
- 영재를 위한 자료를 개발하고 선택할 수 있어야 한다.
- 자신의 전공 분야에 대한 확고한 지식을 소유하고, 창의적인 질문에 답하여야 한다.
- 창의성과 문제해결력을 포함하여 고차적인 사고기술을 가르칠 수 있어야 한다.
- 고차원적인 사고를 유발할 수 있는 질문능력이 있어야 한다.
- 과정과 산출에 초점을 맞추어야 한다.
- 학생의 독자적 연구와 프로젝트 완성을 촉진할 수 있어야 한다.
- 개별화 학습을 유도할 수 있어야 한다.
- 학생들이 자신을 스스로 평가할 수 있도록 가르쳐야 한다.
- 학습을 강요하지 않고, 안내하고, 촉진할 수 있어야 한다.
- 문화가 다른 영재를 가르칠 수 있어야 한다.
- 상담기술을 소유하고 있어야 한다.
- 학생의 자아개념 발달을 도울 수 있어야 한다.

- 교육과 직업 선택을 안내할 수 있어야 한다.
- 집단별 학습을 운영할 수 있어야 한다.
- 높은 성취, 성공적인 완성, 수월성 추구 등에 대한 학생의 동기를 유발할 수 있어야 한다.
- 영재교육의 철학과 방법에 대해 다른 교원에게 현직연수를 실시할 수 있어야 한다.

최근에 영재교육 담당 교원의 핵심역량에 대해 연구한 류지춘(2014)은 지금까지의 선행연구들의 메타분석을 통해 핵심역량은 인지적 역량과 정의적 역량이 유기적으로 상보적 작용을 하는 복합체라고 하였다. 여기서 인지적 역량은 ① 영재학생과 영재성에 대한 '지식과 이해', ② 해당 교과에 대한 '전문성과 교육과정 개발', ③ 창의적 '연구와 교수'의 3가지 핵심역량 요인으로 구성되며, 정의적 역량은 ① 영재교육에 대한 '열정과 동기', ② 정보공유와 유기적 협력을 위한 '소통과 실행', ③ 사회적 가치와 정의를 중시하는 '윤리와 도덕'의 3가지 핵심역량 요인으로 구성하여 개발하고, 이를 '핵심역량 STAR 모형'으로 제시하였다.

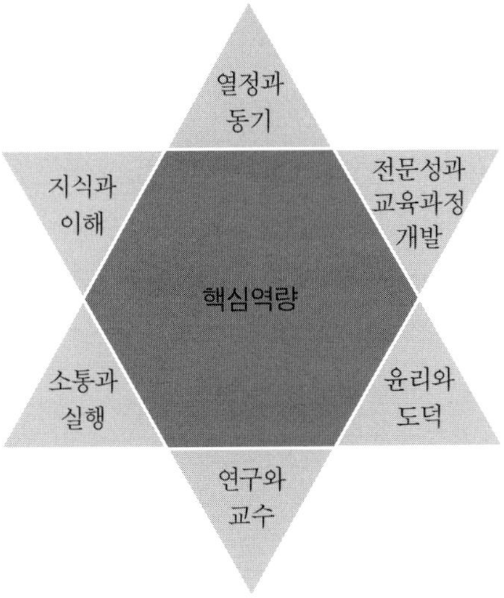

[그림 11-3] 영재교육 담당 교원의 핵심역량 STAR 모형

출처: 류지춘(2014).

(3) 우리나라 영재교육 담당 교원 연수 프로그램

우리나라는 영재교육을 담당하는 교원들의 전문성 신장을 위해 기초, 심화, 전문가 및 관리자 연수 프로그램을 실시하고 있다. 영재교육 담당 교원 기초연수 표준모형의 예를 살펴보면 〈표 11-6〉과 같다(이신동 외, 2007).

〈표 11-6〉 영재교육 담당 교원 기초연수 표준모형(예)

영역	강의내용	단위	강좌 수	시수	소계
영재교육 관련 기초이론	영재성의 개념과 정의	3	1	3	27
	영재판별방법론	3	1	3	
	영재학생의 발달적 특성	3	1	3	
	영재교육과정론	3	1	3	
	영재 교수-학습 이론	3	1	3	
	최신 지능과 창의성이론	3	1	3	
	영재의 사회 · 정서적 발달이론	3	1	3	
	영재학생 상담이론	3	1	3	
	영재교육의 법령과 정책	3	1	3	
영재판별 실제	영재 선발도구 개발 사례	2	1	2	31
	영재 선발도구 개발 실습	4	1	4	
영재교육과정 개발의 실제	영재교육과정 개발 사례 1	2	1	2	
	영재교육과정 개발 실습 1	4	1	4	
	영재교육과정 개발 사례 2	2	1	2	
	영재교육과정 개발 실습 2	4	1	4	
영재교수방법의 실제	영재 교수방법 적용 사례	2	1	2	
	micro-teaching을 통한 영재 교수방법 실습	6	1	6	
	외국의 영재수업 사례	2	1	2	
영재교육평가의 실제	영재교육 평가의 이론과 실제	3	1	3	
종합지필평가	연수평가(지필고사)	2	1	2	2
계		60	20	60	60

2. 영재를 자녀로 둔 부모의 교육

1) 영재와 가정환경

영재의 선천적 · 후천적 요인을 결정하는 데 부모는 직접적인 영향이 있다고 할 수 있다. 영재를 자녀로 둔 부모는 자녀와 자녀교육에 대해 어떤 생각과 고민을 하고 있을까? 그리고 일반아동 또는 일반 형제자매와 다른 영재자녀의 특성에 따라 양육방식을 어떻게 해야 할 것인가? 자녀의 영재성을 언제 어떻게 인식하게 되었으며, 인식한 이후에는 어떤 양육태도와 교육을 제공하였을까? 잠재된 영재성을 타고난 영재아동에게 어떠한 가정환경을 제공하여야 할까? 영재를 자녀로 둔 부모를 위한 교육은 어떻게 하여야 할까? 이러한 질문에 대해 우리는 잠재된 영재성이 발현되어 사회적으로나 학문적으로 검증받은 성인 영재들이 어떠한 가정환경에서 양육되어 왔는지를 조사한 선행연구들을 통해 살펴볼 수 있다.

가정환경의 중요성에 대하여 블룸(1985)은 국가적 수준의 저명인사를 대상으로 한 연구에서 이러한 인물이 되게 한 영향력 중 주로 부모와 즐겁게 노는 과정에서 부모가 흥미로워하고 관심 있어 하는 일을 함께 하는 동안에 그 분야의 재능을 발전시키게 되었다는 연구결과를 발표하였다. 그리고 칙센트미하이(Csikszentmihalyi, 1996)도 수학, 과학, 스포츠 등의 분야에서 특수한 재능을 지닌 고등학생을 대상으로 연구한 결과, 그들은 부모가 지원해 주고 도전감을 제공하는 가정환경 속에서 가장 동기화된다고 하였다. 탄넨바움(Tannenbaum, 2003)은 "성인으로서 뛰어난 성취를 하는 데 필요한 특성으로서 뛰어난 일반지능, 뛰어난 특수적성, 비인지적 촉진제와 더불어 환경의 영향과 운이 중요하다."라고 강조하였다.

일반적으로 영재성이 타고났어도 그것을 조기에 발견하고 계발하기 위한 교육적 지원 및 노력이 이루어지지 않는다면 소멸되고 만다는 것은 잘 알려진 사실이다. 이는 1985~1989년에 전국적으로 선발된 144명의 어린 신동이 영재성이 있음에도 불구하고, 가정환경 및 교육의 적절한 조치가 이루어지지 않아서 그들의 영재성이 안타깝게 사장되고만 우리나라 영재교육의 실패 사례에서도 잘 알 수 있다(조석희, 안도희, 한석실, 2003).

이러한 관점에서 가네(Gagné, 1991)는 영재와 재능 간의 구분에는 능력과 수행 간의 심리학적 구분이 반영되어야 한다고 주장하였다. 그는 "영재아는 지적, 창의적, 사회 · 정서적, 감각운동적, 그 밖의 일반적 능력 영역에서 보통 이상인 사람이다. 재능아란 재능으로 간주될 수 있는 수학, 음악, 천문학 등의 영역에서 보통 이상의 수행을 보여 주는 사람이다."라고 구분하면서 영재성이 재능아로 발현 · 육성되기 위해서는 개인내적 변인 및 가정과 학교 등의 환경이 특별한 재능을 갖도록 해 주는 촉매제 역할을 하여야 한다고 하였다.

우리나라에서 사회적으로나 학문적으로 영재성이 발현되어 검증받은 성인 영재들을 대상으로 한 이정규와 김현철(2005)의 연구에서는 영재들의 특성이 다음과 같이 나타났다.

- 영재집단의 개인적 배경변인에서는 지능지수가 우수하고, 키와 몸무게의 신체특성과 건강상태도 양호한 것으로 밝혀졌다. 이를 통해 영재부모들이 자녀의 신체적 특성 및 건강에 대하여 일반아동의 부모들보다 긍정적으로 인식하고 있음을 알 수 있다.
- 영재 자신 및 부모가 특별한 재능을 알게 된 시기로는 4~6세가 가장 많았으며, 부모는 남들보다 빠른 언어습득으로 인해 자녀의 영재성을 알게 되었다고 하였다. 그리고 자녀의 특별한 재능신장을 위해 학교교육 이외에 영재 자신 및 부모가 원하여 개인지도를 많이 시켰으며, 이러한 교육에 대해 대체로 만족하였다.
- 학창 시절에는 고학년이 될수록 최종 학위인 박사까지 공부하고 싶은 의지가 높았으며, 부모도 여건이 허락하는 한 지원을 아끼지 않았던 것으로 나타났다. 영재 자신도 특별한 재능에 대한 타인의 인정에 대해 학년이 올라갈수록 만족하고 있는 것으로 나타났다.
- 영재집단의 부모들 대부분이 고학력자, 고소득자이며, 전문직종에 종사하고

있다는 것이다. 이러한 연구 결과는 영재에 대해 종단연구를 실시한 미국의 영재교육에서도 나타나는 현상으로, '부모의 학력이 높고 고소득층인 가정에서 영재가 많이 배출되며, 가족 안의 대화가 빈번하고, 지적 호기심과 관심을 일깨워 주고 충족시켜 주는 부모의 자녀가 높은 성취를 할 가능성이 크다.'는 연구 결과(Terman & Oden, 1947, 1959; VanTassel-Baska, 1983)와도 일치하고 있다. 이를 통해 부모의 물리적 환경 변인이 자녀의 잠재된 영재성을 발현시키는 데 영향을 미치고 있음을 알 수 있다.

- 가정 분위기는 대체로 화목하였으며, 자녀와의 대화 빈도도 높았다. 그리고 영재 자신의 전공 영역과 관련된 가족 중의 전공자로는 어머니가 많았으며, 외조부모가 많은 역할을 하였다.

이러한 영재들의 가정환경의 특성을 종합해 볼 때, 부모의 양육태도, 자녀와의 대화, 자녀와 함께하는 활동, 모범적이고 화목한 가정 분위기, 솔선수범 태도, 자율성 존중, 성장기대가 잠재된 영재성을 발휘하는 데 긍정적으로 상호작용하고 있었다. 앞의 선행연구 결과를 종합하면, 결국 개인의 타고난 영재성이 발현되기 위해서는 생태학적 환경과의 역동적인 상호작용이 필요하다 하겠다.

2) 영재를 자녀로 둔 부모에 대한 교육

(1) 부모교육의 필요성

자녀가 영재로 판별되었을 경우 부모의 반응은 어떠할까? 일반적으로 부모의 반응은 2가지로 나타날 것이다. 먼저 자녀의 영재성에 대해 특별한 관심을 보이며, 이를 주변에 자랑하고 싶을 정도로 기뻐할 것이다. 그러나 지나친 특별한 관심으로 인해 자녀에게 불필요한 우월감과 특권의식을 심어 주어서는 안 될 것이다. 반대로 자녀의 영재성에 대해 부정하고, 오히려 그것을 사장하고, 일반아동들과 같이 생각하고 함께 행동하기를 바라는 부모도 있을 것이다. 이는 자녀가 영재로서 너무 뛰어날 경우 사회 · 정서적인 어려움으로 인하여 정상적인 사회생활에 어려움을 겪게 되는 것을 예방하는 차원에서 나타나는 반응일 것이다.

많은 부모가 영재성을 긍정적 특성으로 본다고 하더라도, 자녀에게 영재성이라는 용어와 그 영향에 관해 솔직하게 이야기하는 것은 어려운 일이다. 부모들은 이런 용어가 설명되면 영재자녀가 '엘리트주의'나 '자만심'에 빠지게 되지는 않을까 두려워하여 영재성이라는 용어를 경시하거나 '다른 아이들이 기분 나쁘지 않게' 그들과 같이 행동하라고 조언할 수도 있다(이신동 역, 2008).

한편, 영재자녀를 둔 부모도 지나친 우월감과 자녀를 통한 역동일시를 겪을 수 있다. 데이비스와 림(Davis & Rimm, 1998)은 영재부모들의 자녀교육에 대해 "부모들은 자기 아이의 영재성을 부정하지만, 반대로 지나치게 과장하는 경우가 있다. 또한 영재들의 부모는 자녀의 풍부한 어휘력과 독해력 때문에 자녀에게 이상적인 환경을 조성해 주고 싶은 욕심에 매우 빨리 영재아동의 진로를 결정해 버리는 경우가 많으며, 부모가 자녀를 통해 대리 경험하려는 역동일시도 우려된다."라고 지적하였다.

『영재교육백서』(지형범 역, 2006)에 의하면, 영재에 대한 잘못된 오해는 오래전부터 있었다. 불행하게도 많은 부모와 교원, 정책입안자들이 이런 오해를 근거로 잘못된 행동을 저지르고 잘못된 정책을 실행하면서도 그 사실을 깨닫지 못하고 있다는 것이다. 특히 학교 행정 책임자들은 흔히 다음과 같은 말들로 영재학생들에게 상처를 준다. "우리 교육 지역에는 아무런 문제가 없습니다! 이런 아이들은 그냥 두어도 혼자서 잘합니다." "이 아이들에게는 좀 더 어려운 숙제를 내 주면 됩니다." "이 아이들의 능력이라면 부자가 되고 유명해지는 것은 당연합니다." "모든 것을 가지고 있는 아이들에게 무엇을 더 해 주라는 말입니까?"

많은 사람의 믿음과 달리, 영재는 스스로 모든 것을 해 나갈 수 있는 존재가 아니다. 영재아동이 특별한 능력을 가지고 있는 것은 분명하지만, 아무런 도움 없이 좋은 성과를 낼 수는 없다. 공부를 더 잘할 수 있도록 도와주는 일도 필요하지만, 더욱 절실한 것은 아이들을 이해해 주고 그들의 생각을 수용해 주며 지원과 격려를 아끼지 않는 것이다.

〈표 11-7〉 영재에 대한 일반적인 오해

일반적인 오해	• 무엇이든 스스로 잘할 수 있다. • 도움을 받지 않아도 성공할 수 있다. • 특별한 재능은 유전에 의한 것이다. • 지능이 뛰어나다. • 정서적으로도 성숙하고 안정적이다. • 운이 좋은 아이이다. • 천성적으로 비사교적이다.
부모와 교원의 오해	• 영재라는 사실을 말해 주지 않으면 스스로 그것을 알지 못할 것이다. • 도와주지 않아도 혼자서 잘 해낼 것이다. • 영재라는 사실을 계속 인지시켜 주어야 한다. • 지속적으로 목표를 설정해 주어야 성취할 수 있다. • 보통 아이들보다 더 많은 지도가 필요하다. • 보통 아이들보다 더 많은 책임감을 가져야 한다. • 모범생으로 소개되는 것을 좋아한다.

(2) 영재부모가 피해야 할 말

『행복한 영재가 진짜 영재』(이신동 역, 2008)에서는 부모들이 영재자녀들에게 절대로 하지 말아야 할 말들을 4가지 상황별로 제시하였다.

① 너는 똑똑하지만 타고난 능력만큼 최선을 다하지는 않아.

우리가 영재아동들에게 자주 사용하는 표현들 중에서 이 말을 가장 먼저 제시한 이유는 똑똑한 것에 비해 잘하지 못하는 아동들을 어떻게 개선할 것인지에 대한 답을 찾기가 너무 모호하기 때문이다. 잠재력이란 보는 사람에 따라 다르고, 그것을 발견하는 것과 발견하지 못하는 것의 경계선이 명확하지 않기 때문이다. 실제로 많은 영재아동이 A를 받을 만한 노력을 하지 않았음에도 A를 받고, 다른 수업에서는 열심히 노력했는데도 C를 받을 수 있기 때문에, 현재의 교과점수는 영재아동을 판단하기 위한 좋은 척도가 아니다. 노력하지 않고 받은 A와 열심히 노력하여 받은 C 중 어느 것이 더 값질까? '너는 네가 가지고 있는 능력만큼 노력하지 않아.'라는 말을 함으로써 당신은 자녀가 가지고 있는 진정한 잠재력(가능성)이 무엇이고, 그것이 언제 나타날 것인지에 대해서도 말해 줄 것이라는 암시적인 메시지를 던지고 있는 것이다.

② 잘했어, 하지만…….

'하지만'이라는 단어는 소풍을 망치는 비바람처럼 아동들을 의기소침하게 하고, 그들이 받은 칭찬의 기를 꺾는 자연스러운 표현 중 하나이다. '하지만'이라는 말은 앞서 거창한 칭찬을 했다고 해도 그 중요성과 값어치를 감소시키며, 아동이 어떤 일을 잘 해낸 대가로 점수를 받았을 때 느낄 수 있는 자부심을 사라지게 한다.

③ 이런 일은 너같이 똑똑한 아이에게는 쉬울 거야.

여기에 하나의 시나리오가 있다. 당신의 자녀가 영재학급에서 공부하기로 결정했기 때문에 당신은 매우 기쁘다. 왜냐하면 그 반에서는 당신이 좋아하는 미적분 과목을 배우게 되고, 당신은 자녀의 숙제를 잘 도와줄 수 있을 것이라 기대한다. 수업이 시작되고 얼마 지나지 않아 약간의 문제가 발생했다. 자녀 입장에서는 예전의 수업은 참 쉬웠는데, 이번 수업은 이렇게 어려운 과목을 수강할 필요가 있을지 하고 회의를 들게 하면서도 동시에 도전감을 불러일으켰다. 당신은 쉽지만 자녀가 이해하기에 어려운 수학문제에 대해 당신이 무심코 한 조언은 영재자녀에게 자신을 바보처럼 느끼게 만든다. 자녀는 '이렇게 쉬운 것도 내가 이해할 수 없다면 나는 스스로 생각했던 것보다 훨씬 더 멍청하네요. 나는 영재반을 그만두어야겠어요.'라고 생각할 것이다.

④ 네가 최선을 다했다면 결과는 중요하지 않아.

이 표현이 긍정적이라고 말할 수 있는가? 글쎄, 그렇다고 말하기 어렵다. 대체로 이런 표현은 새로운 학문을 접하는 아동이 잘할 수 있을지에 의문을 가질 때 쓴다. 만일 의사소통이 잘못되어 자녀가 당신이 생각하는 최선을 '최고'의 의미로 오해했다면 무슨 일이 벌어질까? 영재아동들은 그들이 하는 모든 일에 반드시 1등이 되어야 한다는 생각으로부터 자유로워야 할 권리가 있다. 어느 누구도 모든 것에 전력을 다할 수 없다.

(3) 영재를 자녀로 둔 부모가 갖추어야 할 능력과 태도

영재를 자녀로 둔 부모가 갖추어야 할 능력과 태도는 자녀가 지니고 있는 영재성에 대한 올바른 이해와 포용, 영재성 발현에 도움이 되는 양육태도와 가정환경의 조성, 자녀의 영재성에 적합한 교육 프로그램에의 배치에 대한 안내와 지도이다. 이를 보다 자세히 알아보면 다음과 같다.

① 자녀가 지니고 있는 영재성에 대한 올바른 이해와 포용

부모는 자녀의 교육적 능력에 대해 얼마나 객관적으로 평가하고 있는가? 많은 연구에서는 부모의 자녀에 대한 판단, 특히 자녀의 재능에 대한 판단은 객관적이지 못하고 오히려 양극단에 치우친 경우가 많다고 한다. 부모는 자녀의 능력에 대한 평가에서 아주 뛰어나다고 판단하거나, 평균보다 아주 못한다고 판단하는 경우가 많다. 이러한 판단 경향은 부모가 고학력 집단일수록 더 많이 나타난다. 이는 부모 자신의 절대적인 기준에 의한 평가 때문이며, 또래집단 안에서의 자녀의 상대적 기준에 의한 평가가 어렵기 때문이다. 그러므로 교원, 특히 영재교육 담당 교원과의 상담이 필요하다.

부모들은 영재가 지닌 특성에 대한 올바른 이해와 포용이 있어야 한다. 올바른 이해와 포용을 위해서는 영재성에 대한 정확한 지식을 갖추어야 할 것이다. 영재성에 대한 내용은 이 책의 제2장과 제3장에 자세히 설명되어 있다. 부모들은 자녀의 영재성에 대한 막연한 기대감과 자만 혹은 지나친 불안감에 치우치지 않고 영재들이 지니는 심리적인 특성과 행동에 대한 올바른 지식을 학습하여야 한다. 올바른 지식에 기초하여 자녀가 지닌 영재성의 영역, 강점, 약점을 알고, 강점을 신장하고 약점은 보완하면서 영재성이 발현되는 것을 지원하여야 한다.

더불어 자녀의 영재성에 대해서도 자녀가 잘 이해할 수 있도록 설명하여야 한다. 자녀의 탁월한 능력은 능력의 우열문제가 아닌 다른 아동들과 다른 특별한 특성 중 하나이며, 그 능력으로 인해 지나친 자만심이나 엘리트주의에 빠지지 않도록 지도하여야 한다.

② 영재성 발현에 도움이 되는 양육태도와 가정환경의 조성

부모의 양육태도와 가정환경의 조성은 영재성 발현에 직접적인 영향을 미친다. 먼저, 부모의 수용적이고 민주적이며 일관된 양육태도는 자녀의 영재성 계발에 도움이 된다. 그런데 여기서 주의해야 할 점은 우리나라 부모들은 자녀의 영재성 계발에 도움이 되기 위해 자신의 모든 시간과 노력을 희생하고, 헌신하며, 심지어 직장생활까지 그만두고 다양한 교육기관으로 데리고 다니면서 지도하고 시간관리까지 해 주는 것 등을 부모가 헌신적으로 해 줄 수 있는 양육태도라고 생각하는 경향이 있다는 것이다. 특히 어머니들이 이러한 자신의 양육태도에 대해 헌신과 사랑, 자율과 허용적인 양육태도라고 인식하고 있다. 그러나 이러한 양육태도에 대한 자녀의 인식은 반드시 부모들이 인식하고 있는 양육태도와 일치하지는 않는다.

그리고 영재에게 맞는 양육태도를 갖기 위해서는 부모 간에도 일치되는 양육태도를 가져야 할 것이다. 자녀에 대한 양육태도와 방식이 부모 간에 일치하지 못할 경우 일반아동에 비해 정서적으로 더욱 민감한 영재들에게는 혼란과 방황을 낳게 될 우려가 크기 때문이다. 그리고 부모와 자녀 간에도 대화를 통해 상호규칙을 같이 만들고 이를 지키도록 하여야 한다.

다음으로 가정환경의 조성을 보면, 영재들은 다양한 방면으로의 지적 호기심이 많고, 끝까지 과제를 해결하려는 과제 집착력이 높으며, 자신의 능력에 대한 타인의 인정도 많이 받고 싶어 하는 여러 가지 인지적, 사회·정의적 특성이 있다. 따라서 이러한 영재성의 이해에 기초하여 자녀가 좋아하는 특정 영역뿐만 아니라 다방면으로 독서할 수 있도록 도서를 비치하고, 여행, 견학 등을 통해 다양한 경험을 학습하도록 여건을 조성해야 한다.

③ 자녀의 영재성에 적합한 교육 프로그램에의 배치에 대한 안내와 지도

부모는 자녀의 영재성이 발현되는 영역과 수준에 적합한 영재교육기관의 프로그램에 배치될 수 있도록 안내하고 지도해야 한다. 우리나라의 경우 2003년부터 영재를 국가적 차원에서 교육하고 있으며, 더욱 확대하고 있는 상황이므로 지역 내에 어떤 영재교육기관과 어떤 영역의 영재교육 프로그램이 있는지 알아야 한다. 즉,

대학 부설 영재교육기관이 좋은지, 시 · 도 교육청 영재교육기관이 더 적합한지, 또 교육 프로그램은 어느 학년의 어떤 영역을 중점으로 설치되어 있는지에 대해 알아야 할 것이다. 영재교육기관에 대한 자세한 정보는 해당 지역 교육청 및 학교 또는 대학 부설 영재교육원, 각 영재학교의 홈페이지에 자세히 안내되어 있다.

요약정리

1. 영재교육은 영재교육을 담당하는 교원의 질에 따라 교육의 효과가 크게 달라지기 때문에 이를 담당할 역량 있는 교원을 양성하여 영재교육 현장에 배치하는 일은 영재교육의 성패를 좌우하는 중요한 과제 중 하나이다.
2. 세계 각국은 일반학생의 교육을 담당하고 있는 교원과는 별도로, 영재학생들의 특수한 심리적 특성(영재성)의 이해와 교육적 욕구를 충족시킬 수 있으며 해당 영역의 전문가적인 역량과 자질을 갖춘 우수한 교원을 양성 · 임용하여 영재교육 현장에 배치하고, 다양한 연수 등을 통해 핵심역량을 계발하는 데 많은 노력을 기울이고 있다.
3. 오래전부터 영재교육을 시작하였던 미국은 최근에 '영재교원 자격증' 제도를 더욱 확대하고 있는 추세이다.
4. 싱가포르는 국가의 장래를 책임질 인재를 육성하는 데 영재교육의 궁극적인 목표를 두고, 국가에서 일괄적이고 조직적으로 영재교육을 담당할 우수한 교원을 예비교원 시절부터 관리하여 양성, 임용, 배치, 연수 및 관리하고 있다.
5. 이스라엘은 일반교원과는 다른 전문적인 능력을 갖춘 교원을 양성하기 위하여 영재교육 담당 교원 임용센터를 별도로 두고 특별한 교육을 실시하여 교원을 양성 · 임용하며, 교육현장 배치 이후에도 전문성 신장을 위한 연수기회와 인센티브를 제공하고 있다.
6. 우리나라는 교원 자격증을 소지한 현직교원 중에서 영재교육을 담당할 수 있는 전문적인 역량과 자질을 갖춘 교원을 추천 · 선발하여 기초, 심화, 전문 및 관리자 연수 등을 통해 영재교육 담당 교원을 양성 · 배치하고 있다.
7. 많은 사람의 믿음과 달리, 영재는 스스로 모든 것을 해 나갈 수 있는 존재가 아니다. 영재아동이 특별한 능력을 가지고 있는 것은 분명하지만, 아무런 도움 없이 좋은 성과를

낼 수는 없다. 공부를 더 잘할 수 있도록 도와주는 일도 필요하지만, 더욱 절실한 것은 아이들을 이해해 주고 그들의 생각을 수용해 주며 지원과 격려를 아끼지 않는 것이다.

8. 영재를 자녀로 둔 부모가 갖추어야 할 능력은 ① 자녀가 지니고 있는 영재성에 대한 올바른 이해와 포용, ② 영재성 발현에 도움이 되는 양육태도와 가정환경의 조성, ③ 자녀의 영재성에 적합한 교육 프로그램에의 배치에 대한 안내와 지도이다.

연구문제

1. 잠재된 영재성이 발현되는 데 영향을 미치는 교원과 부모의 영향에 대해 설명하시오.
2. 미국, 싱가포르, 이스라엘의 영재교육 담당 교원들의 양성과 임용 및 연수에 대해 각각 설명하시오.
3. 우리나라 영재교육 담당 교원들의 양성과 임용 및 연수에 대해 설명하시오.
4. 영재교육 담당 교원의 10가지 능력기준에 대해 설명하시오.
5. 영재에 대한 오해에 대해 설명하시오.
6. 영재를 자녀로 둔 부모가 피해야 할 4가지 유형의 말에 대해 설명하시오.
7. 영재의 부모가 갖추어야 할 능력에 대해 설명하시오.

제4부

영재교육의 다양한 접근

제12장 장애영재와 특수영재

제13장 예술영재

제12장
장애영재와 특수영재

학습목표

1. 장애영재의 개념과 특징을 이해할 수 있다.
2. 학습장애영재(미성취영재)의 개념과 특징, 판별방안을 이해할 수 있다.
3. 이디엇 서번트의 개념과 특징을 이해할 수 있다.
4. ADHD 영재의 원인과 특징에 대해 알 수 있다.
5. 아스퍼거 영재의 개념과 판별방안을 이해할 수 있다.
6. 여성 영재의 특성과 판별방안을 이해할 수 있다.
7. 소외계층 영재의 개념과 프로그램에 대해 이해할 수 있다.

1. 장애영재

1) 장애영재의 용어와 정의

장애영재를 가리키는 용어는 매우 다양하다. 일반적으로 통용되는 용어는 양면특수아(twice exceptional), 교차특수아(crossover), 장애영재(gifted and disability)인데, 이들 집단은 이중의 예외성을 보이는 모든 경우를 지칭하며, 일반적으로 영재성을 지니면서 동시에 장애를 지닌 경우를 의미한다. 다만, 양면특수아, 교차특수아 집단은 신체적·정서적 장애를 동반하는 영재를 포함할 때 주로 사용되는 용어임에 비하여, 장애영재는 그보다 포괄적인 의미로 사용된다.

1970년대까지는 장애와 영재를 서로 배타적인 것으로 간주하였지만, 1995년 이후에는 장애와 영재성이 교차되는 영역이 있는 것으로 알려지면서 관련 연구가 촉발되었다(Davis & Rimm, 1998). 양면특수아라는 용어는 갤러거(Gallagher)가 처음으로 사용하였으며, 미국의 경우 법 개정을 통하여 이 집단을 특별한 도움이 필요한 집단에 포함시켰고, 그 연구가 점차 증가하는 추세에 있다(Coleman, Harradine, & King, 2005).

영재성과 장애의 특징이 동시에 나타나는 아동은 교차영역에 속한다. 이런 교차영역의 대표적인 분류로서, 특히 기초 학습기능에 심각한 문제를 지니고 있는 영재아동을 교차특수아라고 명명한다. 이는 장애영재와 같은 개념으로, 장애영재는 학습장애, 청각장애, 시각장애, 지적장애, 정서장애 등의 장애를 하나 혹은 중복으로 가지고 있는데도 높은 수행을 보이는 특별한 잠재력을 가지고 있는 사람을 말한다. 다시 말해, 영재를 판별하는 기준과 장애에 해당되는 기준 모두에 부합된 사람을 말한다. 그러므로 이 장애영재에게는 그들의 잠재적인 영재성을 계발하는 동시에 장애를 고려할 수 있는 특별한 교육 프로그램이 필요하다(이신동, 2002b).

미국의 전문기관인 영재발달센터(Gifted Development Center)에서는 양면특수아 집단을 감각통합장애, 주의력결핍 과잉행동장애, 청각 및 시각장애, 난독증, 공간지각장애의 5가지로 보고 있다(이신동, 2006b). 여기에 교육 가능급 경도정신장애 집단을 추가하기도 한다(Wang, 1981). 감각통합장애란 글을 쓴다거나 그림을 그릴 때 사용하는 미세한 운동기능, 자전거를 타거나 공을 잡을 때 사용하는 대근육의 운동기능, 소리, 빛, 냄새, 맛 등에 대한 반응 등의 감각양태 장애를 포함한다. 청각장애 혹은 시각장애를 가진 영재는 신체적인 결함과 영재성을 동시에 보인다. 영재성은 심각한 청각장애를 감출 수 있다. 청각장애를 가졌지만 얼굴과 입술을 통하여 상대방의 말을 이해할 수 있기 때문이다. 시각장애 또한 청각장애와 마찬가지로 장애를 감출 수 있는데, 높은 언어적인 능력으로 상대방을 보면서 말할 수 있기 때문이다.

2) 장애영재의 영역과 특징

장애영재들은 심각한 발달장애를 지닌 장애학생을 제외하고는 시각장애, 청각장애, 학습장애, 행동장애 등의 모든 장애 영역에서 나타날 수 있다. 하지만 장애영재의 대부분은 학습장애영재인 것으로 알려졌다(강승희, 2004; Minner, 1990). 이신동(2002b)은 장애영재들이 나타나는 장애 영역은 학습장애, 청각장애, 지적장애, 정서장애인 것으로 보고 있다.

장애영재들은 다양한 특성을 보이는데, 그중에는 긍정적인 면도 있고 부정적인 면도 있다. 긍정적인 특성은 대체로 영재성과 관련이 있다. 이런 특성으로는 탁월한 기억력과 일반 지식, 학습에 대한 높은 욕구, 높은 이해력, 유머감각, 지적인 과제에 대한 집착력, 자신의 장점을 이용하는 능력 등이 있다(Whitmore, 1981; Whitmore & Maker, 1985).

높은 수준의 성취를 보이는 장애영재들은 가정환경의 영향이 크다. 특히 부모로부터 적극적인 지원과 지도를 받으며, 부모는 그들에게 높은 기대를 가지고 있다. 부모는 장애영재가 가지고 있는 장점을 극대화하려고 노력하고, 장애 특성을 극소화하는 교육방법을 사용한다. 즉, 장애영재의 흥미를 개발하고, 독립심을 기르며, 정상아동과의 접촉을 최대화한다.

성공적인 장애영재들은 그들의 목표달성에 대한 강한 동기를 가지고 있다. 그들은 목표달성을 위해 창의적인 전략을 구상하고 적용하는 능력이 대단히 높다. 이런 전략은 그들이 자신의 장애를 극복하는 데 많은 도움을 준다(Whitmore & Maker, 1985). 장애영재들은 일반적으로 자신의 잠재력에 대해 긍정적인 의식을 가지고 자신의 장점을 잘 이해하고 있다.

교사들이 장애아들에게서 지각하고 있는 영재의 특성은 비장애아들에게서 지각하는 것과 유사하다. 중증의 청각장애아를 가르치는 교사들은 영재성과 관련 있는 다양한 특성을 그들에게서 발견하였는데, 특히 회상력, 이해력, 추론능력, 학업능력, 표현능력, 학습과 탐구 능력 등이 대단히 뛰어났다(송인섭, 이신동, 이경화, 최병연, 박숙희 편역, 2001).

장애영재들은 부정적인 특성도 가지고 있다(Whitmore & Maker, 1985). 즉, 그들은 ① 자기부정적이고, ② 자아개념이 불안정하며, ③ 사회적 불안, 당황, 부끄러움이 많고, ④ 좌절과 분노가 강하며, ⑤ 억제된 에너지를 발산하려는 욕구가 높고, ⑥ 친구, 교사, 가족과의 불화가 심하며, ⑦ 교과영역에서 학업곤란을 겪는다. 이런 부정적인 특성은 정서적 · 행동적 어려움으로 발전할 수 있으며, 사회적으로 고립되고 공격적이거나 위축되게 한다. 나아가 이는 학업적 · 사회적 참여를 피하게 하는 결과를 낳는다. 장애영재들이 지닌 영재성과 장애의 상호작용 결과를 정리하면 〈표 12-1〉과 같다.

〈표 12-1〉 영재성과 장애의 상호작용

영재 특성	장애 특성	상호작용 결과
다양한 영역의 장점	다양한 결함과 장애	특수한 프로파일 구조
완벽주의	낮은 성취	좌절
높은 포부와 기대	낮은 기대	내적 갈등
강한 동기와 욕구	제한된 동기	억제된 에너지
독립성이 강함	비독립성	창의적 문제해결
민감성	자기비판적	불안정한 자아개념
높은 직업의식	낮은 직업의식	배척감

이처럼 영재의 특성과 장애의 특성이 상호작용하여 새로운 특성이 도출된다. 일반적으로 장애영재들은 긍정적인 정서특성에 대해서는 영재를 닮고, 부정적인 학업특성에 대해서는 장애아를 닮는 경향이 높다. 학습장애영재들은 영재들과 유사하게 내적으로 동기화되고, 성공과 실패에 대하여 노력에 귀인하며, 독립성을 보인다(Vespi & Yewchuk, 1992). 그러나 수행과 잠재능력 간의 심한 불일치, 과제에 대한 좌절과 불안, 주의집중 곤란, 낮은 사회성, 나쁜 공부 습관 등의 학습장애 특성을 가지고 있다.

장애영재들의 학습과 동기 특성은 다음의 TOI(Teacher Observation Items) 체크리스트에 의해 확인될 수 있다(Pledgie, 1982).

- 어렵고 정교한 어휘를 사용하며 초등학교 입학 전에 책을 읽을 수 있다.
- 정보를 쉽게 기억하고 회상할 수 있다.
- 원인과 결과를 인식하고 사실을 묻고 적용할 수 있다.
- 확산적 사고를 하며 다양한 대답을 산출할 수 있다.
- 주의력 집중시간이 길고 지속적이다.
- 호기심이 많고, 다방면에 흥미를 가지고 있으며, 모험심이 강하다.
- 유머감각이 있다.

2. 학습장애영재

학습장애영재는 학습장애와 영재성의 이중적 예외성을 보이는 아동으로, 영재의 특성을 보이면서 동시에 기본적인 학습기술에 어려움을 보인다(강승희, 2004). 학습장애영재들은 학교 수업에 집중하지 못하고, 기본적인 읽기 및 쓰기에 문제를 보이며, 또래관계가 원활하지 못하고, 낮은 자아존중감을 지니고 있으며, 학교를 싫어하고, 그로 인해 학교에서 실패하는 특성을 보인다. 그러면서도 우수한 어휘력, 문제해결 기술을 지니고 있다. 이러한 특징으로 인해 학습장애영재는 영재 프로그램에도, 장애 프로그램에도 포함되지 못하는 특징이 있다. 쿠퍼, 바움과 느(Cooper, Baum, & Neu, 2004)는 학습장애영재들이 자신의 영재성이 있는 분야의 교육을 받게 되면 긍정적인 학습 특성을 보이지만, 학교에서 아무런 교육적 처치를 받지 못하면 많은 문제행동을 보임을 지적하였다.

학습장애영재와 유사하게 사용되는 용어는 미성취영재(gifted and underachieve)로, 미성취영재를 지칭하는 용어는 학자에 따라 다양하게 사용된다. 미성취영재와 같이 사용되는 용어로는 학습장애영재(Gifted and Learning Disability: GLD/Gifted with Learning Disability), 학습부진영재(gifted underachievement) 등이 있다. 이 용어들은 각기 혼재되어 사용되지만 영재교육 분야에서는 미성취영재라는 용어를 더 많이 사용하는 경향이 있는데, 미성취영재를 사용하는 이유는 이 용어가 다른 용어에 비하여 혼동을 덜 주고 의미를 명확히 하기 때문이다. 특히 전경원(1992)은 '미(未)'가 '아직 일이 이루어지지 않은 상태'를 의미하므로, 미성취란 능력만큼 아직 성취를 못하고 있으나 언젠가 성취의 상태로 갈 수 있다는 뜻을 내포한다고 하면서 '학습부진영재'보다는 '미성취영재'라는 용어를 사용하는 것이 바람직하다고 주장하였다.

학습장애영재와 미성취영재는 같은 대상을 지칭하지만, 관점의 차이를 대표하는 용어이다. 즉, 학습장애영재는 주어진 현상이나 측정의 결과에 따라 결정되는 용어이지만, 미성취영재는 아직 성취하지 못한 특정 기능에 초점을 두는 경향이 있다. 이러한 점에서 학습장애영재가 측정과 판별을 대상으로 하는 용어이지만, 미성취영재는 재능발달 프로그램과 관련이 높다. 이 책에서는 이러한 특징을 반영하여 학습장애영재와 미성취영재를 '학습장애영재'로 명명하여 종합적으로 기술한다.

일반적으로 학습장애영재는 지능, 성취도, 창의성, 관찰자료 등에 의해서 측정된 아동의 실질적인 능력과 학업수행 간의 불일치가 발견되었을 때를 지칭하고, 학생의 잠재력과 수행 간의 불일치를 근거로 미성취를 진단하며, 학생이 높은 잠재력에 비하여 낮은 성취를 보일 때 학습장애영재로 정의한다. 학습장애영재는 다음의 3가지 범주로 나누어 볼 수 있다(Baum, Owen, & Dixon, 1991).

첫째는 영재인데 경미한 학습장애를 가지고 있는 학생으로 판별되는 경우이다. 이러한 학생들은 성적 때문에 우선 주목을 받게 된다. 높은 지능지수와 우수한 성적으로 인해 그들은 영재아 프로그램에 배치된다. 그러나 그들 중 일부는 기대치와 실제 수행 간에 격차를 보인다. 이러한 학생들은 언어적 재능이 매우 뛰어나지만 철자나 쓰기는 매우 형편없을 수 있다.

둘째는 학습장애영재가 어느 집단으로도 판별되지 않는 경우이다(김동일, 1999). 이러한 학습행동 패턴을 보이는 학생들은 영재나 학습장애 어느 쪽으로도 판별되지 않는다. 그들은 학습장애가 그들의 높은 지적 능력으로 인해 감추어진 것이다. 이런 능력 때문에 그들은 학년수준의 성취를 충분히 해낼 수 있게 된다. 즉, 그들의 지적 능력은 장애를 감추고 장애는 영재성을 감추는 것이다. 이러한 학생들을 발견하는 것은 어려운데, 그 이유는 그들이 눈에 띄는 행동으로 주의를 끌지 않기 때문이다. 이렇게 숨겨진 영재들의 재능은 종종 특정한 내용 영역에서 드러나거나 교실에서 좀 더 창의적인 접근법을 사용하는 교사들이 있을 경우에 드러나게 된다. 때때로 재능은 특별한 학습환경에서 나타나기도 하는데, 글 쓰는 작업이 최소화되는 경우 혹은 프로젝트나 드라마, 토론이나 논의를 하기 위해 전통적인 교수방법이 최소화되고 대안적인 교수방법이 일상적으로 사용되는 환경에서 나타난다.

셋째는 학습장애영재가 영재성을 지닌 학습장애로 판별되는 경우이다. 영리한 미성취영재학생들은 자신의 미성취가 부각되는 상황에서 깊은 부적절감을 느끼게 된다. 이러한 부적절감 때문에 자신의 특별한 재능이나 소질에 대한 긍정적인 감정은 시들어 버리게 된다. 불행하게도 학교에서는 이러한 부정적이고 비관론적인 태도를 강화시키고 있다.

이하의 논의에서는 용어의 통일을 위해서 학습장애영재라는 용어로 지칭하고자 한다.

1) 학습장애영재의 특징

학습장애영재는 일반적으로 긍정적 특징과 부정적 특징을 동시에 가지고 있다. 학습장애영재는 뛰어난 재능이나 능력이 있으며, 기대되는 성취와 실제 성취 간에 불일치를 보이고, 정보처리에 결함을 지니고 있으며, 잘 발달된 개념능력이 있고, 창의적이고 고차적인 사고능력을 보이며, 또래들과 어울리는 것에 문제를 보이고, 풍부한 어휘력과 총체적으로 학습하려는 능력을 지닌 것으로 알려졌다(Brody & Mills, 1997). 학습장애영재의 긍정적 · 부정적 특징을 구분하여 정리하면 〈표 12-2〉와 같다(강승희, 2004).

학습장애영재의 지적인 능력을 검증한 많은 연구는 웩슬러 지능검사의 패턴에 근거하고 있다. 이런 연구는 어떤 지적인 패턴이 학습장애영재들을 하나의 집단으로서 구분해 주는지를 검증하고 있다. 폭스와 동료들의 존스홉킨스 대학교 연구(Fox, 1983)에서는 450명의 학습장애영재의 지능검사 프로파일을 연구하여 미성취와의 관련성을 탐색하였다. 6~15세의 읽기문제를 가지고 있는 아동들을 대상으로 하였는데, 영재성은 지능검사의 동작성 검사나 언어성 검사에서 125점 이상의 점

〈표 12-2〉 학습장애영재의 긍정적 · 부정적 특징

긍정적 특징	부정적 특징
• 뛰어난 추상적 문제해결력 • 뛰어난 문제해결 기술 • 우수한 수학적 추론 • 용이한 의사소통 기술 • 생산적이고 동기화됨 • 지적인 호기심 • 다양한 흥미 • 자신의 책임하에 일할 수 있는 능력 • 세련된 유머 감각 • 특이하고 적극적인 상상력 • 민감한 시각적 기억력 • 예술적 · 기술적 · 음악 적성 • 뛰어난 은유, 풍자, 유추 능력	• 공격적임 • 부주의함: 과제 제출 기일을 잊어버림, 보고서 분실, 과제를 완성하지 못함 • 쉽게 좌절함 • 언어, 공간개념, 기억과 계열화 능력에 특히 문제가 있음 • 글씨가 엉망임 • 가끔 파괴적임 • 백일몽 • 잘 듣지 않음 • 두통과 복통을 호소 • 단순암기의 어려움 • 먼저 행동하고 나중에 생각함 • 시간이 정해진 과제를 잘하지 못함 • 계산의 어려움

출처: 김동일(1999).

수를 받았을 경우로 정의하였다. 학습장애 여부에 관한 자료는 사례와 정보, 행동 관찰, 학년수준보다 2년 이상 낮은 읽기수준, 지적인 능력과 학업성취 간의 유의미한 차이를 통해 수집되었다. 연구 결과, 읽기문제를 가진 학습장애영재들은 개념적 과제와 공간적 과제를 가장 잘 수행하는 반면, 낱낱의 사실을 기억하는 과제와 순서를 맞추는 과제에서 가장 낮은 수행을 보였다.

이와는 조금 다른 결과를 보고한 연구들도 있는데, 쉬프, 카우프만과 카우프만(Schiff, Kaufman, & Kaufman, 1981)의 연구에서는 학습장애영재의 능력군집을 찾으려는 연구를 실시하였다. 이를 위해 9~16세 사이의 30명 학생을 개인클리닉에서 표집하였다. 영재성은 지능검사의 동작성 검사 혹은 언어성 검사에서 120점 이상을 받은 경우로 정의하였다. 연구 결과, 이 학생들은 과잉행동이나 낮은 시각-운동 협응능력, 낮은 대근육 운동(gross motor)능력 등 학습장애와 관련된 많은 행동적 특질을 보여 주었다.

리스와 맥코치(Reis & McCoach, 2001)는 학습장애로 판별된 아동 중에서 영재아(9~13세)를 웩슬러 지능검사를 사용하여 연구하였다. 그 결과, 학습장애영재들은 공통성, 토막 짜기, 이해, 차례 맞추기, 모양 맞추기에서 강점을 보였다. 그다음으로 어휘와 상식 점수가 높은 것으로 나타났다. 약점이 나타나는 것은 숫자 외우기, 산수, 기호 쓰기였다.

종합하면, 학습장애영재학생들의 지적 특징은 개념을 형성하고 추상적인 생각을 조작하는 데는 뛰어난 능력을 보인다는 것이다.

2) 학습장애영재의 판별

학습장애영재의 판별은 학습장애아처럼 가급적 빠른 시간에 이루어져야 교육적인 효과를 얻을 수 있고, 만성적 미성취 현상과 학교 및 학업에 대한 부정적인 태도를 최소화할 수 있다. 그러나 학습장애영재는 판별에 어려움이 많은 집단이다. 학습장애와 영재성을 동시에 지니기 때문에 영재성이 학습장애를 가리거나 학습장애가 영재성을 가리기 때문이다.

맥코치, 켈리, 브레이, 시글(McCoach, Kehle, Bray, & Siegle, 2001)에 의하면, 학습장애영재의 판별에서는 다음 사항을 고려하여야 한다. 첫째, 학습장애영재의 판별은 학습장애를 지닌 다른 학생의 판별과 유사하여야 한다. 둘째, 완벽한 평가도구를 사용하는 것이 중요하다. 셋째, 성취와 학업성취를 종단적으로 검토하여야 한다. 처음 학교교육을 받고 난 후에 3년이나 5년 이후에 하나 이상의 과목에서 성취도 검사 점수가 하락하는 학생을 선별해 내는 것이 효과적인 방법이 될 수 있다. 실버만(Silverman, 1989)은 교사들이 영재 프로그램에 참여할 학습장애영재를 판별할 때 그들에게 장애를 보상할 수 있는 능력이 있는지 알아보고, 학습장애 때문에 드러나지 않았던 능력이 있는지를 인식하여야 함을 지적하였다.

학습장애영재를 판별하는 방법은 여러 가지가 있는데, 루파트(Lupart, 1990)는 형식적인 평가절차와 부모와 교사에 의해 이루어지는 비형식적인 평가절차가 조합된 두 단계 방식을 제안하였다. 첫 단계에서는 면접에 근거한 아동의 누가기록을 이용하지만, 필요에 따라서는 검사점수, 종합 프로파일 등에 근거하여 판별한다. 종합 프로파일에는 지능, 성취점수, 창의성, 자아개념, 교사평가, 가족 지원사항 등이 포함된다. 두 번째 단계에서는 2~3시간 정도가 소요되는 구조화된 심층면접을 수행한다. 이때 학교생활과 관련된 모든 자료가 사용된다.

이신동(2006b)은 학습장애영재의 판별을 영재성 중심의 판별전략과 장애 중심의 판별전략으로 구분하였다. 영재성 중심의 판별전략이란 영재성을 중심으로 판별하는 것으로, 지능검사를 이용하여 영재성을 판별하는 것이다. 장애 중심의 판별전략을 위해서는 학생의 강점과 약점의 차이가 그 학생의 잠재력 계발에 얼마나 방해가 되는가를 질문하여 장애와 영재성 간의 괴리를 확인할 것을 제안하였다.

(1) 학습장애영재 판별에 사용되는 검사와 특징

지능검사이든 표준화 학력검사이든 반복하여 평균에서 2 표준편차 혹은 그 이상으로 하락하는 경우 학습장애를 의심해 보아야 한다. 지능검사나 창의성검사에서 매우 높은 점수를 받은 아동의 특별한 능력이 학교과제나 기술수행에서는 나타나지 않을 수도 있기 때문에 다양한 장면에서의 학생 행동을 확인하고 잠재된 영재성에 관심을 두어야 한다. 다음으로는 대표적으로 사용되는 검사와 해석방법을 소개한다.

① 지능지수(IQ)

아동의 실제적 학업 수행과 IQ에 의해서 기대되는 수행을 비교하는 것이 중요하다(학년 동등화 점수, 정신연령 동등화, 9분 점수, 백분율 등). 이러한 비교는 능력과 성취 간의 불일치를 이용하기 위한 기본적인 방법으로, 능력은 지능검사로 대치하는 경향이 있다. 그런데 IQ만으로는 정확한 학습장애 판단이 힘들다. 이는 지능점수가 낮은 동기수준, 검사에 대한 부정적인 태도, 장기간의 결석으로 인한 낮은 검사결과 등을 반영할 수 있기 때문이다. 특별히 주의하여야 할 점은 학년수준 이하의 특정한 기간(월, 연)을 판별기준으로 이용하는 것으로, 특히 특정한 개월 수를 사용할 경우에는 아동의 미성취 정도를 과소평가할 수 있다. 왜냐하면 6개월 정도 부진한 1학년 학생이 1년 정도 부진한 8학년 학생보다 미성취가 더 심각하기 때문이다 (Reis & McCoach, 2001).

② 성취도 검사 점수

숙달한 정보나 기술수준이 어느 정도인가를 결정하는 데 객관적인 자료를 제공하며, 불일치 준거에서 능력과 성취 중 성취와 관련된 정보를 제공한다.

③ 창의성검사 점수

창의적인 아동들의 특성(저항, 관행에 대한 거부, 충동성 등)과 교실에서 요구되는 성격, 사고양식의 차이로 미성취를 보일 수 있다. 지능지수는 평균보다 약간 높지만(IQ 110~130) 창의성이 매우 높은 아동은 창의적 산출물을 생산할 수 있는 잠재력을 많이 갖고 있으므로 검사점수, 학업성적이 좋지 않다고 해도 학습장애영재로 판별될 수 있다.

④ 관찰

교사나 부모의 관찰은 객관성이 다소 부족하지만 학습장애영재 판별의 근거가 될 수 있다. 따라서 교사들은 학업수행 정도가 평균 혹은 그 이하인 아동들에게서도 영재성을 찾을 수 있다는 점을 명심해야 하며, 부모의 관찰에 관심을 가져야 한다. 노력하지 않아도 훌륭한 결과를 얻는 아이들도 미성취아로 분류할 수 있다.

⑤ 심리적 장애평가

잠재력과 수행 간의 불일치로 학습장애를 정의하는 것만으로는 학생이 정보를 어떻게 지각하고 처리하고 있는지에 대한 설명이 부족하다. 따라서 다양한 심리적인 상태를 나타내는 검사를 이용하여 학습장애영재의 심리적인 상태를 확인하여야 한다.

⑥ 학습행동 평가

학습장애학생들의 행동특성은 학습장애아와 그렇지 않은 아동을 구별해 주는 중요한 요소이다. 그들의 전형적인 특징으로는 과잉행동, 정서장애, 일반 협응장애, 충동, 주의력결핍, 공격적/위축된 행동, 주의산만, 낮은 자존감 등이다. 규준지향 평가의 행동척도가 이러한 행동들을 기록하는 데 이용되기는 하지만, 비공식적인 기법들이 보다 실제적이고 정보를 많이 줄 수 있다. 일화적인 관찰, 교사평정 척도, 학생이 실제로 작업한 결과물 등은 학생의 학습행동에 관한 중요한 정보를 제공해 준다.

비공식적인 관찰과 일화적인 정보로 학습장애아의 행동 특징을 알아보려 할 때, 행동이 검사정보와 일치하는지, 그리고 행동이 학업수행에 확실히 방해가 되는지의 행동의 빈도를 기록하는 것이 중요하다. 학습장애의 진단은 장애 정도에 대한 기록뿐만 아니라 공식적·비공식적 정보에 대한 면밀한 검토가 이루어진 이후에 내리는 것이 좋다.

(2) 구조화된 면접 또는 자기보고식 검사

어떤 아동에게서 평균보다 훨씬 우수한 지적 능력이 발견되면 과제에 몰두하는 능력이나 창의력에 관한 정보를 수집한다. 이러한 행동을 찾는 방법 중 하나는 그 학생들을 잘 알고 있는 교사 또는 부모와 구조화된 면접을 하거나 자기보고식 검사를 실시하는 것이다. WISC-R의 프로파일과 함께 이 정보를 통해 학생의 영재성을 확인할 수 있다. 자기보고식 검사도 학습장애와 영재성을 동시에 평가하기에 적절한데, 이 검사를 통하여 대상 학생의 다양한 특성을 확인할 수 있다. 자기보고식 검사는 측정학적 타당성이 있을 뿐만 아니라 대상 학생에게 위협적이지 않은 상태에서 검사가 가능하고, 다양한 영역을 측정할 수 있다는 장점이 있다(박춘성, 2006).

휘트모어(Whitmore, 1980)가 제시한 학습장애영재 판별표에서 최소한 10개의 특성을 보여야 학습장애영재아로 판별된다. 학습장애영재 판별표의 내용은 다음과 같다.

- 시험성적이 낮다.
- 하나 또는 여러 분야, 즉 읽기, 언어 계통 과목, 산수 등에서 평균치나 그보다 낮은 성취를 한다.
- 매일 과제를 다 끝내지도 못하고 처리도 잘하지 못한다.
- 관심이 있는 개념에 대해서는 이해력과 기억력이 탁월하다.
- 지필로 하는 경우와 구두로 과제를 수행하는 경우에도 큰 질적 차이를 보인다.
- 사실적인 일에 대해 엄청난 기억력을 가진다.
- 상상력이나 창조력이 풍부하다.
- 자기가 해 놓은 일, 심지어 예술작품에 대해서도 끊임없이 불만족스러워한다.
- 잘못할까 봐 새로운 활동을 해 보려는 노력을 피한다(완벽주의자의 증거, 자기비판).
- 집에서 자신이 선택한 일을 주도하려는 행위를 나타낸다.
- 관심의 대상이 광범위하고 어떤 탐구적인 일이나 연구에서 '전문성'의 기미를 보인다.
- 교실 내에서 공격적이거나 움츠리는 경향으로 보아 자아존중감이 낮다.
- 어떤 크기의 모임에서도 건설적이고 편안한 역할을 해내지 못한다.
- 자신이나 타인 또는 일반적으로 삶에 관한 대화에서 지나치게 민감하다.
- 너무 낮거나 너무 높은 비현실적인 목표를 정한다.
- 기억하거나 습득해야 할 실제적인 일이나 기술을 좋아하지 않는다.
- 어떤 일에 집중하지 못하고 쉽게 싫증 낸다.
- 학교에 대해 부정적이거나 무관심한 태도를 보인다.
- 수업 중에 그의 동기유발이나 행동에 대해 지적하는 교사에게 대항한다.
- 동년배와의 관계 유지가 원만하지 못하며 소수의 친구가 있다.

김동일(1999)은 면담이나 관찰, 혹은 누가기록을 통해 아동의 인지적 기능, 학업적 기능, 언어기능 등에 관한 프로파일이 개발되어야 한다고 주장하였다. 그는 다음의 8가지 준거를 가지고 교사들이 학습장애영재 및 장애영재를 판별할 수 있다고 하였다. 그 내용은 다음과 같다.

- 이해력과 개념에 대한 기억력이 탁월하다.
- 뛰어난 상상력이 있거나 예능에서 창의적이다.
- 학교에서 배우지 않은 것에 대한 상식이 풍부하다.
- 구두 표현력이 우수하다.
- 자기 자신, 사람들, 생활, 인간문제에 민감하다.
- 완성된 일에 대하여 지속적인 불만을 가지며 자기비판적이고 완벽주의적이다.
- 학교 밖 세상에 대하여 광범위한 흥미를 가지고 있고, 특정 분야에 대해서는 상당한 전문성을 가지고 있다.
- 자기가 만든 프로젝트에 몰두하기를 좋아한다.

(3) 역동적 평가

탄넨바움(Tannenbaum, 1992)은 영재학생의 잠재성을 판별하기 위해서는 그들을 특정한 영역(domain)에 노출시켜 가르쳐야 한다고 주장했다. 따라서 실제 수행상 우수성을 드러내는 좋은 방법은 역동적 평가이다(Reis & McCoach, 2001).

전체 집단학습, 센터활동, 방문, 초대연사, 탐색적 활동은 학생이 어떤 주제에 흥미를 가지고 있으며, 어떤 재능을 가지고 있는지를 알아볼 수 있는 좋은 기회를 제공한다. 그러나 중요한 것은 학생의 잠재성을 알아보는 교사의 능력이다. 교사들은 학생들이 이러한 경험을 하는 중에 문제해결 능력, 지도력, 창의적인 아이디어, 깊이 있는 질문능력을 보이는지 관찰해야 한다. 때로는 행동 검목표를 이용할 수 있다. 역동적 평가는 학습 잠재력, 다시 말해 교육으로부터 혜택을 받기 위한 학습자의 능력을 평가하기 위해 설계된 상호작용적인 방법론이다. 리스와 맥코치(Reis & McCoach, 2001)는 역동적 평가가 학습장애영재를 확인하는 데 효과적일 수 있음을 지적하고 있다. 역동적 평가에 대한 자세한 내용은 제4장을 참조하기 바란다.

3) 학습장애영재의 사회 · 정서적 특성

학습장애영재들은 건전하지 못한 완벽주의나 그와 흡사한 형태로 결과가 나타나는 일의 시행에 있어서 완강하며, 신경과민과 흡사한 감정의 기복(Daniels, 1983; Olenchak, 1994; Silverman, 1993; Vespi & Yewchuk, 1992), 자신의 능력에 대한 비현실적인 믿음이 있다(Baum & Owen, 1998; Daniels, 1983; Silverman, 1989).

또한 학습장애영재학생들의 다른 정서적 특징으로는 동기의 전반적인 결여를 불러오기도 하는 어려운 과제에 대한 큰 좌절감, 분열적이거나 소극적인 행동, 배운 자의 무력함, 낮은 자부심이 있다(Baum & Owen, 1998; Baum, Owen, & Dixon, 1991). 학습장애영재의 사회·정서적 특징에 대한 광범위한 연구에서 그들은 긍정적인 면보다는 부정적인 면이 많다는 것이 드러났다(Reis, Neu, & McGuire, 1995).

이상의 여러 가지 학문적 성과는 아동들의 미성취가 빨리 식별되는 것을 방해하고, 몇몇 학생의 높은 IQ 점수에도 불구하고 영재교육 프로그램에의 포함을 막는다는 점을 알게 되었다. 학습장애영재학생들은 학습장애와 관련된 부정적인 학교에서의 경험과 어려움, 예를 들어 사회성 문제, 교사와의 어려움, 특정 학문 분야에의 싫증을 보고했다. 연구자들은 교육자들이 이 집단의 강점과 영재성을 거의 지목하지 않았고, 대신에 그들의 부족한 점에만 집중했다고 보고한다.

4) 학습장애영재의 학교학습 특성

학습장애영재들의 학교학습 특성은 크게 5가지 측면에서 살펴볼 수 있다(Davis & Rimm, 1998). 첫째, 낮은 자존감으로, 자신의 능력을 믿지 못한다. 더욱이 학습장애영재들은 특정한 영역에 강점이 있기 때문에 다른 영역을 부정적으로 생각하는 경향이 있다.

둘째, 통제소재로, 자신의 삶을 통제하는 정도가 낮다고 인식하는 것도 관련이 된다(Rimm, 1995). 특히 통제소재와 관련하여 성공은 행운, 실패는 능력 부족으로 보는 귀인과정으로 인해 학습된 무기력을 가지는 경향이 있다.

셋째, 계속되는 실패에 기인한 비생산적인 회피행동으로, 회피행동의 양태는 바람직한 경우와 그렇지 않은 경우가 있는데, 비생산적이고 바람직하지 않은 회피행동, 즉 실패나 타인의 비난으로부터의 자기가치 방어기제를 사용하여 위기를 모면

하려는 경향이 강하다. 비생산적인 회피행동이 발생하는 근본적인 이유는 직접적이고 합리적인 방법이 곤란한 경우나 합리적인 방법을 시도하려 하지도 않고 도피적 · 방어적 · 공격적 반응으로 적응하려는 것이다. 이러한 학습장애영재의 태도는 결국 일시적 · 대상적 · 부분적 적응만이 가능하며, 근본적 문제해결은 되지 않아 부적응 행동을 일으키게 된다. 학습장애영재들은 적응기제에 있어 부적절한 전략을 사용할 수 있다.

넷째, 완벽주의로, 완벽주의는 한 사람이 자신의 성취를 향한 높은 표준이나 기대와 관련 있는 생각과 행동의 복합물이다(Burns, 1980). 브란스키(Bransky, 1989)에 의하면, 완벽주의 중학생들은 학교성적에 대한 자기통제력이 높아 스스로의 책임을 더 가진다. 베이커(Baker, 1996)는 7~9학년의 영재학생들이 학교의 모범생들이나 영재가 아닌 학생들에 비해서 통계적으로 유의한 완벽주의를 가지고 있다는 것을 발견했다. 슐러와 시글(Schuler & Siegle, 2000)은 6~8학년의 영재학생들이 경제적 · 사회적 · 인종적 · 민족적 차이에 상관없이 완벽주의적인 성향을 보인다고 보고했다.

다섯째, 학습기술의 결함으로, 이는 미숙한 학습방법, 원만치 못한 교우관계, 태만한 학교생활 등이 함께 나타난다. 학습기술의 결함은 결과적으로 낮은 자아존중감, 낮은 통제감을 갖게 하는데, 이는 자기 자신을 보호하려는 회피행동의 결과로 나타난다. 이와 관련하여 레딩(Redding, 1990)은 학습장애영재는 총체적인 정보처리가 요구되는 문제는 잘 해결하지만 정확성이 요구되는 문제해결에는 문제를 보인다는 점을 보고하였다. 림(Rimm, 1995)은 연필불안이라는 용어를 사용하였는데, 일반적인 언어과제는 잘 수행하나 부호를 잘 사용하지 못하고 연필을 가지고 하는 일에 미숙한 경우 느린 글쓰기에 대한 불안 등도 포함되며, 빠름과 똑똑함을 동일시하기 때문에 발생된다고 보고하였다.

5) 학습장애영재의 원인

미성취는 학습되는 것이기에 예방될 수 있으며, 가족, 학교, 문화가 미성취에 영향을 미친다. 따라서 가정, 학교 등의 환경 속에서 학습장애영재의 원인을 이해하여야 할 것이다.

(1) 가정에서의 원인

가정에서의 원인으로는 동일시와 모델링, 미성취와 성차, 역동일시 등이 지목되고 있다(Davis & Rimm, 1998).

① 동일시와 모델링

동일시 또는 모델링이란 부모나 기타 중요한 다른 사람의 행동을 모방함으로써 표출되는 행동양태를 의미한다. 가정에서 나타날 수 있는 동일시와 모델링의 양태는 〈표 12-3〉과 같다.

〈표 12-3〉 동일시의 유형

유형	특징
아빠는 도깨비	• 아버지는 힘이 있고 성공한 사람, 어머니는 자상한 사람 • 자상하고 친절한 어머니에게 자신의 의견을 호소하여 아버지의 권위를 무시하는 방법을 익힘 → 어머니를 조작하는 데 필요한 전략을 빨리 익힘 • 아이가 커 갈수록 아버지는 자신의 권위를 지키기 위해 노력하며, 어머니는 자녀를 방어하고 남편의 힘을 무력화시킬 방법을 찾음 • 여자아이는 어머니를 동일시하여 성취 지향적이고, 남자아이는 미성취 현상이 나타날 가능성이 있음
아빠는 바보	• 교육학 혹은 심리학을 전공한 어머니와 그렇지 못한 아버지의 가정에서 많이 발견 • 가정교육에서 어머니가 주도적인 위치를 차지하며, 아버지는 무력함을 느끼게 됨 • 남자아이의 경우 미성취아가 될 수 있음
엄마는 도깨비	• 어머니는 엄격하고 아버지는 친절하지만 자유방임적인 가정 • 아버지가 어머니를 긍정적으로 받아들이면 아들은 약화된 남성, 딸은 강인한 여성을 모방 • 아버지가 어머니를 부정적으로 받아들이면 규칙, 무시, 지연, 엄격성과 인내심 부족 등을 모방하며, 미성취아가 되는 경우가 많음
엄마는 집에 사는 생쥐	• 청소년기의 여학생들의 반항을 유발할 수 있는 양육 형태 • 부녀간의 친밀한 관계로 어머니는 소외되고 덜 지적인 존재로 간주됨 • 성장하면서 어머니와 대립적이거나 협력적인 관계를 형성하면서 문제가 발생

② 미성취와 성차

학습장애영재에게 영향을 미치는 중요한 요인 중의 하나는 성차에 관한 것이다. 영재소년들은 영재소녀들에 비하여 미성취가 더 일찍 시작되는 경향이 있다. 데이비스와 림(Davis & Rimm, 1998)에 의하면, 미성취와 성차가 나타나는 이유는 교육체제, 가족, 또래 전통과 관련이 있다. 한편, 대부분의 초등교사가 여성이고 가정에서의 양육도 엄마가 담당하여 여자아이는 강한 동기부여가 될 수 있으며, 머리가 좋은 것과 공부를 잘하는 것은 관계가 없다고 생각하는 또래집단의 압력은 미성취에 영향을 미치기도 한다.

③ 역동일시

부모가 자신의 자녀를 동일시하면서 자녀의 활동, 노력, 성공 등에 함께하려고 하는 현상이 있다. 이러한 현상을 역동일시라고 하는데, 자녀에게 많은 부담을 주게 되는 중요한 원인이 될 수 있다. 역동일시가 발생하면 다음과 같은 긍정적인 면과 부정적인 면이 존재하게 된다.

- 긍정적인 면: 역동일시는 부모가 자녀를 통하여 자신의 성공을 달성하려는 지향성을 의미하므로, 부모가 학생의 기술을 공유하고, 학생의 시간과 자원 활용에 개입하여 학생의 긍정적 측면의 재능발달에 도움을 줄 수 있다.
- 부정적인 면: 아동의 미성취를 조장할 수 있는 조작된 행동을 유도해 낼 수 있다. 이로 인한 의존성의 향상은 자신감 상실, 과제 수행에 필요한 기술을 습득하지 못함으로 이어진다. 따라서 초기 발견이 중요하다. 한편, 부정적인 측면으로 아동에게 너무 많은 힘을 실어 주어 아동이 독단적·공격적인 행동을 보일 수 있다. 독단적인 학생의 경우 책임에 대한 회피행동이 나타날 수 있으며, 권리만 중요시할 수 있기 때문에 주의하여야 한다.

(2) 학교에서의 원인

① 융통성 없는 학급

개별 학생의 특성을 고려하지 않는 비융통성과 경직성은 영재들의 미성취에 영향을 미친다. 자신의 학업성취 수준에 맞지 않는 과제의 부여는 흥미 상실로 이어지며, 회피행동을 일으키게 된다. 만약 학생이 ADHD 경향이 있다면 그 악영향은 더욱 커지게 된다.

이러한 점과 관련하여 리스(Reis, 1998)는 '존엄성 상실의 딜레마'라는 개념으로 미성취를 설명하고 있는데, 이는 학업수행은 교육과정 내용과 교사에 대한 선호와 직접적으로 연관되어 있다고 보는 시각이다. 또한 상대평가를 강조하거나 공개적으로 성적을 발표하는 것과 같은 경쟁적인 학급구조는 자신의 능력에 대해 자신감이 부족한 미성취아에게 부정적인 영향을 미치므로 최소화하여야 한다. 하지만 지나친 경쟁은 학습문제를 일으키지만, 점차적으로 경쟁적인 환경을 조성하는 것은 실생활의 경쟁에 직면해야 할 아동에게 적절하다는 것을 이해하여야 한다.

② 교사의 부정적 기대

모든 미성취아가 부정적 기대를 받는 것은 아니지만, 이미 낮은 자아개념을 가지고 있는 학습장애영재들은 실패할 것이라는 교사의 기대를 낮은 자아존중감을 확증하는 것으로 자각할 수 있다.

③ 또래압력

성취에 대한 또래의 태도는 성취에 큰 영향을 미치며, 또래압력에 방패 역할을 하는 좋은 친구들이 있는 학생의 성취수준은 매우 좋다.

④ 만족감을 주지 못하는 교육과정

영재아동에게 도전감과 만족감을 주기 힘든 교육과정은 학교를 지루하고 재미없는 곳으로 인식하게 하여 아동이 낮은 학업성취를 보일 수도 있으며, 오히려 학교와 관련 없는 활동에서 능력을 발휘할 수 있다. 교사는 학교와 관련 없는 활동에서 능력을 발휘하는 학생의 미성취를 눈여겨보아야 할 것이다.

⑤ 노력과 결과의 일치

영재들의 교육적 욕구는 그들의 내재적 동기(노력과 결과에 의해 형성)를 유발할 수 있는 교육과정이 교실에서 제공될 때 가장 잘 충족될 수 있다. 최적의 동기는 학생들이 특정 과제에 몰입하는 경험으로 도전감, 흥미, 각성을 불러일으킬 수 있을 때 유발되기 쉽다.

그러나 노력과 결과의 불일치가 일어나면, 동기의 저하와 함께 미성취할 가능성이 높다.

3. 이디엇 서번트

정신작용이 정상적이지 못하면서 뛰어난 능력을 가진 사람을 지칭하는 이디엇 서번트(idiot-savant)는 장애영재에 대한 연구에서 흔히 발견할 수 있다(Wehmeyer, 1992). 이디엇 서번트가 많이 연구된 배경은 이 집단이 지닌 특이한 구조에 기인한다(Mottron, Belleville, Stip, & Morasse, 1998; Wehmeyer, 1992). 이디엇 서번트는 뛰어난 능력을 가졌음에도 불구하고 정신적인 손상이 있는 집단을 지칭한다. 따라서 신체적인 장애를 가지면서 한 능력이 뛰어난 경우에는 이디엇 서번트가 아니다.

일반적으로 정신적인 손상은 뛰어난 영역과 반대되는 개념으로 받아들일 수 있으나, 특이하게도 이디엇 서번트는 뛰어난 능력을 보여 주기 때문에 많은 연구에 있어 관심의 대상이 된다. 그들의 능력은 지적장애아들이 아닌 비장애아동들과 비교해서 판단된다. 예를 들면, 한 지적장애 영재가 하모니카 연주를 대단히 잘하는데, 이런 능력은 하모니카 연주를 잘하는 비장애아동과 비교해서 판단되는 것이다. 이런 지적장애아는 영재성을 가지고 있는 것이다.

지적장애 영재들은 한 영역에서 특별한 능력을 보이는 경우도 있고, 여러 영역에서 특별한 능력을 보이는 경우도 있다. 이디엇 서번트가 나타나는 영역을 구분해 보면 다음과 같다(송인섭 외 공역, 2005; Wehmeyer, 1992). 첫째, 감각의 구별이 일반인에 비하여 뛰어난 경우이다. 예를 들면, 냄새 구분 등의 영역이 있다. 이러한 능력의 경우는 이디엇 서번트 집단에서 매우 작은 사례로 보고되고 있다. 둘째, 불분명한 사실에 대해 뛰어난 기억력을 보이는 경우이다. 이러한 능력에는 연도별 인구라든지, 호텔의 이름과 객실 수를 정확히 외우는 경우들이 포함된다. 셋째, 뛰어난 수학적 능력으로 달력의 날짜를 정확하게 알고 있다거나 제곱수를 빠르고 정확하게 쓸 수 있는 것 등의 능력을 보여 주는 경우이다. 넷째, 지적 혹은 신체적 장애에도 불구하고 뛰어난 음악, 미술, 기계 능력을 보여 주는 경우이다.

이디엇 서번트는 남성의 유병률이 여성의 유병률보다 여섯 배나 높으며, 이디엇 서번트의 30~60%가 지적장애인 동시에 자폐증을 지닌다(송인섭 외 공역, 2005; Wehmeyer, 1992). 이디엇 서번트의 예술과의 관련성은 사실적 그림의 시각미술, 피아노에 대한 능력과 관련된다. 미술의 여러 분야 중 사실적 그림에서 뛰어난 능력을 보이기는 하나, 추상화라든지 인상주의 등의 추상성을 요하는 영역의 이디엇 서번트는 보고된 기록이 없다. 음악 영역도 마찬가지로 작곡 등의 다른 영역에서의 보고 예는 없는 것으로 조사되었지만, 이디엇 서번트에 대한 연구가 증가하면서 점차 다양한 영역의 이디엇 서번트를 발굴 중이다.

이디엇 서번트를 위한 판별절차는 따로 존재하지 않고, 보통은 한 종류에서 정상 수준의 능력을 소유하지만 다른 모든 능력에서는 지체를 보인다. 반면, 조숙한 이디엇 서번트는 단일한 하나의 능력에서 조숙한 수준을 보인다(송인섭 외 공역, 2005). 이 집단에서 예술과 관련하여 가장 자주 주목되는 영역은 음악 영역이다. 대개 1~2세 때 완벽한 음정과 리듬으로 노래할 수 있고, 길고 복잡한 노래를 많이 부를 수 있으며, 완벽한 절대음감을 가진 경우가 많다.

4. 주의력결핍 과잉행동장애 영재

주의력결핍 과잉행동장애(ADHD) 영재란 영재의 특성과 ADHD의 특성을 동시에 가진 집단을 의미한다. 그 두 특성을 동시에 가지고 있기 때문에 이 집단은 ADHD 영재의 특성 외에도 다른 독특한 특성이 있다.

ADHD에 대한 연구들에서 일반학생의 ADHD 출현율은 약 10% 전후인 것으로 나타났다(김동일 역, 2003). 일반학생과 마찬가지로, 영재학생들의 ADHD 출현율도 10% 전후인 것으로 보고되고 있다(채규만, 1999). ADHD 출현에 대한 국내연구에 의하면, 지능만으로 판별한 영재집단의 9.4%가 ADHD를 가지고 있었다(Chae, Kim, & Noh, 2003). 이렇듯 출현율이 높은 집단이지만 아직까지 그들의 특징은 잘 알려지지 않고 있다. 최근에 이루어진 연구에 의하면, 영재학생과 일반학생은 과흥분성에서 차이가 있으며, 일반적으로 영재학생의 과흥분성이 높은 것으로 조사되었다(이명자, 한정숙, 2008).

1) ADHD 영재의 원인

영재아동들이 ADHD와 밀접히 관련될 수 있음은 영재학생들의 감성, 부적절한 교육과정과 진도, 다중지능이론, 영재들의 조숙성에 대한 어른들의 부적절한 처신 등에 의해 유발될 수 있다(Baum, Olenchak, & Owen, 1998). 영재들은 심리적 민감성이 높은 수준에 있기 때문에 감성적인 측면에서 ADHD로 보일 수 있다. 특히 좋아하는 일을 만났을 때 지나친 활동성이 나타날 수 있으며, 영재들이 지닌 능력수준에 비하여 낮은 수준의 정규학교 교육과정이나 느린 진도는 영재학생의 주의력을 떨어지게 할 수 있다. 또한 영재들의 능력수준을 인정하지 않고 낮은 난이도의 학습을 하게 되면 ADHD로 보일 수 있다.

ADHD 영재의 주요한 이론적 배경이 되는 2가지 관점이 있다. 하나는 과잉열정이고, 다른 하나는 공존장애로 파악하는 관점이다. 과잉열정의 관점은 다브로프스키와 피초프스키(Dabrowski & Piechowiski, 1977)의 열정에 대한 제의가 ADHD 영재에 대한 이론적 뒷받침이 되어 그 논의가 시작된 것이다. 그들에 의하면, 또래에 비하여 재능이 높은 학생이 열정적으로 과제에 임하기 때문에 과잉행동으로 나타날 수 있다는 것이다. 그들이 지적하는 과잉행동의 양태는 정신운동(빠른 말, 충동적 행동), 감각적 행동(방임적 행동, 환경자극에 대한 지나친 반응), 지적인 행동(호기심, 열정), 상상력(감성적으로 과장됨, 사실과 공상의 혼동 및 사용), 감정적인 반응(극단적임, 새로운 환경에 적응하기 어려움)의 5가지로 나타난다.

그런데 이 5가지 형태의 열정은 ADHD의 주요한 특성이지 영재성은 아니라는 주장, 즉 ADHD와 영재성이 공존하는 것이지 과잉열정에 기인하는 것이 아니라는 주장이 대두된다. 이는 과잉열정에 의해 영재성이 ADHD로 보인다는 주장에 무리가 있음을 지적한다. 카우프먼, 캘브플라이쉬, 캐스텔라노스(Kaufman, Kalbfleisch, & Castellanos, 2000)는 다브로프스키와 피초프스키의 주장은 실증적인 자료가 없다고 하면서, ADHD와 구분되는 특성이 아니기 때문에 ADHD 영재란 ADHD와 영재성이 공존하는 것으로 보아야 하며, 과잉열정은 영재성이 없는 ADHD 학생들이 선호하는 활동 속에서도 관찰됨을 지적하고 있다.

ADHD 영재가 나타날 수 있는 근원적인 원인을 종합하면 2가지 시각이 존재함을 알 수 있다. 하나는 과잉열정에 기인한 행동양태에 의해 ADHD 영재가 된다는 입장이며, 다른 하나는 ADHD와 영재성이 공존한다는 입장이다.

2) ADHD 영재의 인지적 · 정의적 특성

인지적인 측면에서 ADHD 영재들의 특성은 매우 창의적이다(Cramond, 1994, 1995). ADHD 영재를 비롯한 모든 ADHD 학생은 창의성이 공존하는데, 쇼와 브라운(Shaw & Brown, 1991), 쇼(Shaw, 1992)의 연구에서는 IQ 115 이상인 6, 7학년 ADHD 학생들의 TTCT(Torrance's Test of Creativity) 결과가 같은 지능대의 ADHD가 없는 학생보다 높은 것을 확인하였다.

창의적인 개인에 대한 특성론 중의 하나는 과제에 완전 몰입하는 것이다(Csikszentmihalyi, 1996). ADHD 영재들은 하나의 과제에 완전 몰입하는 특성이 있다. 캘브플라이쉬(Kalbfleisch, 2000)는 ADHD 영재들이 읽기과제에서 다양한 사고과제로 주의전환을 할 때 ADHD 학생보다 어려움이 있다고 하였다. 즉, ADHD 영재들은 '과제에 완전 몰입'하기 때문에 주의전환에 어려움이 있었다. 하지만 이 연구에서는 ADHD 영재들이 다양한 사고과제 내에서 다른 학생들(영재학생, 일반학생)과 같거나 그들보다 높은 수준의 주의전환을 보였다. 이러한 결과를 통하여 ADHD 영재의 인지적 특징으로 창의적이고 다양한 문제해결 과제에 강점이 있음이 알려졌다.

문태영(2005)은 ADHD 영재 관련 문헌에서 나타난 ADHD 영재의 특성을 다음과 같이 정리하였다. 첫째, 과잉행동과 관련하여 ADHD 영재는 자극적이고 도전적인 과제를 할 때는 에너지를 집중할 수 있으나 동시에 ADHD와 연관된 분열적·비집중적 과잉행동을 보인다. 둘째, ADHD 영재는 권위에 도전적이다. 부모나 교사의 지시를 따르려 하지 않고 그들 특유의 방식으로 행동하려 함으로써 부모나 교사와 끊임없이 힘겨루기를 한다. 고양된 복잡한 사고력은 그들의 부정적인 표현방식으로 인해 종종 무시되고, 이로 인하여 그들의 태도는 점점 적의적·공격적이 된다. 셋째, 분열행동과 관련하여 ADHD의 주의력결핍, 충동성, 과잉행동 등의 주요 증상이 영재아동이 흔히 경험하는 낮은 수준의 학습자극과 결합되어 반항적 행동이 나타난다. 넷째, 사회·정서적 발달과 관련하여 영재의 고립감, 민감성, 동료의 따돌림, 정서적 과잉반응, 좌절, 성마른 분위기 등이 속임수적이고 자기중심적인 반응을 일으킨다. 이것은 혼란된 고립감을 유발하고, 이로 인해 학교에 대한 태도, 성취, 자긍심이 영향을 받는다. 이는 생애 전반에 걸쳐 문제가 될 수 있다.

3) ADHD 영재의 판별

ADHD 영재를 판별하는 데는 여러 가지 어려운 점이 있다. 그것은 영재성과 ADHD의 공존 때문에 발생한다. 이 2가지가 서로 영향을 미칠 수 있으며, 영재성이 ADHD를 가리거나 ADHD가 영재성을 가리기 때문에 판별상의 문제가 있을 수 있다. ADHD와 영재성 간의 중첩과 밀접한 관련에도 불구하고, ADHD와 영재성은 분명히 구분되는 측면과 그렇지 않은 측면이 있다. ADHD의 일반적인 특징은 대부분의 상황에서 주의집중에 어려움이 있으며, 과제의 계속적 수행에 어려움이 있고, 충동적이며, 과잉활동적이다. 이에 비하여 ADHD 영재학생은 특정 상황에서 주의

집중의 어려움이 있을 수 있으며, 선호하지 않는 과제에서는 참을성이 없을 수 있고, 지적 발달을 제외한 다른 것은 뒤떨어질 수 있고, 열정에 기인해서 권위에 강하게 저항할 수 있다. 또 과잉활동성을 보일 수 있고, 잠을 덜 자는 경향이 있으며, 규범과 풍습 및 전통에 의문을 제기하기도 한다(Webb & Latimer, 1993). ADHD가 비교적 영속적인 행동패턴임에 비해, 영재들이 보이는 ADHD 행동패턴은 상황 및 영역 특수적이며 일시적인 현상인 경우가 많다. 이러한 특성에 기인하여 웹과 라티머(Webb & Latimer, 1993)는 상황 특수적인 측면, 영역과의 관련성, 영속성에 기반을 둔 영재성과 ADHD의 구분방법을 제안하였다. 예를 들어, ADHD는 모든 상황에서 주의집중 문제를 보이지만 영재들은 지루하거나 하기 싫은 상황에서만 선택적으로 주의집중을 하지 않는 것을 상황 특수적 측면으로 분류한다.

크래몬드(Cramond, 1995)는 영재들의 ADHD가 의심될 경우 다음의 4가지 제안을 교사들과 부모에게 하고 있다. 첫째, 문제행동에 대하여 그것이 창의적 소산이거나 문제행동일 수 있음을 열린 마음으로 받아들여야 한다. 둘째, 그동안의 영재들의 일상에서 ADHD와 창의성의 증후에 대한 지식을 가지고 있어야 한다. 셋째, 어떠한 상황에서 중요 행동이 증가되거나 소멸되는지에 대한 관찰과 기록을 가지고 있어야 한다. 넷째, 몽상 후에 아동 자신이 올바르게 사고할 수 있었는지를 물어보아야 한다.

한편, 더욱 정확한 판별을 위해서는 학제 간 역할이 중요한데, ADHD 영재의 판별은 다양한 전문가의 참여가 필수적이다(Neihart, 2004). 나이하트(Neihart, 2004)에 의하면, ADHD 영재의 판별에는 반드시 두 분야의 전문가가 포함되어야 한다. 즉, 임상적 상황을 판별할 수 있는 임상 전문가와 영재의 특성을 이해할 수 있는 영재교육 전문가가 참여하여야 한다. 이는 복합적인 관련 개념을 종합하기 위해서는 관련 현상마다 그 현상과 직접 관련된 전문가의 전문적인 판단이 일차적으로 내려진 후 각 전문가의 의견을 종합하여 ADHD 영재로 판별할 때 정확한 진단이 가능하다는 것을 말한다.

5. 아스퍼거 영재

아스퍼거 증후군은 사회적 의사소통의 결함과 행동 또는 흥미의 반복 등을 특징으로 하는 전반적인 발달장애로, 영재 중에서도 발견된다. 아스퍼거 증후군은 자폐증의 변형으로, 오스트리아의 한스 아스퍼거(Hans Asperger)라는 의사가 1944년에 처음으로 제기한 증후군이다. 아스퍼거 증후군의 아동이 보이는 주요한 특징은 ① 감정이입이 부족하고, ② 단조로운 언어를 사용하고, ③ 매우 독특하고 열정적인 흥미를 보이며, ④ 부적절한 사회적 의사소통에 따른 고립감이 있고, ⑤ 융통성 없는 사고와 습관이 있다는 것이다.

아스퍼거 증후군 아동은 사회적 의사소통의 문제와 고집스럽게 독특한 흥미가 있다는 점에서 자폐스펙트럼장애아동과 유사하다. 그러나 장애가 더 늦게 발생되며, 언어가 지체되지 않고, 운동적 결함이 더 많다는 점에서 다르다(Atwood, 1998). 아스퍼거 영재란 아스퍼거 증후군을 가지고 있으면서 동시에 영재성을 보이는 아동을 의미하며, 아스퍼거의 특성과 영재성의 특성을 동시에 보인다.

1) 영재성과 아스퍼거 증후군의 관련

영재성과 아스퍼거 증후군의 유사성은 몇 가지로 볼 수 있다(Neihart, 2000). 첫째, 언어적 유창함과 조숙함, 뛰어난 기억력은 아스퍼거 증후군 아동과 영재 모두의 공통점이다. 둘째, 자신의 흥미에 대해 끊임없이 이야기하여 또래를 짜증 나게 하는 경우가 있다. 셋째, 감각적 자극에 대한 과도한 민감성이 공통적이다. 넷째, 특정 영역에서 일반적인 수준 이상의 수행을 해낼 수 있는 특별한 흥미를 가지고 있다. 다섯째, 영재와 아스퍼거 증후군 아동은 어릴 때 인지발달과 사회·정서적 발달 간에 불규칙한 발달을 경험한다.

한편, 영재성과 아스퍼거 증후군의 차이점은 다음과 같다. 첫째, 언어 특성으로 아스퍼거 증후군 아동은 현학적인 언어를 사용하는 반면, 영재들은 그렇지 않다.

둘째, 영재들은 아스퍼거 증후군 아동만큼 일과에 경직되지 않으며, 대개 변화에 대처하는 데 어려움이 없다. 반면, 아스퍼거 증후군 아동은 빡빡한 일정과 일반적인 교실 일과를 힘들어한다. 셋째, 아스퍼거 증후군 아동은 자신의 행동에 대한 독특함을 인식하지 못하는 반면, 영재들은 행동의 독특함을 인식하고 있다. 넷째, 아스퍼거 증후군 아동은 주의집중에 어려움이 있는 반면, 영재들은 그렇지 않다. 다섯째, 유머의 질에 있어서의 차이로, 아스퍼거 증후군 아동은 창의적인 단어놀이를 하고 말장난을 잘하지만, 대부분 유머의 밑바탕에 있는 타인과의 상호작용 능력은 부족하다. 여섯째, 감정표현에서의 차이로, 아스퍼거 증후군 아동은 무미건조하고, 제한적으로 반응하며, 부적절하게 웃거나 화를 내고 불안해한다.

2) 아스퍼거 영재의 판별

아스퍼거 영재를 판별하기 위해서는 아동의 발달과정을 철저하게 확인하는 것과 특정 행동 이면에 있는 동기에 대해 통찰하는 것이 필요하다(Atwood, 1998). 이 2가지를 고려하지 않으면 아스퍼거 아동이 제대로 진단되지 않을 위험성이 있다. 영재들에게 나타나는 아스퍼거 증후군 증상이 장애 자체 때문이 아니라 영재성 때문에 나타나는 것으로 잘못 오해될 수 있다. 아스퍼거 영재를 판별하기 위해서는 숙련된 학제 간 팀의 참여가 필수적이다.

학교에서 특별한 지원을 받는 자폐아동과 달리 아스퍼거 증후군 아동은 혼자 할 수 있는 범위 내에서 활동하도록 방치된다. 그 결과, 교사나 또래와의 관계가 무척 어려울 수 있고, 시간이 지나면서 사회적 고립의 결과로 무력화될 수 있다.

6. 여성 영재

탁월한 영재성을 보이는 학생에게 동일한 기회와 교육경험을 제공하는 것은 영재교육의 기본 원칙이라 할 수 있다. 하지만 그동안 우리나라의 영재교육 프로그램에 여학생의 참여율은 남학생에 비해 상당히 저조한 수준이어서 성별 차이를 다루었던 외국의 선행연구들에서 지적되었던 문제점이 드러나고 있다(Crombie, Bouffard-Bouchard, & Schneider, 1992; Terwillinger & Titus, 1995). 기존 연구들(Callahan & Reis, 1996; Hollinger & Fleming, 1992; Kline & Short, 1991; Silverman, 2000)에 의하면, 여성 영재들은 우수한 언어능력과 빠른 발달 속도로 유아기까지는 남아보다 영재로 판별될 가능성이 높다가 연령이 증가하면서 영재교육에서 제외되거나 탈락되는 경우가 많다. 특히 수학이나 과학과 같이 여학생이 전통적으로 취약한 교과일수록 선행 교육경험과 성취경험의 결핍, 낮은 자신감, 사회문화적 성 고정관념에 기초한 역할 기대, 지지적인 환경의 결핍 등으로 여학생의 참여와 선발을 부진하게 하는 결과를 가져오기 쉽다(정경아, 최윤정, 윤초희, 이미순, 2006).

1) 여성 영재의 특성

여성 영재의 특성을 살펴보면, 첫째, 능력에 대한 낮은 자기인식을 꼽을 수 있다. 영재 여학생들은 객관적인 능력이나 수행 수준의 우수함과 관계없이 수학 및 과학과 같은 특정 교과와 관련된 자신의 능력에 대한 지각에서 남학생보다 긍정적이지 못하다. 그리고 영역 특수적 자아개념으로서의 학업적 자아개념이나 일반 자아개념에서도 남학생보다 부정적인 것으로 보고되기도 하며, 심지어 일반 또래 여학생보다 낮은 자아개념을 보인다는 연구 결과들이 보고되기도 하였다(정경아 외, 2006).

둘째, 여성 영재들에게는 차별적 귀인성향이 나타난다. 귀인성향에 대한 그동안의 연구(Dweck, 1986; Ryckman & Packham, 1987)에서는 여학생이 성공은 노력이나 운으로, 실패는 능력 부족으로 귀인하는 성향이 높음을 보여 주었다. 이러한 차별적 귀인성향은 사춘기에 접어들면서 본격적으로 나타나기 시작하며, 가정과 학교에서의 차별적인 피드백과 강화의 영향을 받는 것으로 보인다. 영재아 집단에서도 남녀 간에 이러한 차별적 귀인성향이 나타나는데, 영재 남학생은 자신의 성공을 능력에 귀인하고 실패를 노력 부족이나 나쁜 운에 귀인하는 반면, 영재 여학생은 성공을 행운이나 과제 난이도와 같은 외부적 요인으로 귀인하고 실패를 낮은 능력으로 귀인하는 성향이 높은 것으로 보고되고 있다(Callahan, Cunningham, & Plucker, 1994).

셋째, 여성 영재들은 완벽주의의 특징을 보인다. 완벽주의는 영재아들의 공통적인 특성이다(Kerr, 1994). 완벽주의의 생산적 측면에도 불구하고, 여성 영재들이 완벽주의에 더 많이 희생되기 쉽다고 생각되는 이유는 그들에게 가해지는 가정이나 사회에서의 부적절한 기대와 압력 때문일 것이다(Reis, 2005). 커(Kerr, 1994)는 영재 여학생들이 경험하는 완벽주의는 대개 실패에 대한 학습된 두려움에서 기인하는데, 이것은 곧 실패에 대한 경험의 결핍이기 때문에 여성 영재들이 실패하거나 최선이 될 수 없는 상황을 경험할 수 있는 안전한 기회를 제공해야 한다고 본다. 완벽주의는 성공하기 힘든 활동이나 진로선택에 대한 회피로 이어질 수 있기 때문에 여성 영재들의 불건강한 완벽주의는 부모나 교사, 그 밖의 사회적 지원을 통해 다루어질 필요가 있다(정경아 외, 2006).

여성들은 자신의 직업에서뿐만 아니라 집안일을 잘하고, 상냥하며 지원적인 아내와 같은 역할을 모두 요구받는다. 따라서 남성의 사회생활과는 다른 양상을 가지게 되는데, 이러한 측면에서 여성들의 직업에 대한 태도는 남성과 차이를 유발할 수 있다. 또한 여성의 능력과 남성의 능력 간에 차이가 존재하는가 그렇지 않은가의 연구들은 이제 많은 부분에서 결론에 도달한 것으로 보인다. 즉, 여성들의 능력은 남성과 별반 다르지 않다는 것이다. 이를 지지하는 많은 논의가 있었는데, 리스와 캘라한(Reis & Callahan, 1989)은 이를 'sex(생물학적 성)'와 'gender(사회문화적 성)'의 차이로 설명하고 있다. 그들은 젠더에 대한 인식의 변화로 여성도 남성과 동등하게 성취할 수 있다는 점을 강조하면서 생물학적인 성과 사회문화적 성의 차이가 여성의 미성취를 유발할 수 있음을 지적하고 있다.

여성 영재들에 대한 기대감, 성취 지향성, 포부 수준의 차이는 성차를 반영하는 경우가 많다. 첫째는 가족의 기대와 동일시의 문제이다. 어머니의 역할모델과 아버지의 기대감이 여학생의 성취에 중요한 요인이 된다. 둘째는 동료의 기대 문제이다. 여성 영재는 자신의 능력에 대해 긍정적인 또래집단을 형성했을 때 높은 성취 수준을 얻을 수 있었다. 여성에게는 '성공에 대한 두려움 신드롬'이 있는데, 이는 여성으로서의 실패에 대한 두려움으로 높은 성취나 성공을 억누르기 때문에 극복되어야 한다. 동료들의 기대는 이를 극복하는 데 도움이 된다. 셋째는 학교의 기대 문제이다. 교사나 학교환경이 남성과 여성에게 기대하는 수준이나 행동이 다를 수 있다. 따라서 성차에 따른 각기 다른 기대 수준은 여성의 미성취를 조장할 수 있다.

2) 여성 영재 판별

현재 국내의 모든 영재교육기관(영재학급, 교육청 영재교육원, 대학 부설 영재교육원)에서 성별의 구분 없이 학생을 선발하므로 일반적인 판별과정에서 특이사항은 없다. 하지만 2006년의 경우 수학 및 과학 영역 영재교육에 참여하고 있는 학생 중 여학생의 비율은 34.9%였다. 여학생의 비율은 영재교육기관 유형에 따라 큰 차이를 보여 영재학급 42.4%, 교육청 영재교육원 32.7%, 대학 부설 영재교육원 26.0%로 선발과정이 어렵고 까다로울수록 여학생의 비율은 낮아졌다. 2003년에 개교한 한국과학영재학교는 1~3학년 재학생 총 428명 중 여학생의 비율이 15.2%로 영재교육기관 중 여학생의 비율이 가장 낮다. 개교 이후로 여학생의 지원율과 합격률은 꾸준히 낮아지고 있는 추세라서 여학생 입학자는 실질적으로 계속 줄어들고 있는 상태라고 볼 수 있다(정경아 외, 2006).

7. 소외계층 영재

1) 소외계층 영재의 정의와 특성

소외(underrepresentation)는 영재교육 프로그램에 있어서 특정 집단이 원래의 전체 인구에서 차지하는 비율보다 낮은 비율로 선발되는 현상을 의미한다. 볼랜드(Borland, 2008)는 소외계층 영재를 단순히 사회경제적 수준이 낮은 대상을 넘어서서 문화적 요인을 고려하였으며, 소외계층 영재가 영재판별의 과정에 존재하는 문화적 편파로 인해 생기게 된다고 보고, 소외계층 영재를 "우리 사회의 특정 집단의 일원이라는 이유로 영재로 판별되거나 영재교육 프로그램에 배치될 가능성이 현저하게 낮은 대상"으로 정의하였다.

인종, 경제수준, 성별 등 모든 사회집단별로 영재가 출현할 확률이 동일하다고 전제한다면, 영재교육 프로그램에 참여하는 영재들의 비율도 모두 비슷해야 할 것이다. 그러나 실제적으로는 사회경제적 수준이 낮은 가정의 영재, 여성 영재 등이 영재교육 프로그램에 참여하는 비율은 전체 인구에서 그 집단이 차지하는 비율보다 낮다.

영재성에 관한 정의를 연구한 스턴버그, 가드너, 렌줄리와 가네 모두 영재성을 사회문화적 맥락 속에서 개념화하였다. 영재성은 개인이 처한 사회와 시대적 환경 및 개인이 어떤 시대적 · 문화적 맥락 속에 처해 있는가에 따라서 잘 발달될 수도 있고 그렇지 못할 수도 있다. 사회경제적으로 소외된 영재들은 사회문화적 측면에서 타고난 지능을 더욱 계발시켜 나갈 수 있는 기회를 충분히 갖지 못했기에 우수한 잠재력을 타고났다 하더라도 충분히 계발되지 못할 가능성이 많다.

제2차 영재교육진흥종합계획에서는 소외계층을 '사회경제적으로 지위가 낮은 가정의 학생, 다문화가정의 학생, 지리적으로 영재교육 접근성이 제한된 도서 · 벽지의 학생, 장애가 있는 학생, 북한이탈주민, 특정 영역에서 수혜가 부진한 학생으로 영재교육의 기회가 상대적으로 제한되어 있는 계층'으로 정의하면서 소외계층 영재에 대해 사회 · 통합적 차원의 기회를 확대하고 있다.

이와 더불어 제3차 영재교육진흥종합계획에서도 향후 소외계층에 대한 영재교육을 확대할 계획을 발표하였기 때문에 소외계층 영재에 대한 교육적 관심을 높여야 할 것이다. 제3차 영재교육진흥종합계획에서는 소외계층의 영재교육 대상을 10%까지 확대할 계획을 발표하였다.

소외계층 영재교육 강화는 제4차 영재교육진흥종합계획에서도 지원 강화를 다루고 있는데, 교육격차 해소를 주요한 목표로 하고 있다.

소외계층 영재가 가진 일반영재와 다른 특성은 크게 인지적 측면, 사회 · 정서적 측면, 선호방식으로 나누어 볼 수 있다.

첫째, 인지적 기능 측면에서 소외계층 영재와 일반영재 간에 차이가 발견되었는데(Frasier & Passow, 1995), 소외계층 영재들은 일반영재들에 비하여 유동성 지능(fluid intelligence)이 뛰어난 것으로 나타나 실제 문제해결 상황에서 현실적인 사고력을 요하는 과제, 개방적 과제, 유창성과 융통성을 요하는 과제에 많은 능력과 관심을 나타내었다(VanTassel-Baska & Little, 2003). 반면, 인지적 기능 면에서 소외계층 영재가 가진 약점으로는 제한된 어휘력, 비표준 문법의 사용, 사건의 순서와 인과관계 파악 및 범주화하는 능력의 부족, 외부적 단서의 사용과 추상적인 문제해결력의 부족 등을 지적할 수 있다.

둘째, 사회 · 정서적 측면으로는 소외계층 영재와 일반영재 모두 일반아동에 비하여 자아존중감이 높았으나, 소외계층 영재는 일반영재보다 학업적 능력과 사회관계적 능력이 낮다고 지각하였다. 반면, 일반영재는 소외계층 영재보다 자기통제력이 높은 것으로 나타났다(Banks, 1993).

셋째, 학습 선호방식에서의 차이로, 소외계층 영재들이 가진 주요 학습 특징은 다음과 같다. 즉, 경험에 대해 개방적이고, 독립적 · 비순응적 · 창의적이고, 구두표현을 선호하고, 사고와 감정을 혼합하는 경향이 있으며, 예술 및 손으로 직접 조작하는 다양한 학습방법을 선호하고, 지식을 실생활과 연결하고, 경쟁적인 과제보다 협동적인 과제, 그리고 고도의 구조화된 환경보다 비구조화된 환경을 선호한다(VanTassel-Baska & Little, 2003).

넷째, 선호방식에 있어서는 소외계층 영재의 경우 단체에 대한 소속감과 연대감이 강하고, 자신의 환경을 다루는 능력이 뛰어나며, 모호함을 잘 견디고, 혁신적이면서 창의적으로 생각하는 경향이 있다(Baldwin, 1977). 이 외에도 과외활동에 있어서 일반영재가 독서를 좋아하는 반면, 소외계층 영재는 게임이나 경쟁적인 스포츠를 선호하는 것으로 나타났다(Frasier & Passow, 1995). 이와 같이 소외계층 영재들은 일반영재들과 여러 측면에서 차이가 있으나, 대부분 전통적인 학급에서의 교수-학습 방법, 교실환경, 교과목은 다수의 중산층의 가치와 방법 등에 맞추어져 있기 때문에 일반영재와 구분되는 소외계층 영재의 특징을 교육 활동에 적절히 반영하지 못할 가능성이 있다(Banks, 1993).

2) 소외계층 영재를 위한 프로그램

세계 여러 나라는 1980년대부터 소외된 영재들을 위한 프로그램을 제공하면서 그들을 발굴하고자 노력해 왔다. 이런 노력에 의거하여 실시한 프로그램을 주로 'Reach Out' 프로그램이라고 부른다. 즉, 잠재력을 충분히 갖고 있음에도 영재교육 혜택을 받지 못하는 학생들을 찾아내서 영재교육 프로그램 속으로 끌어낸다는 뜻이다. 이런 프로그램들이 대상으로 하는 집단은 매우 다양하지만, 그중에서도 사회경제적으로 형편이 좋지 않아 잠재력을 최대한 계발하기 어려운 학생에게 실시하는 프로그램이 가장 많다.

세계 여러 나라가 개발한 대표적인 소외계층 영재 프로그램으로는 뉴욕 할렘 지역의 영재들을 발굴하기 위해 미 연방정부가 7년간 지원하고 볼랜드(Borland)와 라이트(Wright)가 추진한 프로젝트 시너지(Project Synergy), 다중지능이론에 기초한 메이커(Maker)의 디스커버 프로그램(Discover Program), 반타셀-바스카(VanTassel-Baska) 등이 주축이 되어 수행평가 방법을 통해 초등학교 3~6학년까지의 영재를 판별한 프로젝트 스타(Project Star), 버지니아 대학과 샬롯 멕클렌버그(Charlotte Mecklenburg) 공립학교가 함께 유치원부터 초등학교 2학년까지의 소외계층 영재를 발굴하기 위해 개발한 프로젝트 START, 불우한 환경에서 깊이 있는 이해를 경험해 보지 못한 채 학교에 다니고 있는 영재들의 사고력을 증진시켜 주고자 한 HOTS 프로그램, 이스라엘의 푸에르스타인(Feuerstein)이 고안한 이민자들을 위한 도구적 심화 프로그램(Instrumental Enrichment Program) 등이 있다.

이러한 프로그램들은 각 학생의 학습결손으로 진단되는 읽기, 쓰기, 셈하기, 사고력, 학습태도 등과 같은 기초기능을 습득 · 숙달할 수 있게 도와주며, 교과영역과 관련지어 사고력을 활용할 수 있게 해 주고, 특정 분야의 재능발달을 위해 필요한 경험을 풍부하게 제공하며, 성공하는 데 필요한 정의적 특성인 자부심, 모험심, 학습동기, 자신의 궁금증을 탐색해 보는 태도, 다양한 대안에 대한 인식, 바람직한 학습습관을 심어 줌은 물론, 부모들에게 배움의 가치를 중시하고, 자녀의 학습에 지원과 격려를 제공하는 방법에 대해 교육을 실시하는 것 등의 공통된 특성을 갖고 있었다.

일반적인 교수-학습 모형보다는 도전적인 정도가 각기 다른 여러 수준의 문제를 제시하거나 사고력이나 상위인지 기능을 길러 주고자 하며, 불우한 사회경제적 배경을 뚫고 성공할 수 있는 요소들(인지능력 보완, 도전 경험 제공, 성공에 필요한 정의적 특성 계발, 부모교육 등)을 소외계층 영재 프로그램에 포함하고 있다.

한편, 국내의 소외계층 영재교육을 종합적으로 정리한 소외계층 영재학생 사례 발굴 및 지원방안 연구에 의하면, 소외계층 영재를 위한 별도의 프로그램이 존재하지 않는 경우가 많으며, 각각의 수혜자 비율 및 선발기준은 〈표 12-4〉〈표 12-5〉와 같다.

〈표 12-4〉 시 · 도별 사회적 배려 대상자 (단위: 명)

구분	경제적 요인	사회문화적 요인	지리적 요인	신체적 요인	가정환경적 요인	계
서울	522	38	1	10	154	725
부산	359	32	4	9	238	642
대구	431	25	14	5	282	757
인천	488	28	6	1	189	712
광주	67	10	15	0	142	234
대전	123	4	4	0	62	193
울산	73	28	42	3	44	190
세종	10	0	11	0	4	25
경기	215	30	54	5	126	430
강원	12	0	18	0	19	49
충북	45	23	97	0	17	182
충남	56	49	23	0	24	152
전북	45	26	14	2	16	103
전남	98	38	134	1	113	384
경북	286	105	212	2	449	1,054
경남	103	8	101	2	99	313
제주	41	4	18	0	20	83
계	2,974	448	768	40	1,998	6,228

출처: 한국교육개발원(2018).

〈표 12-5〉 사회적 배려 대상자 선발기준(2018학년도 대상자 선발)

시 · 도	사회적 배려 대상자 기준
서울	• 기회균등 전형: 보훈자 자녀, 기초생활수급자, 한부모가족보호대상자, 법정차상위계층, 차상위계층, 차차상위계층, 가정형편이 어려운 학생 중 학교장이 추천한 자 • 사회다양성 전형: 다문화가정 자녀, 북한이탈주민 자녀, 특수교육대상자, 아동복지시설 보호 아동, 도서 · 벽지 출신, 소년 · 소녀 가장, 조손가정 자녀, 장애인(1～3급 자녀), 순직군경, 순직교원, 순직공무원의 자녀, 한부모가정 자녀, 다자녀가정 자녀, 환경미화원 자녀, 군인 자녀(15년 이상 재직 중인 준부사관 이하), 경찰 자녀(15년 이상 재직 중인 경사 이하), 소방공무원 자녀(15년 이상 재직 중인 지방소방장 이하) ※ 다자녀가정 자녀는 사회통합대상자 자격 부여하지 않음
부산	• 기회균등 전형: 국민기초생활수급권자(법정), 저소득한부모가족자녀(법정), 국가보훈대상자(법정), 차상위계층(법정, 비법정), 차차상위계층(비법정), 학교장 추천(비법정) • 사회다양성 전형: 기초생활수급자 외 소년 · 소녀 가장, 조손 · 한부모 가정 자녀, 지원자의 부모 중 한쪽이 외국 국적자이거나 귀화를 통해 한국 국적을 취득한 자, 「북한이탈주민의 보호 및 정착지원에 관한 법률」 제2조 제1호에 따른 북한이탈주민 또는 그 자녀, 관할교육청에서 특수교육대상자로 선정된 자(단, 실험실습이 가능한 자), 1～3급 해당 장애인의 자녀, 국가 또는 지방자치단체 시 · 군 · 구청 소속 별정직 공무원 신분의 환경미화원으로 재직 중인 자의 자녀, 다자녀(미혼의 자녀가 셋 이상일 경우를 말함)가정의 자녀, 경찰은 경사 이하, 군인은 준사관/부사관 이하, 소방공무원은 소방장 이하 자녀, 최근 10년 이내 해외파병 경력이 있는 군인 자녀, 복지시설 운영자 또는 복지시설 종사자 자녀, 「아동복지법」 제3조 제10호에 따른 아동복지시설에서 보호받는 아동, 국가 또는 시 · 도 지정 무형문화재 보유자 자녀, 순직 공무원(군인, 경찰, 소방, 교육공무원)의 자녀 또는 의사자 자녀, 우편집배원의 자녀, 부산시 거주 선원(승선 업무 수행자에 한함)의 자녀
대구	• 기회균등 전형: 국민기초생활수급자, 차상위계층으로서 교육감이 정하는 사람 또는 그 자녀, 한부모가족보호대상자, 학교장이 추천한 경제적으로 어려운 학생 • 사회다양성 전형: 국가보훈대상자 또는 그 자녀, 특수교육대상자, 다문화가정 자녀, 아동복지시설 수용자, 소년 · 소녀 가장, 조손가정 자녀, 순직 공무원(군경, 소방관, 교직원)의 자녀, 다자녀가정(생존 자녀 3인 이상)의 자녀
인천	• 기회균등 전형: 「국민기초생활 보장법」 제2조 제1호에 따른 수급권자 또는 그 자녀, 「국민기초생활 보장법」 제2조 제10호에 따른 차상위계층 또는 그 자녀, 「한부모가족지원법」 제5조에 따른 한부모가족 지원대상자, 차차상위계층 또는 그 자녀 • 사회다양성 전형: 소득 8분위를 초과하지 않는 자로 「국가보훈 기본법」 제3조 제2호에 따른 국가보훈대상자 또는 자녀, 「다문화가족지원법」 제2조 제1호에 따른 다문화가족의 자녀, 「북한이탈주민의 보호 및 정착지원에 관한 법률」 제2조 제1호에 따른 북한이탈주민 또는 그 자녀, 「장애인 등에 대한 특수교육법」 제2조 제3호에 따른 특수교육대상자, 「아동복지법」 제3조 제10호에 따른 아동복지시설에서 보호받는 아동, 소년 · 소녀 가정의 학생, 조손가족의 자녀, 입양 자녀(입양된 자녀만 해당), 순직공무원(군인, 경찰, 교원, 소방, 교정 등)의 자녀, 「장애인복지법」 제2조 제2호에 따른 장애등급 1～3급 장애인의 자녀

광주	• 「국민기초생활 보장법」 제7조에 따른 교육급여 수급권자, 「장애인 등에 대한 특수교육법」 제15조에 따른 특수교육대상자, 그 밖에 사회 · 경제적 이유로 교육기회의 격차가 발생하였다고 인정되는 자
대전	• 기회균등 전형: 기초생활수급자, 한부모가족보호대상자, 법정차상위계층, 차상위계층, 차차상위계층, 가정형편이 어려운 학생 중 학교장 추천자 • 사회다양성 전형: 보훈자 자녀, 다문화가정 자녀, 북한이탈주민 자녀, 특수교육대상자, 아동복지시설 보호 아동, 한부모가정 자녀, 환경미화원 자녀, 소년 · 소녀 가장, 조손가정 자녀, 장애인(1~3급) 자녀, 순직 군경 · 교직원의 자녀, 군인 자녀(15년 이상 재직 중인 준 · 부사관 이하), 경찰 자녀(15년 이상 재직한 경사 이하), 소방공무원 자녀(15년 이상 재직한 지방소방장 이하)
울산	• 「국민기초생활 보장법」 제7조 제1항 제4호에 따른 교육급여 수급권자, 「도서 · 벽지 교육진흥법」 제2조에 따른 도서 · 벽지에 거주하는 자, 「장애인 등에 대한 특수교육법」 제15조에 따른 특수교육대상자, 행정구역상 읍 · 면 지역에 거주하는 자, 그 밖에 사회 · 경제적 이유로 교육기회의 격차가 발생하였다고 인정되는 자
경기	• 기회균등 전형: 국민기초생활수급권자 또는 그 자녀, 기준 중위소득 60% 이하 가구(구 차차상위계층)로 교육감이 정하는 사람 또는 그 자녀, 「도서 · 벽지 교육진흥법」 제2조에 따른 도서 · 벽지에 거주하는 자, 「장애인 등에 대한 특수교육법」 제15조에 따른 특수교육대상자, 국가보훈대상자 또는 그 자녀, 한부모가족보호대상자 자녀(「한부모가족지원법」 제5조에 의한 복지급여수급권자), 학교장 추천 학생(가정형편이 어렵다고 학교장이 판단, 추천한 자) • 사회다양성 전형: 소년 · 소녀 가장(형제 · 자매 포함), 조손가정 학생, 북한이탈주민(「북한이탈주민의 보호 및 정착지원에 관한 법률」 제2조 해당자), 다문화가정 자녀(「다문화가족지원법」 제2조 해당자), 아동복지시설 보호아동(「아동복지법」 제50조의 규정에 의하여 설치된 시설에 보호된 아동)
강원	• 「국민기초생활 보장법」 제7조 제1항 제4조에 따른 교육급여 수급권자의 자녀, 「도서 · 벽지 교육진흥법」 제2조에 따른 도서 · 벽지에 거주하는 자, 「장애인 등에 대한 특수교육법」 제15조에 따른 특수교육대상자, 그 밖에 사회 · 경제적 이유로 교육기회의 격차가 발생하였다고 인정되는 자
충북	• 사회적 배려 대상자(「영재교육진흥법 시행령」 제12조 제2항) 1) 「국민기초생활 보장법」 제7조 제1항 제4호에 따른 수급권자의 자녀 2) 「도서 · 벽지 교육진흥법」 제2조에 따른 도서 · 벽지에 거주하는 자 3) 「장애인 등에 대한 특수교육법」 제15조에 따른 특수교육대상자 4) 행정구역상 읍 · 면 지역에 거주하는 자 5) 그 밖에 사회 · 경제적 이유로 교육기회의 격차가 발생하였다고 인정되는 자
충남	• 「국민기초생활 보장법」 제7조 제1항 제4조에 따른 교육급여 수급권자의 자녀 • 「다문화가족지원법」 제2조 제1호에 따른 다문화가족의 자녀 • 북한이탈주민(「북한이탈주민의 보호 및 정착지원에 관한 법률」 제2조 해당자)
전북	• 「국민기초생활 보장법」 제7조 제1항 제4조에 따른 교육급여 수급권자 • 「도서 · 벽지 교육진흥법」 제2조에 따른 도서 · 벽지에 거주하는 자 • 「장애인 등에 대한 특수교육법」 제15조에 따른 특수교육대상자 • 행정구역상 읍 · 면 지역에 거주하는 자 • 그 밖에 사회 · 경제적 이유로 교육기회의 격차가 발생하였다고 인정되는 자

전남	•「영재교육 진흥법」 제5조 제2항,「영재교육진흥법 시행령」 제12조 제2항에 근거하여 다음과 같은 자 1) 경제적 요인: 국민기초생활, 소득분위(차상위, 차차상위), 가정형편(저소득), 급식지원, 건강보험료 2) 사회 · 문화적 요인: 다문화가정, 북한이탈가정 3) 지리적 요인: 도서 · 벽지 거주, 읍면지역 거주 4) 가정환경적 요인: 한부모가족, 국가유공자 자녀, 국가보훈자 자녀, 사회복지시설 보호, 소년소녀 가장, 조손가정, 장애인 자녀, 순직공무원 자녀, 특수직업종사자 자녀, 다자녀가정, 입양가정, 무직자 자녀 등
경북	• 국민기초생활보장 수급자, 급식면제자, 차상위계층, 도서 · 벽지 가정 소년 · 소녀 가장, 경제적 지위가 낮은 가정, 다문화가정, 북한이탈주민의 자녀, 행정구역상 읍면지역에 거주하는 학생 등 사회, 경제적으로 여건이 어려운 가정환경(저소득층)으로 인하여 교육기회의 격차가 발생하였다고 인정되는 학생
경남	•「영재교육 진흥법」 제5조 제2항에 해당하는 자 1)「국민기초생활 보장법」 제7조 제1항 제4조에 따른 교육급여 수급권자, 차상위계층(법정) 또는 그 자녀 2)「도서 · 벽지 교육진흥법」 제2조에 따른 도서 · 벽지에 거주하는 자 3)「장애인 등에 대한 특수교육법」 제15조에 따른 특수교육대상자 4) 한부모가족보호대상자(법정) 또는 그 자녀 5) 그 밖에 사회 · 경제적 이유로 교육기회의 격차가 발생하였다고 인정되는 자
제주	•「국민기초생활 보장법」 제12조에 따른 교육급여 수급권자,「국민기초생활 보장법」 제2조 제10호에 따른 차상위계층으로서 중위소득 50% 이하인 자 또는 그 자녀 • 소년 · 소녀 가장 및 조손가정의 자녀,「아동복지법」 제3조 제10호에 따른 아동복지시설에서 보호받는 아동 •「국가보훈 기본법」 제3조 제2호의 국가보훈대상자 또는 그 자녀,「장애인 등에 대한 특수교육법」 제2조 제3호에 따른 특수교육대상자 •「한부모가족지원법」 제5조에 따른 한부모 가족보호대상자,「다문화가족지원법」 제2조 제1호에 따른 다문화가족의 구성원,「북한이탈주민의 보호 및 정착지원에 관한 법률」 제2조 제1호에 따른 북한이탈주민 또는 그 자녀
세종	•「국민기초생활 보장법」에 의한 수급권자 및 그 자녀, 차상위계층, 가정형편이 어렵다고 학교장이 판단 · 추천한 자, 국가보훈대상자 또는 자녀, 다문화가정 자녀, 북한이탈주민 자녀, 한부모가정 자녀, 도서 · 벽지 거주 학생, 아동복지시설 수용자, 소년 · 소녀 가장, 순직 군경 · 소방관 · 교원 · 공무원 자녀

출처: 한국교육개발원(2018).

요약정리

1. 장애영재란 장애와 영재성을 동시에 지닌 집단으로, 이러한 특수성으로 인해 독특한 특성과 교육적인 필요를 가진다. 장애영재의 판별에서는 장애 때문에 영재성이 가려지거나 영재성 때문에 장애가 가려지는 경우가 있기 때문에 주의 깊은 관찰과 판별이 필요하다.
2. 학습장애영재를 지칭하는 용어는 다양하다. 학습장애와 영재성을 동시에 지닌 경우 학습장애영재로 불리며, 미성취영재는 학습장애영재와는 다른 관점의 차이를 반영한다.
3. 학습장애영재들은 지적 능력, 회피행동, 자아개념, 동기, 행동에서 매우 독특한 특성이 있으며, 이러한 독특성이 사회 · 정서적 특징으로 발현되고, 학교학습에서도 특징적인 양태를 나타낸다.
4. 이디엇 서번트란 지적장애와 영재성을 지닌 집단으로, 뛰어난 능력을 지니고 있기 때문에 장애영재 연구의 많은 부분에서 발견할 수 있다. 그들이 뛰어난 능력을 보이는 영역은 단순한 암기, 예술 영역 중 일부인 것으로 알려졌다.
5. 아스퍼거 영재는 아스퍼거 증후군을 지닌 영재로, 뛰어난 언어적 능력에 기반을 두어 영재성을 지닌 경우들이 발견된다.
6. ADHD 영재란 ADHD의 특성과 영재의 특성을 동시에 지닌 집단으로, 독특한 특성을 지니고 있을 뿐만 아니라 ADHD의 특성에 기인한 교육적 중재방법이 다양하게 제시되었다.
7. 여성 영재들은 남성 영재에 비하여 미성취를 가지게 될 확률이 높으며, 여성이기 때문에 부딪히게 되는 문제가 다양하다. 그들을 위한 교육적 중재방법들이 국내외적으로 다양하게 제시되었다.
8. 소외계층 영재는 사회경제적으로 불우한 위치의 영재집단으로, 국내외적으로 다양한 교육 프로그램이 사용되고 있다.

연구문제

1. 장애영재의 특성과 판별방안에 대해 설명하시오.
2. 학습장애영재의 특성과 판별방안에 대해 설명하시오.
3. 학습장애영재를 예방할 수 있는 방법을 찾고, 그 프로그램의 특징을 설명하시오.
4. ADHD 영재의 특성과 판별방안, 교육방안에 대해 설명하시오.
5. 아스퍼거 영재의 정의와 특성에 대해 설명하시오.
6. 이디엇 서번트의 예를 뉴스에서 찾아 실례를 중심으로 특징을 설명하시오.
7. 여성 영재의 특성과 판별방안, 교육 프로그램에 대해 설명하시오.
8. 소외계층 영재의 특성과 판별방안, 교육 프로그램에 대해 설명하시오.

제13장
예술영재

학습목표

1. 예술의 의미와 예술영재의 의미를 이해할 수 있다.
2. 예술영재의 최근 역사와 판별 절차를 알고, 판별계획을 세울 수 있다.
3. 예술영재 교육 프로그램과 운영상의 특징을 알 수 있다.

1. 예술영재의 개념과 역사

학문 분야에서의 영재성과는 달리 예술 분야에서 영재란 영역 특수적인 능력을 가진 재능아(talented)를 말한다. 즉, 예술영재(the talented in art)란 예술 영역에 남다른 재능을 가지고 있고, 예술적으로 성공할 가능성이 아주 높은 사람으로 정의할 수 있다(성경희, 2005). 예술영재는 대부분 음악영재와 미술영재로 나누어서 정의하는 것이 일반적인데, 이러한 구분이 필요한 이유는 음악영재성(공간예술 재능)과 미술영재성(시각예술 재능)은 구분된 능력이기 때문이다(Zimmerman, 2003).

음악영재(the talented in music)는 음악에 남다른 재능을 가지고 있어서 음악적으로 성공할 가능성이 아주 높은 사람을 의미한다. 즉, 음악적 잠재력이 뛰어난 사람을 의미한다. 음악적 잠재력은 타고나기도 하고 동시에 계발되는 것이기도 하다. 이런 음악영재의 특성에 대한 연구는 오래전부터 있어 왔지만 이를 명확하게 규명하는 것은 쉽지 않은 일이었으며, 유럽 등지에서는 음악영재의 음악적 소질과 재능을 판별할 수 있는 도구를 개발하여 음악영재성의 핵심요인을 밝히는 데 주력하였다.

음악영재의 판별을 위해 사용되고 있는 기준으로 음악영재의 특성을 살펴보면, 음악영재는 대체적으로 음악적 지각과 인지의 능력을 다루는 음악성은 물론, 높은 음악적 감수성과 상상력 및 표현력 등과 관련되는 창의성, 강한 집중력과 높은 학습의욕 및 인내력과 자율성 등의 정의적 특성 등을 함께 고려하는 것으로 나타나고 있다(성경희, 1993; 오주일, 2004; 최은식, 2003; Haroutounian, 2002; Zimmerman, 2004).

다이와 셰이더(Dai & Schader, 2002)의 연구에 의하면, 음악적 재능은 타고난 재능과 함께 부모의 격려와 지원에 의해서 완성되는 것으로 알려져 있다. 음악영재들의 특성은 어린 시절에 일찍이 재능의 신호를 보이며, 절대음감을 가지고 있고, 즉석에서 보고 하는 연주를 잘하고, 음악적 생산성이 뛰어나다는 것이다.

또한 음악영재란 그 사회가 '음악'이라고 인정하고 있는 영역에서 활동하면서 능력과 발전 가능성을 인정받는 경우를 말한다고 볼 수 있는데, 그 사회나 문화가 무엇을 '음악'으로 보고 있는가가 중요한 관건이 될 수밖에 없다. 우리 사회가 교육과 관련하여 음악이라는 영역을 어떻게 세분하고 있는가는 전문 음악교육의 체계를 살펴보면 알 수 있다. 음악과 관련된 전문교육은 서양 예술음악과 전통음악, 대중음악의 세 분야로 구분된다. 각각의 음악 분야는 추구하는 가치나 역할이 다르고 음악을 만들거나 이해하는 방식에서도 서로 같지 않다. 그러나 음악의 세 분야에는 공통적으로 필요한 가장 기초적인 음악적 능력이 존재하며, 음악영재의 선발과 관련해서는 이 기초적인 능력이 무엇인지 주목해야 한다.

나이가 어려서 아직 특정 분야의 기술을 습득하지 못한 아이들이 보여 주는 교육되기 전의 순수한 능력은 이러한 기초적인 능력에 해당한다. 그들이 성장하면서 어떤 분야의 전문 지식과 기술을 습득하게 해야 하는가는 선발의 문제가 아닌 교육의 몫이다. 음악영재 교육은 음악의 가장 기초적인 능력에서 뛰어남을 보이는 아이들을 선발하여 교육하면서 그들의 주변 환경과 개인적인 취향을 고려하여 그들이 자기에게 맞는 분야를 적절하게 찾아 나갈 수 있도록 도와야 한다(한국예술영재교육연구원, 2006a).

미술영재는 모든 미술활동과 관련된 분야에서 뛰어난 재능을 지니거나 무한한 잠재력을 지닌 아동을 말한다. 일반적으로 그들은 표현력과 감수성이 뛰어나고, 풍부한 직관적 상상력을 지니며, 창의적 표현이 유창하다(정은선, 2004). 1972년의 「말랜드 보고서」에서 '시각 및 공연 예술(visual and performing arts)' 영역으로 제시하여 미술영재의 특성을 정의하였다. 허위츠와 데이(Hurwitz & Day, 1982)는 미술영재성을 시각적 인지능력, 동기, 창의성, 표현력이 상호작용하여 나타나는 예술적 지능(artistic intelligence)이라고 정의하였다. 이용애(2003)는 미술영재를 미술표현에서 필요로 하는 인지능력, 동기, 창의성, 표현력의 요인이 평균 이상이고, 이러한 구성요인이 상호작용하여 산출물을 제작할 수 있는 미술적 능력을 가진 자로 정의하고 있다. 로웬펠드와 브리태인(Lowenfeld & Brittain, 1982)은 미술영재의 특성을 상상과 표현의 유창성, 고도로 발달된 감수성, 풍부한 직관적 상상력, 표현의 직접성, 고도의 자기동일시로 보고 있다.

미술영재라 함은 '미술'이라는 구체적인 영역에서 활동해야 하며, 그러한 영역에서 성과와 가치를 인정받을 수 있어야 한다는 조건을 전제로 한다. 그러나 미술은 영역적인 개념일 뿐만 아니라 그 시대와 환경의 가치관이 반영된 사회문화적 개념, 다시 말해 학문의 분화, 사회적·문화적·경제적 가치관의 변화, 때로는 정치적 요소가 반영된 것으로서 오랜 기간을 통해 구축된 개념인 것이다. 따라서 영상미디어 분야와 디자인 관련 분야 또한 회화, 조각, 건축과 함께 미술영재 대상판별의 영역이 된다(한국예술영재교육연구원, 2006b).

2000년 1월에 「영재교육 진흥법」이 제정되고, 2002년 4월에 그 시행령이 제정됨에 따라 영재교육 정책이 추진되면서 수학, 과학 등의 분야와 함께 예술 분야도 영재교육의 한 영역으로 등장하게 되었다. 교육인적자원부(현 교육부)가 2002년에 서울특별시 교육청 소속의 서울예술고등학교와 선화예술고등학교에 시범적으로 예술영재교육원을 설치·운영하였던 것이 현재 시·도 교육청 산하 예술영재교육원 18개소와 예술영재학급 15개소로 확대되었으며, 그 수혜 대상 학생 수도 증가하고 있다(한국교육개발원, 2007).

여기에 「영재교육 진흥법」과는 무관하나 전통적인 의미에서 예술영재교육을 표방했던 예술중학교와 예술고등학교의 수가 35개교에 달하는 점을 고려할 때, 우리나라 예술영재 교육기관의 양적인 팽창은 최근에 이르러 괄목하게 성장하였다.

그러나 교육인적자원부의 예술교육 정책은 주로 수학과 과학을 중심으로 진행되는 측면이 있었으며, 예술영재교육은 예술 분야의 전문성을 기반으로 그 질적인 제고가 필요하다는 문제가 제기됨에 따라 2005년부터는 문화관광부에서도 예술영재교육정책의 일부를 담당하게 되었다.

2005년 이래 현재까지 문화관광부(현 문화체육관광부)가 추진하여 온 예술영재 교육정책은 본격적인 예술영재 교육사업 시행을 위한 기초 작업의 성격을 띠고 있으며, 그 주요 골자는 다음과 같다(한국교육개발원, 2007).

- 문화관광부 내 문화예술교육과를 신설(2004. 11.), 문화예술 교육정책 기능의 강화 및 예술영재 교육 담당자의 배정
- 한국예술영재교육연구원 지정(2005. 7.) 및 '예술영재교육 발전방안 연구' '예술영재교육과정 연구' '예술영재교육 대상자 선발모형 개발 연구(I)' '예술영재교육인력 육성방안 연구' 등 정책 수립의 초기단계
- 한국예술종합학교 예술실기 연수과정 및 예술영재 선발제도를 통한 예술영재 정책 시행(1993~)
- 한국문화예술교육진흥원 설립(2005. 4.), '통합형 영재교육 지원사업' '예술영재교육 관리자 대상 연수' '예술영재 캠프' 등 시범사업 수행
- 예산지원의 점진적 증가(2005년: 2억 → 2006년: 5억 → 2007년: 9억) 등의 발전

2007년 이후 한국예술영재교육원 설립이 이루어졌으며, 한국예술영재교육원과 예술고등학교 등에서 예술영재교육이 이루어지고 있다. 종합하면, 우리나라 예술영재 교육정책은 교육 관련 부처와 문화 관련 부처가 병행적으로 추진하되, 궁극적인 목표는 예술적 잠재력과 창의성을 최대한 발휘할 수 있도록 조기에 예술영재를

발굴하여 그 육성체계를 구축하는 것을 골격으로 하고 있다고 볼 수 있다.

제4차 영재교육종합진흥계획에서도 분야별 다양화를 통한 예술영재 지원책을 발표하고 있는데, 전체 영재교육 대상에서 예술영재가 차지하는 비중은 〈표 13-1〉과 같다.

〈표 13-1〉 2017년 영재교육 대상자 수 분야별 현황

구분	수학 · 과학	발명	정보	외국어	예술 · 체육	인문사회	기타	계
학생 수(명)	84,468	4,563	5,193	2,232	4,192	4,096	4,522	109,266
비율(%)	77.30	22.70						100

출처: 교육부(2018).

2. 예술영재의 판별과 선발

1) 예술영재의 판별

예술영재를 판별하는 절차는 크게 4단계로 나누어 볼 수 있다. 1단계에서는 부모 또는 교사의 추천으로 같은 나이 또래의 아동과 비교해서 창의성 방면에서 월등히 뛰어난 학생을 추천한다. 2단계에서는 부모가 영재 특성 체크리스트를 작성한다. 3단계에서는 미술 및 음악 분야 관련 전문가를 통해 아동과의 개별검사가 이루어진다. 여기에는 창의적 문제해결력 검사, 창의성검사, 면담 등이 포함된다. 4단계에서는 영재교육 프로그램을 통한 판별이 이루어진다(유주연, 2002).

예술영재의 판별에 대한 기본 방안은 주로 한국예술영재교육연구원에서 관장하고 있다.

2) 예술영재의 선발

(1) 음악영재 선발

음악영재 판별을 위해 개발된 선발모형에 관한 연구로는 성경희(2005), 최은식(2003), 한국예술영재교육연구원(2006b), 원영실(2010) 등이 있다.

한국예술영재교육연구원(2006b)에서 제시한 음악영재 선발모형은 지역단위의 음악영재 교육기관에서 학생들을 선발하는 과정에 맞추어 개발되었으며, 발달적 차원에서 음악영재성을 발달지향 수준과 영역지향 수준 및 분야지향 수준의 세 수준으로 구분하였다. 선발 절차는 각 수준별로 2가지 절차로 나누어진다.

음악영재 교육 대상자의 선발 절차는 발달지향 수준과 영역지향 수준, 분야지향 수준에서 차별화하였다. 발달지향 수준에서의 선발 절차는 음악활동을 통한 음악능력 검사나 수업과정 관찰을 통한 평가를 받을 수 있도록 하는 것을 원칙으로 하였고, 악기를 배운 학생과 초보자를 분리하여 선발하도록 하였다. 영역지향 수준과 분야지향 수준에서의 선발 절차는 학교를 기반으로 하지 않는 음악영재 교육기관의 선별과 학교를 기반으로 하고 있는 경우를 구분하였고, 연주 오디션과 작곡 실기 등을 1차 평가내용으로 하고 있다.

한국예술영재교육연구원에서 제시한 음악영재교육 대상자 선발모형은 연주 오디션 위주의 선발을 넘어 교육과정 관찰을 통한 선발방법을 제안하였고, 다층적인 과정을 활용하였으며, 선발과정이 곧 교육이 되도록 하였다.

원영실(2010)은 국악 및 서양음악 영재성 진단평가를 개발하였는데, 음악이라는 분야도 매우 넓은 영역이기 때문에 하나의 단일한 평가방법은 어려운 것으로 알려졌다.

음악영재 선발에 대한 예시는 〈표 13-2〉와 같다.

〈표 13-2〉 예술영재교육원 선발방법(2014년 부산광역시)

① 모집대상자: 부산광역시 교육청 관내 초등학교 6학년 재학생

• 학교당 추천 인원: 음악 전공별 2명 이내, 미술 2명 이내

영역	음악					미술	비고
	피아노	성악	현악	관악	타악		
추천 인원수	2	2	2	2	2	2	-

② 선발단계

• 음악 영역

No	내용	대상	비고
1	1단계: 서류전형	학교장 추천을 받아 지원한 자	지원서, 자기소개서
2	2단계: 선발고사	1단계 서류전형을 통해 선발된 자	• 전공 실기고사(100점) - 피아노(2곡): ① Chopin Etude 중 한 곡 ② Sonata 중 빠른 한 악장 - 성악(2곡): ① 한국 가곡 1곡(1절만) ② 이탈리아 가곡 1곡(원어로) - 현악(1곡): Sonata 또는 Concerto 중 빠른 한 악장 - 관악(1곡): Sonata 또는 Concerto 중 빠른 한 악장 - 타악(2곡): ① 마림바: 자유곡 1곡 ② 스네어드럼: 자유곡 1곡 • 청음(10점)
3	3단계: 면접	2단계 선발고사를 통과한 자	
4	최종 합격자 심의	3단계 면접을 통해 선발된 자	예술영재교육 대상자 선정 심사위원회에서 심의

• 미술 영역

No	내용	대상	비고
1	1단계: 서류전형	학교장 추천을 받아 지원한 자	지원서, 자기소개서

2	2단계: 선발고사	1단계 서류전형을 통해 선발된 자	• 감상(60점): 감상문 – 미술작품 감상 후 주어진 과제에 대해 서술하기(600자 원고지) • 실기고사1(120점): 상상표현 – 제시된 주제를 이용하여 창의적으로 표현하기(8절지) • 실기고사2(120점): 관찰표현 – 실내·외의 풍경, 정물 및 인물 등을 관찰하여 표현하기(4절지) ※ 주제는 당일 발표
3	3단계: 면접	2단계 선발고사를 통과한 자	
4	최종 합격자 심의	3단계 면접을 통해 선발된 자	예술영재 교육 대상자 선정 심사위원회에서 심의

출처: 부산광역시예술영재교육원(2014).

(2) 미술영재 선발

현재까지 미술영재 선발과 관련된 국내 연구는 대부분 미술영재성을 판별하기 위해서 요구되는 '주요 요인'이 무엇인지에 대한 연구들로 이용애(2003), 서울특별시 교육연수원(2006), 한국예술영재교육연구원(2006b) 등이 있다.

한국예술영재교육연구원(2006b)에서 제시한 미술영재 선발모형은 ① 선발대상 확대의 측면으로서 유치원 및 초등학령기를 포함하였고, ② 성취도와 잠재성의 균형적 평가로서 수업관찰 평가를 도입하였으며, ③ 기회평등의 관점으로서 사회·문화·경제적 소수자를 배려하였고, ④ 미술교사 및 예술가의 전문성에 의한 선발이 이루어지도록 하였으며, ⑤ 학령별 지원제한을 벗어나 자유로운 지원이 가능하도록 하였다.

3. 예술영재를 위한 교육 프로그램

1) 우리나라의 프로그램

우리나라에서 실시하고 있는 예술영재 프로그램을 보면, 학생들이 예술영재교육원이나 영재학급으로 지정된 기관에서 교육을 받고 있으며, 선발은 대체로 실기평가와 심층면접을 통해 이루어지고 있다. 그러나 아직은 과학영재나 수학영재의 학술적 영재만큼 많은 수의 영재교육원은 없으며, 예술영재 학급의 경우는 수도권이나 대도시에만 집중되어 있다. 국내의 예술영재교육원과 예술영재 학급은 점차 증가 추세에 있으며, 교육청 부설 영재학급 또는 예술영재교육원, 대학 부설 영재교육원 등 다양한 형태로 전개되고 있으며, 그 영역과 내용이 확대되고 있는 추세이다.

한수연(2007)은 예술영재를 위한 프로그램의 원칙을 다음과 같이 제안하였다.

첫째, 구체적인 가이드라인이 있어야 한다.
둘째, 수업운영 측면에서 가능한 한 많은 팁을 주어야 한다.
셋째, 기초 예술성과 창의적인 예술적 사고력 계발을 목표로 하여야 한다.
넷째, 교육실천 장면에서 끊임없이 수정 · 보완되어야 한다.

부산대학교 예술영재교육원의 2014년 교육내용을 소개하면 〈표 13-3〉과 같다.

〈표 13-3〉 부산대학교 예술영재교육원의 2014년 교육내용

미술 한국화, 조소, 서양화, 공예, 디자인 등의 내용을 포함하고 있다.

프로그램	지도내용
한국화	한국화와 서양화는 무엇이 다른가? / 그림-다양성에 대하여 재료의 특성 알기 / 기본적인 묵법과 필법(먹효과, 필효과) 한국화의 종류 / 기억해서 그리기 민화야 놀자 / 추상에서 구상 만들기, 구상에서 추상 찾기
조소	그림과 입체는 무엇이 다른가 / 선으로 만드는 입체공부 면으로 만드는 입체공부 / 현대 조각의 이해 재활용품으로 만드는 입체조형 / 기존의 물건을 이용한 입체 콜라주 붙여서 만들기 / 깎아서 만들기
서양화	이야기로 꾸며 보는 그림일기 / 여러 가지 도구를 이용한 드로잉 색, 어떻게 변하나? / 음악을 그림으로 그린다면…… 새로운 생명을 그려 보자 / 기발한 기계를 그려 보자 물건 보고 상상하기 / 우리 주변의 미술품은 무엇이 있나?

공예	조형예술 이해하기 / 조형예술 감상 흙으로 만드는 나의 캐릭터 코일링 기법으로 만들기(나만의 컵과 샐러드볼) 나무로 생활용품, 나만의 보물 상자 만들기 섬유를 이용한 다양한 물건의 제작(펠트, 염색 티셔츠) 내 손으로 만드는 장신구
디자인	디자인이란 무엇인가? / 디자인개론 및 색채탐구 세계, 한국의 디자이너 작품감상 디자인 기초실습(점, 선, 면) / 색채실습 아이디어 창출과 제작 / 창의적 표현을 위한 주제 발표 만화, 애니메이션의 이해와 연출 컴퓨터 그래픽(포토샵, 일러스트레이션 배우기)
그 외	전문가 초청 특강 미술과 현장학습 / 디자인 현장학습 재능기부 프로그램

음악 **시창 · 청음, 합창, 음악사문헌 감상, 국악 이해하기와 1:1 전공 레슨으로 수업을 진행한다.**

프로그램	지도내용
시창 · 청음	악기의 도움 없이 악보를 보고 정확히 노래하고, 음을 듣고, 악보에 적을 수 있는 능력 지도
합창	합창교육을 통해 전체의 조화와 단결, 성부에 대한 이해를 통해 음악의 조화로움을 느낌
음악사문헌 · 감상	다양한 서양음악에 대한 감상능력을 높이고, 이론적인 지식을 학습
국악 이해하기	기본적인 국악에 대한 이해와 함께 민요 부르기, 국악장단 배우기를 통해 국악의 다양한 모습을 이해
전공 레슨	1:1 전공 레슨, 담당교수와 협의하에 주중 1회 진행

2) 외국의 프로그램

이스라엘에서는 과학예술고등학교를 설립하여 시각예술, 음악, 수학, 화학, 물리의 영역 중 어느 한 영역이나 그 이상에서 높은 적성과 흥미를 지닌 학생을 선발 · 교육하고 있다. 이 학교의 길더 프로젝트 주간(The GILDER Project Week)에는 학생들이 자기주도적으로 학습할 수 있도록 개인 과제를 수행하게 한다.

영국에는 적극적인 정부정책의 일환으로 2002년에 설립된 국립영재아카데미(The National Academy for Gifted and Talented Youth: 이하 NAGTY)가 있다. 이 기관은 영국의 우수한 어린 인재를 발굴하여 그들의 잠재력을 향상시킬 수 있는 학습 프로그램을 제공하며, 영재교육을 담당하는 교사들에게 각종 수업자료와 워크숍을 제공하는 등 정부, 예술 및 교육 정책과 연계시키는 조정자로서의 역할을 수행하고 있다. 영국에서는 영재교육을 차별화된 교육으로 실시하기보다는 정규학교에 다니면서 개인적으로 필요한 부가적 학습을 제공하는 방식으로 진행하고 있다. 이 중 음악, 무용, 미술, 드라마와 관련된 예술 영역에서는 최근 문화부와 교육부가 쌍방 간 공동협력을 바탕으로 학교 내 음악교육 프로그램을 지원하는 음악발표(Music Manifesto) 프로그램을 실시하기도 했다. NAGTY에서는 최근 엘리트주의의 영재교육이 아닌 상대적으로 그동안 교육의 기회를 받지 못한 소외계층의 아동이나 다양한 문화적 배경을 가진 아동에게 기회를 제공하는 방안을 모색하고 있다.

미국의 월넛 힐(Walnut Hill) 고등학교에서는 예술에 남다른 재능을 가진 학생들을 선발해서 교육하고 있다. 이 학교의 여름학교는 6~8월경에 학교 안팎에서 이루어지는데, 시각예술 프로그램은 이탈리아에서, 창작문학 프로그램은 영국에서, 그리고 음악 프로그램은 프랑스에서 이루어진다. 학교 재학생뿐 아니라 다른 학교의 학생들에게까지 개방이 되며, 선발기준이 까다로운 편이다. 최근 이 학교에서는 예술과 학문 교과의 통합(arts integration), 예술장르 간 통합(arts infusion), 예술 정신과 원리에 입각한 예술교육(discipline-based arts training)의 방향으로 예술교육을 진행하고 있다. 또한 1981년에 테드 애리슨(Ted Arison)과 그의 아내 린(Lin)에 의해 시작된 국가예술진보재단의 핵심사업인 영 아츠(Young Arts) 프로그램은 예술가로서의 경력을 결정하는 중요한 시기에 있는 17~18세 고등학생층의 재능 있는 젊은이들을 선발하여 장학금을 주고, 교육·지원하는 대표적인 예술영재 프로그램으로 인정받고 있다.

독일의 예술영재 교육은 각 지역에 있는 음악학교에서 교육한다. 정규학교 교육과정에서 맛보지 못하는 깊은 음악의 세계가 음악학교의 소규모 레슨과 장기간에 걸친 연습을 통해 전개된다. 일주일에 한 시간의 수업으로 진행되며, 7~16세의 학생들이 주류를 이루고 있다. 고가의 악기를 소유하지 않고도 대여하여 사용할 수 있다. 그들은 매해 청소년 음악대회(Jugend Musiziert)에 출전하게 되는데, 이것은 클래식 음악인의 등용문으로 알려져 있다.

외국의 예술영재 학교에 대해 간략하게 소개하면 다음과 같다.

(1) 그린빌의 예술영재 교육센터(Fine Arts Center at Greenville)

이 학교는 미국 사우스캐롤라이나 주에 거주하는 일반 고등학생들을 대상으로 방과 후 3시간씩 예술영재 교육을 실시하고 있는 거점센터이다. 이곳에 오는 학생들은 주로 예술 분야 관련 직업을 원하는 학생들이 많다. 이 프로그램에 참여하기 위해서 학생들은 자신의 관찰력과 구성력 등을 입증할 수 있는 수준 높은 포트폴리오와 입학지원서, 교수추천서, 자기동의서를 제출해야 한다. 이 학교의 기본 교과목으로는 드로잉, 회화, 판화, 도예 등이 있으며, 학생들이 같은 교육과정을 되풀이하지 않도록 하기 위해 매년 다양한 프로젝트를 제공하고 있다.

(2) 버지니아비치의 예술영재 교육센터(Old Donation Center: ODC)

이 학교는 버지니아비치 교육구에 소속된 3~8학년 학생들을 대상으로 미술 및 무용 영역의 풀아웃 프로그램을 제공하고 있는 예술영재 교육기관이다. 학생들은 이 센터에 일주일에 한 번 방문하여 4시간 30분가량 미술 혹은 무용 영역에서 심화된 영재교육 서비스를 제공받고 있다.

(3) 캐나다의 왕립음악원 RCM 사회교육원(The Royal Conservatory)

이 교육원은 캐나다의 왕립음악원에서 운영하는 평생교육기관으로서 전 연령층을 대상으로 폭넓은 음악교육 프로그램을 제시하고 있다.

(4) VSA(Very Special Arts)

VSA는 연간 5천 명을 위해 운영되는 국제적 비영리 조직으로, 진 케네디 스미스

(Jean Kennedy Smith) 대사에 의해 1974년에 설립되어 미국 50개 주와 약 100개국과 연계를 이루고 있는 장애인 예술활동 지원단체이다. VSA는 예술가, 예술교육자, 장애인들이 함께 활동하는 최초의 단체로서 모든 신체장애인과 정신장애인이 예술을 배우고, 참가하고, 즐기는 사회를 만들기 위해 창립되었다. 이곳에서는 장애인들의 예술체험과 교육기회를 넓혀 가고 적극적으로 사회적 통합을 만들어 가고 있다. VSA가 비영리단체이기 때문에 장애인들의 활발한 예술활동을 위하여 지속적이고 자체적인 재정지원은 못하지만 장애인 각본가상(VSA Playwright Discovery program)을 수여함으로써 장애인들에게 성취감을 주며, 지속적인 활동이 일어날 수 있는 동기를 부여한다. 또한 VSA에서는 장애인 예술교육의 중요성에 대한 인식을 높이고, 학교나 사회의 교육과정에서 장애인들의 표현을 조장하고, 학습과정을 개선하며, 자긍심 향상을 위해 활용 가능한 예술교육에 대한 교육방법을 연구 · 출판하고 있다.

(5) 싱가포르 예술학교(School Of The Arts: SOTA)

싱가포르 예술학교는 중등교육기관으로 싱가포르를 차별화된 예술 국제도시로 격상하고자 하는 목표로 예술영재교육을 실시하고 있다. 이에 대한 자세한 내용은 〈표 13-4〉와 같다.

〈표 13-4〉 싱가포르 예술학교

설립/운영	Ministry of Information, Communication and the Arts
학교급	싱가포르 최초 예술전문 중등학교(13~18세)[1~4학년/5~6학년(IB)]
교육과정	• 국제바칼로레아(IB Diploma) 취득으로 이어지는 6년제 프로그램 • 미래지향적 교육과정 지향 • 확고한 이론적 바탕을 가진 실기 • 전체론적 발전을 염두에 둔 통합적 예술 및 학문 교육과정 • '특화된 예술영재 프로그램(Art Gifted P)' 및 '통합예술 프로그램' • 각 학년 200명(현재 2개 학년), 한 반 20~25명으로 구성
재정	국고지원 및 등록금/후원금

설립취지	• 국가적 차원에서 예술영재(talented youth) 발굴 · 교육 • 싱가포르를 차별화된 예술 국제도시로 격상시킴 • 미래의 예술인과 각 분야의 지도자가 될 창의적 전문가 발굴 육성 • 다문화의 아시아인이 지니는 다양성 및 세계와 연결된 네트워크라는 싱가포르의 독특한 강점을 토대로 발굴한 인재와 자원을 활용하여 시너지 효과 달성 취지 • 미래 학교를 지향하는 SOTA는 전체론적인 교육철학을 채택하여 실험정신을 독려하고, 표현력을 향상시키며, 새로운 발견을 지향함
교육분야	• 음악 • 춤 • 공연 • 영상미술

출처: 싱가포르 예술학교 홈페이지(http://www.sota.edu.sg).

요약정리

1. 예술영재를 정의함에 있어서 예술성의 의미는 예술영재가 가지고 있는 예술적 특성 및 적성, 능력이다. 즉, 음악영재의 음악성과 미술영재의 미술성을 의미한다. 음악영재는 음악에 남다른 재능을 가지고 있어서 음악적으로 성공할 가능성이 아주 높은 사람을 의미한다. 미술영재는 모든 미술활동과 관련된 분야에서 뛰어난 재능을 지니거나 무한한 잠재력을 지닌 아동을 말하며, 일반적으로 그들은 표현력과 감수성이 뛰어나고, 풍부한 직관적 상상력을 지니며, 창의적 표현이 유창하다고 보고 있다.
2. 국내 예술영재교육은 2002년에 서울특별시 교육청 소속의 서울예술고등학교와 선화예술고등학교에 시범적으로 예술영재교육원을 설치 · 운영하였고, 현재는 시 · 도 교육청 산하 예술영재교육원을 통해 수혜 대상과 인원을 확대하고 있다.
3. 예술영재의 판별절차는 프로그램에 따라 매우 다양한 양상이지만, 다단계, 실기를 포함한 다측면의 평가를 실시하고 있다.
4. 예술영재를 위한 교육 프로그램은 국내외적으로 매우 다양하며, 주로 음악과 미술 중심의 프로그램들이 운영되고 있다.
5. 국내 예술영재 교육에서 나타난 문제점으로는 판별에 있어 잠재능력의 진단방법이 부재하고, 수준 높은 교육 프로그램이 미비하며, 전문인력이 부재한 것 등이 지적되고 있다.

연구문제

1. 예술영재의 정의에 대해 하위영역인 음악, 미술영재로 나누어 설명하시오.
2. 예술영재의 최근 국내 역사에 대해 설명하시오.
3. 예술영재의 판별절차를 하위영역인 음악, 미술영재로 나누어 설명하시오.
4. 예술영재를 위한 교육 프로그램을 살펴보고, 하나의 교육 프로그램을 선정하여 자세히 설명하시오.
5. 예술영재교육의 문제점을 설명하시오.

참고문헌

강숙희, 장영숙, 박숙희, 정태희, 임희준(2000). 교육과정 연구 개발: 광고캠프. 연구보고 CR 2000-15-12. 서울: 한국교육개발원.

강승희(2004). 학습장애 영재의 연구동향과 연구내용분석. 특수아동교육연구, 6(2), 355-375.

강현석, 정정희, 박창언, 박은영, 황윤세, 장사형, 이신동, 이경화, 최미숙, 이순주, 이효녕, 문병상(2007). 최신영재교육과정론. 서울: 시그마프레스.

강현석, 주동범(2005). 현대 교육과정과 교육평가. 서울: 학지사.

곽금주, 박혜원, 김청택(2001). K-WISC-Ⅲ 지침서. 서울: 도서출판특수교육.

교육과학기술부(2008). 우리나라 영재교육의 추진체계.

교육부(2013a). 미래의 우리나라 영재교육의 발전 방향.

교육부(2013b). 영재교육 대상자 수 분야별 현황.

교육부(2013c). 영재교육기관 및 영재교육 수혜율 확대.

교육부(2013d). 우리나라 영재교육의 정책 동향.

교육부(2013e). 제3차 영재교육진흥종합계획.

교육부(2018). 제4차 영재교육진흥종합계획.

교육인적자원부(2002). 영재의 조기 발굴 및 육성에 관한 국가인적자원개발 시행계획.

교육인적자원부(2003). 영재 교육연구원 운영결과 보고서.

교육인적자원부(2003). 제1차 영재교육진흥종합계획.

교육인적자원부(2007). 제2차 영재교육진흥종합계획.

교육인적자원부, 한국교육개발원(2004). 영재교육 이렇게 합니다.

구자억, 김홍원, 박성익, 안미숙, 이순주, 조석희(2002). 동서양 주요 국가들의 영재교육. 서울: 문음사.

김경아(2004). 영재아와 일반아의 리더십과 정서지능 비교 연구. 대전대학교 교육대학원 석사학위논문.

김기영(2002). 초등학교 아동의 지능과 문제행동 간의 관계 연구. 경기대학교 교육대학원 석사학위논문.

김동일 역(2003). ADHD 학교상담. DuPaul, G. J., & Stoner, G. 공저(2003). 서울: 학지사.

김동일(1999). 학습부진 영재아동. 서울: 원미사.

김동일, 박춘성(2007). 학교기반영재판별과 연구기반영재판별의 실증적 분석. 열린교육연구, 15(1), 47-67.

김미숙, 이재호(2005). 정보과학 영재교육을 위한 교육과정, 선발도구 및 교수학습 자료 개발. 수탁연구 CR 2005-52. 서울: 한국교육개발원.

김미숙, 이정규, 이희권, 김언주, 맹희주, 이상천, 정경아, 최호진, 한수연(2007). 제1차 영재교육진흥종합계획 평가 및 중장기 전망에 관한 연구. 수탁연구 CR 2007-66. 서울: 한국교육개발원.

김수겸, 유미현(2012). 중학교 과학영재 학생과 일반학생의 직업가치관과 과학 진로지향도 비교. 한국과학교육학회지, 32(7), 1222-1241.

김아영(2005). '21세기 인재육성과 교육심리학의 과제: 지능과 창의성'에 대한 종합논의. 교육심리학회 연차학술대회지, 173-183.

김아영, 백화정, 설인자, 정명숙 공역(2003). 교육심리학. 서울: 박학사.

김아영, 조영미(2001). 학업성취도에 대한 지능과 동기변인들의 상대적 예측력. 교육심리연구, 15(4), 121-138.

김영채(2006). TTCT 검사요강. 대구: 현곡 R&D.

김영철(1984). 교육의 수월성. 교육개발, 5(5). 서울: 한국교육개발원.

김정휘(1998). 영재학생 식별편람. 서울: 원미사.

김정휘, 이정규, 이민희 공역(2008). 창의성과 영재성. Donald J. Treffinger 저(2004). 서울: 학지사.

김종서, 한종하, 김순택(1982). 영재교육종합수행 방안. 서울: 한국교육개발원.

김태련, 김정휘, 조석희 공역(2004). 영재교육-심리학과 교육학에서의 조망. Tannenbaum, A. J. 저(1983). 서울: 이화여자대학교출판부.

김현철, 김홍원, 최인수, 이윤옥, 이정규(2005). 정의적 · 사회적 특성분석과 영재성 판별에서의 시사점. 한국교육, 32(3), 205-231.

김현철, 이윤옥, 이정규(2007). 영재교육담당 교사의 자질 및 교수능력에 관한 연구. 아동교육, 16(3), 221-233.

김홍원(2003). 영재교육학 원론. 서울: 교육과학사.

김홍원, 윤초희, 윤여홍, 김현철(2003). 초등 영재학생의 지적 · 정의적 행동 특성 및 지도 방안 연구. 서울: 한국교육개발원.

김홍원, 조석희, 정현철, 최규홍, 박윤미(2002). 2002 교육청 영재교육 심화 교수-학습자료:

초등4 수학 교사용. 서울: 한국교육개발원.
류지영(2004). 다중지능이론의 영재교육에의 적용. 교육과정연구, 22(1), 147-163.
류지영(2005). 미국 영재교사 양성체제가 한국 양성체제에 주는 시사. 한국교사교육연구, 22(1), 69-88.
류지춘(2014). 영재교육 담당 교원 핵심역량의 모형 개발과 수준 분석. 순천향대학교 대학원 박사학위논문.
류지춘, 이신동(2012). 미국, 영국, 이스라엘, 싱가포르, 한국의 영재교육 담당 교원 양성 · 임용 및 후속지원에 대한 동향과 교육적 시사. 영재와 영재교육, 11(1), 5-34.
문수백, 변창진(1997a). K-ABC 실시 · 채점요강. 서울: 학지사.
문수백, 변창진(1997b). K-ABC 해석요강. 서울: 학지사.
문수백, 이영재, 여광응, 조석희(2007). 종합인지기능 진단검사 실시요강. 서울: 학지사.
문태영(2005). 주의력결핍 과잉행동장애의 이해와 중재. 중복 · 지체 부자유아교육, 45, 65-79.
박병기, 유경순(2000). 창의성과 지능의 관계구조. 한국교육심리학회, 14(2), 235-261.
박선훈(2006). 초등학교 음악영재아를 위한 프로그램 개발. 건국대학교 교육대학원 석사학위논문.
박성익(1999). 영재교육과정의 모형과 운영방식에 관한 고찰. 영재교육연구, 9(1), 1-36.
박성익, 조석희, 김홍원, 이지현, 윤여홍, 진석언, 한기순(2003). 영재교육학원론. 서울: 교육과학사.
박춘성(2006). 초등영재선별을 위한 평정척도의 타당화 연구. 서울대학교 대학원 박사학위논문.
박춘성, 김동일(2006). 실천지능의 영재변별력에 대한 실증적 연구. 교육심리연구, 20(4), 891-908.
박혜원, 곽금주, 박광배(1996). K-WPPSI지침서. 서울: 도서출판 특수교육.
백기복(2000). 이슈리더십. 서울: 창민사.
부산광역시예술영재교육원(2014). 2014학년도 부산광역시예술영재교육원 영재교육 대상자 선발요강. http://www.becs.kr/young.asp
서봉연, 정보인, 최옥순(1994). 한국판 P. T. I. 실시요강. 서울: 중앙적성출판사.
서울대학교사범대학교육연구소(1995). 한국교육심리검사총람. 서울: 프레스빌.
서울특별시 교육연수원(2006). 중등영재교육 미술과정 직무연수. 서울: 서울특별시 교육연수원.
성경희(1993). 한국에서의 음악영재의 발굴과 교육의 방향, 음악인력 양성을 위한 새로운 방향 모색. 한국예술종합학교 부설 한국예술연구소 개소기념 심포지움.
성경희(2005). 모든 사람을 위한 예술교육: 21세기의 역사적 소임. 서울: 한국국제교류재단.

세계 창의력 올림피아드(2019). 장기도전과제. http://www.odysseyofthemind.co.kr/html/2_2.php

송길연 역(2004). 성공지능 가르치기. Sternberg, R. J., & Grigorenko, E. L. 저(2001). 서울: 시그마프레스.

송수지(2005). 미성취 영재의 특성 분석 및 개입전략 효과. 연세대학교 교육대학원 박사학위논문.

송인섭(1998). 교육심리학에서의 영재교육. 교육심리연구, 12(1), 1-25.

송인섭(2005). 21세기 인재육성과 교육심리학의 과제: 지적능력. 한국교육심리학회 연차대회 논문집, 9-25.

송인섭 외 공역(2005). 내 아이도 영재다. Winner, E. 저(1996). 서울: 학지사.

송인섭, 이신동, 이경화, 최병연, 박숙희 편역(2001). 영재교육의 이론과 방법. Davis, G. A., & Rimm, S. A. 공저(1998). 서울: 학문사.

신세호, 임인재, 임선하(1984). 영재성의 측정 및 영재선별 방안에 관한 연구. 서울: 한국교육개발원.

양태연, 한기순(2010). 대학생 과학영재 진로결정에 영향을 미치는 변인 간의 관계. 영재교육연구, 20(3), 921-946.

염태호, 박영숙, 오경자, 김정규, 이영호(1992). 지능에서의 성차에 관한 연구: K-WAIS 표준화 자료를 중심으로. 한국심리학회지 임상, 11(1), 11-21.

오주일(2004). 음악영재교육 프로그램 비교 분석을 통한 음악영재성 고찰. 서울대학교 대학원 석사학위논문.

원영실(2010). 음악 영재 진단평가 모형 개발, 국악 및 서양음악 분야. 한국예술영재교육연구원 보고서.

유경훈, 박춘성, 이정규(2014). 영재진로교육 및 프로그램에 대한 소고. 영재와 영재교육, 13(1), 67-81.

유주연(2002). 영재 미술교육에 대한 연구. 상명대학교 대학원 석사학위논문.

윤여홍(2000). 영재의 심리적 특성과 정서발달을 위한 상담. 한국심리학회지: 일반, 19(1), 79-101.

윤여홍(2003). 영재 상담과 진로지도. 박성익, 조석희, 김홍원, 이지현, 윤여홍, 진석언, 한기순 공저, 영재교육학원론. 서울: 교육과학사.

윤초희, 강승희(2005). 인지적 특성에 의한 영재 유형 간 판별분석: 초등 언어영재와 수학영재의 경우. 한국심리학회지: 발달, 18(3), 63-80.

이경화, 이신동(2003). 통합창의성검사. 서울: 마인드프레스.

이경화, 최병연, 박숙희 공역(2005). 영재교육(제5판). Davis, G. A., & Rimm, S. A. 공저 (2002). 서울: 박학사.

이명자, 한정숙(2008). 영재학생과 일반학생의 과민흥분성 비교. 2008년 제1차 학술대회 발표 자료, 189-195. 한국교육심리학회.

이미순(2012). 음악영재의 완벽주의 및 스트레스가 합리적 진로결정에 미치는 영향. 영재교육연구, 22(2), 221-241.

이순주(2002). 러시아의 영재교육. 구자억, 김홍원, 박성익, 안미숙, 이순주, 조석희 공저, 동서양 주요국가들의 영재교육. 서울: 문음사.

이신동 역(2008). 행복한 영재가 진짜 영재. Delisle, J. R. 저(2006). 서울: 시그마북스.

이신동(2002a). 영재 판별방법과 과제. 영재와 영재교육, 1(1), 59-89.

이신동(2002b). 장애영재의 이해와 교육적 중재. 발달장애학회지, 6(2), 189-203.

이신동(2006a). 영재판별을 위한 지능검사의 타당성 고찰. 영재와 영재교육, 5(1), 94-113.

이신동(2006b). 학습장애 영재의 유형과 판별전략 탐색. 학습장애연구, 3(1), 77-94.

이신동(2011). 발명영재 상담프로세스 개발 연구. 서울: 한국발명진흥회.

이신동, 박명순, 박춘성 공역(2007). 영재 판별의 동향(영재교육 필독 시리즈 2). 서울: 학지사.

이신동, 이경화, 최병연, 박숙희(2002). 유아영재교육의 이해. 서울: 학문사.

이신동, 이정규, 박춘성(2008). 영재교육학개론. 서울: 학지사.

이신동, 이정규, 박춘성, 이희권(2007). 영재교육 담당 교원의 양성, 연수, 배치제도 개선방안 연구. 서울: 한국교육개발원.

이신동, 이정규, 정종진, 이화진, 김태은(2006). 다중지능과 교수학습. 서울: 시그마프레스.

이용애(2003). 초등학교 아동의 시각예술영재성 판별준거 개발. 한국교원대학교 대학원 박사학위논문.

이정규 역(2008). 영재성의 정의와 개념. Sternberg, R. E. 저(2004). 서울: 학지사.

이정규(2003). 창의성 연구에 있어서 영역성과 측정에 대한 문제점 분석 연구. 교육심리연구, 17(4), 315-335.

이정규(2004a). 학업성취도에 대한 창의성의 상대적 예측력. 교육학연구, 42(4), 317-342.

이정규(2004b). 일본 학생의 학습동기의 척도 개발 및 타당화 연구-내재화 이론에 기초하여. 일본학보, 61(2), 855-870.

이정규(2005). 대학생의 창의성과 작업선호도 및 학업적 자기효능감과의 관계. 교육심리연구, 19(2), 413-432.

이정규, 김미숙, 박춘성, 이승희, 이행은(2007). 영재학급 · 영재교육원 운영실태 및 확대방안에 대한 연구. 수탁연구 CR 2007-67. 서울: 한국교육개발원.

이정규, 김현철(2005). 우리나라 영재의 개인적 · 가정 환경적 배경변인에 대한 연구. 교육방법연구, 17(2), 239-258.

이정규, 김현철, 이윤옥(2005). 우리나라 영재의 인지적 특성 연구: 3개 영역별(문과, 이과, 예술) 영재를 중심으로. 교육심리연구, 19(4), 953-971.

이정규, 김현철, 최인수, 김홍원, 이윤옥(2006). 영재교육 담당 교사의 양성과 임용에 대한 연구. 한국교사교육학회, 23(2), 343-363.

이정규, 성은현, 이신동(2015). 우리나라 영재교육 정책의 변화와 향후 전망. 영재와 영재교육, 14(2), 154-187.

이해명(2006). 영재교육의 이론과 실제. 서울: 교육과학사.

이화국, 김언주, 문정화 공역(2003). 영재 교육의 방법과 자료. Karnes, F. A., & Bean, S. M. 공저(2001). 서울: (주)대교/한국교육평가센터.

임인재(2000). 초등학생용 창의성검사. 서울: 진학사.

임호찬(2004). 한국판 레이븐 지능검사(CPM 지침서). 서울: 한국가이던스.

전경원(1992). 휴머니즘에 입각한 영재교육. 서울: 양서원.

전경원(1994). 특수한 영재교육. 서울: 양서원.

전경원(2000a). 창의학. 서울: 학문사.

전경원(2000b). 한국의 새천년을 위한 영재교육학. 서울: 학문사.

전경원(2006). 유아종합창의성검사(실시요강). 서울: 학지사 심리검사연구소.

전용신, 성백선(1970). 고대-비네(Kodae-Binet)검사 작성. 행동과학연구, 1(1), 31-42.

정경아, 최윤정, 윤초희, 이미순(2006). 영재교육 성별 실태 및 영재 여학생 육성 방안. 서울: 한국여성개발원.

정은선(2004). 미술영재교육현황분석. 상명대학교 교육대학원 석사학위논문.

정현철, 서혜애, 강민희(2006). 2006 예술영재 교수-학습자료: 서양음악 문법. 연구자료 RM 2006-98-1. 서울: 한국교육개발원.

조석희(2004). 영재교육백서. 연구자료 RM 2004-64. 서울: 한국교육개발원.

조석희(2005). 영재성의 발달 및 프로그램 효과성에 대한 종단연구. 한국교육개발원 연구보고서.

조석희, 김홍원, 강숙희, 장영숙, 황홍규(1999). 영재교육제도와 운영방안. 수탁연구 CR-99. 서울: 한국교육개발원.

조석희, 안도희, 한석실(2003). 영재성의 발굴 및 계발에 영향을 미치는 요인 분석 연구. 수탁연구 CR2003-28. 서울: 한국교육개발원.

조석희, 오영주(1997). 영재교육정책연구. 서울: 한국교육개발원.

조석희, 이미순, 황동주, 이현주(2005). 소외계층 영재의 발굴 및 교육방안: 소외 계층 영재의 특성과 교육실태분석을 중심으로. 서울: 한국교육개발원.

조석희, 정현철, 표성수, 박윤미(2004). 2005년도 교육청 영재 심화 교수-학습자료: 오르락내리락. 연구자료 RM 2004 45-27. 서울: 한국교육개발원.

조효임, 최은식, 정진원(1996). 한국 초등 학생의 음악 적성에 관한 연구 -고든의 중급 음악적성검사(IMMA)에 근거하여-. 음악교육연구, 15, 437-471.

지형범 역(2006). 영재교육백서. 서울: 두드림.

진석언(2003). 영재교육학원론. 서울: 교육과학사.

채규만(1999). 아동의 학습장애와 ADHD의 진단과 치료적 접근. 임상심리학회 제4차 워크숍 자료집.

하대현(2002). T. Amabile의 창의성 이론에 근거한 동기와 창의성 간의 관계 연구. 교육학연구, 40(2), 111-142.

한국교육개발원(1999). 영재교육과정 개발연구(Ⅰ)-초·중학교 영재교육과정 시안 개발을 위한 기초연구. 연구보고 CR 99-20.

한국교육개발원(2004). 창의적 지식 생산자 양성을 위한 영재교육 정보과학반 워크숍 자료. TM 2004-1-6.

한국교육개발원(2007). 제1차 영재교육진흥종합대책 평가 및 중장기 전망에 관한 연구. 수탁연구 CR 2007-66.

한국교육개발원(2008). 제2차 영재교육진흥종합계획.

한국교육개발원(2012). 소외계층 영재 프로그램 개발연구.

한국교육개발원(2018). 2018 영재교육 통계연보.

한국교육심리학회(2001). 교육심리학용어사전. 서울: 학지사.

한국예술영재교육연구원(2006a). 예술영재교육 발전방안 연구. 서울: 문화관광부.

한국예술영재교육연구원(2006b). 예술영재교육대상자선발모형 개발 연구(I). 서울: 문화관광부.

한수연(2006). 교육본위 예술영재교육의 의미와 방향. 교육원리연구, 11(1), 63-99.

홍성두(2006). 학습장애 진단을 위한 불일치. 서울대학교 대학원 박사학위논문.

황정규, 이성진, 원호택, 임인재, 윤정일, 박성익, 문용린, 김종택(1996). 한국 교육심리검사 총람. 서울: 프레스빌.

Achter, J., Benbow, C., & Lubinski, D. (1997). Rethinking multipotentiality among the intellectually gifted: A critical review and recommendations. *Gifted Child*

Quarterly, 41, 5-15.

Albert, R. S. (1980). Family position and the attainment of eminence: A study of special family position and special family experiences. *Gifted Child Quarterly, 24*, 87-95.

Altman, R. (1983). Social-emotional development of gifted children and adolescents: A research model. *Roeper Review, 6*, 65-68.

Amabile, T. M. (1983). The social psychology of creativity: A componential conceptualization. *Journal of Personality and Social Psychology, 45*(2), 357-376.

Amabile, T. M. (1996). *Creativity in context: Update to the social psychology of creativity*. Boulder, CO: Westview Press.

Antshel, K. M., Faraone, S. V., Stallon, K., Nave, A., Kaufmann, F. A., Doyle, A., Fried, R., Seidman, L., & Biedermann, J. (2007). Is attention deficit hyperactivity disorder avoid diagnosis in the presence of high IQ? Result from the MGH longitudinal family studies of ADHD. *Journal of Child Psychology and Psychiatry, 48,* 687-694.

Appleman, D., & Applebee, A. N. (2000). *Critical encounters in high school English: Teaching literary theory to adolescents*. New York: Teachers College Press.

Atwood, T. (1998). *Sensory integration and the child.* Los Angeles: Western Psychological Service.

Baker, J. A. (1996). Everyday stressors of academically gifted adolescents. *Journal of Secondary Gifted Education, 61*, 612-615.

Baldwin, A. Y. (1977). Tests do underpredict: A case study. *Phi Delta Kappan, 58,* 620-621.

Baldwin, A. Y. (1987). I'm Black, but look at me, I am also gifted. *Gifted Child Quarterly, 31*, 180-185.

Bandura, A. (1977). Self-efficacy: Toward a unifying theory of behavioral change. *Psychological Review, 84*, 191-215.

Banks, C. A. (1993). Restructuring schools for equity-what we have learned in two decades. *Phi Delta Kappan, 75*(1), 42-48.

Banks, J. A. (1995). The historical reconstruction of knowledge about race: Implications for transformative teaching. *Educational Researcher, 24*(2), 15-25.

Banks, J. A. (1999). *An introduction to multicultural education* (2nd ed.). Boston: Allyn & Bacon.

Barkley, R. A. (1998). *Attention-deficit hyperactivity disorder: A handbook for diagnosis and treatment*. New York: Guilford Press.

Baum, S. M. (1984). Meeting the needs of learning disabled gifted students. *Roeper Review, 7*(1), 16-19.

Baum, S. M., & Owen, S. V. (1998). High ability learning disable students: How are they different? *Gifted Child Quarterly, 32*, 321-326.

Baum, S. M., Olenchak, R., & Owen, S. V. (1998). Gifted Student with attention deficit: Fact and/or fiction? Or, can we see the forest for the tree? *Gifted Child Quarterly, 42*(2), 96-104.

Baum, S. M., Owen, S. V., & Dixon, J. (1991). *To be gifted and learning disabled: From identification to practical intervention strategies*. Mansfield Center, CT: Creative Learning Press.

Baum, S. M., Renzulli, J. S., & Herbart, T. P. (1995). Reversing underachievement: Creative productivity as a systematic intervention. *Gifted Child Quarterly, 39*(4), 224-235.

Benito, Y. (2000). Metacognitive ability and cognitive strategies to solve maths and transformation problems. *Gifted Education International, 14*, 151-159.

Berger, S. L. (1989). College Planning for Gifted Students. [Online.] Council for Exceptional children, 1989. Available from: http://ceep.crc.uiuc.edu/eecearchive/books/fte/except/ berger.pdf(Accessed: 2, Oct, 2006)

Betts, G. T. (1986). The autonomous learner model for the gifted and talented. In J. S. Renzulli (Ed.), *Systems and models for developing programs for the gifted and talented* (pp. 27-56). Mansfield Center, CT: Creative Learning Press.

Betts, G. T., & Neihart, M. (1988). Profiles of the gifted & talented. *Gifted Child Quarterly, 32*(2), 248-253.

Bloom, B. S. (1982). The role of gifts and markers in the development of talent. *Exceptional Children, 48*, 510-521.

Bloom, B. S. (1985). *Developing talent in young people*. New York: Ballantine Books.

Bolig, E. E., & Day, J. D. (1993). Dynamic assessment and giftedness: The promise of assessing training responsiveness. *Roeper Review, 16*(2), 110-113.

Borland, J. H. (2003). The death of giftedness. In J. H. Boland (Ed.), *Rethinking gifted education* (pp. 105-124). New York: Teachers College Press.

Borland, J. H. (2008). Identification. In J. A. Plucker & C. M. Callahan (Eds.), *Critical issues and practices in gifted education: What the research says* (pp. 261-280). Waco, TX: Prufrock Press.

Borland, J. H., & Wright, L. (1994). Identifying young, potentially gifted, economically disadvantaged students. *Gifted Child Quarterly, 38*, 164-171.

Bransky, P. S. (1989). Academic perfectionism in intellectually gifted adolescents: The roles of attribution, response to failure, and irrational beliefs. Unpublished doctoral dissertation, University of Kansas.

Brody, L. E., & Mills, C. J. (1997). Gifted children with learning disabilities: A review of the issues. *Journal of Learning Disabilities, 30*, 282-296.

Brown, A. L., Bransford, J. D., Ferrara, R. A., & Campione, J. C. (1983). Learning, remembering, and understanding. In P. H. Mussen (Ed.), *Handbook of child psychology: Cognitive development* (pp. 77-166). New York: Wiley.

Brown, R. T. (1989). Creativity: What are we to measure? In J. A. Glover, R. R. Ronning, & C. R. Reynolds (Eds.), *Handbook of creativity* (pp. 3-36). New York: Plenum Press.

Buescher, T. M. (1987). Counseling gifted adolescents: A curriculum model for students, parents, and professionals. *Gifted Child Quarterly, 31*(2), 90-94.

Buescher, T. M., & Higham, S. J. (1984). Young gifted adolescents: Coping with the stresses and strains of being different. Paper presented at 61st Annual Meeting, American Orthopsychiatric Association, Toronto.

Buffington, P. (1987). Perfection: Impossible dream? *Sky, 16*(8), 31-34.

Burns, D. D. (1980). The perfectionist's script for self-defeat. *Psychology Today, November*, 70-76.

Callahan, C. M., & Reis, S. M. (1996). Gifted girls, remarkable women. In K. D. Arnold, K. Noble, & R. F. Subotnik (Eds.), *Remarkable women: Perspectives on female talent development* (pp. 171-192). Cresskill, NJ: Hampton Press.

Callahan, C. M., Cunningham, C. M., & Plucker, J. A. (1994). Foundations for the future: The socio-emotional development of gifted, adolescent women. *Roeper Review, 17*, 99-105.

Cattell, R. B. (1963). Theory of fluid and crystallized intelligence: A critical experiment. *Journal of Educational Psychology, 54*, 1-22.

Chae, P. K., Kim, J-H., & Noh, K-S. (2003). Diagnosis of ADHD among gifted children in relation to KEDI-WISC and T.O.V.A. performance. *Gifted Child Quarterly, 47*(3), 192-201.

Chan, D. W. (2000). Exploring identification procedures of gifted students by teacher ratings, parent ratings, and student self-reports in Hong Kong. *High Ability Studies, 11*(1), 69-82.

Clark, B. (2002). *Growing up gifted*. NJ: Pearson Education Inc.

Cohn, S. J. (1977). A model for a pluralistic view of giftedness and talent. Unpublished paper prepared for the United States Office of Education.

Cohn, S. J. (1981). What is giftedness? A multidimensional approach. In A. H. Kramer (Ed.), *Gifted children: Challenging their potential* (pp. 33-45). New York: Trillium Press.

Colangelo, N. (2004). Counseling gifted students: Issues and practices. In Colangelo & G. A. Davis (Eds.), *Handbook of gifted education*. Boston, MA: Allyn & Bacon.

Colangelo, N., & Davis, G. A. (2003). Introduction and overview. In N. Colangelo & G. A. Davis (Eds.), *Handbook of gifted education* (3rd ed.). Boston: Allyn & Bacon.

Colangelo, N., & Kelly, K. R. (1983). A study of student, parent, and teacher attitudes toward gifted programs and gifted students. *Gifted Child Quarterly, 27*, 107-110.

Coleman, M. R. (1992). A comparison of how gifted/LD and average/LD boys cope with school frustration. *Journal for the Education of the Gifted, 15*, 239-265.

Coleman, M. R., Harradine, C., & King, E. W. (2005). Meeting the need of students who are twice exceptional. *Teaching Exceptional Children, 38*(1), 5-7.

Cooper, C. R., Baum, S. M., & Neu, T. W. (2004). Developing scientific talent in students with special needs: An alternative model for identification, curriculum, and assessment. *The Journal of Secondary Gifted Education, 14*(4), 162-169.

Cornell, D. G., Callahan, C. M., & Lloyd, B. H. (1991). Socioemotional adjustment of adolescent girls enrolled in a residential acceleration program. *Gifted Child Quarterly, 35*, 58-66.

Cox, C. M. (1926). *The early mental traits if three hundred geniuses, Volume II: Genetic studies of genius*. Stanford, CA: Stanford University Press.

Cox, J., Daniel, N., & Boston, B. A. (1985). *Educating able learners: Programs and promising practices*. Austin, TX: University of Texas Press.

Cramond, B. (1994). Attention deficit hyperactivity disorder and creativity: What is connection. *Journal of Creative Behavior, 28*, 193-209.

Cramond, B. (1995). *The coincidence of attention deficit hyperactivity disorder and creativity*. Storrs, CT: National Research Center on the Gifted and Talented.

Crombie, G., Bouffard-Bouchard, T., & Schneider, B. H. (1992). Gifted programs: Gender differences in referral and enrollment. *Gifted Child Quarterly, 36*, 213-214.

Cropley, A. J. (1990). Creativity and mental health in everyday life. *Creativity Research Journal, 3,* 167-178.

Cross, T. L. (1996). Psychological autopsy provides insight into gifted adolescent suicide. *Gifted Child Today, 19*(3), 22-23.

Csikszentmihalyi, M. (1988). Society, culture, and person: A systems view of creativity. In R. J. Sternberg (Ed.), *The nature of creativity* (pp. 325-339). Cambridge, MA: Cambridge University Press.

Csikszentmihalyi, M. (1996). *Creativity: Flow and the psychology of discovery and invention*. New York: Harper Collins.

Csikszentmihalyi, M. (1999). Implications of a systems perspective for the study of creativity. In R. J. Sternberg (Ed.), *Handbook of creativity*. Cambridge, UK: Cambridge University Press.

Dabrowski, K., & Piechowiski, M. (1977). *Theory of level of emotional development*. Ocean side, NY: Dabor Science.

Dai, D. Y., & Schader, R. M. (2002). Decisions regarding music training: Parental beliefs and values. *Gifted Child Quarterly, 46*(2), 135-144.

Dai, D. Y., Moon, S. M., & Feldhusen, J. F. (1998). Achievement motivation and gifted students: A social cognitive perspective. *Educational Psychologist, 33*, 45-63.

Daniel, F. J. (2001). An analysis if multiple intelligence theory and its use with the gifted and talented. *Roeper Review, 23*(3), 126-130.

Daniels, P. R. (1983). *Teaching the gifted/learning disabled child*. Rockville, MP: Aspen.

Dauber, S. L., & Benbow, C. P. (1990). Aspect of personality and peer relations of extremely talented adolescents. *Gifted Child Quarterly, 34*, 10-15.

Davidson, J. E., & Sternberg, R. J. (1984). The role of insight in intellectual giftedness. *Gifted Child Quarterly, 28*, 58-64.

Davis, G. A. (2006). *Gifted children and gifted education: A Handbook for teacher and parents.* ScottsDale, AZ: Great Potential Press, Inc.

Davis, G. A., & Rimm, S. B. (1998). *Education of the gifted and talented* (4th ed.). Boston: Allyn & Bacon.

Davis, G. A., & Rimm, S. B. (2002). *Education of gifted and talented students.* Boston: Allyn & Bacon.

Davis, G. A., & Rimm, S. B. (2003). *Education of the gifted and talented.* Needham Heights, MA: Allyn & Bacon.

Davis, G. A., & Rimm, S. B. (2004). *Education of the gifted and talented* (5th ed.). Boston, MA: Pearson Education.

Delcourt, M. A. B. (1993). Creative productivity among secondary school students: combining energy, interest and imagination. *Gifted Child Quarterly, 37*(1), 23-31.

Delisle, J. (2006). *Parenting gifted kids: Tips for raising happy and successful children.* Waco, TX: Prufrock Press.

Dettermahn, D. F., & Colangelo, N. (1980). A functional model for counseling parents of gifted students. *Gifted Child Quarterly, 24*(4), 158-161.

Dirkes, M. A. (1983). Anxiety in the gifted: Pluses and minuses. *Roeper Review, 6,* 68-70.

Dweck, C. S. (1986). Motivational processes affecting learning. *American Psychologist, 41*, 1040-1048.

Eisner, E. W., & Vallance, E. (Eds.). (1974). *Conflicting conceptions of curriculum.* Berkeley, CA: McCutchan.

Feldhusen, J. F., & Jarwin, F. A. (2000). Identification of gifted and talented youth for education programs. In K. A. Heller, F. J. Monks, R. J. Sternberg, & R. F. Subotnik (Eds.), *International handbook of giftedness and talent* (2nd ed., pp. 271-281). Oxford, U.K.: Elsevier Science LTD.

Feldhusen, J. F., Asher, J. W., & Hoover, S. M. (1984). Problems in the identification of giftedness, talented, or ability. *Gifted Child Quarterly, 28*(4), 149-151.

Feldhusen, J. F., VanTassel-Baska, J., & Seeley, K. (1989). *Excellence in educating the gifted.* Denver, Co: Love Publishing Co.

Feldhusen, J. H., & Baska, L. K. (1989). Identification and assessment of the gifted. In J. H. Feldhusenzx, J. VanTassel-Baska, & J. Seely (Eds.), *Excellence in education the gifted* (pp. 85-101). Denver, Co: Love Publishing Co.

Fox, L. H. (1983). Gifted students with reading problems: An empirical study. In L. Fox, L.

Brody, & D. Tobin (Eds.), *Learning disabled gifted children: Identification and programming* (pp. 117-140). Baltimore: University Park Press.

Frasier, M. M., & Passow, A. H. (1995). *Toward a new paradigm for identifying talent potential*. Storrs, CT: The University of Connecticut, National Research Center on the Gifted and Talented.

Gagné, F. (1985). Giftedness and Talent: Reexamining a reexamination of the definitions. *Gifted Child Quarterly, 29*(3), 103-112.

Gagné, F. (1991). Toward a differentiated model of giftedness and talented. In N. Colangelo & G. A. Davis (Eds.), *Handbook of gifted education* (pp. 65-80). Needham Heights, MA: Allyn & Bacon.

Gagné, F. (1993). Definition of Giftedness. In K. A. Heller, F. J. Monks, & A. H. Passow (Eds.), *International handbook of research and development of giftedness and talent*. Oxford: Pergamon Press.

Gallagher, J. J. (1979). Issues in education for the gifted. In A. H. Passow (Ed.), *The gifted and the talented: Their education and development* (pp. 28-44). Chicago: University of Chicago Press.

Gallagher, J. J., & Weiss, P. (1979). *The education of gifted and talented students*. Washington, DC: Council for Basic Education.

Gallagher, R. M. (1991). Programs for gifted students in Chicago public schools: Yesterday, today, and tomorrow. *Gifted Child Today, 14*(4), 4-8.

Gallagher, S. A., & Stepien, W. (1996). Content acquisition in problem-based learning: Depth versus breadth in American studies. *Journal for the Education of the Gifted, 19*, 257-275.

Gallucci, N. T., Middleton, G., & Kline, A. (1999). Intellectually superior children and behavioral problems and competence. *Roeper Review, 22*(1), 18-24.

Gardner, H. (1983). *Frames of mind: The theory in multiple intelligences*. New York: Basic Books.

Gardner, H. (1991). *The unschooled mind*. New York: Basic Books.

Gardner, H. (1993). *Multiple intelligence* (2nd ed.). New York: Basic Books.

Gardner, H. (1997). *Extraordinary minds: Portraits of exceptional individuals and an examination of our extraordinariness*. New York: Basic Books.

Gardner, H. (1999). *Intelligences reframed*. New York: Basic Books.

Gardner, H., & Hatch, T. (1989). Multiple intelligences go to school: Educational implications of the theory of multiple intelligences. *Educational Researcher, 18*(8), 4-9.

Getzels, J. W., & Jackson, P. W. (1962). *Creativity and intelligence*. New York: Wiley.

Gilliam, J. E., Carpenter, B. O., & Christensen, J. R. (1996). *Gifted and talented evaluation scale*. Waco, TX: Prufrock Press.

Gordon, M. (1990). The assessment and treatment of ADHD/Hyperactivity. Keynote Address, annual meeting of New York Association for Children with Learning Disabilities. Syracuse, New York.

Gordon, W. I. (1978). *Communication: Personal and public*. New York: Alfred.

Gottfried, A. W., Gottfried, A. E., Cook, C. R., & Morris, P. E. (2005). Educational characteristics of adolescents with gifted academic intrinsic motivation: A longitudinal investigation from school entry through early adulthood. *The Gifted Child Quarterly, 49*(2), 172-186.

Green, H. J. (2002). Recurring themes in career counseling of gifted and talented students. The National Research center on the gifted and talented. Newsletter(spring).

Green, H. J. (2006). Helping build lives: Career and life development of gifted and talented students. *Professional School Counseling, 10*(1), 34-42.

Gross, M. U. M. (1993). Nurturing the talents of exceptional gifted individuals. In K. A. Heller, F. J. Monks, & A. H. Passow (Eds.), *International handbook of research and development of giftedness and talent* (pp. 473-490). New York: Pergamon.

Gross, M. U. M. (2000). Issues in the cognitive development of exceptionally and profoundly gifted individuals. In K. A. Heller, F. J. Monks, R. J. Sternberg, & R. F. Subotnik (Eds.), *International handbook of giftedness and talent* (2nd ed., pp. 179-192). New York: Elsevier.

Guilford, J. P. (1956). The structure of intellect. *Psychology Bulletin, 53*, 267-293.

Guilford, J. P. (1967). *The nature of human intelligences*. New York: McGraw-Hill.

Guilford, J. P. (1988). Some changes in the structure of intellect model. *Educational and Psychological Measurement, 48*, 1-4.

Hallman, R. (1967). Techniques of creative teaching. *Journal of Creative Behavior, 1*(3), 325-330.

Harnett, D. N. (2006). The possibility of misdiagnosis of giftedness and ADHD still exists: A response to Mika. *Roeper Review, 28*(4), 243-248.

Harnett, D. N., Nelson, J. M., & Rinn, A. N. (2004). Gifted or ADHD? The possibility of misdiagnosis. *Roeper Review*, *26*, 73-76.

Haroutounian, J. (2002). *Killing the spark: Recognizing and developing musical talent*. New York: Oxford University Press.

Hayes, M. L., & Sloat, R. S. (1989). Gifted students at risk for suicide. *Roeper Review, 12*(2), 102-107.

Heller, K. A., Monks, F. J., Sternberg, R. J., & Subotnik, R. F. (2000). *International handbook of giftedness and talent* (2nd ed.). Oxford, U.K.: Elsevier Science LTD.

Henry, A., & Roseberry, R. L. (1996). A corpus-based investigation of the language and linguistic patterns of one genre and the implications for language teaching. *Research in the Teaching of English, 30*, 472-489.

Hewitt, P. L., & Flett, G. L. (1993). Dimension of perfectionism, dairy stress, and depression: A test of specific vulnerability hyperthesis. *Journal of Abnormal Psychology, 102,* 58-65.

Higham, S. J., & Buescher, T. M. (1987). What young gifted adolescents understand about feeling 'different.' In T. M. Buescher (Ed.), *Understanding gifted and talented adolescents* (pp. 26-30). Evanston, IL: The Center for Talent Development.

Hollinger, C. L., & Fleming, E. S. (1992). A longitudinal examination of life choices of gifted and talented young women. *Gifted Child Quarterly, 35*, 207-212.

Hollingworth, L. S. (1926). *Gifted children: Their nature and nurture*. New York: Macmillan.

Hollingworth, L. S. (1942). *Children above 180 IQ: Stanford-Binet origin and development*. New York: World block.

Hurwitz, G. A., & Day, M. (1982). *Teaching art to young children* (pp. 4-9). Routledge.

Jacobs, H. (1982). *Mathematics: A human endeavor*. New York: Freeman.

Johnson, D. T. (2000). Teaching mathematics to gifted students in a mixed-ability classroom. (ERIC Digest E594. Report NO. EDO-EC-00-3). Reston, VA: ERIC Clearinghouse on Disabilities and Gifted Education. ERIC Document Reproduction Service No. ED441302.

Kalbfleisch, M. L. (2000). Electroencephalographic differences between males with and without ADHD with average and high aptitude during task transitions. Unpublished doctoral dissertation, University of Virginia.

Kalbfleisch, M. L., & Banasiak, M. (2007). Special populations: Giftedness and ADHD. In C. Callahan & J. Plucker (Eds.), *What Research Says About…: An Encyclopedia on Research in Gifted Education.* National Association for Gifted Children, Washington, DC: Prufrock Press.

Kanevsky, L. (2000). Dynamic Assessment of Gifted Students. In K. A. Heller, F. J. Monks, R. J. Sternberg, & R. F. Subotnik (Eds.), *International Handbook of giftedness and talent* (2nd ed., pp. 283-295). Oxford, U.K.: Elsevier Science LTD.

Karnes, F. A., & Bean, S. M. (1997). *Girls and young women enterpreneurs: True stories about starting and running a business.* Minneapolis: Free Sprit Publishing.

Karnes, F. A., & Parker, J. P. (1983). Teacher certification in gifted education: The state of the art and consideration for the future. *Roeper Review, 6*(1), 18-19.

Karnes, F. A., & Riley, T. L. (1996). *Competition: Maximizing your abilities.* Waco, TX: Prufrock Press.

Karnes, F. A., & Whorton, J. E. (1991). Teacher certification and endorsement in gifted education: Past, present, and future. *Gifted Child Quarterly, 35*(3), 148-149.

Karnes, F. S. (1979). Young handicapped children can be gifted and talented. *Journal for the Education of the Gifted, 2*, 157-172.

Karnes, M. B., & Johnson, L. J. (1986). Identification and assessment of gifted/talented handicapped and nonhandicapped children in early childhood. *Journal of Children in Contemporary Society, 18*(3-4), 35-54.

Kaufman, F., Kalbfleisch, L., & Castellanos, F. X. (2000). *Attention deficit hyperactivity disorder and gifted students: What do we really know?* Store, CT: National Research Center on the Gifted and Talented, University of Connecticut.

Kelly, K., & Colangelo, N. (1990). Effects of academic ability and gender on career development. *Journal for the Education of the Gifted, 13*, 168-175.

Kerr, B. A. (1994). *Smart girls.* Scottsdale, AZ: Treat Potential Press.

Kirschenbaum, R. J. (1998). Dynamic assessment and its use with underserved gifted and talented. *Gifted Child Quarterly, 42*, 140-147.

Kline, B. E., & Short, E. B. (1991). Changes in emotional resilience: Gifted adolescent females. *Roeper Review, 13*, 118-121.

Kranz, B. (1993). *Curriculum by design: Challenging gifted learners*. NY: Longman.

Kurtz, B. E., & Weinert, F. E. (1989). Metamemory, memory performance, and causal attribution in gifted and average children. *Journal of Experimental Child Psychology, 48*, 45-61.

Kwon, Y., & Lawson, A. E. (2000). Linking brain growth with the development of scientific reasoning ability and conceptual change during adolescence. *Journal of Research in Science Teaching, 37*, 44-62.

Landrum, M. S. (1987). Guideline for implementing a guidance/counseling program for gifted and talented students. *Roeper Review, 10*, 103-107.

Lehman, E. B., & Erdwins, C. J. (1981). The social and emotional adjustment of young, intellectually gifted children. *Gifted Child Quarterly, 25*(3), 134-137.

Loehlin, J. C., Horn, J. M., & Willerman, L. (1989). Modeling IQ change: Evidence from the Texas adoption project. *Child Development, 60*(4), 993-1004.

Lovecky, D. V. (1990). Psychotherapy with gifted children. In P. A. Keller & S. R. Heyman (Eds.), *Innovations in clinical practice: A source book* (Vol. 9, pp. 119-130). Sarasota, FL: Professional Resource Exchange, Inc.

Lowenfeld, V., & Brittain, W. L. (1964). *Creative and mental growth* (4th ed.). New York: Macmillan.

Lowenfeld, V., & Brittain, W. L. (1982). *Creative and mental growth* (7th ed.). New York: Macmillan.

Luca, M. C., & Allen, B. (1974). Teaching Gifted Children Art in Grades One Through Three (ERIC ED100102).

Lupart, J. L. (1990). An in-depth assessment model for gifted/learning disabled students. *Canadian Journal of Special Education, 6*(1), 1-14.

MacKinnon, D. (1961). The nature and nurture of creative potential. *Psychologist, 17*, 484-495.

Maker, C. J., Nielson, A. B., & Rogers, J. A. (1994). Giftedness, diversity, and problem-solving. *Teaching Exceptional Children, 27*, 4-19.

Mallis, J., & Heinemann, A. (1979). *Reaching the stars: A minicourse for education of gifted students*. Austine, Texas: Multi Media Arts.

Marland, S. P., Jr. (1972). Education of the gifted and talented, Volume I: Report to the Congress of the United States by the U. S. Commissioner of Education. Washington, DC: U. S. Government Printing Office.

Mauser, A. (1980). Learning disability in children. *ACLD Newsbriefs, 130*(2), 1-4.

McCarney, S. B., & Anderson, P. D. (1989). *Gifted evaluation scale: Technical manual* (7th ed.). Columbia, MO: Hawthorne Educational Services.

McCoach, D. B., Kehle, T. J., Bray, M. A., & Siegle, D. (2001). Best practices in the identification of gifted students with learning disabilities. *Psychology in the Schools, 38*(5), 403-411.

Mednick, S. A. (1962). The associative basis of the creative process. *Psychological Review, 69*, 220-232.

Meeker, M. N., & Meeker, R. (1986). The SOI system for gifted education. In J. S. Renzulli (Ed.), *Systems and models for developing programs for the gifted and talented* (pp. 194-215). Mansfield Center, CT: Creative Learning Press.

Mika, E. (2006). Research commentary point-counterpoint: Diagnosis of Giftedness and ADHD. *Roeper Review, 28*, 237-242.

Minner, S. (1990). Teacher evaluation of case descriptions of learning disables gifted children. *Gifted Child Quarterly, 34*(1), 37-39.

Mitchell, K. R. (1975). Group program for bright failing underachiever. *Journal of College Students for Personnel, 16*, 306-312.

Mottron, L., Belleville, S., Stip, E., & Morasse, K. (1998). Atypical memory performance in an autistic savant. *Memory, 6*(6), 593-607.

Myers, I. B., & McCaulley, M. H. (1985). *Manual: A guide to the development and use of the Myers-Briggs Type Indicator*. Palo Alto, CA: Consulting Psychologists Press.

Nallis, J., & Heinemann, A. (1979). *Reaching the stars: A minicourse for education of gifted students*. Austin, Texas: Multi Media Arts.

National Research Council (1996). *National science standards*. Washington, DC: National Academies Press.

Neihart, M. (2000). Gifted children with Asperger's Syndrome. *Gifted Child Quarterly, 44*(4), 222-230.

Neihart, M. (2004). Gifted Children with Attention Deficit Hyperactivity Disorder. ERIC EC Digest #E649 from http://www.ldonline.org/article/5631

Nichols, R. C. (1978). Twin studies of ability, personality and interests. *Homo, 29*, 158-

173.

Nyquist, E. (1973). The gifted: The invisibly handicapped or there is no heavier burden than a great potential. Paper presented at the National Conference on Gifted, Albany, NY.

Olenchak, F. R. (1994). Talent development: Accommodating the social and emotional needs of secondary gifted/learning-disabled students. *Journal of Secondary Gifted Education, 5*, 40-52.

Olenchak, F. R., & Reis, S. M. (2002). Gifted students with learning disabilities. In M. Neihart, S. M. Reis, N. Robinson, & S. M. Moon (Eds.), *The social and emotional development of gifted children: What do we know?* (pp. 177-192). Austin, TX: Prufrock.

Olszewski-Kubilius, P., & Kulieke, M. (1989). Personality dimensions of gifted adolescents. In J. VanTassel-Baska & P. Olszewski-Kubilius (Eds.), *Patterns of influence on gifted learners: The home, the self, and the school* (pp. 125-145). New York: Teachers College Press.

Passow, A. H. (1981). The nature of giftedness and talent. *Gifted Child Quarterly, 25*(1), 5-10.

Perleth, C., Schatz, T., & Monks, F. J. (2000). Early Identification. In K. A. Heller, F. J. Monks, R. J. Sternberg, & R. F. Subotnik (Eds.), *International handbook of giftedness and talent* (2nd ed., pp. 297-316). Oxford, U.K.: Elsevier Science LTD.

Perrone, P. (1997). Gifted individuals' career development. In N. Colangelo & G. A. Davis (Eds.), *Handbook of gifted education* (2nd ed.). Boston: Allyn & Bacon.

Piechowiski, M. M. (1991). Emotional development and emotional giftedness. In N. Colangelo & G. A. Davis (Eds.), *Handbook of gifted education*. Boston: Allyn & Bacon.

Pledgie, T. K. (1982). Giftedness among handicapped children: Identification and programming development. *Journal of Special Education, 16*(2), 211-227.

Pritchard, M. C. (1951). The contribution of Leta S. Hollingworth to the study of gifted children. In P. Witty (Ed.), *The gifted child* (pp. 47-85). NYC: D. C. Heath.

Prucell, J. H. (1995). Gifted education at a crossroads: The program status study. *Gifted Child Quarterly, 39*, 57-65.

Radford, J. (1987). *Gifted/Talented education counseling guide*. Indianapolis: Indiana

Department of Education.

Redding, R. E. (1990). Learning preferences and skills patterns among under achieving gifted adolescents. *Gifted Child Quarterly, 34*, 72-75.

Reid, C., & Romanoff, B. (1997). Using multiple intelligence theory to identify gifted children. *Educational Leadership, 55*(1), 71-74.

Reis, S. M. (1998). Underachievement for some, Dropping out with dignity for others. ITAG News. *Iowa Talented and Gifted Association Newsletter, 23*(4), 12-15.

Reis, S. M. (2001). External barriers experienced by gifted and talented girls and women. *Gifted Child Today, 24*(4), 26-35.

Reis, S. M., & Callahan, C. M. (1989). Gifted females: They've come a long way, or have they? *Journal for the Education of the Gifted, 12*, 99-117.

Reis, S. M., & McCoach, B. (2001). Underachievement in Gifted Students. In M. Neihart, S. M. Reis, N. M. Robinson, & S. M. Moon (Eds.), *The social & emotional development of gifted children: What do we know?* (pp. 3-12). Waco, TX: Prufrock Press Inc.

Reis, S. M., McGuire, J., & Neu, T. W. (2000, Spring). Compensation strategies used by high-ability students with learning disabilities who succeed in college. *Gifted Child Quarterly, 44*, 123-134.

Reis, S. M., Neu, T. W., & McGuire, J. M. (1995). *Talents in two places: Case study of high ability students with LD who have achieved.* Storrs, CT: National Research Center on the Gifted & Talented.

Reis, S. M., Westberg, K. L., Kulikowich, J., Caillard, F., Hebert, T., Plucker, J. et al. (1993). Why not let high ability students start school in January? The curriculum compacting study (Research Monograph 93106). Storrs, CT: The National Research Center on the Gifted and Talented, University of Connecticut.

Renzulli, J. S. (1968). Identifying key features in programs for the gifted. *Exceptional Children, 35,* 217-221.

Renzulli, J. S. (1978). What makes giftedness? Reexamining a definition. *Phi Delta Kappan, 60*, 180-184, 261.

Renzulli, J. S. (1986). The three ring conception of giftedness. A developmental model for creative productivity. In R. J. Sternberg & J. E. Davidson (Eds.), *Conception of giftedness* (pp. 53-92). Cambridge, MA: Cambridge University Press.

Renzulli, J. S. (1987). *The triad/revolving door model.* Workshop presented in Madison, WI.

Renzulli, J. S. (1996). *Systems and models for developing program for the gifted and talented.* New York: Creative Learning Press Inc.

Renzulli, J. S., & Reis, S. M. (1985). *The schoolwide enrichment model: A comprehensive plan for education excellence.* Mansfeild Center, CT: Creative Learning Press.

Renzulli, J. S., & Reis, S. M. (1991). The schoolwide enrichment model: A comprehensive plan for the development of creative productivity. In N. Colangelo & G. A. Davis (Eds.), *Handbook of gifted education* (2nd ed., pp. 111–141). Needham Heights, MA: Allyn & Bacon.

Renzulli, J. S., & Reis, S. M. (1994). Research related to the schoolwide enrichment model. *Gifted Child Quarterly, 38*, 2–14.

Renzulli, J. S., & Reis, S. M. (1997). *The schoolwide enrichment model: A how-to guide for educational excellence* (2nd ed.). Mansfield Center, CT: Creative Learning Press.

Renzulli, J. S., Smith, L. H., White, A. J., Ca, C. M., & Hartman, R. K. (1976). *Scales for rating the behavioral characteristics of superior students.* Mansfield Center, CT: Creative Learning Press.

Rhodes, M. (1961). An analysis of creativity. *Phi Delta Kappan, 42*, 305–310.

Richardson, T. M., & Benbow, C. P. (1990). Long term effects of acceleration on the social emotional adjustment of mathematically precocious youth. *Journal of Educational Psychology, 82*(3), 464–470.

Richert, E. S. (1991a). Patterns of underachievement among gifted students. In M. Bireley & J. Genshaft (Eds.), *Understanding the gifted adolescent: Educational, developmental, and multicultural issues* (pp. 139–162). New York: Teachers College Press.

Rimm, S. B. (1986). *Underachievement syndrome: Causes and cures.* Watertown, WI: Apple Publishing Company.

Rimm, S. B. (1987). Marching to the beat of a different drummer. *Gifted Child Today, 10*(1), 2–6.

Rimm, S. B. (1995). *Why bright kids get poor grades and what you can do about it.* New York: Crown Trade Paperbacks.

Rimm, S. B., & Lowe, B. (1980). Family environments of underachieving gifted students. *Gifted Child Quarterly, 32,* 353-358.

Rizza, G. M., & Mcintosh, E. D. (2001). Introduction to the special issue: New perspectives in gifted education. *Psychology in the school, 38*(5), 401-403.

Rogers, K. (1986). Do the gifted think and learn differently? Airview of recent research and its implications of instruction. *Journal for the Education of the Gifted, 10,* 17-39.

Ross, A. (1993). *National excellence: A case for developing America's talent.* Washington DC: U. S. Department of Education, Government Printing Office.

Ryckman, D. B., & Packham, P. (1987). Gender differences in attributions for success and failure situations across subject areas. *Journal of Educational Psychology, 81,* 120-125.

Rysiew, K. J., Shore, B. M., & Carson, A. D. (1994). Multipotentiality and overchoice syndrome: Clarifying common usage. *Gifted and Talented International, 9,* 41-46.

Sadoski, M., Willson, V. L., & Norton, D. E. (1997). The relative contributions of research-based composition activities to writing improvement in the lower and middle grades. *Research in the Teaching of English, 31,* 120-147.

Sadowski, A. J. (1987). A case study of experience of and influences upon gifted high school dropouts. *Dissertation Abstracts International, 48*(40), 893. University Microfilms International No AA(87-16185).

Sah, A., & Borland, J. H. (1989). The effects of a structured home plan on the home and school behaviors of gifted learning-disabled students with deficits in organizational skills. *Roeper Review, 12*(1), 54-57.

Sanders, W. I., & Rivers, J. C. (1998). Cumulative and residual effects of teachers on students' future academic achievement. (Research Progress Report RII-04 42-WI-97). University of Tennessee, Value-Added Research Assessment Center.

Sansone, C., & Harackiewicz, J. M. (1998). 'Reality' is complicated. *American Psychologist, 53,* 673-674.

Sayler, M. F., & Brookshire, W. K. (1993). Social, emotional, and behavioral adjustment of accelerated students, students in gifted classes, and regular students in eighth grade. *Gifted Child Quarterly, 37*(4), 150-154.

Schiff, M., Kaufman, N., & Kaufman, A. (1981). Scatter analysis of WISC-R profiles for

LD children with superior intelligence. *Journal of Learning Disability, 15*, 470-475.

Schmitz, C. C., & Galbraith. J. (1985). *Managing the social and emotional needs of the gifted: A teacher's survival guide*. Mineapolis, MN: Free Spirit.

Schuler, P. A. (1999). *Voice of perfectionism: Perfectionistic gifted adolescents in a rural middle school*. Storrs, CT: National Research Center on the Gifted and Talented.

Schuler, P., & Siegle, D. (2000). Perfectionism differences in gifted middle school students. *Roeper Review, 23*, 39-44.

Seashore, C. E. (1938). *Psychology of music*. New York: McGraw-Hill.

Sebring, A. D. (1983). Parental factors on the social and emotional adjustment of gifted. *Roeper Review, 6*(2), 97-99.

Serra, M. (1989). *Discovering geometry: An inductive approach*. Berkeley, CA: Key Curriculum Press.

Shaw, G. A. (1992). Hyperactivity and creativity: The tacit dimension. *Bulletin of the Psychonomic Society, 30,* 152-160.

Shaw, G. A., & Brown, G. (1991). Laterality implicit memory and attention disorder. *Educational Studies, 17,* 15-23.

Sheffield, L. J. (2003). *Extending the challenge in mathematics: Developing mathematical promise in K-8 students*. Thousand Oaks, CA: Corwin Press.

Sherry, K. B., Shawin, J. B., & Danielle, N. P. (2003). Linking theorical models to actual practices: A survey of teachers in gifted education. *Roeper Review, 25*(4), 166-170.

Shore, B. M., Cornell, D. G., Robinson, A., & Ward, V. S. (1991). *Recommended practices in gifted education*. New York: Teachers College Press.

Silverman, L. K. (1989). Invisible gifted, invisible handicaps. *Roeper Review, 12*, 37-42.

Silverman, L. K. (1993). Counseling families. In L. K. Silverman (Ed.), *Counseling the gifted and talented* (pp. 151-178). Denver: Love.

Silverman, L. K. (1993). Counseling needs and programs for the gifted. In K. A. Heller, F. J. Monks, & A. H. Passow (Eds.), *International handbook of research and development of gifted and talent* (pp. 631-647). Oxford, England: Pergamon Press.

Silverman, L. K. (1994). The moral sensitivity of gifted children and the evolution of society. *Roeper Review, 17*(2), 110-116.

Silverman, L. K. (1999). Perfectionism. *Gifted Education International, 13,* 216-255.

Silverman, L. K. (2003). Gifted Children with Learning Disabilities. In N. Colangelo & G. A. Davis (Eds.), *Handbook of gifted education* (3rd ed., pp. 533-543). Boston: Allyn & Bacon.

Silverman, L. K. (Ed.). (2000). *Counseling the gifted and talented.* Denver, Co: Love Publishing.

Sonnett, G., & Holton, G. (1996). Career patterns of woman and man in the sciences. *American Scientist, 84,* 63-71.

Spearman, C. (1904). General intelligence, objectively determined and measured. *American Journal of Psychology, 27,* 229-239.

St. Clair, K. L. (1989). Counseling gifted students: A historical review. *Roeper Review, 12,* 98-102.

Stankowski, W. M. (1978). Definition. In R. E. Clasen & B. Robinson (Eds.), *Simple gifts.* Madison, WI: University of Wisconsin-Extension.

Stanley, J. C., Keating, D. P., & Fox, L. H. (1974). *Mathematical talent: Discovery, description, and development.* Baltimore, MD: The Johns Hopkins University Press.

Sternberg, R. E. (2003). Giftedness according to the theory of successful intelligence. In N. Colangelo & G. A. Davis (Eds.), *Handbook of gifted education* (3rd ed., pp. 88-99). Boston: Allyn & Bacon.

Sternberg, R. J. (1985a). *Beyond IQ: A triarchic theory of human intelligence.* New York: Cambridge University Press.

Sternberg, R. J. (1985b). Implicit theories of intelligence, creativity and wisdom. *Journal of Personality and Social Psychology, 49,* 607-627.

Sternberg, R. J. (2003). *Wisdom, intelligence, and creativity synthesized.* New York: Cambridge University Press.

Sternberg, R. J. (2004). *Psychology* (4th ed.). Belmont, CA: Wadsworth.

Sternberg, R. J., & Berg, C. A. (1986). Quantitative integration: Definition of intelligence: A comparison of the 1921 and 1986 symposia. In J. Sternberg & D. K. Detterman (Eds.), *What is intelligence? Contemporary viewpoints on its nature and definition* (pp. 155-162). Norwood, NJ: Ablex Publishing Corporation.

Sternberg, R. J., & Davidson, J. E. (1983). Insight in the gifted. *Educational Psychologist, 18,* 51-57.

Sternberg, R. J., & Grigorenko, E. L. (Eds.). (1997). *Intelligence, heredity, and environment*. New York: Cambridge University Press.

Sternberg, R. J., & Lubart, T. I. (1993). Creative giftedness: A Multivariate investment approach. *Gifted Child Quarterly, 37*(1), 7-15.

Sternberg, R. J., & Lubart, T. I. (1995). *Defying the crowd: Cultivating creativity in a culture of conformity*. New York: Free Press.

Sternberg, R. J., & Lubart, T. I. (1996). Investing in creativity. *American Psychologist, 51*, 677-688.

Sternberg, R. J., & Zhang, L. (1995). What do we mean by giftedness? A pentagonal theory. *Gifted Child Quarterly, 39*(2), 88-94.

Subotnik, R., & Steiner, C. L. (1995). Adult manifestations of adolescent talent in science: A longitudinal study of 1983 Westinghouse science talent search winners. In R. F. Subotnik & K. K. Arnold (Eds.), *Beyond Terman: Contemporary longitudinal studies of giftedness and talent* (pp. 52-76). Norwood, NJ: Ablex.

Tannenbaum, A. J. (1979). Pre-sputnik to post-Watergate concern about the gifted. In A. H. Passow (Ed.), *The gifted and the talented* (pp. 5-27). Chicago: National Society for the Study of Education.

Tannenbaum, A. J. (1983). *Gifted children: Psychological and educational perspectives*. New York: Macmillan.

Tannenbaum, A. J. (1992). *Early signs of giftedness*. Norwood, NJ: Ablex Publishing Corporation.

Tannenbaum, A. J. (2003). Nature and nurture of giftedness. In N. Colangelo & G. A. Davis (Eds.), *Handbook of gifted education* (3rd ed.). New York: Allyn & Bacon.

Taylor, C. W. (1978). How many types of giftedness can your program tolerate. *Journal of Creative Behavior, 12*, 39-51.

Taylor, C. W., & Ellison, R. L. (1975). Moving toward working models in creativity: Utah creativity experience and insights. In I. A. Taylor & J. W. Getzels (Eds.), *Perspectives in creativity* (pp. 1-36). Chicago: Aldine.

Terman, L. M. (1925~1926). *Mental and physical traits of a thousand gifted children, Volume I: Genetic studies of genius*. Stanford, CA: Stanford University Press.

Terman, L. M., & Oden, M. H. (1947). *Genetic studies of genius, Vol. 4: The gifted child grows up*. Stanford, CA: Standford Univ. Press.

Terman, L. M., & Oden, M. H. (1959). *Genetic studies of genius, Vol. 5: The gifted group of midlife: Thirty five years' follow up a superior group.* Stanford, CA: Stanford Univ. Press.

Terrassier. J. C. (1985). Dyssynchrony-uneven development. In J. Freeman (Ed.), *The psychology of gifted children* (pp. 265-274). New York: John Wiley & Sons.

Terwillinger, J. S., & Titus, J. C. (1995). Gender differences in attitudes and attitude changes among mathematically talented youth. *Gifted Child Quarterly, 39*, 29-35.

The National Academy for Gifted and Talented Youth homepage. (2014). Career. Retrived from http://www.nagty.ac.uk/careers

Thurstone, L. L. (1938). *Primary mental abilities.* Chicago: University of Chicago Press.

Tolan, S. S. (1987). Parents and "Proffessionals" a question of priorities. *Roeper Review, 9*, 184-187.

Tomlinson, C. A., Kaplan, S. N., Renzulli, J. S., Purcell, J., & Leppien, J. (1997). *The parallel curriculum.* CA.: Corwin Press.

Torp, L., & Sage, S. (2002). *Problems as possibilities: Problem-based learning for K-16 education* (2nd ed.). Alexandria, VA: Association for Supervision and Curriculum Development.

Torrance, E. P. (1968). Examples and rationales of test tasks for assessing creative abilities. *Journal of Creative Behavior, 2*(3), 165-173.

Torrance, E. P. (1995). *Why fly?: A philosophy of creativity.* Norwood, NJ: Ablex.

Torrance, E. P. (1997). The nature of creativity as manifest in its testing. In R. J. Sternberg (Ed.). *The nature of creativity* (pp. 43-75). Cambridge, UK: Cambridge University Press.

Torrance, E. P., & Ball, O. E. (1984). *Torrance Test of Creative Thinking: Streamlined (revised) manual, Figural A and B.* Bensenville, IL: Scholastic Testing Service Inc.

Treffinger, D. J. (1978). Guidelines for encouraging independence and self-direction among gifted students. *Journal of Creative Behavior, 12,* 14-20.

Treffinger, D. J. (1980). The progress and peril of identifying creative talent among gifted and talented students. *Journal of Creative Behavior, 14*(1), 20-34.

Treffinger, D. J., Sortore, M. R., & Cross, J. C. (1993). *Dimension of creativity.* Saratora, FL: Center for Creative Learning.

VanTassel-Baska, J. (1983). Profiles in precocity: The 1982 midwest talent search finalists. *Gifted Child Quarterly, 27*(3), 139–144.

VanTassel-Baska, J. (2000). The On-going Dilemma of Effective Identification Practices in Gifted Education. *The Communicator, 31*, 1–8.

VanTassel-Baska, J. (2003). *Curriculum planning and instructional design for gifted learners*. Denver, CO: Love.

VanTassel-Baska, J. (2003). What matters in curriculum for gifted learners: Reflections on theory, research, and practice. In N. Colangelo & G. A. Davis (Eds.), *Handbook of gifted education* (3rd ed., pp. 174–183). MA: Allyn & Bacon.

VanTassel-Baska, J. (2005). *Acceleration: Strategies for teaching gifted learners*. Waco. TX: Prufrock Press.

VanTassel-Baska, J., & Brown, E. F. (2007). Towards best practice: An analysis of the efficacy of curriculum models in gifted education. *Gifted Child Quarterly, 51*, 342–358.

VanTassel-Baska, J., & Little, C. A. (Eds.). (2003). *Content-based curriculum for high-ability learners*. Austin, TX: Prufrock Press.

VanTassel-Baska, J., & Subotnik, R. (2004). World class talent development: What does it look like and what does it mean for the future of the gifted education? A paper presented at the National Association of Gifted Children, Denver, CO., November 6.

VanTassel-Baska, J., Bass, G., Reis, R., Poland, D., & Avery, L. D. (1998). A national study of science curriculum effectiveness with high ability students. *Gifted Child Quarterly, 42*, 200–211.

VanTassel-Baska, J., Johnson, D., & Boyce, L. N. (Eds.). (1996). *Developing verbal talent*. Boston: Allyn & Bacon.

VanTassel-Baska, J., Zuo, L., Avery, L. D., & Little, C. A. (2002). A curriculum study of gifted-student learning in the language arts. *Gifted Child Quarterly, 46*, 30–44.

Vasta, R., Haith, M. M., & Miller, S. A. (1992). *Child psychology: The modern science*. New York: John Wiley & Sons.

Vespi, L., & Yewchuk, C. (1992). A phenomenological study of the social/emotional characteristics of gifted learning disabled children. *Journal for the Education of the Gifted, 16*, 55–72.

Walberg, H. J. (1982). Child traits and environmental conditions of highly eminent adults. *Gifted Child Quarterly, 25*, 103–107.

Wang, M. C. (1981). Mainstreaming exceptional children: Some instructional design and implementation considerations. *The Elementary School Journal, 81*(4), 195-221.

Webb, J. T., & Latimer, D. (1993). ADHD and Children who are gifted. (Eric Document No. EDO-EC-93-5). Reston, VA: Council for Exceptional Children.

Webb, J. T., Amend, E. R., Webb, N. E., Goerss, J., Beljan, P., & Olenchak, F. R. (2005). Misdiagnosis and dual diagnosis of gifted children and adult: ADHD, bipolar, OCD, Asperger's, depression and other disorders. Scottsdale, AZ: Great Potential Press.

Webb, J. T., Meckstroth, E. A., & Tolan, S. S. (1982). *Guiding the gifted child: A practical source for parents and teachers*. Columbus, Ohio: Ohio Psychology Publication Company.

Wehmeyer, L. M. (1992). Developmental and Psychological aspect of the savant syndrome. *International Journal of Disability, Development and Education, 39*(2), 153-163.

Wenglingsky, H. (2000). *How teaching matters*. Princeton, NJ: Educational Testing Service, Policy Information Centre.

Whitmore, J. R. (1980). *Giftedness, conflict, and underachievement*. Boston, MA: Allyn & Bacon.

Whitmore, J. R. (1981). Gifted children With handicapping conditions: A new frontier. *Exceptional Children, 48*(2), 106-113.

Whitmore, J. R. (1985). *Intellectual giftedness in disabled persons*. Rockville, MD: Aspen.

Whitmore, J. R. (1986). Understanding a lack of motivation to excel. *Gifted Child Quarterly, 30*, 66-69.

Whitmore, J. R. (1989). Four leading advocates for gifted students with disabilities. *Roeper Review, 12*(1), 5-13.

Whitmore, J. R., & Maker, C. T. (1985). *Intellectual giftedness in disabled persons*. Rockville, MD: Aspen.

Williams, F. E. (1986). The cognitive-affective interaction model for enriching gifted programs. In J. S. Renzulli (Ed.), *Systems and models for developing programs for the gifted and talented* (pp. 194-215). Mansfield Center, CT: Creative Learning Press.

Winner, E. (1996). *Gifted children: Myths and realities*. New York: Basic Books.

Withmore, J. R. (1980). *Giftedness, conflict and underachievement*. Boston: Allyn &

Bacon.

Witty, P. A. (1971). The education of the gifted and the creative in the U. S. A. *Gifted Child Quarterly, 15*, 109-116.

Woodman, R. W., & Schoenfeldt, L. F. (1989). Individual Difference in Creativity An Interactionist Perspective. In J. A. Glover, R. R. Ronning, & C. R. Reynolds (Eds.), *Handbook of creativity* (pp. 77-92). New York & London: Plenum Press.

Zentall, S. S., Moon, S. M., Hall, A. M., & Grskovic, J. A. (2001). Learning and motivational characteristic of boys with AD/HD and/or giftedness. *Exceptional Children, 67*, 499-519.

Zimmerman, E. (1992). Assessing students' progress and achievements in art. *Art Education, 45*(6), 34-38.

Zimmerman, E. (1994). How should students' progress and achievements be assessed? A care for assessment that is responsive to diverse students' needs. *Visual Arts Research, 20*(1), 29-35.

Zimmerman, E. (2003). Self-Regulation and Learning. In W. M. Reynolds & G. E. Miller (Eds.), *Handbook of psychology: Educational psychology, Vol. 7*. Hoboken, NJ: John Willy & Sons, Inc.

Zimmerman, E. (Ed.). (2004). *Artistically and musically talented students* (Vol. 9). CA: Corwin Press.

경향신문(2007. 9. 18.). 영재교육원 진학가이드(1). 25개 대학부설 영재교육원.

동아일보(2005. 11. 8.). 영재교육원 입학정보 올가이드.

조선일보(1998. 2. 20.). 잊혀진 신동 ○○○ 씨 "평범하게 살고 싶다".

조선일보(2007. 1. 10.). 이스라엘 예술과학아카데미 탐방.

중앙일보(2001. 3. 28.). 평준화교육 4반세기.

중앙일보(2008. 8. 21.). 1% 뽑아 조기 영재교육…… 초등학생들도 특허 낸다.

싱가포르 예술학교 http://www.sota.edu.sg

영재교육종합데이터베이스 https://ged.kedi.re.kr

한국과학영재학교 http://www.ksa.hs.kr

찾아보기

인명

내용

저자 소개

이신동(Lee, Shin-Dong)

고려대학교 교육학 학사
고려대학교 교육학 석사 · 박사(교육심리학 전공)
Stanford University Post-doc(영재성이론)
전 Purdue University GERI 연구교수
　한국영재교육학회장
현 한국유아영재교육학회장
　순천향대학교 영재교육원장 · 교육대학원장

〈주요 저 · 역서〉
『지능과 창의성의 프레임』(공저, 양서원, 2015)
『최신 영재교육과정론』(제3판, 공역, 시그마프레스, 2007)
『부모와 교사가 함께 읽는 영재교육 노하우』(역, 시그마프레스, 2009)
『영재성의 개념과 이론』(공역, 학지사, 2011)
『교사를 위한 영재교육의 기초』(공역, 학지사, 2013) 외 다수

이정규(Lee, Jeong-Kyu)

육군사관학교 학사
일본 쓰쿠바대학교 심리학 석사 · 박사 수료(정부장학생)
성균관대학교 대학원 교육학 박사(교육심리학 전공)
전 한국교육개발원 영재교육센터 교수학습연구팀장
현 한국과학창의재단 책임연구원
　교육부 창의융합교육위원회 위원
　한국영재교육학회 수석부회장
　한국창의력교육학회 부회장
　성균관대학교 교육학과 겸임교수

〈연구 업적〉
[교육부/한국학술진흥재단 연구프로젝트]
우리나라의 영재교육: 영재성의 정의와 판별과 선발(2004)

영재교육 담당 교원의 양성과 임용, 연수(2005)
동서양 창의성 연구(2006)
제2차 영재교육진흥종합계획(2006)
우리나라 영재교육기관의 실태조사와 발전방안(2007)

〈주요 역서 및 논문〉
『다중지능과 교수-학습』(공역, 시그마프레스, 2006)
『창의성의 이해: 사회학 · 심리학 · 생물학적 접근의 통합』(개정1판, 공역, 박학사, 2009)
『과학 창의성: 우연, 논리성, 천재성 그리고 시대정신』(공역, 학지사, 2011)
『창조경제 UN 보고서』(공역, 21세기북스, 2013)
『융합인재교육의 이론과 실제: 수 · 과학교육 예술을 품다』(공역, 다빈치books, 2014)
「영재의 인지적 특성 연구」(교육심리연구, 2005)
「영재교육 담당 교원의 양성과 임용에 대한 연구」(한국교원교육연구, 2006)
「우리나라 영재교육 정책의 변화와 향후 전망」(영재와 영재교육, 2015)
「융 · 복합시대에 창의적 인재육성을 위한 교육의 방향」(영재와 영재교육, 2015)

박춘성(Park, Choon-Sung)

경인교육대학교 초등교육 학사
서울대학교 대학원 교육학과 석사 · 박사
전 한국과학창의재단 선임연구원
한국교육개발원 연구위원
서울대학교 글로벌 인재연구소 부소장
EBS 60분 부모 학습편(월요일) 학습컨설턴트
현 상지대학교 교수
한국영재교육학회 총무위원장
한국창의력교육학회 홍보위원장
열린유아교육학회 편집위원

〈주요 저 · 역서 및 논문〉
『특수교육 연구의 실제: 증거기반 교육실천을 위한 주제와 방법론』(공저, 학지사, 2012)
『영재 판별의 동향』(공역, 학지사, 2008)
『영재교육의 주요 이슈와 실제』(공역, 시그마프레스, 2009)
『창의성: 이론과 주제』(공역, 시그마프레스, 2009)
「개인창의성 및 사회창의성이 창의적 산출에 미치는 효과 분석」(창의력교육연구, 2016)
「신경인식론 뇌 과학 기반의 창의성 예측에 대한 연구」(영재와 영재교육, 2018) 외 다수

최신영재교육학개론(3판)

Introduction to Gifted Education (3rd ed.)

2009년 3월 16일 1판 1쇄 발행
2013년 8월 30일 1판 3쇄 발행
2015년 9월 10일 2판 1쇄 발행
2019년 9월 20일 3판 1쇄 발행

지은이 • 이신동 · 이정규 · 박춘성

펴낸이 • 김진환
펴낸곳 • (주) 학지사
04031 서울특별시 마포구 양화로 15길 20 마인드월드빌딩
대표전화 • 02)330-5114 팩스 • 02)324-2345
등록번호 • 제313-2006-000265호

홈페이지 • http://www.hakjisa.co.kr
페이스북 • https://www.facebook.com/hakjisa

ISBN 978-89-997-1931-8 93370

정가 22,000원

이 도서의 국립중앙도서관 출판시도서목록(CIP)은 서지정보유통지원시스템 홈페이지(http://seoji.nl.go.kr)와 국가자료공동목록시스템(http://www.nl.go.kr/kolisnet)에서 이용하실 수 있습니다.
(CIP 제어번호: CIP2019033101)